José Abrantes
Renê Mendes Granado

Projeto e Engenharia de Produtos

O design, a fabricação de produtos industriais
e seus impactos socioambientais

EDITORA
CIÊNCIA MODERNA

Projeto e Engenharia de Produtos – O design, a fabricação de produtos industriais e seus impactos socioambientais

Editor: Paulo André P. Marques
Produção Editorial: Dilene Sandes Pessanha
Capa: Daniel Jara
Diagramação: Daniel Jara
Copidesque: Equipe Ciência Moderna

FICHA CATALOGRAFICA

ABRANTES, José; GRANADO, Renê Mendes.

Projeto e Engenharia de Produtos – O design, a fabricação de produtos industriais e seus impactos socioambientais

Rio de Janeiro: Editora Ciência Moderna Ltda., 2020.

1. Engenharia de Produção
I — Título

ISBN: 978-85-399-1084-7 CDD 620

Editora Ciência Moderna Ltda.
R. Alice Figueiredo, 46 – Riachuelo
Rio de Janeiro, RJ – Brasil CEP: 20.950-150
Tel: (21) 2201-6662/ Fax: (21) 2201-6896
E-MAIL: LCM@LCM.COM.BR
WWW.LCM.COM.BR

01/20

Prefácio

Os Professores José Abrantes e Renê Mendes Granado reúnem nesta obra suas experiências, tanto como Engenheiros Mecânicos, quanto como docentes e pesquisadores, nas áreas de projeto e produção mecânica. Apresentam uma obra que tenho certeza passará a ser referência em Projeto e Engenharia do Produto. Além de nos trazer as aplicações e materiais utilizados nos mais variados processos de fabricação e diferentes *designs* de produtos, apresentam a preocupação e alternativas para se lidar com os impactos socioambientais desses processos. É uma obra voltada para o futuro que terá impacto, não só nos cursos de Engenharia de Produção, como também nas empresas que desenvolvem seus produtos, e que terão que se adaptar aos novos tempos, que já chegaram.

Prof. Dr. Eng. Francisco José da Cunha Pires Soeiro.
Professor Titular do Departamento de Engenharia Mecânica, da Faculdade de Engenharia (FEN), da Universidade do Estado do Rio de Janeiro (Uerj).

Apresentação

Especialmente após 1950, os japoneses baseados em vários conceitos de William Edwards Deming (1900-1993), Joseph Moses Juran (1904-2008) e outros teóricos da administração e gestão da qualidade, começaram a mostrar ao mundo como inovar, produzir com qualidade, baixo desperdício e preço competitivo. A década de 1980 foi marcada como a da qualidade e de forma geral o mundo adotou os conceitos e normas internacionais de Gestão da Qualidade (*Quality Management*) e a década de 1990, principalmente com o grande salto das comunicações e da informática, ficou caracterizada como a do foco no cliente, com muitas inovações tecnológicas e redução dos prazos de lançamento de novos produtos. A partir do século XXI (2001 a 2100) começou-se uma nova revolução na forma e na velocidade de desenvolver e lançar novos produtos, principalmente com o desenvolvimento de máquinas e tecnologias para a impressão tridimensional ou impressão 3D. Outra grande inovação, especialmente após 2015, foi o conceito de "Indústria 4.0", que faz parte da Revolução Digital, com uso de itens eletrônicos e tecnologia da informação, para automatizar, ainda mais, a produção. Em 2020 já eram publicados artigos acadêmicos citando o "futuro" uso da Inteligência Artificial, que, em conjunto com as Realidades Virtual e Aumentada, com certeza, revolucionarão o Projeto e a Engenharia de Produtos, além de suas fabricações.

A partir de 2006 o mundo começou a ser bombardeado com notícias diárias e preocupantes sobre o aquecimento global e as mudanças climáticas. O Quinto Relatório do IPCC* (AR5), publicado em setembro de 2013, confirmou a tendência do aquecimento global antrópico, embora algumas correntes científicas discordem. O próprio IPCC*, nesse Quinto Relatório, reconheceu um "leve" resfriamento detectado e confirmado por medições de satélites, entre os anos de 1995 e 2010. Apesar disso, o Quinto Relatório do IPCC reafirmou o aquecimento global antrópico crescente e irreversível, inclusive trazendo informações catastróficas e preocupantes para muitas regiões da Terra, em especial para a Amazônia. No final de 2019, a ONU divulgou um alerta mundial observando o altíssimo nível de gases do efeito estufa, na atmosfera terrestre.

Nosso planeta não tem recursos materiais e energia para sustentar, de forma consumista, os mais de 7,7 bilhões de habitantes, que existiam em 2020. Produtos têm que ser projetados, desenvolvidos e fabricados, de forma a atender também às diversas formas de necessidades especiais, ou seja, para atender às mais variadas deficiências. O conceito de *Design* Inclusivo tem que nortear estas considerações.

Precisamos adotar novas posturas frente ao consumismo, utilizando novos métodos, processos, materiais e tipos de energia, de forma a ter o mínimo impacto ambiental e o máximo impacto social possível. Nessa linha de pensamento, esse livro traz grandes contribuições, especialmente quanto ao projeto e à engenharia de produtos.

José Abrantes (D.Sc.) e Renê Mendes Granado (D.Sc.).

* IPCC - *Intergovernmental Panel on Climate Change*, ou Painel Intergovernamental sobre Mudanças Climáticas, é uma organização científico/política criada em 1988 no âmbito das Nações Unidas (ONU), pela iniciativa do Programa das Nações Unidas para o Meio Ambiente (PNUMA).

Sobre os autores

José Abrantes é natural do Rio de Janeiro, onde nasceu em 07/02/1951, tendo também cidadania portuguesa. É técnico de nível médio em máquinas e motores (CEFET/RJ -1969), engenheiro mecânico (UERJ - 1976), especialista em docência do ensino superior (FABES/ISEP - 1995), mestre em tecnologia na área de Gestão da Qualidade (CEFET/RJ - 1997), especialista em docência do ensino fundamental e médio (UCAM - 2001), licenciado em desenho (UCAM - 2001), doutor em engenharia de produção, na área de Inovação Tecnológica e Organização Industrial (COPPE/UFRJ - 2001). Tem pós-doutorado na área de educação, pesquisando a interdisciplinaridade (FEAGRI/UNICAMP - 2003) e pós-doutorado em engenharia, pesquisando a pedagogia empresarial (UFF - 2009). Também é licenciado em Matemática (UCAM - 2014). Entre 1970 e 1998, atuou como técnico e engenheiro, principalmente trabalhando no projeto, construção, operação e manutenção de indústrias. Desde 1998 atua como professor e pesquisador, sendo autor de vários livros e artigos acadêmicos, tendo lecionado em diversas instituições de ensino superior, no Rio de Janeiro. É professor titular do Instituto de Matemática e Estatística da Universidade do Estado do Rio de Janeiro – IME/UERJ, lecionando disciplinas de Representação gráfica, Geometria Analítica Aplicada e disciplinas do curso de licenciatura em Matemática.

Renê Mendes Granado é natural do Rio de Janeiro, onde nasceu em 13/02/1951. É técnico de nível médio em máquinas e motores (CEFET/RJ -1970), engenheiro mecânico (UERJ - 1976), mestre em engenharia mecânica na área de manufatura (EESC/USP - 2006), doutor em engenharia mecânica na área de manufatura (EESC/USP - 2010), com pós-doutorado pesquisando usinagens (COPPE/UFRJ - 2019). Entre 1971 e 2008, atuou como técnico e engenheiro nas áreas de fabricação mecânica, processos de fabricação e manutenção industrial. Foi coordenador auxiliar dos cursos de Engenharia de Produção Mecânica e de Controle e Automação (mecatrônica) na Universidade Paulista (UNIP), professor titular do Centro Estadual de Educação Tecnológica Paula Souza e coordenador do curso de engenharia mecânica da Fundação Técnico Educacional Souza Marques. É professor adjunto do Instituto de Matemática e Estatística da Universidade do Estado do Rio de Janeiro – IME/UERJ, lecionando disciplinas da área de Representação Gráfica, voltadas às Engenharias.

Sumário

Capítulo 4

Capítulo 5

Capítulo 6

Capítulo 7

Capítulo 8

Capítulo 9

Capítulo 10

Capítulo 11

Capítulo 12

Capítulo 13

Capítulo 14

Capítulo 15

Capítulo 1

Os produtos, os desperdícios e o meio ambiente. Pegadas hídrica e ecológica. O *marketing* verde e o *greenwashing*. As revoluções industriais

Depois da segunda guerra mundial, especialmente após 1950, os japoneses baseados em vários conceitos de William Edwards Deming (1900-1993), Joseph Moses Juran (1904-2008) e outros teóricos da administração e gestão da qualidade, começaram a mostrar ao mundo como produzir com qualidade, baixo desperdício e baixo preço. Entre 1960 e 1980 os japoneses dominaram o mercado industrial, em especial o automobilístico e o de eletroeletrônicos. A década de 1980 foi marcada como a da qualidade e de forma geral o mundo adotou os conceitos e normas internacionais de gestão da qualidade. A década de 1990, principalmente com o grande salto das comunicações e da informática, ficou caracterizada como a do foco no cliente, com a característica de muitas inovações tecnológicas e redução dos prazos de lançamento de novos produtos. Após o ano 2000, o século XXI começou com uma verdadeira revolução na forma e na velocidade de desenvolver e lançar novos produtos, principalmente com o desenvolvimento de máquinas e tecnologias para a impressão tridimensional ou impressão 3D, sendo possível imprimir peças em metal, já desde 2014.

Em 2006, principalmente com a repercussão do livro: "Uma Verdade Inconveniente", o mundo começou a ser bombardeado com notícias diárias e preocupantes sobre o aquecimento global antrópico (ou seja, causado pelas atividades humanas) e as mudanças climáticas.

Com relação ao alardeado aquecimento global antrópico, muitos estudos também comprovam que o planeta Terra passa por ciclos naturais de aquecimento e resfriamento global, independentemente das atividades humanas, em especial das industriais.

Independentemente do planeta Terra estar passando por um ciclo de aquecimento ou resfriamento, independente de ser culpa ou não das atividades humanas, tudo que é produzido pelo homem causa impacto ambiental, aliás, a própria existência e crescimento da população humana, são as causas principais dos problemas ambientais. Por mais que se pesquise, por mais que se desenvolvam tecnologias e processos de produção limpos e ambientalmente corretos, ainda assim, fica difícil prover recursos, vida digna e consumo crescente para os mais de 7,7 bilhões de habitantes, que era a população mundial estimada em 2020.

1.1 A fabricação de produtos, o consumo de água (pegada hídrica) e de materiais em geral (pegada ecológica)

Todo produto tem um ciclo de vida, que pode ser comparado a nós seres humanos. Produtos são planejados (muitos pais planejam o nascimento dos filhos); são desenvolvidos (crescemos no útero de nossa mãe); são introduzidos no mercado (é o nosso nascimento) e, portanto são frágeis no início e podem não ser aceitos (similar à mortalidade infantil, pois somos frágeis quando nascemos e até certa idade); os produtos aceitos pelo mercado passam por uma fase de crescimento de vendas (quando entramos na adolescência passamos por um forte crescimento); após certo tempo o produto atinge a maturidade e para de crescer (exatamente como nós); o produto entra em declínio e morre (equivale à nossa velhice e morte); o produto é descartado, reutilizado ou reciclado (nós somos sepultados ou cremados). Maiores detalhes, sobre o ciclo de vida de um produto, são mostrados no capítulo 2.

Todos os produtos que projetamos, fabricamos e consumimos exigem muitos recursos naturais e muita energia, mas na maioria das vezes não temos ideia disso. Outro exemplo é com relação à água, pois consumimos demais, para produzir alimentos e fabricar coisas, ou seja, produzimos de forma errada, muitas vezes como há centenas de anos atrás, quando éramos poucos milhões de habitantes e não tínhamos consciência da limitação dos recursos naturais, em especial da água.

Pegada hídrica: é um conceito criado pelo professor Arjen Y. Hoekstra da UNESCO - IHE, em 2002, referindo-se à quantidade de água potável necessária para produzir um alimento ou produto. O Instituto IHE Delft para Educação em Água, anteriormente conhecido como Instituto UNESCO-IHE para Educação em Água era, em 2020, sediado na cidade de Delft, Holanda.

Estudos de 2012 (20 anos após a Conferência ECO 92 ou Rio+20) apontavam que, até 2030 a necessidade mundial de água potável será cerca de 40% acima do que se conseguia produzir à época. Segundo o relatório da Conjuntura dos Recursos Hídricos no Brasil – CRHB, da Agência Nacional de Águas – ANA, de 2012, o consumo de água no Brasil, tinha a seguinte divisão: 72% agricultura, 11% consumo animal, 9% consumo humano, 7% indústria e 1% consumo rural (por pessoas que viviam no meio rural). Estes fatos, obrigaram o setor industrial, a administrar a necessidade do consumo de água de forma estratégica, até devido seu crescente custo e restrições legais para uso. Embora, desde então, muito já tenha melhorado, no consumo industrial de água, ainda há muito que se possa reduzir, para evitar um colapso deste bem mineral valioso: Água.

Uma simples folha de papel A4 ou um inocente cafezinho, para serem produzidos, e por nós consumidos, exigem substanciais consumo de água. Vamos a alguns valores, disponíveis na WEB, em 2020: para tingir uma tonelada de tecido, eram necessários 150 mil litros de água; preparo do linho 40 mil litros por tonelada; uma tonelada de aço exigia entre 7 mil e 12 mil litros; já o alumínio exigia mais de 100 mil litros por tonelada. Na produção brasileira de bebidas, consumia-se cerca de 3 litros de água, por cada litro de bebida produzida. Em geral, a produção de matérias-primas como metais, vidro, plásticos, madeiras e couros, exigem muita água, ou seja, alta pegada hídrica. Outra constatação é que o consumo de água é maior, nas matérias-primas de origem mineral (metais, vidros e plásticos), quando comparadas às de origem vegetal e animal (madeiras e couro). Ou seja, do ponto de vista da pegada hídrica, ou melhor, pensando em reduzir o consumo de água, o ideal é que os produtos projetados tenham a maior quantidade possível de materiais de origens animal e vegetal, que são renováveis. Os materiais de origem mineral, como metais, plásticos e vidros, não são renováveis devendo, portanto, serem utilizados o mínimo possível.

Pegada ecológica: com relação ao consumo excessivo de materiais, para a produção de bens e serviços, existe um conceito chamado "pegada ecológica" que significa a área geográfica necessária para atender às necessidades básicas médias de uma pessoa ou comunidade e o espaço necessário para absorver os resíduos que produzem. A tabela 1.1 mostra a pegada ecológica por pessoa, para 14 países, segundo análises de 2016. Cabe lembrar que, (infelizmente) quanto maior o nível de vida e desenvolvimento tecnológico, maior é a pegada ecológica. Quando se analisa os Emirados Árabes Unidos, que têm a maior pegada ecológica por habitante, ou seja, 10,7 hectares (0,107 km^2), comparativamente à área total emersa de terra no nosso planeta, que é de cerca de 150 milhões de km^2, constata-se que, caso os 7,8 bilhões de habitantes da Terra (em 2020), tivessem a mesma pegada ecológica, seria necessária uma área total de cerca de 800 milhões de km^2, ou seja, quase 5,5 vezes a área total emersa que existe. Em resumo, temos que mudar nossos hábitos e comportamentos. Nossas formas de viver, produzir e consumir são insustentáveis. Algum dia haverá o colapso total, sendo que bem antes teremos problemas horríveis, especialmente os mais pobres. Chega a parecer um paradoxo: quanto mais riqueza e desenvolvimento tecnológico, mais problemas!

País	Pegada ecológica (hectares)	País	Pegada ecológica (hectares)
Emirados Aárabes Unidos	10,7	Austrália	6,8
Catar	10,5	Kuwait	6,3
Dinamarca	8,3	Holanda	6,2
Bélgica	8,0	Macedônia	5,7
Estados Unidos	8,0	Noruega	5,6
Estônia	7,9	Áustria	5,3
Canadá	7,0	Brasil	2,9

Tabela 1.1: pegada ecológica de 14 países (considerando o ano de 2016)

Dados de 2016, apontavam a Dinamarca com uma pegada ecológica por habitante (ou per capita) de cerca de 8,3 hectares, que equivalem a 83 mil metros quadrados (cada hectare tem 10 mil metros quadrados). Considerando-se a população dinamarquesa de 5,5 milhões de habitantes (nesta época, o Brasil tinha 200 milhões), tem-se uma pegada ecológica total de 45,65 milhões de hectares (5,5 milhões vezes 8,3), o que é equivalente a 456,5 mil quilômetros quadrados (um quilômetro quadrado igual a 100 hectares). A área territorial da Dinamarca é de 43.093 quilômetros quadrados. Se dividirmos a área total necessária, para que eles vivam bem (como vivem), que é 456,5 mil km^2 pela área territorial, que é 43.093 km^2, chegaremos a um valor de 10,6, ou seja, para manter o seu alto padrão de vida, a Dinamarca precisa de uma área territorial equivalente a mais de 10 vezes o tamanho do seu país.

Como isso é possível? Usando áreas de outros países, ou seja, para que os dinamarqueses vivam muito bem, inclusive se mostrando como "amigos do ambiente" ou ecologicamente corretos, outros países têm que usar e "sujar" partes de seus territórios. É como uma pessoa manter a sua casa limpa, jogando a sujeira na casa do vizinho. No Brasil temos um ditado que diz: "pimenta nos olhos dos outros é refresco".

Além da Dinamarca, isso é comum em países como Noruega, Suécia, Finlândia, Holanda, Suíça e Áustria. Países com pouco espaço territorial, população baixa, altíssimo padrão de consumo e apontados como "maravilhosos" em relação à proteção ambiental. Para que eles vivam assim, outros países (normalmente os pobres) degradam mais ainda os seus. Não é ideologia, é ciência.

E quanto ao Brasil, como estava de pegada ecológica? Em 2016, nossa pegada era equivalente a 2,9 hectares, uma população de cerca de 200 milhões de habitantes e uma área territorial de cerca de 8,5 milhões de km^2. Fazendo as contas vê-se que precisa-se de 5,8 milhões de km^2 para viver-se no "padrão de vida brasileiro". Ao dividir esse valor pela área territorial do Brasil, constata-se que usa-se o equivalente a cerca de 68% do território brasileiro. O que isso significa? Que ainda podíamos exportar mais matérias-primas para os países "bonzinhos" ? Vamos a alguns exemplos de pegadas ecológicas.

O que dizer de uma "inocente" garrafa de vidro usada, por exemplo, para embalar um gostoso suco de uva orgânica, ou seja, produzida sem o uso de fertilizantes químicos e agrotóxicos? O triste é saber que toda a cadeia de produção e suprimentos desta "inocente" garrafa, esconde na verdade uma grande devastação ambiental e sérios riscos à saúde das pessoas. Os dados a seguir foram extraídos de Goleman (2009).

Para a produção do vidro são utilizados cerca de 659 ingredientes minerais diferentes, tais como: sílica (areia), soda cáustica, calcário, cloreto de sódio (sal de cozinha) e amônia líquida. São 13 grandes processos industriais, com cerca de 1.959 subprocessos, até se ter a garrafa de vidro, que também consome muita energia, normalmente usando gás natural (que é um tipo de combustível fóssil, ou seja, poluente e não renovável) e eletricidade. Os fornos que derretem o vidro são aquecidos a mais de 1.600 ^{0}C.

Também é muito triste saber que, em toda a cadeia de produção e suprimentos do vidro, são liberadas substâncias cancerígenas, como por exemplo, hidrocarbonetos do tipo compostos orgânicos voláteis (COV). Trabalhadores destas fábricas, bem como as populações vizinhas, todos, estão expostos a estas substâncias. Todos estes impactos ambientais, e na saúde, ocorrem para que tenhamos uma garrafa de vidro, apontada como "produto ecológico", especialmente quando comparadas às de plásticos, que são muito piores. Será?

Em 2020, caso os mais de 7,8 bilhões de habitantes da Terra, fossem viver no mesmo padrão de produção e consumo dos mais ricos (ou seja, se todos os habitantes da Terra tivessem a mesma renda dos ricos), seriam precisos de cinco a seis planetas Terra! Considerando que todos vivessem no padrão dos muito ricos novaiorquinos, seriam necessários 12 planetas Terra!!! Como isso seria possível, pois só temos um planeta?

A propósito, em especial para estudantes, recomenda-se consultar informações do IBGE e da ONU, para entender o que significa "ser rico". Não se deve confundir rico com milionário. Faça a consulta e não se surpreenda se você constatar que faz parte de uma família considerada rica (não milionária). Ou seja, a situação ambiental, atual e futura, é muito pior do que se imagina e, infelizmente, passa por cada um de nós. Não adianta só pensar e culpar os outros, você também, certamente, contribui para isso. Estão todos no mesmo barco.

Tanto projetistas de produtos (*designers*), quanto consumidores, têm que tomar consciência e reduzirem suas pegadas hídricas e ecológicas. Produtos devem ser projetados de forma a conter a maior quantidade possível de materiais renováveis (por exemplo, madeiras e couros), e fabricados, com processos que usem a menor quantidade de água possível, bem como pouca energia.

1.2 O projeto de produtos, o *marketing* e o meio ambiente

Marketing é a área da Administração que utiliza técnicas relacionadas com o fluxo de bens e serviços do produtor para o consumidor. Significa a estratégia comercial, que abrange um leque muito amplo de atividades, desde o estudo de mercado, promoção, publicidade, vendas e assistência pós-venda. Esta área evoluiu tanto que, já há anos passou a constituir uma especialidade, inclusive com cursos específicos, principalmente de graduação. Philip Kotler cita que "*marketing* não é apenas vendas e propagandas, mas principalmente satisfazer às necessidades do cliente".

Infelizmente na prática o que se vê é uma confusão entre necessidade e desejo, sendo que produtos e serviços, na sua maioria esmagadora, sofrem um processo de *marketing*, objetivando satisfazer desejos e não necessidades. Todo ser humano tem desejos e necessidades, sendo que os desejos exigem a contínua produção de produtos e serviços, cada vez mais diferentes e inovadores.

Necessidades são estados de carência percebida, como por exemplo: alimentação, vestimentas, segurança, estima, reconhecimento, etc. Desejos são as necessidades humanas influenciadas pela cultura e características pessoais, como por exemplo: ter um bom carro, comer uma boa comida, ter uma boa casa, estar na moda, etc.

Mas, não é bom atender necessidades e desejos? Seria se produtos e serviços fossem produzidos e consumidos de forma a causar o mínimo impacto ambiental, e o máximo impacto social. Este é o ponto: como utilizamos, cada vez mais, matérias-primas não renováveis, e como o planeta Terra tem um limite físico, em verdade, além de toda a poluição que causamos com as produções e consumo, estamos exaurindo as fontes de matérias-primas, que um dia acabarão.

Existem cinco conceitos sobre *marketing*: 1) Conceito de produção: é baseado no preço baixo e na produção em escala; 2) Conceito de produto: um bom produto é aquele que apresenta a melhor qualidade, desempenho e inovação; 3) Conceito de vendas: produtos e serviços de baixa aceitação necessitam de venda em grande escala e promoção; 4) Conceito de *marketing*: é necessário conhecer as necessidades da sociedade para formatar o melhor produto e serviço para supri-las; 5) Conceito de *marketing* social: a empresa deve melhorar a qualidade de vida dos consumidores oferecendo produtos acima das necessidades dos mesmos.

Estes cinco conceitos podem ser resumidos na seguinte filosofia: conhecer o mercado e identificar as oportunidades, estimular o interesse sobre um determinado produto, avaliar as forças dos concorrentes e calcular qual será a demanda pelo produto de uma empresa em determinada área.

A literatura da área mostra que existem os seguintes três tipos de *marketing*: 1) de resposta; 2) de previsão e 3) de criação de necessidades, a seguir descritos.

1. ***Marketing* de resposta**. É o que responde a uma demanda, descobrindo e satisfazendo necessidades. É o chamado *marketing* ativo. Grande parte do *marketing*, praticado em 2019, trabalhava com essa formulação;

2. ***Marketing* de previsão**. É uma tarefa difícil reconhecer uma necessidade latente ou emergente. Para se aplicar esse tipo é fundamental analisar o mercado através de estudos de cenário, projetando futuros quadros de consumo. É o chamado *marketing* antecipativo. É considerado arriscado, pois as empresas podem errar a estratégia em caso de enfrentarem uma forte influência de variáveis macroambientais e

3. ***Marketing* de criação de necessidades**. É o nível mais agressivo de *marketing*, pois é o esforço que leva a empresa a lançar um produto jamais solicitado e, muitas vezes, inimaginável. É o conceito que se parte da ideia de que ao invés da empresa ser dirigida pelo mercado é a empresa que dirige o mercado. É o chamado *marketing* pró-ativo, pois trabalha com a abordagem da inovação radical em sua estratégia. (Consumismo puro).

O *marketing mix* ou composto de *marketing* é formado por um conjunto de variáveis controláveis que influenciam a maneira com que os consumidores respondem ao mercado. O composto é dividido em quatro fatores chamados de “quatro pês” (4Ps), que são: Produto, Preço, Praça (ponto de venda/distribuição) e Promoção, com os seguintes detalhes:

Produto: tudo o que se refere ao produto ou serviço em si, como formulação física, características, produção, qualidade, marca, *design*, embalagem, etc;

Preço: política de preços, descontos, e formas e prazos de pagamento;

Praça: o necessário para apresentar o produto ou serviço ao consumidor, para que ele possa comprá-lo e consumi-lo, canais de distribuição, cobertura, variedades, locais, estoque, transporte e

Promoção: todas as tarefas de comunicação que visam promover o consumo do produto ou serviço, promoção de vendas, publicidade, força de vendas, relações públicas, marketing direto, propaganda, etc.

Os quatro fatores do *mix* de *marketing* estão interrelacionados, ou seja, decisões em uma área afetam ações em outra. Em síntese: o grande desafio do *marketing* é ajudar a desenvolver produtos que causem o mínimo impacto ambiental, com o máximo impacto social.

1.2.1 O *marketing* verde e o *greenwashing*

À medida que a humanidade vai tomando consciência de seu papel social, muito se tem questionado acerca da responsabilidade social de algumas empresas, perante o impacto ambiental negativo decorrente das atividades produtivas e mercadológicas. O processo de industrialização percorrido pelas nações ao longo dos últimos séculos trouxe, de um lado, diversos benefícios econômicos e, de outro, sérias consequências ambientais. Se foi permitido à humanidade usufruir, nesta era virtual, do conforto proporcionado por uma vasta gama de produtos e serviços, não se pode esquecer que muitos destes benefícios tiveram um custo ambiental bastante elevado. Cada vez mais, os governos de diversos países em parceria com a iniciativa privada, têm se mobilizado em busca de soluções para o conflito: desenvolvimento econômico *versus* preservação ambiental. O chamado desenvolvimento sustentável (que, em verdade, é impossível de ser alcançado 100%), ainda está longe de ser praticado pelos países e suas organizações, tendo em vista os inúmeros problemas ambientais decorrentes das atividades produtivas tais como: chuva ácida, lixo nuclear, poluição atmosférica e aquática, entre outros. Exatamente por isso, é preciso repensar a atividade produtiva e mercadológica, a fim de que se possa encontrar soluções viáveis para o conflito capital *versus* natureza e também conciliar os interesses de governos, empresas e sociedade neste processo. Um dos recursos ambientalmente responsáveis é a implantação do chamado *marketing* verde.

O *marketing* verde: o termo *marketing* verde, ecológico ou ambiental, surgiu na década de 1970, quando a AMA (*American Marketing Association*) realizou um *workshop* com a intenção de discutir o impacto do *marketing* sobre o meio ambiente. Após esse evento o *marketing* ecológico foi assim definido: "O estudo dos aspectos positivos e negativos das atividades de *marketing* em relação à poluição, ao esgotamento de energia e ao esgotamento dos recursos não renováveis." Posteriormente, o *marketing* ambiental também foi discutido por Philip Kotler* que o definiu como sendo: "um movimento das empresas para criarem e colocarem no mercado produtos ambientalmente responsáveis em relação ao meio ambiente". Polonsky*, autor de várias obras sobre o tema, propõe um conceito para o *marketing* verde, que ele próprio considera como sendo o conceito mais abrangente: "*marketing* verde ou ambiental consiste em todas as atividades desenvolvidas para gerar e facilitar quaisquer trocas com a intenção de satisfazer os desejos e necessidades dos consumidores, desde que a satisfação de tais desejos e necessidades ocorra com o mínimo de impacto negativo sobre o meio ambiente". O *marketing* ecológico ou verde consiste, portanto, na prática de todas aquelas atividades inerentes ao *marke-*

ting, porém, incorporando a preocupação ambiental e contribuindo para a conscientização ambiental por parte do mercado consumidor.

Ao adotar o *marketing* verde, a empresa deve informar a seus consumidores acerca das vantagens de se adquirir produtos e serviços ambientalmente responsáveis, de forma a estimular (onde já exista) e despertar (onde ainda não exista) o desejo do mercado por esta categoria de produtos. No *marketing* verde, os consumidores desejam encontrar a qualidade ambiental nos produtos e serviços que adquirem. Percebe-se assim, que nenhum esforço por parte das empresas tem sentido, se os consumidores insistirem em continuar consumindo determinados bens que agridam a natureza.

* Philip Kotler, professor americano, com 89 anos de idade em 2020, era considerado um dos grandes autores da área de *marketing*. Michael Jay Polonsky era, em 2020, professor da Faculdade Alfred Deakin, na Austrália, sendo autor de relevantes trabalhos na área do *marketing* verde.

O *greenwashing*: esse termo é um neologismo, ou seja, uma nova palavra, que surgiu de duas palavras em inglês: *green* (verde) + *whitewash* (encobrir). É um termo usado para propagar práticas ambientais positivas, mas que, na verdade, possui atuação contrária aos interesses e bens ambientais. A tradução para português pode ser algo como "lavagem verde" ou "pintando de verde", em linguagem chula pode-se traduzir como: "não me engana, pois eu não gosto". Trata-se do uso de ideias ambientais para construção de uma imagem pública positiva de "amigo do meio ambiente" que, porém, não é condizente com o produto ofertado. Aqui não se quer dizer que as empresas não possam divulgar o que estão fazendo pelo meio ambiente, mas sim que devem agir de modo transparente, ou melhor, ético. Um produto que consome menos energia ou emite menos gases poluentes não pode ser intitulado como "ecológico", se, por exemplo, o seu processo produtivo também não foi adaptado para diminuir as agressões à natureza.

Existem muitos exemplos de *greenwashing*, mas que infelizmente não são percebidos por muitas pessoas. A seguir será citado um exemplo, que ocorreu no início de 2014 no Brasil. Uma grande companhia produtora de carne de frango, alardeou em grandes veículos de comunicação (jornais e televisões) que os seus frangos comercializados não continham conservantes nem hormônios. Isto foi muito comentado, com grande repercussão positiva, ou seja, uma boa estratégia de *marketing*, pois é voz corrente que a produção de frango no Brasil usa estes produtos, que são nocivos à saúde humana. Qual o problema, já que isso é verdade, embora quase todos os outros produtores também não usem essas substâncias?

O que não foi dito, e então confirmou-se um caso de *greenwashing*, é que estas produções de carne de frango usam antibióticos, para proteger as aves, mas que causam sérios problemas aos seres humanos, já que quem as consome vai ingerindo estes antibióticos lentamente. Existem estudos que mostram que, ao longo do tempo, o consumo destas carnes com antibióticos, pode causar resistências aos mesmos, no ser humano, atrapalhando o seu uso em caso de necessidade. Aqui a empresa não mentiu sobre duas substâncias (realmente não as tem), mas omitiu uma terceira, que causa problemas ao consumidor. Isto é *greenwashing*.

Outro exemplo de *greenwashing*, ou melhor, propaganda enganosa, é quando um fabricante de veículos enfatiza que utiliza determinadas partes fabricadas com materiais reciclados ou até devido prática da logística reversa. É claro que isto é bom para o meio ambiente, logo para nós, mas não se pode esquecer que um veículo, tanto com suas partes em metais (basicamente aço), quanto nas de plástico, são produtos que causam alto impacto ambiental. Nestes casos as propagandas, em especial de automóveis, são rodadas em estradas dentro de áreas verdes e até de florestas, tentando passar para o consumidor que aquele produto é amigo do meio ambiente. Aqui não se está dizendo para não se comprar um automóvel, mas sim da "sutileza" da propaganda, para atrair consumidores. Isto é *greenwashing*.

Principalmente em produtos de limpeza e cosméticos é comum ter-se embalagens com as cores verde e azul predominando, e normalmente com imagens de áreas verdes ou florestas, além de frases como: produto ecologicamente correto, estamos protegendo a natureza, produto amigo do planeta, cuidando do ambiente, empresa com responsabilidade socioambiental, etc.

O *greenwashing* e o carro elétrico: a cada dia mais se fala sobre o carro movido à eletricidade, que não "polui", pois não queima combustível, ou seja, não emite gases e partículas de combustão. Esse tipo de energia é até muito melhor do que o biocombustível, como o etanol ou biodiesel. Concordamos que essa é uma forma limpa de se gerar energia automotiva. Mas, e quanto ao veículo em si, que é produzido com metais, plásticos e tintas? Todos materiais de origem mineral, ou seja, não renováveis. Se for feito o estudo de toda a cadeia de produção de todas as partes componentes de um automóvel à eletricidade, a conclusão será de impactos ambientais de alto grau.

E quanto às baterias, que armazenam a eletricidade? Como são fabricadas? Utilizam plásticos e materiais minerais, inclusive metais como chumbo, altamente nocivo à saúde humana e ao meio ambiente. E quanto à eletricidade que será armazenada, nesta bateria, como foi gerada? Certamente com muito impacto ambiental. Apenas países que produzem eletricidade a partir de hidroelétricas (como o Brasil) e da energia nuclear (como a França), ou seja, de baixas emissões de gases do efeito estufa é que podem ter ganhos ambientais, com o uso do carro elétrico, do ponto de vista da energia para locomoção. Em países como China e Índia, que ainda usavam muito carvão e petróleo (em 2020) para gerar eletricidade, o carro elétrico era mais emissor de gases do efeito estufa, do que os veículos movidos a gasolina ou diesel. O carro elétrico é uma novíssima "meia verdade conveniente", embora como já citado, possa realmente ser mais amigo do meio ambiente, do que um que queime combustível fóssil.

1.3 As Revoluções Industriais

Embora a maioria dos livros, em especial os das áreas das Ciências Sociais Aplicadas e Sociologia, se refira ao termo "Revolução Industrial", devido à máquina a vapor, que pode ser considerada como a primeira (de 1780 a 1860) de várias Revoluções Industriais, em verdade o mundo já passou por cinco Revoluções Tecnológicas (ou seja, não apenas industriais), com a sexta iniciando-se em 2010 devendo se prolongar até por volta de 2030/2040, quando iniciará a Sétima Revolução Industrial (segundo o professor Abrantes).

É importante citar que o termo "Revolução Industrial" refere-se ao fato de se mudar a forma da produção industrial, tanto devido a tecnologias de produção baseadas em novas máquinas e processos, bem como de novas formas de gestão, como foi o caso da "forma japonesa de administrar", que propiciou a 4ª Revolução Industrial: de 1950 a 1980. Também deve ser dito que, para cada nova Revolução Industrial, ocorreram mudanças ou eras da Gestão Empresarial, ou seja, Administração de Empresas.

As diversas Revoluções Industriais, adiante citadas, foram assim consideradas pelo professor, José Abrantes, baseado na evolução cíclica da produção industrial. Os autores reconhecem que, do ponto de vista sócio-político-econômico, existem diversos pesquisadores e historiadores que entendem diferentes eras ou ciclos ou ondas de desenvolvimento, sendo comum citações de até a 3ª Revolução, considerando-se os períodos posteriores como Era do Conhecimento ou Era Pós-Industrial. Alguns autores falavam (2020) na 4ª Revolução.

Desde a descoberta do fogo, pelos nossos ancestrais, os Neandertais, há cerca de 500 mil anos, a espécie humana vem promovendo avanços tecnológicos, inicialmente por necessidade de sobrevivência e segurança e, desde a 1ª Revolução Industrial (de 1780 a 1860), para mais conforto e consumo. Há 70 mil anos passamos a usar formas primitivas de iluminação, em substituição às fogueiras. Há 30 mil anos a confeccionar vestimentas, inclusive tecendo fios. Há 12 mil anos a praticar a agricultura, ou seja, deixamos de ser apenas caçadores e coletores. Há 8 mil anos a usar a roda, que foi um grande salto tecnológico. Há 7 mil anos passamos a usar formas rudimentares de metais e há 6 mil anos a produzir o vidro. Há 5,5 mil anos desenvolvemos a escrita. Há 3,5 mil anos a usar o relógio de sol. Há 2,7 mil anos surgiram as primeiras moedas de metal. Em 105 a.C. os chineses começaram a produzir papel a partir de fibras vegetais. Por volta do ano 800 da nossa era, alquimistas chineses descobriram a pólvora. Em 1422, o alemão Gutemberg (1398-1468) criou o processo de impressão. Em 1623 o alemão Wilhem Schickard (1592-1635) criou uma calculadora mecânica, capaz de somar, subtrair, multiplicar e dividir. A partir do século XVI (1501 a 1600) o ser humano passou a criar e inovar, de forma progressiva e cada vez mais, em menor espaço de tempo. A figura 1.1 dá uma ideia visual do avanço tecnológico mundial, desde 1612, quando na Inglaterra começou-se a usar o carvão mineral nas siderúrgicas.

Entre a descoberta da roda (6.000 a.C.) e o aperfeiçoamento da máquina a vapor (1765), decorreram cerca de oito mil anos. Entre a criação do primeiro computador, o ENIAC em 1946, e o uso industrial da Inteligência Artificial, na década de 2010, foram menos de 70 anos. Até onde chegaremos com nosso avanço tecnológico?

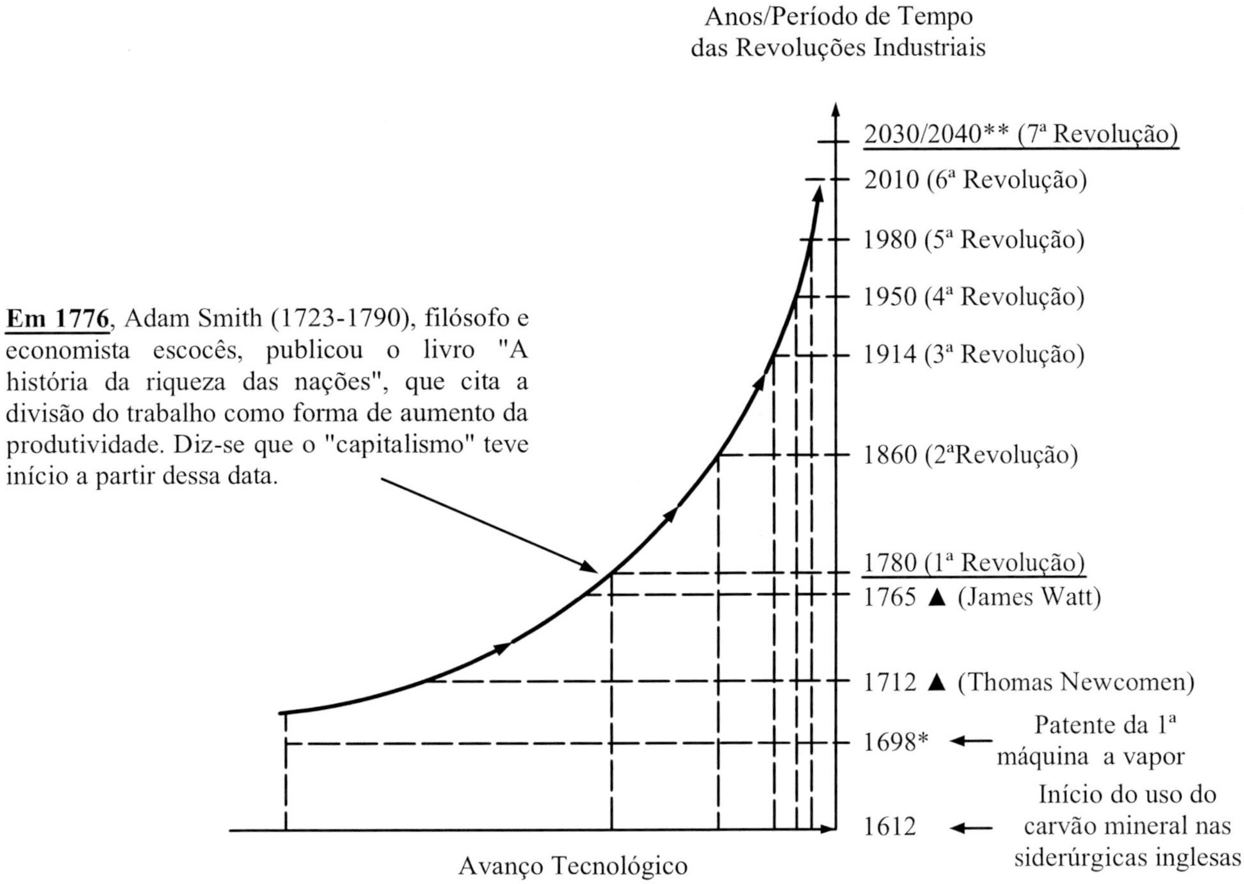

* Em 1698, Thomas Savery (1650-1715), mecânico inglês, patenteou a primeira máquina a vapor, realmente prática.

** Previsão para início da 7ª Revolução Industrial (segundo o professor José Abrantes)

Figura 1.1: curva figurativa do avanço tecnológico mundial ao longo do tempo (entre 1612* e 2040**)

▲ Em 1712, Thomas Newcomen (1663-1729), um mecânico inglês, inventou uma máquina a vapor para esvaziamento da água de infiltração das minas de carvão. Em 1765, James Watt (1736-1819), matemático e engenheiro escocês, introduziu o condensador na máquina de Thomas Newcomen, componente que aumentou consideravelmente a eficiência da máquina a vapor. Essa melhoria é apontada como uma grande evolução tecnológica, sendo uma das bases da chamada 1ª Revolução Industrial.

Acompanhando as Revoluções Industriais, o Projeto e a Engenharia de Produtos também vêm passando por constantes avanços e modificações. O quadro 1.1 apresenta um resumo, para cada período, com as principais características e tecnologias envolvidas em cada Revolução, bem como suas influências no Projeto de Produtos.

Revolução Industrial (Período)	Características principais/Tecnologias envolvidas/Projeto de Produtos
1ª - 1780 a 1860 (Intervalo de 80 anos)	Aperfeiçoamento da máquina a vapor. Carvão como fonte de energia e o ferro (fundido) como matéria prima. Produtos eram fabricados, sem o que chamamos hoje de "Projeto". Em verdade eram simples utensílios domésticos e máquinas rudimentares. Em 1841 nasce (na Turquia) Jules Henri Fayol, um engenheiro de minas francês que ajudou a revolucionar a forma de organizar as empresas. Em 1856 nasce Frederick Winslow Taylor, engenheiro mecânico americano que em 1911 publicou os "Princípios da Administração Científica". Em 27 de agosto de 1859, na Pensilvânia é descoberto o primeiro poço de petróleo. No início da era cristã, a população mundial era de cerca de 250 milhões de pessoas. No ano 1.000, éramos 310 milhões e em 1800 éramos um bilhão.
2ª - 1860 a 1914 (Intervalo de 54 anos)	Aperfeiçoamento das máquinas (mecanização), tendo a eletricidade e o petróleo como fonte de energia e o aço como matéria-prima. Agora já existe o conceito de "Projeto de Produtos", principalmente com a produção em série de automóveis. Em 1863 nasce Henry Ford (futuro engenheiro mecânico), considerado o pai da indústria automobilística e criador do conceito da "linha de montagem industrial". Em 1900, a população mundial era de cerca de 1,65 bilhões de pessoas.
3ª - 1914 a 1950 (Intervalo de 36 anos)	Desenvolvimento da petroquímica e da energia nuclear. Disseminação da filosofia fordista/taylorista de produção. Após a primeira guerra mundial (1914 a 1917), lentamente consolidou-se o conceito de Projeto de Produtos, especialmente com o projeto e fabricação de eletrodomésticos. Deve-se citar a Staatliches Bauhaus, fundada na Alemanha em 25/04/1919, originalmente uma escola de *design*, artes plásticas e arquitetura, que muito influenciou o Projeto de Produto. Em 1950, a população mundial era de cerca de 2,52 bilhões de pessoas.
4ª - 1950 a 1980 (Intervalo de 30 anos)	Introdução de máquinas automáticas (automatização). A "forma de administrar" dos japoneses. O fim do uso quase exclusivo do carvão como fonte de energia. Uso crescente do petróleo e da energia nuclear para a geração de eletricidade. Após a segunda guerra mundial (1938-1945), o Projeto de Produtos passa a ser obrigatório. Com a crescente concorrência, em escala mundial, a busca pela qualidade dos produtos muito desenvolveu as técnicas e métodos do Projeto de Produtos. Em 1980, a população mundial era de cerca de 4,1 bilhões de pessoas.
5ª - 1980 a 2010 (Intervalo de 30 anos)	Microeletrônica; Informatização; Bio e nanotecnologias; Teoria das Inteligências Múltiplas; A Heutagogia e a Educação a Distância - EAD. O desenvolvimento da computação gráfica, permitiram um salto tecnológico gigantesco, em todas as atividades industriais, especialmente no Projeto de Produtos e sua integração com a fabricação. Em 2010, a população mundial era de cerca de 7 bilhões de pessoas.
6ª - 2010 a 2030/2040(?) (Intervalo de 30 anos)	Inteligência artificial; Comunicação Quântica; Internet das coisas; Produção inteligente; Robótica; Novos materiais; Impressão Tridimensional; Nanotecnologia; Biotecnologia; Realidades Virtual e aumentada; Economia Compartilhada; Indústria 4.0; Energias alternativas, etc. Especialmente devido à inteligência artificial, a realidade aumentada e a impressão tridimensional de metais, em 2020 podia-se prever que, após 2030/2040, o Projeto de Produtos será de uma forma bem diferente, do que se fez até então. Em 2020, a população mundial era de cerca de 7,8 bilhões de pessoas, podendo chegar a 10 bilhões em 2050.
7ª Após 2040(?)	Como será o Projeto de Produtos? Quais produtos teremos? Como estará a situação do meio ambiente? Ainda usaremos o petróleo? E quanto à energia nuclear?

Quadro 1.1: características, tecnologias e o Projeto de Produtos, durante as seis Revoluções Industriais, entre 1780 e 2040.

Capítulo 2

A fabricação de produtos: as verdades e mentiras ambientais convenientes

Neste capítulo são apresentados dados e informações, que mostram algumas verdades e mentiras, relacionadas ao meio ambiente, que não são difundidas, bem piores que o *greenwashing*, que são vendidas como verdades. Não existe nada produzido pelo homem, incluindo os produtos industriais, que não causem impactos ambientais. É impossível termos um produto 100% ecológico, ou seja, que não cause problema algum ao meio ambiente. São como os remédios: todos têm efeitos colaterais. Também deve ser dito que, muitos fabricantes e fornecedores, especialmente os de pequeno porte, não agem de má fé, ao oferecer produtos que, sabe-se, causam impactos ambientais. Na realidade, muitos simplesmente não sabem, até por não conhecerem toda a cadeia de produção. Por exemplo, um produtor rural artesanal, embala seu doce de abóbora orgânica em um pote de vidro, convencido que o vidro é reciclável (e é), sem ter a menor ideia dos enormes impactos ambientais que a produção do vidro, e da tampa metálica do pote, causam. A abóbora e o processo de produção até podem ser considerados como ecológicos, mas o "produto", pote de vidro/tampa, não.

2.1 O "buraco" na camada de ozônio

O gás Ozônio ou O_3 é formado quando o Oxigênio molecular ou O_3 das camadas mais elevadas da atmosfera sofre reações devido à energia ultravioleta proveniente do sol. Cerca de 90% do ozônio da atmosfera está na ozonosfera e se situa entre 16 a 30 quilômetros de altitude. Esta camada de ozônio, que existe em volta de todo o planeta terra, funciona como um filtro absorvendo a radiação ultravioleta – UV do sol, deixando passar apenas uma parte desta radiação, que na medida certa é benéfica ao ser humano e à natureza em geral. Este fenômeno, do buraco da camada de ozônio, ocorre na Antártica somente entre agosto e início de novembro, devido fatores climáticos específicos desta região. Em verdade não é um "buraco", mas sim uma redução da espessura da camada de ozônio (ou seja, primeira mentira).

O "buraco" na camada de ozônio foi uma das primeiras grandes mentiras, com relação ao meio ambiente, tendo sido desmascarada por vários cientistas e estudos. As informações a seguir, foram extraídas do artigo: "O buraco de ozônio: o outro lado da história", do professor Luiz Carlos Baldicero Molion (Ph.D.), do Instituto de Ciências Atmosféricas da Universidade Federal de Alagoas – UFAL (ano de 2020).

Em 1960, o cientista britânico Gordon Dobson, escreveu em seu livro que o "buraco" na camada de ozônio sobre a Antártica era natural. Dobson, na realidade, não usou a expressão "buraco" e sim "anomalia". Quem a usou pela primeira vez foi Richard Penndorf, dos Laboratórios de Pesquisas da Força Aérea em Cambridge,

EUA, em 1950, quando analisou o período 1926-1942 de dados da estação de Tromsoe, ao norte da Noruega. Ele notou registros de concentrações de ozônio de valores tão baixos quanto 50 Unidades Dobson (UD) e uma grande variabilidade diária, com um fator quase dez (1.000%) entre o máximo e o mínimo registrados naquele período. A expressão, porém, só ficou famosa após 1985, quando o cientista britânico J.B. Farman, e seus colegas do British Antarctic Survey, publicaram um trabalho sobre as anomalias do ozônio na primavera austral.

Durante alguns anos, por volta do mês de outubro, pesquisadores do Centro de Voos Espaciais Goddard (GSFC), NASA, realizaram vários voos na estratosfera da Antártica e constataram a presença do elemento químico cloro que, através de reações químicas, algumas feitas em laboratórios e outras teóricas, supõe-se que destrua ou impeça a formação de moléculas de ozônio. Em 1987, um movimento liderado pela Sra. Margareth Tatcher, primeira ministro da Inglaterra, conseguiu que se firmasse o Protocolo de Montreal, no Canadá, para banir os clorofluorcarbonos (CFCs), vulgarmente conhecidos como gases "*freons*", pois "*existia evidência observacional indiscutível que o cloro neles contido era a causa da destruição da camada de ozônio e da existência do buraco*". O protocolo esteve aberto para adesões a partir de 16 de Setembro de 1987 e entrou em vigor em 1 de Janeiro de 1989. Ele teve adesão de 150 países e foi revisado nos anos: 1990, 1992, 1995, 1997 e 1999.

Coincidentemente, o tal buraco chegara a um máximo naquele ano (1989), fato que criou o cenário propício para se lançar o Protocolo. O Brasil, após ter relutado, acabou cedendo à pressão internacional e também assinou o Protocolo. Em novembro/dezembro de 1989, porém, a NASA constatou que o buraco voltara a se fechar! (menos de um ano, após a assinatura do Protocolo).

Os gases chamados de clorofluorcarbonos ou CFCs, que têm cloro em sua composição, utilizados em sistemas de refrigeração, ar condicionado, solventes industriais, espumas isolantes (isopor ou poliestireno), produtos usados na microeletrônica e líquidos *spray*, foram apontados como os grandes vilões e destruidores da camada de ozônio.

Já há muito sabe-se que, o tal buraco é causado pelas condições climáticas especiais da Antártica, fato esse já conhecido por Dobson em 1960, e pela presença, na estratosfera antártica, de aerossóis vulcânicos (vulcões), contendo cloro, flúor e bromo.

Pouco se divulga, mas na Antártica existem cerca de 23 vulcões, sendo 12 ativos, todos localizados na parte Oeste do continente gelado. O problema é que estes vulcões não apresentam erupções explosivas, mas ficam soltando seus gases "quietinhos sem fazer barulho e estardalhaço". Em 20 de janeiro de 2008, foi divulgado a descoberta de um outro vulcão ativo, também na parte Oeste da Antártica, abaixo da camada de gelo e que teria entrado em erupção há dois mil anos. (BAPTISTA, 2009, p.177 e 178).

Durante o inverno, com a noite polar, a produção fotoquímica de ozônio é interrompida, pois esta precisa da radiação ultravioleta (UV) do Sol para se realizar. Intensifica-se, também, o vórtice circumpolar, que são ventos superiores a 150 quilômetros horários que circundam o continente antártico, da superfície até a estratosfera, e isolam sua atmosfera do resto do planeta, reduzindo as trocas gasosas, em particular a entrada de ozônio, uma vez que a maior parte do ozônio existente na estratosfera polar é produzida na região tropical e transportada para lá pelos ventos. Simultaneamente, o resfriamento, causado pelas perdas de radiação térmica para o espaço exterior, gera temperaturas estratosféricas inferiores a 80 ^{o}C abaixo de zero e a presença de nuvens polares, compostas de cristais de gelo, criam as condições para que o elemento químico cloro comece a destruir o ozônio cataliticamente.

Todos esses fatores levam à diminuição de sua concentração e ao aparecimento do tal "buraco" ou anomalia. A situação só se reverte, ou seja, o "buraco" se fecha, em meados de outubro, com a ruptura do vórtice circumpolar, que permite que ar tropical, rico em ozônio, entre na atmosfera antártica, e com o ressurgimento do Sol, terminando a noite polar e recomeçando as reações fotoquímicas. Apesar de a maior parte dos CFCs ser produzida e liberada no Hemisfério Norte, as flutuações da concentração de ozônio no inverno ártico são de menor amplitude, pois não ocorrem as mesmas condições atmosféricas da Antártica. Em particular, o vórtice circumpolar é fraco e as temperaturas estratosféricas raramente são tão baixas.

Existe um fato curioso na Antártica, que é propositalmente escondido, do público em geral. Trata-se do vulcão Erebus, com cerca de 4 mil metros de altitude, portanto quase na base da estratosfera* antártica, que está a apenas 5 mil metros de altura no inverno. De acordo com a equipe do Instituto de Minas e Tecnologia da Universidade de Novo México, Estados Unidos, liderados pelo Dr. Philip Kyle, que analisou os dados de suas emissões entre 1972 e 1987, no ano de 1983, por exemplo, o Erebus lançou, na atmosfera antártica, uma média de 1.230 toneladas por dia de cloreto de hidrogênio ou gás clorídrico (HCl), num total anual estimado em 450 mil toneladas. *A estratosfera caracteriza-se pelos movimentos de ar em sentido horizontal, tem sua base situada entre 7 e 17 km da superfície e seu topo, aproximadamente a 50 km de altitude, sendo a segunda camada da atmosfera, compreendida entre a troposfera e a mesosfera.

Das 750 mil de toneladas de cloro, contidas nos gases CFCs, que eram produzidos anualmente pelo homem, estima-se que apenas 1%, ou seja, 7.500 toneladas, tenham escapado para a atmosfera. Comparando-se vemos que, somente o Erebus lançou cerca de 60 vezes mais cloro que toda a humanidade. A atmosfera antártica, como dito acima, fica isolada do resto do Planeta durante seu inverno, além do que a intensidade de isolamento varia de ano para ano, dependendo das condições climáticas globais. Em anos de intenso isolamento, como os observados na década de 1980, em que grandes distúrbios climáticos ocorreram naturalmente, como os El Niños de 1982/83 e 1986/87, considerados entre os mais fortes do século, há a tendência das concentrações dos gases vulcânicos aumentarem dentro do vórtice circumpolar e o tal buraco de ozônio se ampliar.

Além dos vulcões antárticos, existem cerca de 1.600 vulcões ativos em todo o mundo e, entre 1963 e 1986, ocorreram 14 (25%) das 56 grandes erupções registradas nos últimos 120 anos, sendo que três delas, Nevado del Ruiz, Colômbia (1985), Augustine, Alaska (1986) e Lascar, Chile (1986), podem ter contribuído diretamente para o mínimo de ozônio em 1987. Não se tem muito conhecimento sobre a composição química de suas ejeções. Na literatura especializada consta que os vulcões ativos liberam, diariamente, de centenas a alguns poucos milhares de toneladas de enxofre, na forma de SO_2, e centenas de toneladas de cloro, fluor e bromo (componentes básicos dos CFCs), que correspondem a 10-13% do total ejetado.

Os gases e aerossóis, emitidos pelos vulcões, entram na circulação global da atmosfera e eventualmente alcançam a estratosfera do continente antártico durante o verão. O tempo para que isso aconteça pode variar de alguns dias a alguns meses, dependendo da posição geográfica do vulcão. Segundo Scott D. Doiron e outros, do GSFC/NASA, as 2 milhões de toneladas de material ejetadas em agosto de 1991 pelo Cerro Hudson, Chile, por exemplo, demoraram apenas 3 a 5 dias para serem incorporadas ao vórtice circumpolar, já as grandes emissões em junho de 1991 pelo Pinatubo, localizado nas Filipinas, levaram cerca de 6 meses, conforme observado por satélite. "Coincidentemente" em 1992, as concentrações de ozônio sofreram reduções de até 14% em algumas regiões, com uma redução média global de 4,7% em final de 1992 e início de 1993, segundo dados do TOMS analisados por Gleason e outros, do GSFC/NASA (1993).

Outra forma de mostrar esta mentira do tal "buraco" na camada de ozônio é que, a produção fotoquímica de ozônio depende da radiação ultravioleta proveniente do Sol, cuja intensidade não é constante. Dentre os vários ciclos, o Sol apresenta um de cerca de 11 (22) anos, no qual há um número máximo de manchas, cuja frequência pode ser usada como um indicativo da atividade solar, o chamado máximo solar, e um mínimo de manchas, que acontece 6 a 7 anos defasados do máximo. A envoltória dos máximos de manchas solares constitui um outro ciclo de cerca de 90 anos, o Ciclo de Gleissberg, que estava se aproximando de seu mínimo no final do século XX e começo do XXI.

Estudos mostraram que, durante os máximos solares a produção de ultravioleta é maior. Nos últimos anos, que foi o período inexplicavelmente selecionado pelo Painel de Tendência do Ozônio (*Ozone Trend Panel* - OTP) já que para a Antártica, por exemplo, existem dados rotineiros desde 1964, a menor concentração de ozônio já registrada, e, portanto, o maior buraco já observado, foi o de 1987 que coincidiu com o último mínimo solar. Em 1989, no inicio de mais um máximo, a concentração de ozônio voltou a aumentar!

No Hemisfério Norte, a rede de estações, que faz medidas sistemáticas de concentração de ozônio utilizando espectrofotômetro Dobson, a partir da superfície terrestre, começou a funcionar em meados dos anos 1950. Embora tenha havido maior produção de UV durante o máximo solar de 1957-58, que apresentou um número de manchas solares uma a duas vezes maiores que os dos máximos subsequentes de 1969-70, 1980-81 e 1990-91, a concentração de ozônio não apresentou aumento significativo possivelmente em virtude da grande erupção do vulcão Bezymianny, na Russia, em março de 1956. Durante o período do mínimo solar subsequente, entre 1962-65, as concentrações da camada de ozônio registraram o maior mínimo observado numa série de 30 anos de dados. Uma análise da frequência de atividades vulcânicas mostrou que, naquele período, ocorreram 3 grandes e 40 médias erupções. A partir daí, as concentrações aumentaram, atingindo um máximo entre 1973-75. No máximo solar de 1990-91 também ocorreram várias erupções, como a do Monte Unzen (Japão), Monte Pinatubo (Filipinas) e Cerro Hudson (Chile) que impediram que a concentração de ozônio aumentasse. Como o Ciclo de Gleissberg está se aproximando do mínimo e, coincidentemente, parece haver uma frequência maior de atividade sísmica (erupções) durante o mínimo de Gleissberg, espera-se que as concentrações de ozônio continuem a se reduzir entre 2007/2018 e 2018/2030, devendo voltar a subir, ou seja, diminui o tal buraco, no próximo máximo de Gleissberg, por volta do ano 2050.

Em resumo, a variação das atividades solar e sísmica (vulcões) seriam suficientes para explicar uma variabilidade da camada de ozônio com o tempo de 10 a 20% em torno da média. Ou seja, a variabilidade da camada de ozônio é natural e não induzida pelos gases CFCs. O que está por trás desta grande mentira? Por que o Protocolo de Montreal de 1989 eliminou os CFCs?

Por que terminaram as patentes dos produtores dos gases CFCs, ou seja, os mesmos não mais receberiam *royalties*, pois qualquer um os poderia produzir. No lugar dos CFCs estão sendo produzidos os hidrofluorcarbonos ou HFCs, gases para refrigeração à base de butano, "oito vezes menos prejudicial à camada de ozônio" (e muito mais caro) e com prazo de eliminação, para os países em desenvolvimento em 2040.

Um estudo feito nos EUA pela Agência Nacional de Oceanos e Atmosfera ou NOAA, na sigla em inglês, e divulgado em agosto de 2009, mostrou um outro tipo sério de "ameaça para a camada de Ozônio". Trata-se do óxido nitroso ou NO_2, que também é utilizado como anestésico e também conhecido como gás hilariante. As emissões de NO_2 vêm aumentando, principalmente devido o uso de fertilizantes químicos e a queima de combustíveis fósseis. Segundo este estudo, em 2009 já estavam sendo lançadas anualmente na atmosfera cerca de 10 milhões de toneladas deste gás. (O GLOBO, 28/08/09, Caderno Ciência, página 30, reportagem de Catarina Alencastro). Será isto verdade ou mentira?

2.2 A neutralização de carbono, devido plantio de árvores

Até por volta de 2015, muito se falava sobre a anulação da emissão de carbono, através do plantio de árvores. Por exemplo, um determinado *show* ou evento era realizado e devido o consumo de energia, tanto do *show* em si, quanto das atividades auxiliares (por exemplo, transporte das pessoas) emitiam uma determinada quantidade de carbono. Existem cálculos, inclusive disponíveis na Internet, que permitem saber quantas árvores serão necessárias para "absorver" aquele carbono liberado.

Existem firmas especializadas no plantio de árvores para a anulação das emissões humanas de gás carbônico. Pronto, está descoberta a solução: basta plantarmos árvores em grande quantidade, ao redor de todo o mundo, e assim poderemos continuar o nosso modo de vida, pois as árvores sequestrarão o gás carbônico e o equilíbrio se manterá. É muito importante o plantio de árvores e plantas de forma geral, pois ajudam a reduzir a concentração de gás carbônico na atmosfera, bem como ajudam a tornar mais amena a temperatura ambiente. Infelizmente não será apenas plantando árvores que resolveremos o problema. Vamos a uma simples análise.

Apenas como curiosidade: no início de 2010, cada brasileiro emitia, por ano, o equivalente a cerca de 2,0 toneladas de gás carbônico ou CO_2. Como uma árvore de floresta tropical retira por ano 22 quilos de CO_2 da atmosfera, cada brasileiro teria que plantar o equivalente a cerca de 100 árvores, por ano, para neutralizar o carbono emitido e continuar vivendo como vivia em 2010. Considerando uma população de 190 milhões de brasileiros, no início de 2010, seria necessário plantarmos 19 bilhões de árvores tropicais por ano (190 milhões vezes 100 = 19 bilhões). Supondo que cada árvore desta precise de 10 metros quadrados de área para "viver", seriam precisos cerca de 190 bilhões de metros quadrados (19 bilhões vezes 10 = 190 bilhões) ou algo como 190.000 quilômetros quadrados (pois, 1 quilômetro quadrado é igual a 1 milhão de metros quadrados). Isto é equivalente a praticamente a área do Estado do Paraná, que tem 199.709 quilômetros quadrados. Isto é impossível de ser feito.

Considerando que o Brasil, no início de 2010, era responsável por cerca de 6% de todas as emissões de carbono no mundo, considerando que todo o mundo, ou seja, 6,8 bilhões de habitantes, tenha a mesma emissão por ano, ou seja, cerca de 2,0 toneladas de gás carbônico ou CO_2, por ano, se fôssemos plantar árvores, para neutralizar o carbono emitido, teriam que ser plantados cerca de 316,7 bilhões de árvores, o equivalente a 3,173 milhões de quilômetros quadrados de árvores. Isto equivale a cerca de 38% da área total do Brasil, que é de cerca de 8,547 milhões de quilômetros quadrados. Isto é impossível, pois teríamos que plantar árvores em toda a Europa, além dos oceanos e até nos pólos. Como? Outra informação importante é quanto ao crescimento destas árvores, que levam alguns anos (entre 10 e 30 anos) para se tornarem "adultas" e sequestrarem o máximo de Carbono. Você acha que pronto: basta plantar a mudinha e o problema está resolvido? Outras perguntas: quantas destas arvorezinhas que estão sendo plantadas chegarão à fase adulta? Quantas morrerão, antes de sequestrar o tal carbono?

Apenas com as mudanças de hábitos (especialmente combatendo os desperdícios), poderíamos reduzir nossas emissões de gás carbônico em um terço ou 33%, isto sem considerar mudanças tecnológicas nos processos produtivos, que via de regra, são extremamente desperdiçadores de recursos e energia.

2.3 O "mercado" do crédito de carbono

O "crédito de carbono" funciona da seguinte maneira: devido o Protocolo de Kyoto, de 1998, os países industriais (que ratificaram o acordo) se comprometeram a reduzir suas emissões de gases do efeito estufa, caso não consigam, eles podem negociar com os países que não são grandes emissores e estão fora das exigências de Kyoto (o Brasil é um exemplo). Em palavras diretas funciona assim: um país emissor envia alguns milhões de dólares para outro país, por exemplo, para a construção de uma usina de geração de eletricidade a partir da queima do gás metano, proveniente de um aterro sanitário de lixo urbano.

Legal, não? Só que o país emissor continua emitindo e ainda ganha "algum" vendendo tanto a tecnologia destas usinas, quanto muitos equipamentos e instrumentos. (eles são bonzinhos e muito preocupados com o aquecimento global!). Em suma, além de ganhar um bom dinheiro, os países "sujos" conquistam o "direito" de poder continuar poluindo. Em 2009, enquanto o comércio de crédito de carbono movimentou 144 bilhões de dólares, os países desenvolvidos continuaram emitindo muitos gases do efeito estufa.

O famoso grupo do 20 países mais ricos, o G-20, é responsável (em 2020) por cerca de 95% de todas as emissões de gases do efeito estufa. Caso houvesse um acordo entre estes países, em pouco tempo as emissões globais seriam reduzidas, em ritmo muito maior do que o previsto pelo Protocolo de Kyoto ou de possíveis acordos internacionais, como vem ocorrendo nas conferências mundiais sobre o clima (as famosas COPs).

Diversos estudos apontam que duas medidas surtiriam muito efeito na redução das emissões: 1 – mudança de hábitos e comportamentos das populações. 2 – Criação de um imposto sobre a emissão de CO_2, ou seja, quanto mais uma indústria emite CO_2, mais imposto paga. Isto obrigaria a busca de métodos de produção com menores emissão, no que é conhecido como economia de baixo carbono.

2.4 Devemos usar sacolas de papel, ao invés das de plástico?

A todo instante somos incentivados a deixar de usar as famosas sacolas plásticas, como as distribuídas nos supermercados, que são feitas com derivados de petróleo (no caso o polietileno), para usar as de papel, que são feitas a partir de fibras vegetais (a celulose), obtidas de árvores. O que não se fala, para o grande público, é o quanto cada tipo destes materiais causa de impactos ambientais.

Para o mesmo peso de material, uma sacola de papel usa 3,5 vezes mais energia do que a de plástico, gera quase 5 vezes mais resíduos e consome 17 vezes mais água. A fabricação da sacola de papel, emite quase o dobro de gases do efeito estufa, no caso o CO_2, do que a mesma feita em plástico polietileno. O que fazer?

Além de reduzir a quantidade comprada, o ideal é usar sacolas ou bolsas de pano, que podem ser usadas por muitos anos. E quanto às de plástico, que ainda existem? Procure usá-las várias vezes, ou seja, quando for às compras leve a sua bolsa de pano ou as sacolas plásticas que tiver em casa.

2.5 A biomassa (agroenergia) poderá suprir as necessidades energéticas da população mundial?

Segundo o saudoso professor José Walter Batista Vidal (1934-2013), o "pai" do etanol (álcool) brasileiro, a radiação solar de um dia tem mais energia, do que todas as reservas de petróleo do planeta Terra (HOUTART, 2010, p.129). Com a fotossíntese (luz solar mais gás carbônico), a natureza produz vegetais, de onde se pode extrair, além de alimentos, muita energia, em substituição ao petróleo, carvão mineral e gás natural. O Brasil é um exemplo para o mundo, onde milhões de veículos rodam consumindo álcool da cana-de-açúcar, com o mínimo de poluição. Pronto: está resolvido o problema de energia da humanidade, podemos continuar vivendo, produzindo energia renovável, portanto deixando de usar os combustíveis fósseis. Isto não é possível, "infelizmente". Vejamos por que.

Em 2009, diariamente eram consumidos, em todo o mundo, 85 milhões de barris de petróleo e a estimativa para 2015 é de 115 milhões de barris. Em 1973 o petróleo era responsável por 50% da produção de energia no mundo, em 2006 por 36%. Supondo que, em 2015 ele seja responsável por 30% das necessidades energéticas mundiais, vamos fazer algumas análises.

Se 115 milhões de barris corresponderão a 30% das necessidades mundiais, logo para atender a 100% seriam necessários 383 milhões de barris [(100 x 115) /30 = 383]. Como o álcool tem menos eficiência energética do que o petróleo, cerca de 25% menos, seriam necessários 479 milhões de barris diários de álcool (383 x 1,25 = 479) ou 175 bilhões de barris por ano (479 milhões por dia x 365 dias = 174,835 bilhões de barris por ano).

Em março de 2009, o ministro de Minas e Energia do Brasil declarou que em 2008 o país produziu 25 bilhões de litros de álcool ou 156, 25 milhões de barris por ano e que chegará a 64 bilhões em 2017 ou 400 milhões de barris por ano. Se dividirmos os 175 bilhões de barris por 400 milhões de barris, teríamos que produzir 437,5 vezes mais (175 bilhões/400 milhões = 437,5). Segundo o ministro, para produzir, em 2008, os 25 bilhões de litros de álcool, o Brasil usou 0,8% de seu território, algo como 68.000 quilômetros quadrados (nossa área territorial total é de 8,5 milhões de quilômetros quadrados), podemos pensar que, para produzir os 64 bilhões, em 2017, serão necessários cerca de 2% ou 174.080 quilômetros quadrados. Se multiplicarmos este valor por 437,5 (para atender a toda a população mundial), encontraremos uma área de 76,16 milhões de quilômetros quadrados, ou seja, nove (9) vezes a área do Brasil. Como isto é possível?

Se multiplicarmos a área do Brasil por nove chegamos a 76,5 milhões de quilômetros quadrados, o que equivale a área total das maiores nações do mundo, tais como: Rússia (17,05 milhões de km^2), Canadá (9,97 milhões de km^2), China (9,59 milhões de km^2), Estados Unidos (9,37 milhões de km^2), Brasil (8,54 milhões de km^2), Austrália (7,68 milhões de km^2), União Europeia (4,32 milhões de km^2), Índia (3,28 milhões de km^2), Argentina (2,78 milhões de km^2), Cazaquistão (2,72 milhões de km^2) e Sudão (2,50 milhões de km^2).

Outra análise é a seguinte: em 2008, o Brasil tinha a melhor produtividade mundial na produção de álcool da cana-de-açúcar, que era de cerca de 6.900 litros por hectare por ano ou cerca de 19 litros por hectare por dia. Para produzir os 175 bilhões de litros diários, seriam necessários cerca de 9,21 bilhões de hectares. Como cada hectare, ou seja, 10.000 metros quadrados, equivale a 0,01 km^2, seriam necessários 92,1 milhões de km^2 ou cerca de 11 vezes a área territorial do Brasil. Supondo que após muitas pesquisas e com novas variedades de canas (especialmente com melhoramentos genéticos), cheguemos a uma produtividade de 10.000 litros por hectare por ano (me desculpem os agrônomos) ou 27,4 litros por hectare por dia ou 45% maior do que em 2008, ainda assim seriam necessários cerca de 6,39 bilhões de hectare ou 63,9 milhões de km^2 ou cerca de sete vezes e meia área do Brasil. É possível plantar cana, em outros países com esta produtividade? É possível produzir agroenergia de outras fontes, que não a cana, em outros países, em condições de atender às necessidades mundiais?

Também temos que considerar que, grandes partes dos territórios nacionais são cobertas por geleiras ou desertos ou cidades ou montanhas ou florestas ou ainda áreas onde não se pode plantar. Outra coisa: o quanto de água será necessário? E fertilizantes? E defensivos? O que faremos com todas as indústrias que são voltadas para o petróleo, carvão mineral e gás natural? Não podemos esquecer que, também precisaremos plantar para produzir alimentos.

Dados de 2004, do produtor Clealco, uma usina de álcool e açúcar, na cidade de Clementina, interior de São Paulo, mostram que cada tonelada de cana moída, consumia 230 gramas de produtos químicos, como soda cáustica e ácido sulfúrico, e 12 gramas de óleos lubrificantes e graxas. Naquele ano, esta usina moeu 2.137.498 toneladas de cana, logo foram consumidos 492 toneladas de produtos químicos e 26 toneladas de óleos lubrificantes e graxas. (ABRANTES, 2007, p.42). E o que dizer do consumo de água? Para produzir um litro de álcool são necessários cerca de 3.000 litros de água, ou seja, por menor que seja uma usina, são bilhões de litros de água por ano. (em 2008 o Brasil produziu 25 bilhões de litros de álcool, a água utilizada poderia abastecer a dois bilhões de habitantes ou o equivalente às populações, juntas, de China, União Europeia e Estados Unidos).

É óbvio que se deve produzir, o mais possível de "agroenergia", mas não é isso que irá resolver as necessidades de um mundo consumista, onde cada vez mais se precisa de energia. Aí está um dos grandes problemas nosso: o consumismo. Uma observação importante é que, nós teríamos condições ambientais e territoriais no Brasil, de usarmos apenas as energias limpas e ainda exportarmos o equivalente a milhões de barris de agrocarburantes por dia, sem o uso das energias fósseis, muito menos da energia nuclear. Por que não partimos para este tipo de política? Será que os "grandes" grupos político/econômicos nacionais e transnacionais permitiriam?

2.6 A reciclagem resolverá todos os problemas ambientais! (E a reutilização?)

Inicialmente devemos deixar bem claro a diferença entre reciclar e reutilizar. Reciclar significa criar um outro produto, a partir de um já existente. Por exemplo, jornais velhos podem virar um novo papel e ser reimpresso. Re-ciclar significa criar um outro ciclo de vida, já que todo produto tem uma vida, ou seja, princípio meio e fim. Reutilizar significa dar uma nova utilização, para um produto já existente. Por exemplo, uma lata vazia de leite em pó pode ser re-utilizada para se guardar pó de café.

A re-utilização é altamente benéfica ao meio ambiente, já a reciclagem "nem sempre". O grande problema é que a reciclagem mantém a filosofia do consumismo, ou seja, consumir cada vez mais. Outro problema é que, para reciclar, gasta-se energia e muitos materiais que precisam ser retirados da natureza, portanto, causando impactos ambientais. A reutilização não consome energia, nem precisa de novos materiais. Para vidros e metais, a reciclagem pode ser mais econômica e benéfica, do ponto de vista ambiental, desde que feita da forma correta, e em comparação a produzir estes materiais a partir de materiais retirados da natureza. Papéis e madeiras é melhor que sejam queimados, para produzir eletricidade. Isto feito com tecnologias apropriadas, além de reduzir os impactos ambientais, gera eletricidade a um custo mais baixo. As cinzas da combustão podem ser usadas como adubos ou como aditivos, por exemplo, em cimentos.

Vamos a um exemplo prático, muito divulgado pelas mídias. Fala-se, e é verdade, que a reciclagem das latinhas de alumínio "economiza água e energia elétrica". O que não se fala é que, continua-se a consumir água, energia elétrica e todos os demais materiais e insumos, inclusive para os líquidos que serão colocados nas "novas" latinhas. Se fosse possível (?) reutilizar tudo sempre, não haveria necessidade da produção de novas coisas, logo não teríamos os problemas ambientais devido à produção. Por que isto não é possível? Por dois motivos básicos: 1 – quebra a lógica consumista e acumulativa do capitalismo; 2 – a população, continua a crescer, ou seja, mais gente, mais consumo, mais produção.

Existe um outro sério problema sócio antropológico por trás da reciclagem, especialmente em países pobres. Por exemplo, no Brasil, criou-se todo um conceito e *modus operandi* a respeito de cooperativas de catadores de "lixo" e reciclagens de materiais. Seres humanos que retiram o seu sustento (ganham apenas o suficiente para sobreviver) da forma "errada" de outros viverem; e o que é pior: com apoio governamental e da sociedade, como um todo. É "melhor" ver pessoas catando lixo e reciclando em cooperativas, do que vê-las mendigando ou praticando delitos. Triste país que criou um novo extrato de sociedade: catadores e recicladores do consumismo.

Aliás, você sabia que existe todo um comércio internacional de venda e "doação" de lixo? Muitos países "desenvolvidos" "doam" seus ricos lixos, para que outros países "subdesenvolvidos" ou em "desenvolvimento" retirem dali o seu sustento. Não é o "aquecimento global" que irá acabar com a espécie humana. Do ponto de vista filosófico e social é isto que o capitalismo fez, e continua fazendo: transformou bilhões de pessoas em lixo. A grande dúvida é: existe alguma outra forma melhor de viver, do que no capitalismo?

2.7 Emissão de micropartículas (fuligem) na atmosfera

Segundo um artigo publicado em 15/01/2013, no Journal of Geophysical Research Atmospheres, a emissão de micropartículas ou fuligem na atmosfera é muito mais prejudicial à saúde humana do que se acreditava, até então, sendo pior do que as emissões de metano. As micropartículas, principalmente com a queima de carvão, são emitidas por países asiáticos (em especial China e Índia), embora os americanos também utilizem muito carvão (2020). Este estudo concluiu que, caso fosse feito um controle rigoroso de emissões de fuligens, a temperatura do nosso planeta deixaria de aumentar 0,5 ^{0}C nas próximas décadas. A fuligem na atmosfera funciona absorvendo a radiação solar, aumentando a temperatura ambiente. Não é apenas a queima de carvão mineral que emite esta fuligem. Em princípio toda atividade humana, principalmente as industriais, as de transporte e a queima de biomassa emitem muita fuligem, tornando muitas cidades até imprópria para a vida humana. Fogão e forno a lenha, queima de matas e florestas, queima de combustíveis fósseis (carvão mineral, gás natural, gás de xisto e petróleo), emissões industriais, dos navios, dos aviões e veículos automotores, são as fontes de emissão de micropartículas ou fuligem na atmosfera. Em 2019, mais de uma vez, cidades chinesas foram tomadas por densas camadas de fuligem, obrigando a suspensão de várias atividades industriais. Londres também teve um caso desse em 2019.

Por exemplo, em 2020, uma pessoa que passasse um dia todo circulando pelas principais ruas do centro de São Paulo, utilizando uma máscara com um simples filtro circular, ao anoitecer se fosse a um laboratório e analisasse a quantidade de fuligem ou poeira ou micropartículas, constataria que esses locais são impróprios para o ser humano. Como as pessoas não circulam com máscaras e como milhares passam o dia todo circulando, o que acontece? Infelizmente estas micropartículas são absorvidas pelo corpo, se instalando na garganta, nariz e pulmões, sendo que as muito finas chegam a passar para o sangue, via sistema respiratório. Segundo a Organização Mundial de Saúde – OMS, em 2012 as micropartículas ou fuligem emitidas na nossa atmosfera, foram responsáveis por cerca de 2 milhões de mortes, sendo a metade de crianças com menos de 5 anos de idade.

Segundo parâmetros da OMS, os níveis de partículas menores que 10 micra (10 milésimos de milímetro), as chamadas PM10, e que causam sérios problemas respiratórios, deve ser menor que 20 microgramas por metro cúbico. Em 2012, a média mundial era de 70 microgramas por metro cúbico, no Rio de Janeiro era 64.

O que o mundo deve fazer para reduzir a emissão de fuligens para a atmosfera? Como viveremos sem o uso dessas "coisas" que causam tanto mal à saúde humana? Todos esses problemas são causados, para que nós possamos viver como fazemos hoje? O que tem que mudar: a forma de produzir ou a de viver?

2.8 Sustentabilidade e desenvolvimento econômico sustentável

Uma atividade sustentável é aquela onde ocorre o mínimo de impacto ambiental e onde não existe a extinção de nenhuma espécie e recursos naturais, podendo-se produzir para sempre, ou seja, ela se sustenta por si só. No critério da sustentabilidade os métodos e processos são renováveis e para sempre, gerações após gerações. É importante citar que, a sustentabilidade engloba dois ambientes: o natural e o social, sendo que no ambiente social temos tanto a espécie humana, quanto as cidades, além das forças econômicas e movimentos sociais.

A sustentabilidade é a chave para a continuidade saudável da vida humana e saúde do planeta Terra. O problema está quando se adiciona o termo econômico, ou melhor, desenvolvimento econômico sustentável, com a lógica consumista e acumulativa do capitalismo. Isso não é possível. Na prática, os "governos" se referem ao crescimento sustentável, como um tipo de melhora econômica que se mantém por muito tempo. Esse termo sustentabilidade vem sendo muito mal empregado.

Parece estranho uma companhia que explora petróleo e outra que extrai minérios (recursos não renováveis), viver propagando que fazem uma produção sustentável e que têm responsabilidade socioambiental? Aqui os autores questionam os termos empregados, já que são cidadãos que vivem em uma sociedade capitalista, logo consumista.

Capítulo 3

O ciclo de vida de um produto e seus impactos socioambientais.

Reutilização e reciclagem. A logística reversa

Guardadas as devidas proporções, produtos são como seres vivos que são concebidos, nascem, crescem, atingem a maturidade, envelhecem e "morrem"! Sim, comparativamente aos seres humanos, todo produto tem início meio e fim. O objetivo deste capítulo é mostrar o que é, e como deve ser analisado o ciclo de vida de um produto, começando por citar as diferenças entre produtos e serviços.

3.1 Serviços

O setor de serviços está contido em todos os aspectos do dia a dia. Usam-se serviços a cada momento: no transporte, no restaurante, correios, hospital, agência de financiamento, serviços militares, advogado, cabeleireiro, igrejas, massagista, *baby-sitter*, cinema, parque de diversões, piscina, ao consertar um eletrodoméstico, ao ir ao banco retirar um extrato; enfim, muitos desses serviços estão dentro da atividade diária, e este setor está em constante crescimento e desenvolvimento obtendo assim a sua total valorização. Antes era uma atividade comum ir a padaria, aos supermercados, ir a uma loja comprar roupas, acessórios, eletrodoméstico entre outras utilidades, mas hoje o setor de serviços mudou, cresceu e ganhou destaque, onde o comprador não leva apenas o que pagou, também leva benefícios, cortesias, descontos e promoções.

O setor de serviços impulsionou o moderno crescimento econômico, onde os maiores setores, o bancário e o ferroviário, se desenvolveram juntamente com a 1ª Revolução Industrial e esse crescimento trouxe também o aparecimento de outros serviços que desencadearam e beneficiou o mercado produtivo. A tecnologia trouxe consigo mudanças na visão e na forma de prestar serviços aos consumidores, o dono da padaria, do supermercado, do restaurante, de clubes perceberam que investir em um bom atendimento aos seus clientes, pode gerar valor ao seu negocio e consequentemente gerar mais lucro. Os consumidores por sinal acompanham essa nova tendência e exigem uma prestação de serviços adequada e dentro dos padrões modernos. Segundo Kotler e Keller (2006, p.139), "Além de estar mais informados do que nunca, os clientes de hoje, possuem ferramentas para verificar os argumentos das empresas e buscam melhores alternativas".

A tecnologia também provocou mudanças na natureza de muitos serviços já existentes e na criação de novos. Está evidente a importância do setor de serviços, e de seu crescimento no mercado produtivo, sua grande variedade e abrangência, tende cada vez mais a crescer e se desenvolver, sendo o principal gerador de empregos. Devido ao aumento da competitividade, os consumidores estão exigindo melhores e mais sofisticados serviços, e com isso o setor de serviços desafia as empresas prestadoras, a acompanhar a tendência para não ficar para trás. Através das estratégias de *marketing*, o setor de serviços passou a ser a maneira usada para se destacar no mercado, obter vantagem competitiva, expandir suas fatias de mercado e lucrar mais, pois os serviços ganharam evidência, já que a qualidade de um produto não é mais uma fonte de vantagem competitiva.

Para que uma organização venha a oferecer serviços de qualidade, é necessário que todos os funcionários se comprometam e se esforcem nesta missão. As necessidades e desejos dos clientes devem ser supridos, para que todas as experiências e contatos que os clientes venham ter com a organização sejam satisfatórios, e os próprios clientes venham criar uma avaliação de alta qualidade.

Apesar de serem diariamente consumidos, os serviços e os produtos possuem características bastantes diferentes uns dos outros. Inicialmente serão definidos os serviços e suas características. De acordo com Kotler e Keller (2006, p.397) "Serviço é qualquer ato ou desempenho, essencialmente intangível, que uma parte pode oferecer a outra e que não resulta na propriedade de nada. A execução de um serviço pode estar ou não ligada a um produto concreto." A intangibilidade, inseparabilidade, variabilidade e perecibilidade, são as características dos serviços, e segundo Kotler e Keller (2006, p.399) elas afetam grandemente na elaboração de programas de *marketing*.

> a) Intangibilidade: não se pode ver, sentir, ouvir, ou tocar os serviços antes de adquiridos, ao contrário dos produtos. Os profissionais de *Marketing* de serviços têm objetivo de agregar evidências e imagens concretas, a ofertas abstratas para diminuir a incerteza; b) Inseparabilidade: os serviços são produzidos e consumidos simultaneamente; c) Variabilidade: são variáveis, pois dependem de por quem, onde e quando são fornecidos. Exemplo: uma peça teatral em cartaz pode ser ótima em uma cidade, e em outra não ser tão boa quanto foi; d) Perecibilidade: os serviços não se podem estocar. Quando a procura por um serviço é estável, não há perigo na perecibilidade, mais quando a procura oscila há problemas. Exemplo: as empresas de transportes na hora do *rush*.

3.2 Produtos

São coisas tangíveis, materiais e estocáveis. Segundo Kotler e Keller (2006, p.366), "Produto é tudo que pode ser oferecido a um mercado para satisfazer uma necessidade ou um desejo. Entre outros produtos comercializados estão bens físicos, serviços, experiências, eventos, lugares, propriedades, organizações, informações e ideias." Percebe-se que os produtos estão mais parecidos, são fáceis de copiar e se uma empresa lança um produto novo, rapidamente, a concorrência lança um similar no mercado. Um exemplo, a indústria automotiva. Há grandes diferenças entre dezenas de modelos disponíveis de carros no mercado, quando um fabricante lança algo novo, o que acontece? Rapidamente outros copiam aquela inovação. Resultado: Os produtos estão muitos parecidos. Outro exemplo são os aparelhos de telefonia móvel.

O produto não é só "a parte sólida" deste, em verdade é a soma de todos os benefícios que o cliente recebe quando o compra. A seguir Kotler e Keller (2006, p.367), descrevem os cinco níveis que constituem a hierarquia de valor para o cliente.

> Beneficio Central: serviço ou benefício que o cliente realmente está comprando. Exemplo: um comprador de colchão está comprando conforto e descanso; b) Produto Básico: consiste nos parâmetros mínimos do produto (ou serviço) necessário para se atingir os benefícios básicos propostos. Nem todos os produtos básicos são iguais, no entanto, dificilmente as diferenças entre estes produtos são salientes; c) Produto Esperado: é o mínimo de tudo que o consumidor considera como valor essencial dos componentes para comparar a oferta. Representa as condições mínimas de compra necessárias para que o consumidor adquira o produto. O produto básico em tese, somente pode ser vendido se todas as expectativas dos consumidores forem atendidas, desta forma, o caminho da diferenciação segue ao atendimento destas expectativas; d) Produto Ampliado: é aquele em que o vendedor tenha agregado valor a oferta acima das expectativas do consumidor. A diferenciação não se limita a oferta que o consumidor está esperando, a expectativa do consumidor pode ser superada em fatores que ele não tenha esperado antes. Nesse caso, o produtor estará excedendo as expectativas do consumidor. No entanto a diferenciação não pode atrair todos os compradores, produtores em todas as circunstâncias. Alguns compradores podem preferir preço baixo ao produto ampliado e alguns nem sequer poderão utilizar os benefícios adicionais; e) Produto Potencial: o conceito de produto potencial está relacionado a tudo o que possa ser feito para se atrair e reter o consumidor. Suas limitações estão na imaginação e no orçamento disponível para desenvolvê-los.

Dentro das empresas, diversas áreas (ou os investimentos nelas) podem afetar a diferenciação do produto. Atividades de desenvolvimento de tecnologia podem resultar em projetos de produtos com desempenho singular. As atividades de operações podem afetar formas de diferenciação como aparência do produto, conformidade com as especificações e confiabilidade. A logística pode aumentar a velocidade das entregas, as atividades de *marketing* têm frequentemente um significativo impacto sobre a diferenciação. Mesmo que o produto físico seja uma mercadoria de primeira necessidade, quase todas as atividades numa empresa influenciam de alguma forma, o surgimento de algum tipo de diferenciação para ele.

3.3 Visões sobre o desenvolvimento de produtos: *design, marketing*, finanças e as engenharias mecânica e de produção

O desenvolvimento de produtos, além de envolver diversas áreas e profissionais, também é visto de formas diferentes, dependendo da área ou especialidade de quem analisa. O *designer* ou projetista é o profissional mais reconhecido, especialmente quando se trata de produtos de uso popular e intensivo, por exemplo, de aparelhos eletroeletrônicos e de uso diário. O *designer* é especialmente formado em cursos de desenho industrial, onde é dada ênfase no formato e beleza do produto (estilo), também chamados arquitetura do produto. Muitos arquitetos também se dedicam ao *design*. Ousamos dizer que o *designer* é um engenheiro industrial que estuda, sabe e pratica a arte do belo e funcional. Analise a beleza e a plástica de um ferro elétrico lançado em 2019. Agora compare com um modelo de 1980. São produtos com a mesma finalidade, porém completamente diferentes. Apesar de existirem modelos antigos belíssimos, os mais atuais são "chocantes de belo". Os *designers* no desenvolvimento do produto têm fortes papéis na pesquisa e projeto do produto, bem como nos testes na fase de prototipagem.

O profissional de *marketing*, normalmente, se envolve e analisa o produto sobre dois enfoques: as vendas e a propriedade intelectual, via marcas e patentes. No desenvolvimento do produto estes profissionais têm forte participação na pesquisa de mercado, na propaganda, venda e assistência pós-venda. De todos que participam do processo de desenvolvimento de um produto, são estes profissionais que cuidam da propriedade intelectual, ou seja, o registro de marcas e patentes.

O profissional de finanças tem um papel fundamental no processo de desenvolvimento de produtos, pois dá suporte aos demais quanto aos recursos financeiros que serão necessários. O *designer* pode até imaginar um produto lindo e maravilhoso, mas não pode esquecer que serão necessários recursos financeiros, desde a fase de pesquisa do produto. O profissional de *marketing* tem que pensar em campanhas e promoções de lançamento e vendas, dentro das condições financeiras da empresa.

Os engenheiros mecânico e de produção têm que participar desde a fase da pesquisa do produto, principalmente com relação aos materiais e métodos de fabricação que serão utilizados. Com relação aos métodos, tem que ser dada atenção especial ao consumo de energia e insumos como água. Os engenheiros mecânico e de produção têm um papel importante na definição das tecnologias e máquinas que serão necessárias para se ter o produto, de modo a ser competitivo no mercado e causando o mínimo impacto ambiental possível. Alerta-se que, dependendo das especificidades dos materiais e controles pensados para o produto, outras engenharias têm que ser consultadas como, por exemplo, a Elétrica e a Eletrônica. Aliás, cada vez mais, devido à informatização, engenheiros eletrônicos estão sendo necessários e requisitados para participar do projeto do produto, desde o seu início.

3.4 O ciclo de vida de um produto (segundo Kotler)

A análise do ciclo de vida de um produto compreende desde a extração dos recursos naturais ou matérias-primas, necessários à sua produção, até a disposição final do produto ao fim de sua vida útil. (VALLE, 2004, p. 145). Na prática esta análise é referida como "do berço ao túmulo" (*cradle to grave*). Do ponto de vista da gestão ambiental, a avaliação de impacto do ciclo de vida de um produto é regulada pela norma ISO 14.042:2000. Esta análise pela norma ISO, não compreende os aspectos mercadológicos que analisa o produto desde a sua introdução no mercado (nascimento), até a sua retirada (morte). (BARBIERI, 2006, p. 145 e 146).

Com relação ao ciclo de vida de um produto, considerando os aspectos mercadológicos, Kotler (1999, p.224) define as seguintes quatro fases considerando as vendas e cinco fases, considerando os lucros obtidos com as vendas: I – Desenvolvimento do produto, II – Introdução, III – Crescimento, IV – Maturidade, V – Declínio. Estas fases podem ser descritas da seguinte forma:

I. **Desenvolvimento do produto**: começa quando a empresa encontra e desenvolve a ideia de um novo produto. Durante esse desenvolvimento, as vendas são iguais a zero e os custos do investimento são crescentes. Aparece na figura como lucro "negativo", pois ainda não existem vendas, mas já se tem investimento.

II. **Introdução**: período de lento crescimento das vendas à medida que o produto é introduzido no mercado. Não há lucros nesse estágio devido aos altos custos da introdução. Especialmente com propaganda e distribuição.

III. **Crescimento**: período de rápida aceitação no mercado e de lucros crescentes. Isto supondo que o produto foi aceito pelo mercado.

IV. **Maturidade**: período em que o crescimento das vendas diminui. As vendas começam a diminuir, pois outros novos produtos concorrentes estão se projetando. Gasta-se muito dinheiro com propaganda para enfrentar a concorrência.

V. **Declínio**: período em que as vendas e os lucros caem. Isto ocorre por obsolescência e/ou devido produtos concorrentes.

A análise de Kotler (1990) só vai até o declínio, sendo que os profissionais de *marketing* dispõem de uma série de ações que permitem o prolongamento da vida de um produto. Estas ações estão fora do escopo deste livro. Apenas como exemplo, cita-se a mudança de cor ou de embalagem de um produto, para prolongar sua vida. Isto é comum em produtos alimetícios.

3.5 O nascimento de um produto

Um novo produto pode nascer devido três razões principais: fruto de uma nova descoberta científica (normalmente revolucionária); devido nova utilização de um conhecimento científico já existente ou ainda devido mudanças e ou melhorias de um produto existente (o caso que mais ocorre).

Muitas empresas e centros de pesquisas possuem equipes multidisciplinares de pesquisadores, que dedicam anos e muito dinheiro com pesquisa científica pura, tentando descobrir novos conceitos e fenômenos científicos. Cada vez mais, as seguintes áreas são as mais pesquisadas: farmacêutica, telecomunicações, energia e novos materiais não metálicos.

Muitas pesquisas são desenvolvidas de forma a criar novos produtos e objetos, baseando-se em conceitos e fenômenos científicos já conhecidos. Este é o conceito da pesquisa tecnológica aplicada, como, por exemplo, na busca de telefones celulares cada vez menores, com o mínimo de emissão de ondas prejudiciais aos usuários e com o maior número de funções, possíveis e factíveis.

Finalmente têm-se as pesquisas aplicadas a produtos e objetos existentes, onde se procura dar nova forma física ou nova utilização. Neste caso, além do fenômeno científico já dominado, tem-se o produto em uso. Esta forma de criar novos produtos é muito utilizada por empresas que não possuem grandes volumes de capital financeiro, para investimento em pesquisas puras. Neste caso a pesquisa parte das necessidades do mercado e desenvolvimento do produto para atender estas necessidades. Muitas vezes criam-se novos produtos que embutem patentes de processos existentes, onde se pagam direitos aos detentores da mesma.

Este livro propõe que o nascimento de um produto, seja fruto de uma ampla pesquisa de mercado, considerando-se principalmente todos os impactos ambientais. Ou seja, além de atender às reais necessidades do mercado (e não apenas desejos dos consumidores), o produto deve causar o menor impacto ambiental possível, utilizando materiais renováveis e recicláveis.

3.6 A morte e descarte de um produto

Todo produto, aceito pelo mercado, tem um ciclo de vida bem definido, ou seja, tem: gestação, nascimento, crescimento, maturidade, envelhecimento e morte, exatamente como nós seres humanos. A morte de um produto tem duas consequências bem definidas, uma para o fabricante e outra para o consumidor e a sociedade. Para o fabricante a morte significa descontinuidade de produção, parada nas vendas e perda de lucros. É por este motivo que as empresas têm que estar sempre pesquisando e desenvolvendo novos produtos; caso contrário a empresa morre junto com o produto. Para o consumidor e a sociedade a morte significa não disponibilidade do produto e problemas ambientais. A figura 3.1 mostra as consequências da morte de um produto.

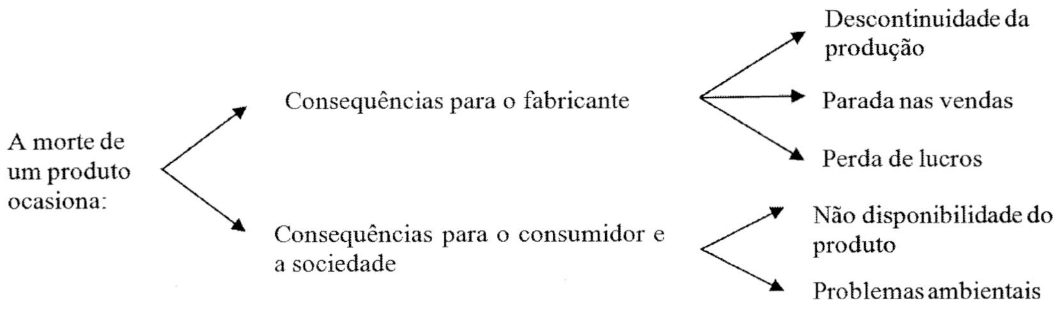

Figura 3.1: consequências da morte de um produto

Por mais simples que seja, todo produto causa impacto ambiental. Desde a coleta da matéria prima, fabricação, uso e descarte, em toda a cadeia produtiva existe impacto ambiental. Um dos grandes desafios atual da humanidade é exatamente este, produzir cada vez mais, com o mínimo de impacto ambiental. De forma geral nossos processos produtivos são extremamente dispendiosos e poluentes. Após mais de 230 anos da primeira revolução industrial (que ocorreu entre 1780 e 1860), ainda utilizamos mal os recursos naturais. Em 2020, caso toda a população mundial de cerca de 7,8 bilhões de pessoas fosse viver no mesmo padrão de vida dos mais ricos, seriam necessários alguns planetas Terra. Ou seja, seria inviável. Esta constatação pode ser analisada como um paradoxo da tecnologia atual, pois não existem recursos naturais suficientes para manter toda a população mundial "vivendo bem", como os mais ricos. Temos que mudar as formas de viver, produzir e consumir. Como? Pesquisando e refletindo sobre aspectos não materiais, ou melhor, filosóficos.

Além da produção, o reuso/reciclagem dos produtos torna-se uma atividade, não só estratégica, mas principalmente de preservação da vida. Além dos investimentos financeiros, nas fases de pesquisa e desenvolvimento, também se deve pensar e quantificar os gastos com os futuros descartes dos produtos. Este fato é extremamente importante para os produtos que possuem componentes de reconhecido impacto ambiental e que por lei obriga os fabricantes a dar o destino "correto". Este é o caso de produtos que contém elementos químicos perigosos, radioativos e também elementos das baterias de telefones celulares.

3.7 - As oito fases do ciclo de vida considerando mercado, produção e meio ambiente (segundo Abrantes)

Baseado nas fases mercadológicas, previstas por Kotler (1990), bem como o nascimento, morte e descarte de um produto, ou seja, considerando condições mercadológicas, aspectos da produção e a conservação do meio ambiente, o professor Abrantes (2012, p.335), propõe o ciclo de vida de um produto como sendo composto pelas oito fases, mostradas na figura 3.2 e descritas a seguir.

I. Pesquisa de Mercado
II. Pesquisa do Produto
III. Desenvolvimento do Produto

IV. Produção e introdução do Produto no Mercado (geração de lucro)
V. Crescimento das vendas/produção (aceitação pelo mercado, com geração de lucro)
VI. Maturidade do Produto (vendas param de crescer e lucro se estabiliza)
VII. Declínio e morte do Produto (vendas e lucro diminuem)
VIII. Descarte/reutilização/reciclagem do produto

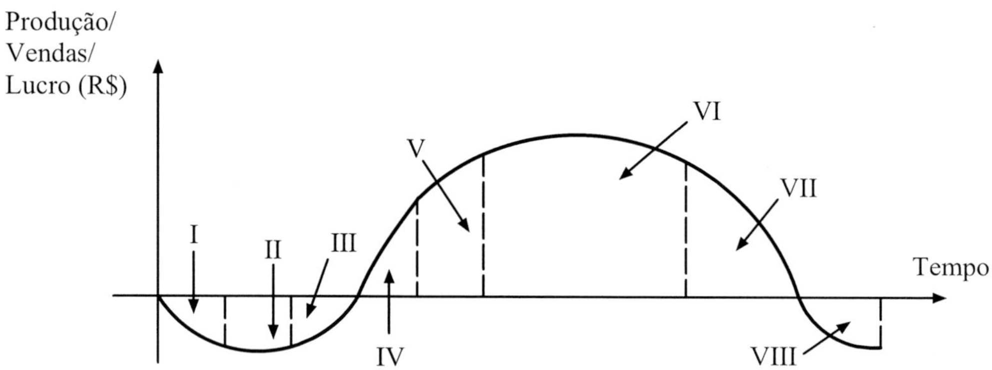

Figura 3.2: as oito fases do ciclo de vida teórico de um produto (ABRANTES, 2012, p.335)

I - Pesquisa de Mercado

Esta fase, além de ser o início, é crucial, tanto para a produção, quanto para a proteção do meio ambiente. É importantíssimo que os consumidores sejam ouvidos, para se descobrir exatamente o que precisam. Aqui ocorre a quebra de um paradigma relacionado ao consumismo ou consumo irresponsável. Normalmente as empresas pesquisam que tipo de produto pode ser comprado, e não o que é necessário. Ou seja, o consumismo ou consumo irresponsável, apesar de parecer bom para os produtores, acarreta sérios problemas ambientais (ou seja, atinge a todos), pois todos os recursos materiais provêm da natureza. Este é o desafio: constantemente descobrir o que o mercado necessita.

Consumidor, consumo irresponsável e consumismo, são coisas completamente diferentes. Consumidor é todo aquele que consome algum bem ou serviço. Em princípio todos nós somos consumidores. Consumir de forma racional significa produzir e ou comprar o necessário e benéfico, e não desperdiçar. O consumo irresponsável é aquele que, mesmo não causando prejuízos diretos a terceiros, causa prejuízos a quem está consumindo e muitas vezes à natureza.

E quanto ao consumismo? O que isto significa? O consumismo é típico de uma ação individualista, sendo a maior fonte de desperdícios de recursos naturais. Este assunto é extenso e polêmico, envolvendo não só comportamento pessoal, mas também um tipo de "doença" chamada oneomania ou consumo compulsivo, ou seja, comprar por impulso e sem necessidade. Em sua maioria os consumistas compulsivos são pessoas angustiadas ou ansiosas, que tentam preencher suas angústias e ânsias através da compra. O ato de comprar os satisfaz por algum tempo, e logo depois tornam a comprar. Compram de tudo, mesmo sem a menor necessidade. Existem relatos de consumidores compulsivos que, compram tanto que chegam a dever de cinco a dez vezes mais do que a sua renda mensal. (TRIGUEIRO, 2005, p. 24 e 25).

II - Pesquisa do produto

Após descobrir o que o mercado (consumidores) necessita, inicia-se a pesquisa do produto em si. Aqui está o grande desafio produto *versus* meio ambiente. Como criar produtos que utilizem poucos materiais e que causem o mínimo de impacto ambiental? Isto só é possível em empresas comprometidas com a gestão ambiental, especialmente as certificadas pela norma ISO 14000. A equipe de projeto e engenharia do produto, além de bem preparada, tem que ter comprometimento com as questões ambientais.

Nesta fase, além de avaliar os impactos ambientais, a equipe tem que considerar: o consumo de matérias-primas e seus processos de produção e obtenção; os processos de obtenção e produção de todos os materiais complementares e demais insumos; a forma de processamento de todos os materiais empregados no produto pesquisado; a forma como o produto será utilizado, ao longo de toda a sua vida útil; a reciclagem, tratamento e disposição dos materiais provenientes do produto, após a sua vida útil. (VALLE, 2004, p. 146).

III - Desenvolvimento do produto

Agora o produto toma forma e tamanho, sendo desenvolvidos modelos e protótipos, para todos os testes de funcionamento, desempenho e segurança. Uma vez que se chegue ao formato ideal de produto, deve ser feito um completo balanço de massa, de energia e da produção em si. Nesta fase são estudados todos os fluxos e quantidades de materiais e energia necessárias, bem como as formas mais fáceis, econômicas e ambientalmente seguras de produzir. De forma geral nossos processos de produção, além de poluentes, são causadores de grandes desperdícios de materiais.

IV - Produção e introdução do produto no mercado

Esta é a fase em que o mercado toma conhecimento do produto, pois até então ele estava em pesquisa e desenvolvimento. Apesar de já terem sido estudados todos os aspectos e requisitos para uma produção com o mínimo de impacto ambiental, deve-se ficar atento aos desperdícios no processo produtivo, causados principalmente por maus hábitos e comportamentos dos operadores.

No Brasil os desperdícios, tanto de forma geral, quanto os de materiais e insumos na produção, são elevados. Como exemplos de desperdícios brasileiros podem ser citados: 40% da água utilizada e 30% da energia elétrica consumida. Também desperdiçamos muito combustível, lubrificantes, produtos químicos, etc. (ABRANTES, 2005, p. 126 a 128). Além de aumentar os custos da empresa, estes desperdícios causam grandes impactos socioambientais. Uma forma de reduzir os desperdícios de produção ao mínimo é através da adoção de um programa de mudança de hábitos e comportamentos (*behaviour-Keeping*), por exemplo, com a adoção do Programa dos Oito Sensos ou Programa 8S. (ABRANTES, 2007).

V - Crescimento das vendas/produção

Uma vez que o mercado aceitou o produto, principalmente se a empresa tem responsabilidade socioambiental, as vendas crescem e, consequentemente, a produção também. Além de ficar atenta aos desperdícios na produção, a empresa deve procurar ouvir os consumidores, para saber se existem problemas e até obter propostas de melhorias. É nesta fase, com o sucesso do produto, que os concorrentes começam a agir procurando lançar produtos similares, melhores e mais baratos. Deve-se ficar atento tanto aos clientes, quanto aos concorrentes.

VI - Maturidade do produto

Por melhor que seja o produto, por mais tempo que ele se mantenha no gosto dos consumidores, tanto devido ao comportamento próprio dos consumidores, quanto devido à concorrência, em algum momento as vendas param de crescer. Uma vez que a empresa ouça o mercado, através de melhorias no produto e com novo esforço de *marketing*, pode-se conseguir não só prolongar esta fase, mas muitas vezes até fazer crescer as vendas e entrar em um novo ciclo de crescimento. Mesmo prolongando esta fase da maturidade, inevitavelmente, em algum momento, o produto entra em declínio. Aos primeiros sinais de maturidade, a empresa já tem que estar toda planejada para novos lançamentos, sendo que a pesquisa de mercado já foi feita, pelo menos, tão logo o antigo produto tenha sido desenvolvido, e iniciada a sua produção. O ideal é que a empresa esteja, continuamente, pesquisando e desenvolvendo vários produtos ao mesmo tempo, pois, por mais que se pesquise nada garante o sucesso. O mercado é soberano, ou melhor, os consumidores são imprevisíveis.

VII - Declínio e morte do produto

Inevitavelmente o produto entra em declínio de vendas/produção, até que se pare totalmente de produzir. A administração mercadológica chama esta etapa de morte do produto. Isto acontece, infelizmente, com todo e qualquer produto. Do ponto de vista da produção e do meio ambiente, o ideal é que os produtos fossem eternos e não morressem. Antes do mundo acordar para a gestão ambiental, a cultura era de que "morreu"? "Enterra ou queima", exatamente como no ciclo da nossa vida biológica. Após a nossa morte física, podemos ser enterrados ou cremados. Com as crescentes preocupações ambientais, e principalmente devido à forma e materiais como os produtos são feitos, pode-se pensar em uma nova fase do ciclo de vida do produto, como detalhado em VIII.

VIII - Descarte/reutilização/reciclagem do produto

Após a morte do produto, o ideal é que ele seja reutilizado ou reciclado. O descarte através de queima ou aterro, além de envolver custos, causa sérios problemas ambientais. Se o produto foi pesquisado e desenvolvido de forma ambientalmente correta, ele ou muitas partes poderão ser reutilizadas ou recicladas. Este é o grande desafio. Reutilizar significa utilizar novamente de outra forma. Um pote de vidro, por exemplo, contendo extrato de tomate, pode ser reutilizado após o uso como um copo na cozinha. Reciclar significa começar um novo Ciclo de Vida. O mesmo pote de vidro pode ser derretido e transformado em outro produto, por exemplo, em outro pote novo de extrato de tomate ou usado na produção de uma nova garrafa de vinho.

Apesar desta fase ser representada como uma parte negativa dos lucros, ou seja, como custos, o reuso ou reciclagem de um produto pode até gerar um lucro indireto. A reciclagem de alguns materiais significa economia de energia, quando comparada com o que seria gasto a partir das matérias-primas. Alguns exemplos podem ser citados: 71% para o papel, 78,7% para o plástico, 95% para o alumínio, 74% para o aço e 13% para o vidro. (1998 *apud* CALDERONI; ABRANTES, 2005, p. 103).

Embora a reciclagem seja constantemente estimulada, em 2020 já existiam estudos que mostravam que, às vezes ela pode ser mais danosa ao meio ambiente, do que se a fabricação do novo produto partir de matérias primas virgens, ou seja, extraídas diretamente da natureza.

3.7.1 A logística reversa

Logística pode ser definida como a função de uma empresa, na área da Administração de Materiais, que gerencia os recursos materiais, financeiros, pessoas e informação, atuando desde a compra, a entrada de materiais, o planejamento da produção, o armazenamento, o transporte e a distribuição dos produtos, monitorando as operações e gerenciando informações, ou seja, monitorando toda parte de entrega e recebimento de produtos e serviços na empresa.

A Política Nacional de Resíduos Sólidos (PNRS), foi instituída pela Lei n° 12.305/10, dispõe princípios, objetivos e instrumentos relacionados com o manejo de resíduos sólidos, bem como as diretrizes relativas à gestão integrada e ao gerenciamento desse material. Fazem parte da Lei a responsabilidade compartilhada pelo ciclo de vida dos produtos e a logística reversa. De acordo com a Lei, a responsabilidade sobre o produto cabe a comerciantes, fabricantes, importadores, distribuidores, cidadãos e titulares de serviços de limpeza e manejo dos resíduos sólidos urbanos. Legalmente, as empresas são obrigadas a aceitarem o retorno de seus produtos descartados, além de se responsabilizarem pelo destino final desses itens.

Segundo a Lei, a logística reversa é um "instrumento de desenvolvimento econômico e social caracterizado por um conjunto de ações, procedimentos e meios destinados a viabilizar a coleta e a restituição dos resíduos sólidos ao setor empresarial, para reaproveitamento, em seu ciclo ou em outros ciclos produtivos, ou outra destinação final ambientalmente adequada".

Ainda segundo a Lei, devem possuir um sistema de logística reversa os fabricantes, importadores, distribuidores e comerciantes de: 1) Defensivos químicos, seus resíduos e embalagens, assim como outros produtos cuja embalagem, após o uso, contenha resíduo perigoso; 2) Pilhas e baterias; 3) Pneus; 4) Óleos lubrificantes, seus resíduos e embalagens; 5) Lâmpadas fluorescentes, de vapor de sódio e mercúrio e de luz mista e 6) Produtos eletroeletrônicos e seus componentes.

Embora a Lei só obrigue à prática da logística reversa, para os produtos citados, qualquer empresa pode e deve se beneficiar desta prática, podendo sim fazer propaganda de tal fato, valorizando sua responsabilidade socioambiental. Se for verdade, não configura *greenwashing*.

3.8 Ciclo de vida, inovação e lançamento de novos produtos

Todo produto, em algum momento, amadurece, entra em declínio e "morre". Isto significa que a empresa não deve ter só um produto e que deve sempre estar pesquisando, inovando e lançando novos produtos. Tanto do ponto de vista do lucro, quanto do ambiental, o ideal é que os produtos tenham o mais longo Ciclo de Vida possível. Como saber o momento de lançar novos produtos? A análise das vendas mostra quando o produto entra na maturidade, ou seja, quando as vendas param de crescer e começam a ter quedas.

Existem duas alternativas para este caso: 1) lançamento de um novo produto ou modificações ou 2) inovações no produto existente. Com a problemática ambiental, cada vez mais presente, a empresa pode, por exemplo, criar algumas modificações no produto de forma a reduzir seu impacto socioambiental. Tanto para a inovação, quanto para o lançamento de um produto novo, tem que haver um bom planejamento, pois as coisas não acontecem de repente. Existem produtos que precisam de meses para ser desenvolvidos. A figura 3.3 mostra curvas teóricas do ciclo de vida de quatro diferentes produtos (A, B, C e D).

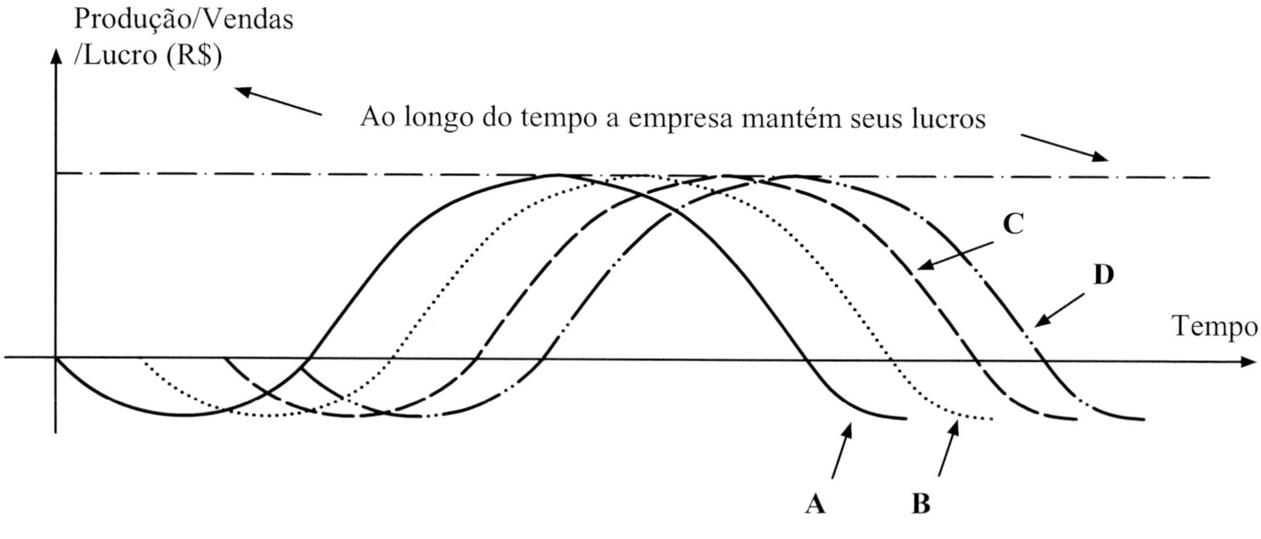

Figura 3.3: ciclos de vida teóricos de produtos diferentes (ABRANTES, 2012)

Deve ser observado que, não se deve esperar um produto atingir a maturidade, para que se inicie o projeto de um novo ou uma inovação. Mesmo em uma pequena empresa, deve existir sempre a filosofia da inovação e desenvolvimento de novos produtos. Outro comentário é que a empresa não deve ter apenas um ou poucos produtos em seu portifólio, pois corre o risco de ficar sem faturamento.

Cada produto tem que ter a sua curva de ciclo de vida muito bem elaborada e analisada, pois só assim se sabe o que, quanto e quando se deve inovar e ou lançar novos produtos.

3.9 O ciclo de vida "ideal" de um produto, desde a extração das matérias-primas e considerando a sua fabricação

Considerando a fabricação ou manufatura, o ciclo de vida de um produto compreende desde a extração das matérias-primas até a sua reutilização e ou reciclagem. A figura 3.4 mostra o diagrama de blocos do ciclo de vida "ideal" de um produto, com as seguintes observações:

* Até devido quebra ou "velhice", após a reutilização, um produto pode ser reciclado ou de forma ideal sofrer degradação ambiental, de maneira natural, por exemplo, sendo enterrado.

** Nessa fase ocorre a logística reversa, ou seja, o que sobrou do produto retorna ao fabricante, para novas produções.

*** O ideal é que o produto seja manufaturado de tal forma que sofra uma natural degradação ambiental, ou seja, volte aos seus elementos básicos, quando foi extraído da natureza.

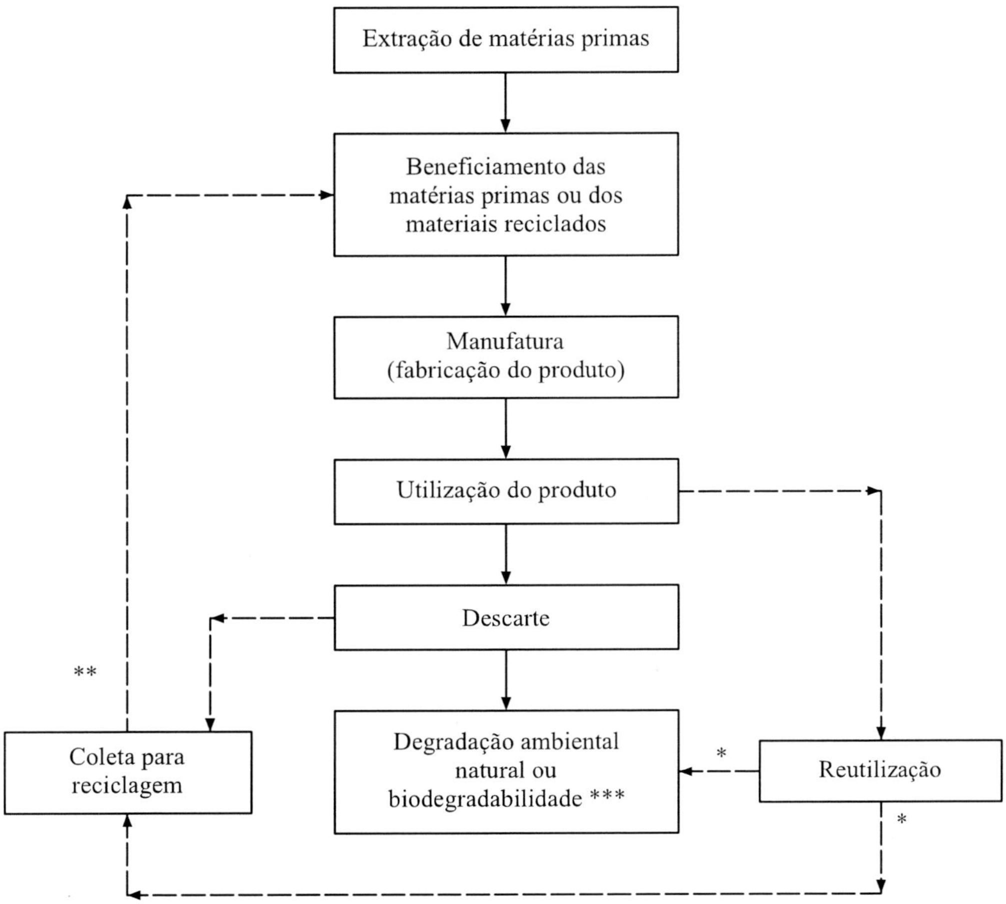

Figura 3.4: diagrama de blocos do ciclo de vida "ideal" de um produto

3.10 Considerações sobre consumo e o ciclo de vida de um produto

Vivemos em uma sociedade consumista e globalizada, onde a todo instante somos estimulados (às vezes quase obrigados) a consumir. Existem produtos que têm um ciclo de vida muito curto e em poucos meses (ou semanas) ficam "velhos". O consumidor "normal" passa a ser encarado como um retrógrado fora de seu tempo. Mas como? Você ainda não tem o celular lançado semana passada que, além de comunicar, tira foto, filma, envia *email*, acessa a *Internet*, toca música, acessa filmes, e tem localização geográfica por GPS? Será que todo mundo precisa destes "serviços"? O que preocupa é o que irão inventar e nos "obrigar a comprar", antes mesmo que compremos e usemos 20% da capacidade deste super celular. E que tal aquela TV, com acesso a 284 canais, podendo-se ver até 20 canais diferentes ao mesmo tempo? E o liquidificador com 18 velocidades? (Isso, realmente, é necessário?).

Caro leitor, procure descobrir quais materiais são utilizados nessas "maravilhas tecnológicas", procure entender quais métodos são utilizados para a fabricação, descubra o quanto se gasta de energia e analise o quanto de rejeito (lixo) é gerado, releia o capítulo 1, deste livro. Talvez você pense mil vezes antes da próxima compra. Precisamos aprender a produzir produtos simples, úteis, necessários, com baixo consumo de energia e que causem o mínimo impacto socioambiental.

Além do esgotamento dos recursos naturais, cada vez mais a sociedade se preocupa com os impactos socioambientais dos produtos. Acabou-se o tempo quando se produzia de qualquer forma, e a responsabilidade do fabricante ou fornecedor acabava no "balcão" de venda, ou seja, era problema do consumidor o destino final do produto, independentemente de sua periculosidade. Em paralelo, devido à concorrência, as empresas estão tendo que investir cada vez mais recursos em pesquisa e desenvolvimento para criar, continuamente, novos e seguros produtos exigidos pelo mercado. Como tudo isto significa custos (que deve ser entendido como investimento), cabe às empresas pensar de forma estratégica, para que estes custos sejam repassados e informados à sociedade como componentes da responsabilidade socioambiental, melhorando cada vez mais a imagem da empresa junto à sociedade.

3.11 O ciclo de vida, a obsolescência de produtos e a questão ambiental. Obsolescências programada e psicológica

É cada vez mais comum um telefone celular ir para o lixo com poucos meses de uso ou uma impressora nova também com apenas um ano de uso ou uma televisão LED, etc. Principalmente após a década de 1990, e cada vez mais, milhões de produtos são descartados, pois ou quebram ou ficam ultrapassados tecnologicamente, em pouco tempo. Aos produtos novos que deixam de funcionar em pouco tempo, usamos o termo "obsolescência programada ou planejada", ou seja, são projetados e construídos para durar pouco e "obrigar" o consumidor a comprar um novo. Mas porque não se conserta e recupera este produto? Por que ou já não existem lugares que o façam ou por que as peças de reposição e a mão de obra de conserto, custam tanto que fica "mais vantajoso" comprar um novo, e mais moderno!

Aos produtos "novos" que em pouco tempo ficam ultrapassados tecnologicamente, usamos o termo "obsolescência tecnológica ou de função". Você acabou de adquirir o mais moderno *smartphone*, mas em poucas semanas já estará vendo propagandas de um outro mais moderno ainda e com muito mais funções. Você pode até não precisar desta nova versão, mas a pressão das mídias e "colegas" poderão levá-lo a uma nova compra em pouco tempo!

Vivemos em uma sociedade de consumo onde a todo instante somos estimulados a consumir, mesmo aquilo de que não precisamos. Poucas são as pessoas que só compram o estritamente necessário. Ano após ano, geração após geração, o que se vê é o mundo sendo transformado em um grande mercado consumidor, onde o importante é ter!

Mas isso não é bom, pois movimenta vendas e empresas, gerando renda e riqueza? Dentro da lógica puramente consumista sim, mas e quanto à contínua e crescente necessidade de materiais, sendo a quase totalidade de origem mineral, ou seja, recurso não renovável que uma hora irão acabar, para sempre?

E quanto à reciclagem e à reutilização? Não basta apenas fazer isto e pronto, não mais se retira recursos não renováveis, permitindo a produção para sempre? Seria ótimo se isto fosse possível, tanto do ponto de vista dos recursos materiais, quanto do econômico. Imagine se você fosse reutilizar todas as embalagens as quais consome? Como guardar e reutilizar, ao longo de anos, as centenas de potes de vidro, por exemplo, das azeitonas que você consome com sua família? E as latas de leite em pó? E as de azeite e ou óleo? Como? A reutilização doméstica tem um limite! Mas e quanto a reciclagem para a produção de novos produtos, a partir de parte de outros descartados?

Em 2020 já se sabia que, além de mais caras, muitas reciclagens causavam até mais problemas ambientais, do que quando se produzia a partir de matérias-primas virgens! A reciclagem de papel era uma delas, especialmente os papéis especiais. Por mais que se aproveite materiais existentes, ainda assim são necessários outros materiais novos, a maioria de origem mineral, além da necessidade de mais consumo de energia, que para ser produzida também causa impactos ambientais.

O conceito de obsolescência programada é antigo, tendo sido discutida como uma das soluções para a grande crise de econômica de 1929, que tanto prejuízo trouxe ao mundo. Este conceito teve início por volta de 1920, quando fabricantes começaram a reduzir de propósito a vida de seus produtos para aumentar as vendas e os lucros. A lâmpada elétrica é citada como o primeiro produto "programado" para durar menos do que podia, com o objetivo de se vender mais. Lâmpadas que duravam muito não eram vantajosas, pois o consumidor comprava uma, de vez em quando, causando prejuízo aos fabricantes. A primeira lâmpada inventada, por Thomas Alva Edison, tinha durabilidade de 1.500 horas. Em 1924, as lâmpadas duravam 2.500 horas. Em 1940, um grupo de fabricantes atingiu seu objetivo econômico: as lâmpadas passaram a durar apenas 1.000 horas. Como fizeram isto? Fabricando uma lâmpada mais frágil!

Cada vez mais, especialmente com o desenvolvimento tecnológico de novos testes e materiais, bem como com a aplicação dos conceitos de realidades virtual e aumentada, fica mais fácil, projetar e fabricar produtos e peças, programados para durarem determinado tempo. Ou seja, uma falha ocorrerá depois de determinado número de horas trabalhadas ou após um determinado número de vezes de uso do produto. É óbvio que nenhum fabricante confessa que planeja uma obsolecência programada.

"Obsolescência psicológica" é quando se usam meios para mudar o estilo dos produtos como maneira de manipular os consumidores para irem repetidamente às compras. Trata-se, na verdade, de "gastar" o produto na mente das pessoas. Nesse sentido, os consumidores são levados a associar o novo com o melhor e o velho com o pior. O estilo e a aparência das coisas tornam-se importantes como iscas ao consumidor, que passa a desejar o novo. É o *design* que dá a ilusão de mudança por meio da criação de um estilo. Essa obsolescência pode ser também conhecida como "obsolescência percebida", que faz o consumidor se sentir desconfortável ao utilizar um produto que se tornou ultrapassado por causa do novo estilo dos novos modelos.

Se tudo isso ocorre na prática e se temos necessidades de consumir coisas, qual a solução? Será que teremos que voltar à idade das pedras e viver em cavernas, só consumindo o estritamente necessário? Como será possível manter nosso crescimento econômico e tecnológico, sem consumir recursos não renováveis?

Esse é o grande objetivo deste livro: fazer pensar nos impactos socioambientais, todos os atores envolvidos no projeto, fabricação e consumo de produtos, principalmente engenheiros, arquitetos, desenhistas industriais (*designers*), administradores e profissionais da área de *marketing*.

Capítulo 4

Motivação, criatividade e inovação no processo de desenvolvimento de produtos

Uma pessoa motivada libera sua criatividade, facilitando a geração de ideias, permitindo a inovação. Como são definidas a criatividade e a inovação? O que é motivação? Como uma pessoa se sente motivada?

4.1 Inovação e criatividade

O conceito de inovação é bastante variado, dependendo, principalmente, da sua aplicação, por exemplo, é a exploração com sucesso de novas ideias, sendo que sucesso para as empresas, por exemplo, significa aumento de faturamento, acesso a novos mercados, aumento das margens de lucro, entre outros benefícios. Dentre as várias possibilidades de inovar, aquelas que se referem a inovações de produto ou de processo são conhecidas como inovações tecnológicas. Outros tipos de inovações podem se relacionar a novos mercados, novos modelos de negócio, novos processos e métodos organizacionais, até mesmo novas fontes de suprimentos. As pessoas frequentemente confundem inovação e processos de inovação com melhoria contínua e processos relacionados a esse tema.

Para que uma inovação seja caracterizada como tal, é necessário que seja causado um impacto significativo na estrutura de preços, na participação de mercado, na receita da empresa, etc. As melhorias contínuas normalmente não são capazes de criar vantagens competitivas de médio e longo prazo, mas de manter a competitividade dos produtos em termos de custo.

A inovação tem a capacidade de agregar valor aos produtos de uma empresa, diferenciando-a, ainda que momentaneamente, do ambiente competitivo. As inovações permitem que as empresas acessem novos conhecimentos, novos mercados, aumentem suas receitas, realizem novas parcerias, aumentem o valor de suas marcas. Considerando que as inovações são capazes de gerar vantagens competitivas a médio e longo prazo, inovar torna-se essencial para a sustentabilidade das empresas e dos países.

Especialmente após a década de 1980, período que o professor José Abrantes considera início da 5ª Revolução Industrial (entre 1980 e 2000), devido à microeletrônica e informatização, as empresas passaram a ter condições de criar, produzir e lançar novos produtos, em um intervalo de tempo muito menor do que era, além de conseguir altos volumes de produção, com excelente qualidade e baixos custos. Estes avanços tecnológicos, conjugados com uma forte mudança sócio-político-econômica (queda do comunismo, liberação de mercados, descolonização de países e aberturas democráticas), permitiram a entrada de milhões de novos consumidores, o que levou a um forte movimento de competitividade, obrigando as empresas a serem criativas e inovar continuamente. Por que inovar? Somente o ser humano é dotado de potencial criativo e a partir da criatividade dos funcionários e colaboradores, é que a empresa será ou não inovadora, solucionará problemas dentro da mesmice ou encontrará novos caminhos.

O que é mais importante: qualidade ou inovação? Os consumidores estão cada vez mais exigentes e menos fiéis, ou seja, compra-se em que oferece melhor preço e qualidade, independentemente de ser ou não uma marca já tradicional e consagrada. Toda empresa pode, e deve, usar sua criatividade para melhorar a qualidade de um produto. A qualidade também pode ser melhorada como resultado de uma inovação, por exemplo, do processo produtivo. Empresas que efetivamente praticam a inovação mantêm diversas práticas destinadas a estimular o processo de geração e implementação de novas ideias, por exemplo, a não punição por erros, o estimulo à experimentação, as recompensas vinculadas à inovação, etc. A essas práticas as empresas excelentes em inovação adicionam um item essencial: o desenvolvimento contínuo da habilidade de inovar por meio de treinamento constante das equipes. Nestas empresas as pessoas são consideradas como capital intelectual.

A inovação deve ser implantada em todas as áreas da empresa para evitar que uma área que esteja inovando não fique atrasada porque outra não está. Mas se todas as empresas se preocuparem com a inovação constante, ela não deixa de ser o diferencial competitivo? No mundo atual, e cada vez mais, tudo fica obsoleto muito rápido, inclusive as inovações. Por esta razão, para se manterem competitivas, ou no mínimo sobreviverem, as empresas precisam inovar constantemente. Em uma entrevista, em 2007, Bill Gates, da Microsoft, disse a seus funcionários: "Precisamos deixar nossos produtos obsoletos antes que os nossos concorrentes o façam".

Mas se é assim, por que muitas empresas não priorizam tanto a inovação? Porque as pessoas tendem a prever o futuro usando os referenciais que possuem hoje. Porque existe uma tendência nas empresas, em geral, a quererem aproveitar ao máximo os produtos que desenvolveram. Então, postergam as iniciativas para inovar. Não podemos esquecer que, criatividade é uma característica do ser humano, são os funcionários que tornarão a empresa inovadora, competitiva e líder.

Uma das razões que bloqueia a inovação é que muitas empresas possuem sistemas administrativos que foram concebidos há muito tempo, até antes de 1970 (ou seja, antes das inovações japonesas), para gerenciar rotinas, e não inovações. Isto pode ocorrer mesmo contra a vontade da gerência, que quer inovar, mas é bloqueada pelos métodos de administração com excesso de normas, hierarquia rígida, punição por erros e, principalmente, medo. Infelizmente, muitas empresas matam ideias e produtos, mesmo antes de "nascerem". As empresas que não estimulam a criatividade e a geração de ideias, não terão um futuro muito brilhante e provavelmente deixarão de existir.

Gestores, que se sentem "acomodados" costumam sabotar as mudanças e inovações. A prática tem mostrado que, em muitas empresas, quando se apresenta uma nova ideia fica-se sujeito às críticas dos conservadores e perguntas inteligentes e profundas daqueles que estão realmente interessados nela. Como a mesma será posta à prova, é importante que se esteja muito bem preparado e seguro de que a ideia tem muitos pontos positivos, vantagens e inovações. Se a criatividade de uma pessoa não gerar resultados, ela será considerada apenas como sonhadora ou visionária.

Micro, pequena, média ou grande, o exercício da criatividade independe do tamanho da empresa, sendo inclusive válida para uma pessoa que atue como um profissional liberal. Toda atividade é propícia para a criatividade porque em todo ambiente existem problemas e oportunidades. Consequentemente, a criatividade é necessária. Nas empresas pequenas, as coisas andam mais rapidamente porque são menos formais. Nas grandes corporações, a rapidez não é tanta porque existem várias áreas envolvidas.

Toda pessoa é dotada de criatividade? Sim, obviamente que algumas se destacam. Aqui devemos lembrar que, não são apenas os "gênios" ou super dotados intelectualmente, os únicos capazes de ter ideias e serem criativos. Segundo o grande inventor americano, Thomas Alva Edison, que viveu entre 1847 e 1931, criatividade é 99% de transpiração e 1% de inspiração. A respeito de Edison, vale a pena falar um pouco sobre o processo de invenção da lâmpada de filamento (o seu invento mais conhecido). A descoberta da incandescência, em substituição ao arco voltaico, ocorreu em 21 de outubro de 1879, quando Edison, no seu laboratório em Menlo Park, Dearbon, estado de Michigan, EUA, depois de experimentar nada menos que 1.600 substâncias diferentes, conseguiu produzir com um fio de linha carbonizado, uma lâmpada incandescente que permaneceu acesa durante 40 horas. As primeiras experiências feitas com filamentos de platina não deram resultado, em três tentativas as lâmpadas explodiram. Convencido, porém de que o carbono era a substância ideal para o fim almejado, carbonizou tudo o que pudesse oferecer seção reta, até fios de barba. A substância final empregada foi o papelão calcinado. Cortada em forma de ferradura, a tira de papelão era aquecida até o calor branco fazendo evaporar todas as substâncias voláteis do papel e, depois resfriada. O papelão carbonizado era colocado em um pequeno globo de vidro, ligavam-se fios elétricos às duas extremidades da ferradura, retirava-se o ar contido no globo e fechava-se hermeticamente. Cada globo constituía uma lâmpada, mas carecia de produção em grande escala. É importante mencionar que Edison é considerado o maior inventor da história, sendo autor de mais de mil invenções.

O mundo atual, e cada vez mais, obriga as empresas a serem muito competitivas. Os negócios mudaram e continuam mudando. As empresas estão sendo desafiadas a melhorar a qualidade de seus produtos, a modernizar os projetos ou *designs* e a reduzir custos com um único objetivo: garantir a satisfação do consumidor. A empresa moderna já abandonou a velha premissa de que é preciso gastar ou investir mais capital financeiro em bens físicos do que o concorrente. Hoje sabe-se que, o grande patrimônio de uma empresa é o potencial de seus funcionários, o que se chama de capital intelectual.

É importante ressaltar que, a demanda por pessoas criativas não se restringe a apenas no desenvolvimento de novos produtos, *marketing* ou propaganda. As empresas precisam de pessoas criativas na contabilidade, na administração, na fábrica, na expedição, para pensar diferente e mudar as coisas para melhor. Precisam também de pessoas criativas na área de recursos humanos, principalmente para atuar na gestão do conhecimento e no processo de desenvolvimento dos funcionários.

Existe relação entre criatividade e tecnologia? A criatividade e a tecnologia se complementam. Um desenvolvimento tecnológico começa com uma ideia, que foi criada por uma pessoa. Esta ideia pode ser totalmente inovadora ou uma associação de elementos já existentes ou uma adaptação. A tecnologia nunca poderá avançar sem a criatividade de alguém (máquinas e computadores não pensam, logo não criam). Um engenheiro, um técnico ou um operário que teve uma ideia para melhorar uma máquina, um processo ou um sistema de produção, são exemplos da criatividade humana, em todos os níveis e áreas.

É possível aprender a pensar diferente todo o tempo, incorporando este hábito a nossa personalidade? Sem dúvida. Walt Disney, um homem de criatividade indiscutível, disse certa vez em uma palestra que a criatividade é a mesma coisa que um exercício físico: quanto mais você malha um músculo, mais ele se desenvolve. A atividade reforça em vez de desgastar o músculo. Pensar diferente é a mesma coisa. Você se acostuma sempre a procurar uma nova alternativa para resolver um problema ou para otimizar uma oportunidade. Habituar-se a pensar diferente é sempre fazer as seguintes perguntas: "Por que desta maneira?" "Não há uma maneira melhor?". Devemos lembrar que, embora uma coisa esteja sendo feita da mesma maneira há muito tempo, não quer dizer que esta seja a melhor.

Quais as principais características de uma pessoa criativa? Normalmente as pessoas criativas são fáceis de serem identificadas, pois elas sempre questionam normas e regulamentos querendo saber o porquê de tal procedimento obrigatório. Como os japoneses ensinaram, já na década de 1970, normas, procedimentos, regulamentos e padrões também envelhecem. Assim como recordes esportivos existem para serem quebrados ou ultrapassados, assim também são as normas, os procedimentos, os regulamentos e os padrões. Assim como o mundo gira, assim como não existe presente, apenas passado e futuro, assim tem que ser o processo criativo. A verdade/tecnologia de hoje, estará ultrapassada amanhã.

A pessoa criativa ajuda a empresa a olhar para o próprio umbigo. Ela é entusiasmada com um trabalho que está realizando e procura as melhores maneiras para realizar a tarefa. Além de entusiasmada, é espontânea e motivada. Ela gosta de dividir com os outros, contar o que está fazendo. É uma pessoa aberta ao diálogo. Não só para falar como também para ouvir. Aliás, ouvir é uma qualidade permanente e muito importante na pessoa criativa. Ela tem "orelhas grandes". Ela não se satisfaz com o óbvio. Em vez de perguntar "Por que é assim?", ela pergunta: "Por que não pode ser de outra forma?". A pessoa criativa é independente e movida a objetivos. Com foco no seu objetivo, ela não aceita obstáculos ou os destrói ou salta por cima, etc. A pessoa criativa é pró-ativa: não espera pelos outros. Faz acontecer.

Embora todo ser humano seja dotado de criatividade, infelizmente, somente alguns conseguem exteriorizá-la. Algumas pessoas extremamente criativas passam anos sem colocá-la em prática. Vergonha, medo, opressão, discriminação e influências culturais, são alguns dos fatores que inibem a criatividade. A palavra criatividade vem do latim *creare* no sentido de criar, fazer, elaborar e do grego *kraine,* significando realizar, desempenhar, preencher. Na língua portuguesa significa dar existência a, tirar do nada, dar origem a, produzir, inventar, imaginar, suscitar. Muitos pensam que a criatividade esteja ligada apenas ao campo das artes, isto é puro engano, pois a criatividade pode e tem que aflorar em todas as áreas do conhecimento e atuação do ser humano. Provavelmente em algumas pessoas o que "mata" o pensamento criativo, que é processado no lado direito do cérebro, é o raciocínio lógico-matemático ou da razão, que é processado no lado esquerdo. Outra coisa que "mata" a criatividade são as críticas. Existem pessoas que não criam e criticam os que criam. Dependendo da crítica, a pessoa criativa se recolhe e não mais cria.

Ao longo do tempo, diversos autores conceituaram e definiram o que seja criatividade. Dentre as muitas definições, as seguintes podem ser citadas. O termo pensamento criativo tem duas características fundamentais: é autônomo e dirigido para a produção de uma nova forma. Criatividade é o processo que resulta em um produto novo, que é aceito como útil, e/ou satisfatório por um número significativo de pessoas em algum ponto no tempo. Criatividade representa a emergência de algo único e original. Criatividade é o processo de tornar-se sensível aos problemas, deficiências, lacunas no conhecimento, desarmonia; identificar a dificuldade, buscar soluções, formular hipóteses a respeito das deficiências; testar e re-testar estas hipóteses; e, finalmente, comunicar os resultados. Segundo Baxter (2001, p. 52), o processo criativo pode ser subdividido nas seguintes cinco etapas subsequentes: 1 – Inspiração inicial; 2 – Preparação; 3 – Incubação; 4 – Iluminação e 5 – Verificação, que podem ser assim resumidas:

Inspiração inicial: Enquanto algumas pessoas têm o dom da criatividade e são inspiradas por natureza, outras precisam de algum estímulo para criar e inovar. Embora todo ser humano seja inteligente e capaz de criar e inovar, cada um tem as suas habilidades e competências específicas. A inspiração inicial também está relacionada à motivação. Esta palavra pode ser entendida como aquilo que motiva a ação. No caso a ação de criar e inovar. Embora muitos pensem ao contrário, diz-se que criatividade é 1% de inspiração e 99% de transpiração.

Preparação: A criatividade passa por disciplina e método. Disciplina para pensar no que se quer criar e a obediência para seguir determinados caminhos ou linhas de raciocínio, ou seja, os métodos. Não basta apenas ter vontade ou boa vontade, tem que botar o pé na tábua, por a mão na massa. O interessante é que o exercício frequente do pensamento criativo cria algo como uma espécie de dependência. Quanto mais se cria, mais se quer criar.

Nessa etapa a pessoa começa a imaginar como vai resolver o problema. Literalmente a pessoa fica "matutando" ou ruminando idéias, procurando saber o máximo sobre o que existe do assunto. Considerando o processo criativo/inovativo como uma pesquisa, pode-se dizer que a fase da preparação é semelhante ao levantamento dos referenciais teóricos e bibliográficos sobre o assunto.

Incubação: Uma coisa incubada é aquilo que está latente, vivo, porém quieto. As ideias estão sendo formuladas no interior do cérebro. Embora a pessoa não fale, pode-se ver no seu semblante a satisfação de inferir que vai achar uma solução e resolver o problema. Diz-se que na etapa da incubação não se usa o raciocínio lógico e racional, mas sim a intuição. Considera-se isto uma fase madura da inspiração inicial. Cada pessoa tem a sua forma de buscar a inspiração. Muitos confessam que ela vem de repente e nos lugares mais diferentes e esquisitos possíveis. Também se houve falar que muitas pessoas encontram a solução durante um sonho. Embora existam algumas teorias da psicologia que explicam como ocorre esta fase do pensamento, por exemplo, a bissociação e o pensamento lateral, sabe-se que quanto mais interação e experiências multi, inter e transdisciplinar a pessoa tiver, mais positiva e fértil é a sua incubação. Ou seja, a experiência ajuda. Pensar criativamente é "pensar lateralmente".

Segundo Edward De Bono (nascido em 1933), "raciocínio vertical é cavar cada vez mais fundo no mesmo buraco, enquanto raciocínio lateral é tentar de novo em outro lugar". Em termos práticos, isto quer dizer que se não encontramos respostas satisfatórias para determinados problemas (do jeito que estamos procurando) devemos procurá-las em outro lugar, de outra maneira, olhando sob outro ângulo e através de outras associações. E a chave para pensar lateralmente é usar simplesmente a expressão: "e se...?".

Iluminação e verificação: É a etapa aonde "vem a luz" ou solução do problema. Após muitas ideias e maturação, finalmente surge a melhor (pelo menos até aqui). A próxima etapa é fazer todas as verificações para confirmar que a ideia é válida e funcional. Cada processo de inovação tem as suas características e dimensões. Se esta análise fosse para um novo produto, por exemplo, um novo tipo de eletrodoméstico, a etapa da verificação seria a de se fazer um protótipo e realizar todos os testes.

4.2 Inovação e motivação

A motivação é um dos grandes segredos em uma empresa, que busca a melhoria da criatividade para a inovação. Para que novos e bons produtos (e serviços) sejam criados é preciso que as pessoas soltem a sua motivação. Como criar novos produtos estando-se desmotivado? Por melhor que seja o projeto, independentemente de quanto foi investido em máquinas, processos e treinamento, é o ser humano motivado que irá operacionalizá-lo. Pode-se dizer que um grupo desmotivado pode levar ao fracasso, projetos de produtos e planos bem elaborados e com alto investimento financeiro. Afinal, o que é motivação e o que se deve fazer para obtê-la?

Infelizmente nada se pode fazer para motivar as pessoas, pois elas já são motivadas por si só. A motivação vem de dentro de cada um e pode-se apenas facilitar as coisas de forma que cada um, com o seu comportamento e personalidade, a utilize da melhor forma. No entanto, se por um lado é difícil ou impossível motivar uma pessoa, em contrapartida é muito fácil desmotivá-la.

Às vezes uma palavra, um gesto ou até um olhar podem ocasionar a desmotivação. Além disso, não se pode esquecer que os seres humanos são diferentes uns dos outros, e uma ação que motive uma pessoa pode não ter nenhum efeito sobre outra. Embora muitos pensem de forma diferente, salário e prêmio em dinheiro não são fatores que por si só motivem os indivíduos. Eles até ficam alegres com isso, mas em pouco tempo essa "alegria" passa. O que facilita a motivação é um bom ambiente de trabalho, onde todos se sintam úteis, respeitados, seguros e com liberdade de expressão, de sentimentos e de sua criatividade. Aliás, onde existe motivação, a criatividade aflora, e a empresa consegue ótimos resultados, principalmente no que se refere ao desenvolvimento de novos produtos.

Na abordagem sobre motivação, podem ser definidos quatro modelos: 1 - o tradicional, 2 - o das relações humanas, 3 - o dos recursos humanos, enfatizando a satisfação e motivação e 4 – o que considera e valoriza o conceito das inteligências múltiplas.

1. O modelo tradicional está relacionado à Administração Científica, do engenheiro mecânico americano, Frederick Winslow Taylor (1856-1915), proposta em 1911, onde as tarefas repetitivas executadas com eficiência eram recompensadas com incentivos salariais, ou seja, maior produção, maior salário. Neste modelo os administradores determinam as tarefas e os trabalhadores executam. Não existe participação daqueles no planejamento, organização e melhorias das tarefas e métodos de trabalho. Este modelo não se adequa bem à equipes de projeto de produtos.

2. No modelo das relações humanas, que começou a ser realmente praticada após 1930, (até como antagônico ao pensamento taylorista) vários pesquisadores chegaram à conclusão que o trabalho repetitivo e tedioso (típico do modelo de Taylor), reduzia a motivação e, portanto os trabalhadores deveriam ter reconhecidas as suas necessidades sociais, sentindo-se úteis. Neste modelo, os trabalhadores alcançaram algumas liberdades relacionadas às tomadas de decisões relativas ao trabalho, mas ainda são coadjuvantes das ordens dos administradores. O sócio-antropólogo australiano George Elton Mayo (1880-1949) foi um dos que muito contribuíram para este modelo ou forma de pensar. Como pratica a centralização das decisões, este modelo também não se adequa bem à equipes de projeto de produtos.

3. No modelo dos recursos humanos, que surgiu quase que concomitantemente ao das relações humanas, vários teóricos criticaram os modelos anteriores por relacionarem a motivação apenas ao dinheiro ou às relações humanas. Vários pesquisadores deram importantes contribuições para este modelo, sendo que dois merecem destaque: o psicólogo americano Douglas McGregor (1906-1964) e o também psicólogo americano Abraham Harold Maslow (1908-1970).

McGregor apresenta duas teorias de como os administradores analisam os trabalhadores. Na primeira, ou teoria "X": "As pessoas, apesar de verem o trabalho como uma necessidade, sentem uma aversão por ele, evitando-o sempre que possível". Na segunda, ou teoria Y: "Presume-se que o trabalho é tão natural quanto a diversão ou o descanso e que as pessoas desejem trabalhar e sintam satisfação por isso". É interessante lembrar que, enquanto os ocidentais, de uma maneira geral, encaram o trabalho como uma obrigação, os orientais, em especial os japoneses, encaram-no como uma forma de viver com prazer e satisfação. Com relação à inovação e criatividade, na prática encontram-se pessoas que se classificam exatamente desta forma, ou seja, algumas são naturalmente criativas, enquanto outros necessitam de controle e estímulo, para exteriorizar suas criatividades.

Maslow entendeu que as pessoas são movidas por necessidades, classificando-as em duas categorias: primárias e secundárias. As primárias são subdivididas em necessidades fisiológicas e de segurança e estabilidade, estando relacionadas com a sobrevivência do ser humano e podem ser citadas: fome, sono, cansaço, frio, calor, desejo sexual, proteção de perigos, segurança física, estabilidade e ordem, desemprego e doenças, entre outras. As necessidades secundárias estão relacionadas ao aspecto psicossocial do ser humano e são subdivididas em sociais ou de participação, estima e de autorrealização. Para melhor compreensão a figura 4.1 apresenta a clássica pirâmide que mostra a hierarquia destas necessidades, embora o próprio Maslow nunca tenha dito exatamente assim, ou seja, não se pode afirmar que todos se comportam desta maneira. Pode-se inferir que, a teoria de Maslow é baseada na premissa de que uma necessidade superior da pirâmide só se manifesta quando a inferior foi satisfeita e acrescenta: (ABRANTES, 2007, p. 51).

> Uma vez satisfeitas suas necessidades básicas de alimentação, vestuário e abrigo, o homem deseja amigos e torna-se social e grupal. Uma vez satisfeitas essas necessidades aquisitivas, deseja conhecimento e respeito de seus concidadãos e realizar sua independência e competência. E uma vez satisfeitas essas necessidades de *status* e autoestima, passa a buscar a realização de si mesmo, a liberdade, e modos cada vez mais altos de ajustamento e adaptação.

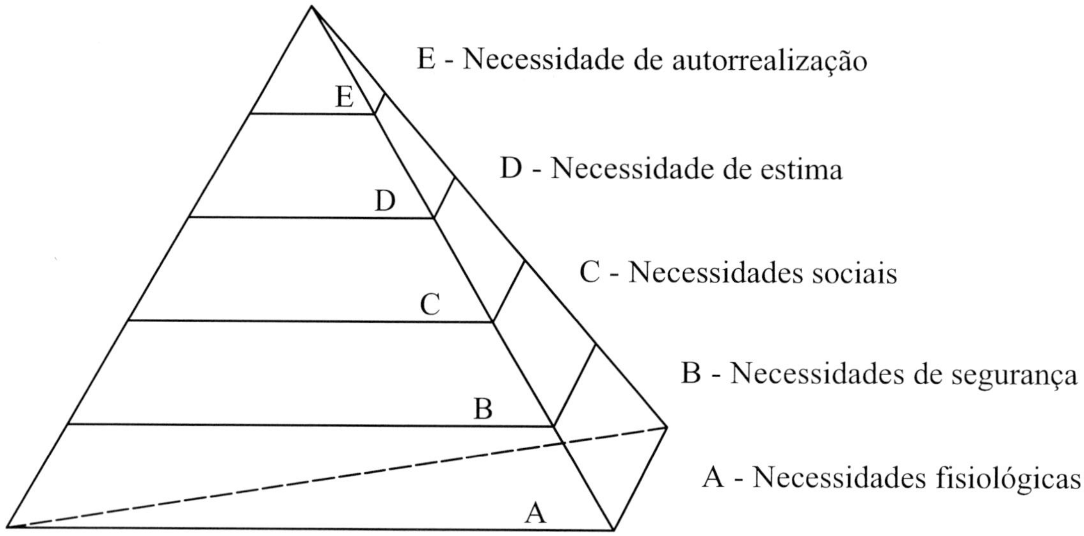

Figura 4.1: pirâmide da hierarquia das necessidades de Maslow (Fonte:ABRANTES, 2007, p. 51)

Necessidade de Autorrealização – É a necessidade mais elevada do ser humano. Constitui o impulso de ser aquilo que é capaz de ser e de maximizar as aptidões e capacidades potenciais. Incluem o crescimento pessoal e o alcance da plena potencialidade da pessoa. Por exemplo, um projetista de produto, se sentirá realizado o dia que "inventar" um produto que traga grandes benefícios à humanidade (e obviamente bons lucros à empresa).

Necessidade de Estima – Incluem fatores internos de estima, como *status*, reconhecimento, prestígio, atenção e consideração. O mesmo projetista já citado, se sentirá prestigiado, quando o seu trabalho for reconhecido, por exemplo, pelos seus superiores, mesmo que não receba nenhuma promoção ou prêmio em dinheiro. Muitas vezes um simples aperto de mão e um tapinha nas costas, seguido das palavrinhas mágicas: "parabéns, muito obrigado", aumentam muito a autoestima de uma pessoa.

Necessidades Sociais – Incluem afeição, carinho, aceitação social, filiação e amizade. Envolvem as necessidades de relacionamento humano. O ser humano é um ser social, por natureza, diferentemente de muitas espécies de animais.

Necessidades de Segurança – Incluem segurança e proteção contra ameaça ou perigo físico e emocional. Buscam assegurar a estabilidade das pessoas. Como uma pessoa pode liberar sua criatividade, caso ela se sinta, de alguma forma ameaçada. *Ou você cria um novo modelo para a empresa ou será demitido!* Como reage uma pessoa "normal", quando escuta algo assim?

Necessidades Fisiológicas – Incluem fome, sede, sexo e outras necessidades corporais. São necessidades básicas de sobrevivência biológica. Como uma pessoa pode ser criativa caso, por exemplo, ela tenha dificuldades financeiras, inclusive para sustentar dignamente sua família?

O modelo de fazer aflorar a motivação, via teoria de Maslow, pode ser aplicado, principalmente quanto a satisfazer as necessidades fisiológicas e de segurança.

Outro psicólogo americano, Frederick Irving Herzberg (1923-2000), após estudos do final da década de 1950, propôs uma teoria baseada na satisfação e motivação dos indivíduos no trabalho. Esta teoria ficou conhecida como a: "Teoria dos dois fatores ou fatores higiênicos e motivacionais".

Fatores higiênicos ou extrínsecos são aqueles relacionados ao ambiente físico e às condições de trabalho, tais como: benefícios sociais, salários, condições físicas de trabalho, política da empresa, estilo de chefia, regulamentos internos, relacionamento interno e outros. Estes fatores são administrados pela empresa e o trabalhador não tem nenhum controle sobre os mesmos, entretanto são fundamentais e evitam a insatisfação para o trabalho.

Fatores motivacionais ou intrínsecos são aqueles relacionados com o cargo ou natureza das tarefas executadas. Estes fatores estão sob o controle dos trabalhadores e compreendem a auto-realização, o crescimento e o reconhecimento profissional, sendo responsáveis pela satisfação ou aumento da vontade de trabalhar.

Existem críticas ao trabalho de Herzberg, pois o mesmo não leva em consideração as diferenças entre as pessoas, ou seja, iguala todos sabendo-se que somos diferentes e o que causa motivação e satisfação a uma pessoa pode ter efeito contrário em outra. Outra crítica a Herzberg é que sua pesquisa apenas examinou a satisfação no trabalho e não a relação entre satisfação e produtividade.

4. O modelo de motivação que considera e valoriza o conceito das inteligências múltiplas, pode ser apontado como tendo sido iniciado em 1983, quando o professor e psicólogo americano Howard Gardner (nascido em 1943), em oposição ao conceito de inteligência proposto pelo teste de QI, afirmou que o ser humano é dotado de várias inteligências e não apenas, por exemplo, aquelas aferidas nos testes de QI. A Teoria

das Inteligências Múltiplas é amplamente descrita no capítulo 5, sendo fundamental para a criatividade, a motivação e o desenvolvimento de novos produtos.

Esse modelo de fazer aflorar a motivação, através da Teoria de Gardner, é muito interessante, principalmente por valorizar o ser humano ao considerar cada um como especial e único.

4.3 Criatividade e pensamento sinético

Considerando o processo de desenvolvimento de um novo produto, o pensamento sinético pode ser definido como uma técnica de grupo ou conclave, que une elementos diferentes ou antagônicos, em princípio não relacionados entre si. Segundo Kaminski (2012, p.23): "a sinética é um método que leva ao uso consciente dos mecanismos psicológicos incoscientes (variação às escuras), com o objetivo de obter maior probabilidade de resultados inovadores originais".

O grupo participante da sinética deve ser formado por técnicos especialistas, de diferentes áreas, e com características como: equilíbrio emocional, facilidade para o pensamento lateral (ou seja, não seguem a criatividade racional), facilidade de relacionamento e aceitação de novidades.

A técnica da sinética também é considerada uma espécie de *brainstorming* (ver parágrafo 5.6), com a diferença de que ao invés da quantidade de idéias, procura-se a qualidade. Pode-se dizer que é um *brainstorming* direcionado.

Embora formado por especialistas, a sinética envolve poucos participantes que são estimulados a quebrar paradigmas na forma de pensar, ou seja, pensar o impensável, ou melhor, não seguir o processo criativo racional e clássico.

Uma sessão de sinética deve reunir poucas pessoas, onde durante alguns minutos, em um ambiente isolado, cada um apresenta suas ideias, sem interferência dos outras pessoas presentes. Após todos apresentarem suas ideias o grupo discute em conjunto cada uma, avaliando-as, reunindo as melhores e eliminando as que são absurdas ou impraticáveis.

Capítulo 5

Projeto de produto, inovação e inteligência. O conceito das inteligências múltiplas. O *Brainstorming* e o *Brainwriting* na inovação

Normalmente quando se fala em projeto de produto, tanto na parte de *design*, quanto na parte da engenharia, muitas pessoas, inclusive de áreas técnicas, logo pensam em verdadeiros "gênios" ou pessoas excêntricas, com alta "inteligência" e fazendo parte de um seleto grupo de trabalho. O objetivo deste capítulo é mostrar de forma resumida o conceito de inteligência e principalmente o fato, já comprovado, de que todos nós somos providos de várias ou múltiplas inteligências e que qualquer pessoa "normal" pode, com dedicação, também fazer parte deste grupo ou classe chamado de "gênios", inclusive no que se refere ao Projeto e Engenharia de Produtos. Também deve ser dito que existem pessoas mais criativas, inovadoras e inteligentes, do que outras.

5.1 Quociente de Inteligência (o teste de QI)

No passado, em especial até 1950 (quando se inicia a 4ª Revolução Industrial), o trabalho era essencialmente físico, com pouca ou nenhuma participação intelectual daqueles que atuavam no chão de fabrica, ou seja, os operários. O termo mão de obra vem dessa atuação, pois usavam as mãos e não "a cabeça". Na medida em que a tecnologia foi evoluindo, cada vez mais se foi reduzindo o trabalho físico e aumentando o trabalho intelectual. Especialmente após a década de 2000, podemos falar em "cérebro de obra", quando as empresas passaram a procurar profissionais com bom nível de escolaridade, formação interdisciplinar, dinâmicos, com espírito de liderança e atitudes empreendedoras, ou seja, capazes de tomar decisões, sem as ordens diretas de um superior. Embora as empresas precisem de profissionais assim, poucas conseguem e ou não sabem como recrutar e selecionar. Muitas empresas ainda tentam "medir" a inteligência dos candidatos, por exemplo, aplicando testes de QI. Isto é certo? O que é inteligência?

Muitos pesquisadores estudaram e criaram definições de inteligência, e alguns até criaram "métodos" para medir a inteligência de uma pessoa, existindo testes que "conferem uma nota" para a inteligência. Dentre as diversas teorias duas se destacam: a do educador suiço Jean William Fritz Piaget (1896-1980) e a do psicólogo francês Alfred Binet (1857-1911). Piaget imaginou a inteligência como um desenvolvimento cognitivo caracterizado por uma evolução progressiva, em função da idade, como uma construção progressiva de estruturas. Segundo Piaget, o ser humano apresenta os seguintes estágios de inteligência: de 0 a 2 anos de idade é o estágio sensório motor; de 2 a 7 anos o estágio pré-operatório; de 7 a 12 anos estágio de operações concretas; acima de 12 anos o estágio de operações formais. Nos testes de Binet, que em 1905 ajudou a criar o teste de QI, o ser humano é avaliado no grau de suas capacidades de compreensão, de invenção, de direção e de censura, entre outras, mas basicamente abordando compreensões lógico-matemática, viso-espacial e verbo-linguística.

É possível avaliar e medir a inteligência de uma pessoa? Esta é uma pergunta que vem motivando pesquisas e controvérsias, há muito tempo. Quem é mais inteligente: um professor de matemática ou um jogador de futebol habilidoso? Um médico ou um pajé? Um engenheiro ou um pedreiro? Um químico ou uma cozinheira?

Ao longo da história muito se tem pesquisado sobre este assunto e, certamente o conceito de inteligência mais difundido e conhecido é o de QI ou Quociente de Inteligência, proposto por Binet em 1905 e, que é utilizado até hoje, principalmente por muitas empresas que querem "selecionar as pessoas certas para os lugares certos". Vamos falar um pouco mais sobre os testes de inteligência para aferir o QI, deixando bem claro que os autores não dispõem de formação acadêmica ou experiência profissional específica, para fazer críticas profundas a este conceito. Tudo que está escrito a seguir, sobre inteligência, foi transcrito e ou resumido de livros, monografias, *sites* na *Internet* e na experiência de vida dos autores, em especial após anos no exercício do magistério.

Por volta de 1900 o psicólogo francês Albert Binet (1857-1911), junto com o médico e psicólogo, também francês, Theodore Simon (1873-1961), após experiências profissionais e estudos, propuseram uma metodologia para identificar a capacidade de aprendizagem de crianças, principalmente para detectar aquelas que poderiam ter algum tipo de problema que pudesse comprometer suas futuras aprendizagens. Através de uma série de perguntas e figuras lógicas, procuravam identificar a "idade mental" de uma criança. O fundamento era que, independentemente da idade cronológica (idade real), as crianças teriam uma determinada idade mental. Alerta-se que, quando Binet e Simon começaram seus estudos, por volta de 1900, Piaget era uma criança, com menos de cinco anos. Ou seja, Piaget não teve nenhuma relação com o teste de QI. Piaget nasceu na Suíça em 1896, doutorou-se em Biologia em 1918, com 22 anos, e morreu em 1980.

Binet e Simon conceituaram a idade mental de uma criança como sendo aquela que a maioria das crianças conseguiria resolver a tarefa mais específica e complexa, em comparação a uma criança sozinha. Em verdade eles criaram uma "escala métrica para a inteligência". O conceito de Quociente de Inteligência ou QI, foi obtido através da divisão entre a idade mental (aferida no teste) e a idade cronológica, isto multiplicado por cem (100) para evitar o uso de casas decimais. Por este método uma criança que tivesse uma idade mental de 11 anos (aferida no teste) e idade cronológica de 9 anos, teria um QI igual a 122, pois 11 dividido por 9 é igual a 1,22 e multiplicado por 100 dá 122 (9/11 x 100 = 122).

À época, Binet e Simon estabeleceram que um QI igual a 100 representaria uma criança normal (onde a idade mental é igual à cronológica, a divisão é igual a 1 e multiplicada por 100, dá QI igual a 100). As crianças com QI menor que 100, estariam retardadas no seu desenvolvimento, e as com QI maior que 100, seriam precoces. Posteriormente, na década de 1930, este conceito de QI foi aperfeiçoado pela Universidade de Stanford, nos EUA, onde foram incluídos conceitos estatísticos, especialmente considerando o desvio padrão (que em palavras simples significa o quanto um valor é diferente da média). Com isto a medida de QI passou a definir o "grau de inteligência" de uma pessoa (crianças e adultos).

Não existe uma escala ou graduação rígida para definir a inteligência de uma pessoa, através dos testes de QI. Existem pesquisas estatísticas desenvolvidas, principalmente nos EUA, que apontam para quais percentuais de uma população são classificados em níveis de QI. Algumas fontes informam a seguinte distribuição: cerca de 5% da população tem QI abaixo de 74, sendo considerados infradotados; 20% da população tem QI entre 75 e 89, sendo considerados abaixo da média; 50% (a maioria) tem QI entre 90 e 110, sendo considerados medianos (estão na média); 20% da população tem QI entre 111 e 125, sendo considerados acima da média e cerca de 5% tem QI acima de 126, sendo considerados superdotados. Apenas como curiosidade, pessoas com QI acima de 140 representam cerca de 2% da população e são consideradas praticamente como "gênios". O quadro 5.1 explica os fatores que podem ou não ser "medidos" pelos testes de QI.

O que o teste de QI "mede" bem	O que o teste de QI não "mede" bem
Habilidade linguística	Senso comum e conhecimento informal
Raciocínio lógico-matemático	Intuição e bom senso
Pensamento analítico	Criatividade e originalidade
Capacidade de abstração teórica	Liderança e sociabilidade
Aptidão escolar e pensamento acadêmico	Aptidão artística
Erudição e escolaridade efetiva	Capacidade musical
	Habilidade corporal e atlética
	Moral e ética
	Motivação
	Controle emocional

Quadro 5.1: o que o teste de QI "mede"

Existe também uma classificação proposta por Lewis Terman (1877 e 1956), que era da universidade de Stanford e ajudou a desenvolver testes de QI. Terman é considerado o inventor do teste de QI chamado de "*Stanford-Binet IQ Test*". Segundo Terman: QI acima de 140, significa genialidade; Entre 120 e 140, significa inteligência muito acima da média; Entre 110 e 120, significa inteligência acima da média; Entre 90 e 110, significa inteligência normal (ou média); Entre 80 e 90, significa embotamento; Entre 70 e 80, está na zona limítrofe e finalmente entre 50 e 70, baixo desenvolvimento mental.

5.2 As funções cerebrais e o conhecimento humano

O cérebro humano é subdividido em duas partes ou hemisférios: esquerdo e direito. O lado esquerdo comanda a motricidade do lado direito e o lado direito comanda a do esquerdo. Segundo a neurofisiologia, cada lado tem funções específicas como detalhadas no quadro 5.2: Pesquisas mostram que as mulheres utilizam de forma mais eficaz as duas partes ou hemisférios cerebrais, enquanto os homens utilizam preferencialmente o lado esquerdo.

Funções do lado esquerdo do cérebro	Funções do lado direito do cérebro
Racional	Intuitivo e sentimental
Lógico	Analógico
Objetivo	Subjetivo
Convergente	Divergente
Controlado	Imaginativo e emotivo
Analítico	Sintético
Matemático	Simbólico
Intelectual	Artístico
Verbal	Sensual

Quadro 5.2: as funções de cada lado do cérebro

5.3 Origem e evolução da espécie humana e sua inteligência

O hominídeo mais antigo, descoberto em 2001, foi chamado de *Sahelanthropus tchadensis*, apelidado carinhosamente de "*Toumai*", sendo uma espécie de hominídeo descrita em 19 de julho de 2001 por Michel Brunet (nascido em 1940), com base num crânio que pode ser o mais antigo da linhagem humana, de mais ou menos 7 milhões de anos.

O *Homo sapiens*, nossa espécie hoje, surgiu entre 130 mil e 200 mil anos, na África (segundo as teorias mais aceitas), como resultado de adaptações do *Homo erectus* ao meio em que eles viviam. Desde então o *Homo sapiens* vem evoluindo e aumentando seu número cada vez mais. A expansão do *Homo sapiens* teve inicio há 100 mil anos, com uma grande erupção de um vulcão na África que afetou todo o planeta, quando somente cerca de 10 mil *Homo sapiens* sobreviveram e ao mesmo tempo teve inicio uma nova era glacial, que tornou difícil a vida na África, obrigando uma migração. É importante citar que, em 2019, a população humana, ou seja, de *Homo sapiens*, era de mais de 7,7 bilhões de pessoas.

Há cerca de 70 mil anos o *Homo sapiens* chegou no Oriente Médio e há 50 mil anos, na Ásia, quando teve inicio o processo de extinção do *Homo erectus*. Há 40 mil anos o *Homo sapiens* chegou à Europa e lá ficou conhecido como Homem de *Cro-Magnon*. Há 35 mil anos ele entrou em contato com o Homem de *Neandertal*, tendo inicio uma série de conflitos, onde, quase sempre o *Homo sapiens* venceu. Há 28 mil anos a população de Homens *Neandertais* diminuiu drasticamente e há 27 mil anos os mesmos foram extintos pelos *Homo sapiens* (que somos nós!).

O *Homo sapiens* continuou sua dominação e ocupação do planeta, extinguindo diversas espécies. Há 20 mil anos ocorreu outra Era Glacial e formou-se uma ponte de terra entre a Rússia e o Alasca. Há 15 mil anos o *Homo sapiens* chegou a América do Norte, entrando em contato com novas espécies, que também acabaram por se extinguir. Há 13 mil anos o *Homo sapiens* chegou à América do Sul, tendo ocorrido a extinção de diversas espécies animais americanas, entre as quais: o Mamute, o Tigre dente de sabre, o Mastodonte, etc. Há cerca de 11 mil anos, os *Homo sapiens* que ficaram no Oriente Médio, começaram a praticar a agricultura (exatamente onde hoje fica o Iraque). Posteriormente deu-se início às construções e os grandes impérios humanos. As pirâmides egípcias mais antigas, foram construídas em 3.500 a.C., ou seja, há mais de 5.500 anos, em relação a 2019.

Nossos ancestrais viviam em cavernas, usavam ferramentas feitas de pedra, ossos, marfim e chifres, e já se alimentavam de animais caçados em grandes rebanhos. Os homens saíam em grupos para caçar e as mulheres ficavam nas cavernas cuidando dos filhos, e também coletando frutas e vegetais, e aguardavam o retorno dos homens com carnes de animais, que davam muito mais energia. Após a refeição, divididas igualmente por todos, os homens ficavam em volta da fogueira (o homem descobriu o fogo a cerca de 500 mil anos) conversando e lembrando das caçadas, exatamente como fazem os homens atuais, nas famosas rodas de bar após o trabalho ou em frente à televisão (com o controle remoto na mão). Segundo Pease (2000), o fato das mulheres atuais gostarem de sair para fazer compras, sem planejamento e sem necessidade, advém desta fase ancestral, pois enquanto os homens estavam fora caçando, elas saíam em grupos, sem direção definida, para colher frutas e vegetais. Os homens planejavam suas caçadas e tendiam a voltar ao mesmo local onde já tinham avistados bandos de animais. Isto explica porque os homens são mais objetivos, ou seja, vão direto ao assunto.

O cérebro do homem atual, o *Homo Sapiens*, é cerca de 30% maior do que o seu ancestral o homem de *Neandertal*, sendo dividido em dois hemisférios: direito e esquerdo. Estes dois hemisférios são interligados através de um feixe de nervos chamado corpo caloso. Homens e mulheres usam, de formas diferentes, os dois lados do cérebro. Segundo o neurologista Roger Gorski, da universidade da Califórnia, no cérebro da mulher o corpo caloso é mais denso e tem 30% a mais de conexões do que o cérebro do homem. (PEASE, p. 58). Isto explica porque as mulheres conseguem fazer várias coisas ao mesmo tempo, enquanto o homem faz uma de cada vez.

Nas mulheres os circuitos ligados à audição e à linguagem têm 11% mais neurônios que nos homens e a estrutura relacionada à emoção e à formação da memória também é maior. Os homens pensam com um hemisfério do cérebro de cada vez, ao desempenhar uma atividade, enquanto as mulheres usam os dois. Esta é a razão para as mulheres terem mais facilidades para realizar mais de uma atividade ao mesmo tempo, enquanto os homens se concentram em uma de cada vez. Os homens têm mais facilidades para pensar visualmente, já as mulheres conseguem traduzir mais facilmente sentimentos em palavras. Os homens têm preferências para profissões que não exijam tanta interação com outras pessoas e as mulheres as que têm mais socialização. Estas características podem explicar, por exemplo, porque existem mais homens dedicados às carreiras da Matemática, Engenharia e das Ciências Exatas, bem como mais mulheres dedicadas às carreiras sociais. Embora ambos possam exercer as mesmas funções, existem estas particularidades neurobiológicas.

As mulheres têm muita mais facilidade para notar detalhes e expressões faciais, do que os homens. Isto se deve ao maior número de células nervosas que captam os sentimentos e emoções. No cérebro masculino, a maioria das emoções ativa menos respostas instintivas e mais pensamento racional. A reação do cérebro masculino a uma emoção é evitá-la a todo custo. As mulheres são mais emotivas e choram quatro vezes mais facilmente que os homens. Mesmo que homens e mulheres sintam a mesma quantidade de raiva e agressividade, eles expressam mais. Como se diz na prática eles são "mais estourados" e elas "seguram mais a onda". Devido a isto, e às várias alterações hormonais que as mulheres sofrem ao longo da vida, é que tornam-se mais propensas à depressão, do que os homens.

Os homens possuem processadores maiores no núcleo da área cerebral que registra o medo e aciona a agressão. Isto explica, pelo menos em parte, a maior agressividade masculina, comparativamente às mulheres. Em determinadas situações os homens querem partir logo para a agressão, já as mulheres tentarão de tudo para neutralizar o conflito. Certamente as duas grandes constatações da doutora Brizendine são que durante a gravidez o cérebro feminino chega a encolher 8%, voltando ao normal cerca de seis meses após, bem como existem evidências de que após a maternidade as mulheres ficam mais inteligentes. A explicação é que, o cérebro feminino fica muito mais direcionado em tudo que se relacione ao bebê.

Segundo Pease (2000, p. 28) as mulheres enxergam mais cores e detalhes visuais próximos (visão periférica) do que os homens, pois possuem dois cromossomos XX, sendo o X responsável pelo processamento das cores. Na retina existem células em forma de cone, responsáveis pela definição das cores. Muitas mulheres têm visão periférica de quase 180 graus, o que lhes permite ver detalhes próximos aos olhos, com mais facilidade do que os homens. Entretanto para uma visão noturna de longo alcance, os homens são melhores.

As mulheres escutam melhor do que os homens, distinguindo mais os sons agudos. Com poucos dias de vida as meninas distinguem a voz da mãe, bem como outro bebê chorando, mesmo com outros sons no ambiente. Os meninos não. Mulheres têm mais facilidade para cantar, enquanto os homens têm para compor músicas. A mulher tem o paladar e olfato mais apurado do que o homem, ficando o olfato mais apurado durante o período de ovulação, ou seja, quando a mulher está na sua fase fértil e em condições de engravidar (PEASE, 2000, p. 37 a 45).

Os homens possuem melhor "habilidade" visual de longo alcance ou visão em túnel, do que as mulheres. Homens são melhores para ler mapas e orientação espacial. Nos homens esta zona cerebral está localizada em quatro pontos na parte frontal do hemisfério direito, enquanto nas mulheres está localizada em ambos os hemisférios, sem um ponto específico. Noventa por cento das mulheres têm limitações na capacidade de orientação espacial. As mulheres vêem melhor em duas dimensões, já os homens são melhores no plano tridimensional, ou seja, percebem melhor tamanho, posição, volume, movimento e aspecto. Esta "habilidade" é outro exemplo da influência da nossa fase das cavernas, quando o homem tinha que ter estas percepções para caçar e depois voltar certinho para a sua caverna. Isto também explica porque os homens gostam de praticar esportes como golfe, jogos de computador, basquete, futebol, jogo de dardos e outros, onde haja um alvo a ser atingido. Isto também explica porque os homens dominam áreas da Química, Física e Ciências, que exigem mais habilidades de visão espacial (PEASE, 2000, p. 104 a 106).

Estima-se que no início da era cristã (logo após a crucificação), a população mundial fosse de no máximo 300 milhões de pessoas, mil anos depois, ou seja, século X (entre 1001 e 1100) éramos 310 milhões e só atingimos a marca de um bilhão de habitantes, por volta do ano de 1800. A partir de então, podemos apontar o seguinte crescimento populacional: 1,26 bilhão em 1850, 1,65 bilhão em 1900, 2,52 bilhões em 1950, 3 bilhões em 1960, 4,07 bilhões em 1975, 5,27 bilhões em 1990, 6,07 bilhões em 2000 e mais de 7,8 bilhões em 2020. Estimativas da ONU apontam que, em 2050 a população mundial atingirá o seu pico, com cerca de 9 a 10 bilhões de pessoas, começando um longo declínio a partir de então.

Será que o planeta Terra, nos dará condições para que isto aconteça? Até quando continuaremos a extrair recursos não renováveis, como os minérios, sem que ocorram catástrofes violentas? Até quando destruiremos nossas florestas, mares, rios, lagos, etc.? Até quando extinguiremos espécies animais e vegetais? Até quando continuaremos queimando petróleo, carvão mineral e gás natural? Resistiremos às mudanças climáticas? Como serão as empresas no futuro? Que tipos de produtos teremos?

5.4 O conceito das Inteligências Múltiplas, segundo Howard Gardner

Antes de explicar o conceito e detalhar as Inteligências Múltiplas, é importante falar um pouco sobre o seu principal mentor, o professor Howard Gardner. Ele é americano e nasceu em 11 de julho de 1943, na cidade de Scranton, Pennsylvania. É psicólogo formado em Harvard, com pós-doutorado em neurologia e neuropsicologia. Em 2019, ainda atuava na Universidade de Harvard. Foi professor adjunto de neurologia da Escola de Medicina da Universidade de Boston (*Boston University School of Medicine*). Até 2019, possuía cerca de 30 livros publicados, e traduzidos para diversos idiomas, além de mais de uma centena de artigos científicos. Já recebeu inúmeros prêmios em diversas universidades, em todo o mundo. Em 1997 esteve no Brasil, quando proferiu palestras sobre o seu conceito das Inteligências Múltiplas. Publicou seu primeiro livro em 1973 sobre o desenvolvimento humano, sobre a perspectiva das artes. Em 1975 publicou livro sobre neuropsicologia. Apesar de toda a formação e pesquisas, foi em 1983 com a publicação do seu livro sobre as estruturas da mente (*Frames of Mind*), que passou a ser reconhecido como o criador do conceito das Inteligências Múltiplas (*Multiple Intelligences*). Em livro publicado em 2004: "Mentes que Mudam" (*Changing Minds*), Gardner analisa o processo pelo qual cada pessoa pode mudar a sua mente e a dos outros.

Como pesquisador de Harvard, em 1979, Gardner foi convidado pela fundação filantrópica holandesa, Bernard Van Leer, para pesquisar o potencial humano. Com isto foi criado o "Projeto Zero de Harvard" (*Harvard Project Zero*), apontado como a origem da teoria das Inteligências Múltiplas. Deve ser ressaltado que, muito antes de se envolver neste projeto, Gardner já imaginava que havia "muitos tipos de mente". Ele sempre questionou a forma de definir uma "nota" para a inteligência humana, como a atribuída nos testes de QI. Além da componente genética (parte biológica), Gardner sempre imaginou que também fatores comportamentais (parte psicológica), inclusive o meio sócio cultural onde a pessoa vive, influenciam a inteligência. Ele sempre enfatizou que nós não temos apenas "uma inteligência", mas sim várias.

Também tem que ser ressaltado que, nas pesquisas desenvolvidas no Projeto Zero, comprovou-se que sucesso e rendimento escolar não estão diretamente relacionados. Sabe-se que muitas pessoas que alcançaram o sucesso, não foram ótimos alunos. Talvez o sucesso destas pessoas advenha do fato de trabalharem bem, e de forma equilibrada as diversas inteligências, definidas por Gardner (esta é uma conclusão do professor José Abrantes). Segundo Gardner (e Abrantes concorda), toda pessoa é dotada de várias inteligências e muitas conseguem se destacar em algumas áreas. Observe que é normal você ter extrema habilidade para fazer algumas coisas e muita dificuldade para outras. É muito importante que cada gestor entenda isto, pois estará lidando com pessoas diferentes e principalmente que pensam e têm inteligências diferentes, especialmente no campo do projeto de produtos.

O grande diferencial da teoria de Gardner é que ele considera cada pessoa como única, ou seja, somos diferentes. Outra particularidade é quando Gardner define o que é uma pessoa inteligente! Segundo ele, inteligente é a pessoa que: A) Resolve problemas e B) Cria coisas úteis valorizadas em determinados contextos culturais.

Resolve quais problemas? Cria que tipo de coisas? Estas definições se encaixam perfeitamente em pessoas que fazem parte de equipes de desenvolvimento de novos produtos, onde a todo instante se tem que resolver problemas e principalmente criar.

Além de Gardner, outros pesquisadores como Daniel Goleman (Universidade de Harvard), Robert Emmons (Universidade da Califórnia) e Nilson José Machado (Universidade de São Paulo - USP), estudaram as Inteligências Múltiplas. Em 1983 Gardner publicou que existiam as seguintes sete inteligências: Verbo Linguística; Lógico Matemática; Viso Espacial; Corporal Cinestésica; Musical; Interpessoal; Intrapessoal. Posteriormente (1996) Gardner citou a Naturalista, Daniel Goleman citou a Emocional em 1995, Robert Emmons em 2000 citou a Existencial e Nilson José Machado citou a pictórica em 1994 (à época era professor da USP). Em agosto de 2006, Daniel Goleman, psicólogo, Ph.D., autor do livro sobre Inteligência Emocional, lançado em 1995, lançou em Nova York, um novo livro onde descreve o seu conceito sobre a Inteligência Social.

No início de 2020 podíamos dizer que já existiam doze tipos diferentes de inteligências bem estudadas, fundamentadas e detalhadas. Todas devidamente analisadas dentro dos critérios propostos por Gardner (embora o próprio Gardner não aceite algumas). Mas afinal, quais são as características dessas Inteligências Múltiplas?

5.4.1 Descrição das 12 Inteligências Múltiplas

A seguir são detalhadas as 12 inteligências, descritas até o ano de 2019. Deve ser esclarecido que não existe ordem de importância, ou seja, a sequência apresentada não significa que uma inteligência seja mais importante que outra. Além destas inteligências já explicadas, o próprio Gardner admite que possam existir outras e diversos autores têm propostos outras inteligências ligadas à espiritualidade, sensibilidade moral, humor, intuição, criatividade, capacidade culinária (facilidade para cozinhar, especialmente criando novos pratos e sabores) e percepção olfativa (habilidade para distinguir cheiros). Cabe ressaltar que são necessários mais estudos para se conseguir enquadrar cada uma destas inteligências propostas nos critérios estabelecidos por Gardner.

Verbo Linguística: está relacionada ao uso das palavras, tanto na forma falada ou oral, quanto na escrita. O professor Celso Antunes (2000, p. 111) a define como: "Capacidade de processar rapidamente mensagens linguísticas, de ordenar palavras e de dar sentido lúcido às mensagens". Pense um pouco e logo você lembrará de pessoas (talvez você) que têm extrema facilidade de comunicação verbal e ou escrita. Líderes políticos e religiosos, professores, escritores, poetas, compositores, bons vendedores, locutores, jornalistas e repórteres, são exemplos típicos de pessoas que têm este tipo de inteligência bem desenvolvida e ativa. É importante usar o termo ativa, pois pode ser que uma pessoa tenha esta inteligência de forma latente ou adormecida, mas que por uma série de fatores não consegue expressar. Como explicar uma pessoa escrever (e ter sucesso) o seu primeiro livro após os 90 anos de idade e continuar escrevendo até depois dos 100? É óbvio que esta inteligência estava latente. Esta inteligência se desenvolve muito na infância, mas se mantém até as idades mais avançadas. É só lembrarmos líderes políticos e religiosos que, mesmo com mais de 80 ou 90 anos, continuam arrastando e influenciando multidões. Existem pessoas simples do povo que, mesmo sem serem famosas, têm esta inteligência muito desenvolvida. É o caso de alguns vendedores de rua e pessoas que improvisam desafios de rimas humorísticas (as famosas emboladas nordestina). É dentro desta inteligência que se encontra a retórica, ou seja, a capacidade de convencer o próximo. Isto explica como alguns nomes, mesmo tendo causado grande mal à humanidade, se destacaram e convenceram milhões de pessoas sobre as suas ideias. Também é com esta inteligência que se pode entender, porque algumas pessoas têm mais facilidade em aprender outros idiomas. Segundo Campbell (2000, p. 29), a pessoa que tem a inteligência Verbo-Linguística bem desenvolvida, apresenta as seguintes características (uma ou várias):

1) Aprende através de escuta, leitura, escrita e discussão; 2) Escuta e responde ao som, ao ritmo, e à variedade da palavra falada; 3) Imita os sons, a linguagem a leitura e a escrita dos outros; 4) Escuta, compreende, interpreta, recorda e cria bem, em relação ao que é dito; 5) Gosta e lê de forma eficiente, bem como entende, se recorda e resume bem o que lê; 6) Tem o dom da oratória; 7) Gosta e escreve bem, inclusive seguindo as regras gramaticais e ortográficas; 8) Têm facilidade para aprender idiomas; 9) Tem muito interesse por jornalismo, poesia, histórias, debates e entrevistas. 10) Esta sempre procurando melhorar sua comunicação oral e escrita; 11) Tem muita habilidade no uso da escuta, da fala, da escrita, do debate, da discussão, da explicação e do convencimento e 12) Tem facilidades (e gosta) para a criação de formas e obras escritas e faladas.

Lógico-Matemática: expressa a capacidade de calcular, quantificar, considerar proposições e hipóteses e realizar operações matemáticas, desde as mais simples, até as mais complexas. Também expressa a "sensibilidade a/e capacidade de discernir padrões lógicos ou numéricos; capacidade de lidar com longas cadeias de raciocínio" (ARMSTRONG, 2001, p. 16). O professor Celso Antunes (2000, p. 111) a define como: "Facilidade para o cálculo e para a percepção da geometria espacial. Prazer específico em resolver problemas embutidos em palavras cruzadas, charadas ou problemas lógicos como os tangram, dos jogos de gamão e xadrez". Tangram é um tipo de jogo, de origem oriental, onde pedaços de figuras geométricas como triângulos e quadrados, devem ser encaixados em determinadas posições. Gamão é um jogo de pequenas tabulas e dados.

Certamente foi o primeiro tipo de inteligência a ser analisado, até pelo teste de QI e, infelizmente, ainda hoje costuma ser muito valorizado, até mais do que as outras inteligências. De forma geral, as pessoas crescem ouvindo que inteligentes são aqueles que se destacam nas áreas das ciências exatas, especificamente na matemática. Isto é uma grande bobagem, pois todos nós temos este tipo de inteligência, embora somente alguns poucos se destacam, exatamente como nas outras inteligências. Este tipo de inteligência não está só relacionado aos aspectos e conhecimentos específicos de matemática, que podem ser aprendidos por qualquer pessoa (desde que motivado e orientado por um bom professor). Talvez a parte da lógica seja a mais importante, neste tipo de inteligência, e não estamos nos referindo apenas à lógica matemática, mas ao raciocínio lógico em geral.

Este tipo de inteligência se desenvolve bem até o início da idade adulta, sendo que as introspecções matemáticas superiores declinam após os 40 anos de idade. Além de milhares (ou milhões) de pessoas simples espalhadas pelos quatro cantos do mundo, podem ser citados os seguintes exemplos, como detentores de grande inteligência Lógico-Matemática: Isaac Newton, Pascal, Descartes, Einstein, Galileu, Pitágoras, Aristóteles e César Lattes. Normalmente este tipo de inteligência é muito desenvolvido em pessoas que utilizam a matemática como ferramenta de trabalho, sendo exemplos os engenheiros, matemáticos, físicos, químicos, arquitetos e estatísticos. Segundo Campbell (2000, p. 52), a pessoa que tem a inteligência Lógico Matemática bem desenvolvida, apresenta as seguintes características (uma ou várias):

1) Reconhece os objetos e sua função no ambiente; 2) Está familiarizada com os conceitos de quantidade, tempo, causa e efeito; 3) Usa símbolos abstratos para representar objetos e conceitos concretos; 4) Demonstra habilidade para a resolução de problemas lógicos; 5) Percebe padrões e relacionamentos; 6) Levanta e testa hipóteses; 7) Usa diversas habilidades matemáticas e têm boa percepção para informações na forma de gráficos; 8) Gosta de operações complexas como: cálculo, física, programação de computador, estatística e métodos de pesquisa quantitativos; 9) Pensa matematicamente; 10) Usa a tecnologia para resolver problemas matemáticos; 11) Expressa interesse por carreiras como: engenharia, arquitetura, física, química, contabilidade, direito, matemática e estatística e 12) Cria novos modelos ou pesquisa ciências exatas, incluindo a matemática.

Como curiosidade científica, deve ser citada a reportagem publicada no Jornal O GLOBO de 07/11/2010, página 54, Caderno de Ciência/Saúde, sob o título: "Corrente elétrica melhora a função matemática". Segundo estudos da Universidade de Oxford, na Inglaterra, estimular o cérebro humano, durante alguns minutos, por meio de corrente elétrica muito baixa, melhora a habilidade matemática por até seis meses. Para o estudo foram utilizados 15 estudantes voluntários, entre 20 e 21 anos, que durante seis dias, e por 20 minutos, receberam uma corrente elétrica mínima e não dolorosa, através do lóbulo parietal, onde ocorre o processamento cerebral da matemática. Durante o estudo os estudantes analisaram símbolos que representavam diferentes valores numéricos e, depois, foi cronometrado com que rapidez e precisão eles eram capazes de completar uma série de questões matemáticas, baseadas nesses símbolos. Os resultados, publicados na revista científica "*Current Biology*", mostraram que os voluntários que receberam a estimulação elétrica tiveram um melhor desempenho. Seis meses depois da experiência, após serem reexaminados, descobriu-se que a capacidade matemática dos voluntários continuava alta. Segundo alguns cientistas, estes resultados poderão contribuir para o tratamento de problemas psiquiátricos e neurológicos, tais como a compulsão e deficiências visuais, após um derrame ou

Acidente Vascular Cerebral – AVC.

Viso Espacial: expressa a habilidade para pensar de maneira tridimensional (comprimento, largura e profundidade), além de perceber, criar e modificar imagens. Também expressa a capacidade em produzir e entender informações gráficas. É muito desenvolvida nas pessoas, por exemplo, que têm grande facilidade de localização espacial e geográfica. Você, com certeza, já conheceu pessoas que têm dificuldades em encontrar o seu automóvel no estacionamento, após passar algum tempo no supermercado! E quanto àquelas que não conseguem encontrar a casa do amigo, mesmo estando com o endereço! O professor Celso Antunes (2000, p.111) a define como: "...capacidade de perceber o mundo visual com precisão, de efetuar transformações sobre as percepções, de imaginar movimento ou deslocamento interno entre as partes de uma configuração, ...".

Este tipo de inteligência costuma ser bem desenvolvido em profissionais das áreas de: geografia, história, projetistas (*designers*), engenheiros, arquitetos, escultores, pintores, fotógrafos, pilotos e artistas em geral. É conhecida como a inteligência dos artistas, pois é comum nestas pessoas, independentemente da área de atuação. Normalmente as pessoas que têm esta inteligência muito forte, sonham com muita frequência, lembram-se dos sonhos e estes são coloridos. Normalmente são pessoas sociais e que gostam de trabalho em equipe. Esta inteligência localiza-se nas regiões posteriores do lado direito do cérebro e continua forte até a velhice. Segundo Campbell (2000, p. 103), a pessoa que tem a inteligência Viso-Espacial bem desenvolvida, apresenta as seguintes características (uma ou várias):

1) Aprende através da visão e da observação, reconhece fisionomias, objetos, formas, cores, detalhes e cenas; 2) Tem grande senso de direção e localização; 3) Percebe e produz imagens mentais. Pensa através de imagens. Usa imagens visuais, especialmente as cores, para recordar informações; 4) Entende com facilidades gráficos, tabelas, mapas e diagramas; 5) Gosta de desenhar, rabiscar, pintar, esculpir, modelar e de reproduzir objetos e formas visíveis; 6) Gosta de construir "coisas" tridimensionais como, por exemplo, a dobradura em papel ou *origami*, por mais complexas que sejam; 7) Vê as coisas de maneiras diferentes ou segundo um outro ângulo ou ponto de vista (costuma-se dizer que estas pessoas vêem o que as "normais" não conseguem ver); 8) Além dos padrões normais, percebe as sutilezas; 9) Tem facilidade para representação concreta ou visual da informação; 10) Tem facilidade para representações e abstrações; 11) Expressa interesse e aptidão para ser artista, fotógrafo, engenheiro, *designer*, crítico de arte, piloto e outras ocupações que exijam habilidades visuais e 12) Cria novas formas e expressões viso espaciais ou obras de arte originais.

Corporal Cinestésica: o termo cinestésico está relacionado aos movimentos do corpo. Também é conhecida como a inteligência dos esportistas. Expressa a capacidade de manipular objetos e de expressão corporal ou ainda dos que têm a capacidade para usar seu corpo por inteiro ou partes dele. É típica dos atletas, dançarinos, cirurgiões, artesões, coreógrafos, mímicos e escultores. Especialmente devido à grande projeção relativamente recente (após 1990) de esportes como futebol, basquete e vôlei, este tipo de inteligência vem sendo mais valorizado, já que no passado, não se valorizavam os atletas geniais. Apesar das mudanças, ainda existem pessoas que estão convencidas que as habilidades e profissões relacionadas ao intelecto, ou seja, aquelas que privilegiam as inteligências Lógico Matemática e a Verbo Linguística, são mais importantes e "inteligentes", por exemplo, do que uma forte inteligência Corporal Cinestésica, ou seja, relacionada ao corpo. "Inteligentes são os que calculam bem ou os que escrevem bem!" Isto é bobagem.

Como esta inteligência não está apenas relacionada à capacidade física ou força muscular, mas também a sentidos como tato, olfato e paladar, não se pode precisar em que idade ela cessa. Se é verdade que um atleta reduz seus movimentos após os 30 anos, também é verdade que pessoas com mais de 60 tenham extrema sensibilidade olfativa e degustativa, por exemplo, os provadores de vinho (assim como os que apreciam uma boa comida e uma boa bebida). Este tipo de inteligência explica, por exemplo, porque algumas pessoas se dedicam demais às atividades esportivas e adoram as aulas de Educação Física. Segundo Campbell (2000, p. 103), a pessoa que tem a inteligência Corporal-Cinestésica bem desenvolvida, apresenta as seguintes características (uma ou várias):

1) Explora o ambiente e os objetos através do toque e do movimento. Prefere tocar, manipular ou manejar o que deve ser aprendido; 2) Tem boa coordenação motora e um senso de ritmo; 3) Aprende melhor através do envolvimento e da participação. Aprende melhor o que faz, do que aquilo que escuta ou vê; 4) Gosta de experiências concretas e físicas como, viagens, jogos e exercícios físicos; 5) Tem destreza e sente prazer ao fazer movimentos com o corpo; 6) É sensível a ambientes físicos (por exemplo, sente-se bem caminhando em uma floresta); 7) Demonstra habilidade para o atletismo, dança, costura, escultura e atividades que dependam de movimentos do corpo; 8) Demonstra equilíbrio, graça, destreza e precisão nas atividades físicas; 9) Tem habilidade para fazer a integração entre corpo e mente (*men sana in corpore sano*); 10) Adota posturas e comportamentos fisicamente saudáveis; 11) Demonstra interesse por profissões como atleta, dançarino, cirurgião, construtor e professor de educação física e 12) Inventa novas variações ou abordagens para as atividades físicas pré-determinadas ou até cria novas formas de dança e expressões corporais.

Musical: é expressa através da habilidade para a composição, entoação, melodia, o ritmo e o tom, bem como é comum às pessoas que gostam de ouvir música e têm habilidade para tocar instrumentos musicais. É a inteligência que se desenvolve mais precocemente, podendo-se observar como as crianças, especialmente os bebês gostam de música. Chega ser impressionante ver a facilidade e o prazer que uma criança entre um e dois anos de idade, tem para entoar e até criar sons e músicas simples. Esta inteligência explica porque alguns alunos adoram ouvir músicas e constantemente ficam batucando na mesa, mesmo durante a aula. O mesmo acontece com funcionários que passam o dia trabalhando e escutando música, no seu telefone celular, conectado aos ouvidos. Segundo Campbell (2000, p. 103), a pessoa que tem a inteligência Musical bem desenvolvida, apresenta as seguintes características (uma ou várias):

1) Ouve e responde, com muito interesse, a uma variedade de sons, incluindo músicas, sons ambientais e a voz humana; 2) Gosta e busca oportunidades para ouvir músicas ou sons ambientais. Também gosta de ficar perto de músicos e de aprender com a música; 3) Ao ouvir uma música tem reações corporais, por exemplo, como se estivesse regendo, tocando ou dançando; 4) Gosta e reconhece diferentes estilos e gêneros musicais e variações culturais; 5) Gosta de colecionar músicas e informações sobre música, tanta na forma gravada, quanto na impressa; 6) Tem capacidade para cantar e ou tocar um ou mais instrumentos, sozinho ou em grupo; 7) Conhece e

usa o vocabulário e as notações musicais; 8) Tem uma forma própria de referência para ouvir música (alguns se isolam, outros andam com aparelhos nos ouvidos durante horas por dia); 9) Gosta de improvisar e brincar com os sons (é a pessoa que batuca em garrafas, pratos, mesas e outros objetos); 10) Sabe interpretar músicas e sabe criticar peças musicais e 11) Demonstra interesse por profissões que envolvem a música como: cantor, instrumentista, engenheiro de som, produtor, crítico, fabricante de instrumentos, professor de música ou regente.

Interpessoal: é a capacidade de compreender e interagir com outras pessoas. Você certamente conhece pessoas assim, ou seja, que sabem ouvir, aconselhar, consolar, sugerir e motivar outras pessoas. Professores bem sucedidos, atores, assistentes sociais, psicólogos, terapeutas, líderes sindicais e alguns políticos, além de gerentes bem sucedidos, estão entre aqueles que têm esta inteligência bem desenvolvida. Também a facilidade para criar e manter relacionamentos sociais, são características desta inteligência. Ela também se manifesta através do humor e do espírito de liderança situacional, ou seja, um líder que se adapta às necessidades do momento, em síntese não é carismático, nem autocrático nem "largadão".

A pessoa estilo "enrolão", ou seja, escorregadia ou que muda de assunto ou se adapta a qualquer situação, tem esta inteligência bem desenvolvida. Bons exemplos são muitos políticos que fazem este "jogo" muito bem, tendo a habilidade de passar de agressor a vítima. Existe uma brincadeira clássica que, diz que dependendo do ponto de vista ou a forma como se vê um fenômeno; um pode entender que foi atingido na cabeça por uma paulada, o outro alega que foi aquele que bateu com a cabeça no pau! Está formada uma (falsa) polêmica. Aliás, os políticos "enrolões" são mestres, melhor, são doutores neste tipo de inteligência. Aqui também se enquadram as pessoas que transformam situações ruins em boas oportunidades, ou como se diz no popular: "transformam um limão em uma limonada". Segundo Campbell (2000, p. 151), a pessoa que tem a inteligência Interpessoal bem desenvolvida, apresenta as seguintes características (uma ou várias):

1) É ligada à família e aos amigos; 2) Forma e mantém relacionamentos sociais; 3) Reconhece e usa várias maneiras de se relacionar com as outras pessoas; 4) Percebe os sentimentos, os pensamentos, as motivações, tristezas, comportamentos e os estilos de vida de outras pessoas; 5) Tem espírito cooperativo, sendo capaz de liderar e ser liderado; 6) Consegue influenciar as opiniões e ações de outras pessoas; 7) Compreende e se comunica por meio da fala, gestos e sinais; 8) Se adapta aos diversos tipos de ambientes e grupos, principalmente a partir dos sinais de outras pessoas (é a famosa ação de dançar conforme a música); 9) Vê por diferentes ângulos e opiniões as questões sociais e políticas; 10) Como tem habilidade de mediação e negociação, consegue organizar grupos para trabalho em grupo, bem como consegue se relacionar com pessoas de diferentes idades e origens; 11) Demonstram interesse por profissões voltadas para as relações interpessoais, como o ensino, trabalho social, psicologia, aconselhamento, terapias, gerenciamento e política e 12) Tem facilidade para criar e desenvolver novos processos ou modelos sociais.

Intrapessoal: expressa a capacidade em construir uma percepção profunda de si mesmo, bem como para planejar e direcionar sua vida. Está relacionada à auto estima. É típica da pessoa que se conhece (e se gosta) e sabe os seus limites. É a inteligência do seu mundo interior. Motivação, determinação, ética, honestidade, integridade moral, empatia e altruísmo, são as grandes características deste tipo de inteligência. Inclui pensamentos e sentimentos. É forte nas pessoas que transformam erros em aprendizados. Levanta sacode a poeira e dá a volta por cima. Só não erra quem nada faz ou brincando com a língua portuguesa: "herrar é umano" (o correto é: errar é humano). Pode-se falar que as pessoas com fraca inteligência intrapessoal são: críticas, perfeccionistas, vigilantes, severas, pessimistas e tendem a não perdoar erros, mesmo os mais banais. As principais profissões ou atividades exercidas por pessoas, com esta inteligência bem desenvolvida, são psicoterapeutas e líderes religiosos.

Segundo Campbell (2000, p. 151), a pessoa que tem a inteligência Intrapessoal bem desenvolvida, apresenta as seguintes características (uma ou várias):

1) Conhece bem as suas emoções; 2) Expressa bem seus sentimentos e emoções (não são pessoas frias e inertes); 3) Tem um modelo próprio de sua identidade; 4) Tem alta motivação, definindo e lutando por seus objetivos; 5) Tem e vive segundo um sistema de valores éticos; 6) É independente, ou seja, consegue trabalhar, mesmo sozinho; 7) Tem muita curiosidade sobre as "grandes questões da vida". É típico de quem pensa: De onde vim? O que faço aqui? Para onde vou? 8) Continuamente aprende e se desenvolve; 9) Questiona e procura compreender as experiências próprias; 10) Compreende a complexidade da condição humana; 11) É um soldado da autorrealização (e sente-se muito bem com as vitórias) e 12) É incentivadora dos outros.

Naturalista: refere-se à capacidade em observar padrões da natureza, identificando, classificando objetos e compreendendo, tanto os sistemas naturais, quanto os criados pelo homem. Pertence especialmente aos apaixonados pela natureza. Com certeza é a inteligência do terceiro milênio. Pacifistas, naturalistas, ecologistas, geógrafos, jardineiros, fazendeiros, biólogos, botânicos, agrônomos, médicos veterinários e paisagistas, estão entre as pessoas com forte inteligência naturalista. Imagine o caso de dois irmãos adolescentes que, moram em frente à praia e, em um dia de sol, enquanto um vai para a praia nadar e se bronzear, o outro vai com um grupo de amigos observar um tipo de orquídea, que está florescendo na montanha a 30 km de sua casa. Quase com certeza um irmão tem uma forte inteligência cinestésico corporal, enquanto o outro tem a naturalista muito desenvolvida.

Pessoas que apreciam o nascer e o por do sol, que curtem olhar a chuva batendo no chão, que passam horas contemplando uma cachoeira, que observam o canto e os ninhos de pássaros (mesmo os urbanos), pessoas que se encantam com o voo do beija-flor, que se emocionam ao ver gatinhos mamando na gata, são exemplos de pessoas com forte inteligência naturalista. Segundo Armstrong (2001, p. 17), provavelmente ela se situa nas áreas do lobo parietal esquerdo, pois são as áreas importantes para a distinção entre seres vivos e inanimados. Gardner revelou a existência desta inteligência, em 1996, no Brasil, em uma entrevista ao Jornal da Tarde de São Paulo (ANTUNES, 2000, p. 61). Segundo Campbell (2000, p. 206), a pessoa que tem a inteligência Naturalista bem desenvolvida, apresenta as seguintes características (uma ou várias):

1) Têm interesse em explorar ambientes humanos e naturais; 2) Cria oportunidades para observar, identificar, interagir ou cuidar de objetos, plantas e animais; 3) Classifica os objetos, segundo suas características; 4) Reconhece as diferentes espécies vivas e classes de objetos; 5) Gosta de aprender sobre o ciclo de vida da flora,

fauna e sobre a produção de objetos feitos pelo homem; 6) Tem curiosidade e quer saber como "as coisas funcionam"; 7) Tem interesse em saber como os sistemas se desenvolvem e mudam; 8) Se interessa pela relação entre as diferentes espécies e na interdependência dos sistemas naturais e feitos pelo homem; 9) Gosta de usar instrumentos e aparelhos como: microscópios, binóculos, telescópios, computadores e televisões, para estudar organismos e sistemas; 10) Estuda e se interessa por informações sobre plantas e animais; 11) Mostra interesse por profissões ligadas às áreas de: biologia, ecologia, botânica, agronomia, química, zootencia, silvicultura e medicina veterinária e 12) Estuda e desenvolve novas teorias e ciclos relacionados aos vegetais e animais.

Emocional: foi proposta, em 1995, por Daniel Goleman (nascido em 1946), também professor de Harvard. Gardner enfatiza que a inteligência emocional está incluída nas inter e intrapessoal. Polêmica à parte, o certo é que a maioria da comunidade técnico científica aceitou e incorporou este tipo de inteligência como válida. Goleman define esta inteligência como relacionada à emoção e como um equilíbrio entre as inteligências inter e intrapessoal. Uma pessoa com forte inteligência emocional possui fortes inteligências inter e intrapessoal e um perfeito equilíbrio entre estas.

Cada vez mais este tipo de inteligência vem sendo valorizado, principalmente nas empresas e instituições que precisam de gestores e dirigentes com grande equilíbrio emocional, para poder ter tranquilidade e raciocínio estratégico, diante das pressões e mudanças quase que diárias. Tanto Goleman, quanto os autores consultados sobre esta inteligência, enfatizam que a mesma está relacionada às inteligências pessoais amplamente descritas por Gardner. Desta forma pode-se considerar que as pessoas que têm esta inteligência bem desenvolvida, possuem as mesmas características daquelas com fortes inteligências inter e intrapessoal, conforme já citadas.

A inteligência emocional está relacionada a aspectos como: autoconsciência, sentimentos, motivação, empatia e relacionamento social. Até em tom de brincadeira pode-se dizer que uma pessoa muito nervosa, o famoso "pavio curto", tem baixa inteligência emocional (ou algum problema orgânico ou mental). Esta é a inteligência característica e necessária aos líderes, principalmente no que se refere à gestão empresarial.

Existencial: foi proposta em 2000 por Robert A. Emmons (nascido em 1958), neuropsicólogo e professor da Universidade da Califórnia. É a capacidade da pessoa em articular questionamentos éticos, filosóficos e religiosos. De onde vim? Quem sou eu? Para onde vou? Deus existe? Como podemos explicar a existência de Deus? Como a terra foi criada? Por que existe o mal? Para onde está indo a humanidade? Existe significado na vida? Existe vida em outros planetas? Estas são questões típicas das pessoas que têm esta inteligência bem desenvolvida. Ao mesmo tempo, existem muitas pessoas que vivem toda uma vida e jamais expressam estas preocupações.

Gardner a define como relacionada a perguntas básicas sobre a vida, a morte e o universo, bem como "...às experiências fortes como o amor por alguém ou a total imersão num trabalho de arte". Esta afirmativa de Gardner pode ser confirmada ao analisarmos a história da música, pintura, escultura, dança e teatro, onde podemos ver uma representação do significado da vida, da morte, do sofrimento e outras questões existenciais. Isto pode ser confirmado ao se contemplar a Pietá de Michelangelo, as obras do mestre Aleijadinho, as sinfonias de

Beethoven e tantos outros exemplos. (ARMSTRONG, 2001, p. 163-168). Além de pessoas comuns, sacerdotes (de qualquer religião), filósofos, escritores, artistas e cientistas, são exemplos dos que têm esta inteligência bem desenvolvida.

Pictórica: o termo pictórica refere-se à pintura e símbolos gráficos. O professor Nilson José Machado, defendeu em 1994 o seu trabalho de Livre-Docência, na USP, onde complementando os conceitos de Gardner, propôs a existência da inteligência pictórica formando um par complementar com a musical, ao lado dos outros três pares: Inter-Intrapessoal, Corporal/Espacial e Linguística/Lógico Matemática. Antunes (2000, p. 67) cita que Gardner não aceitou a proposta do professor Nilson, quando apresentado a ela em um seminário sobre Inteligências Múltiplas, em São Paulo.

A inteligência Pictórica pode ser identificada pela capacidade de expressão por meio do traço, sensibilidade para o movimento, beleza e expressão a desenhos e pinturas e pela autonomia em apanhar as cores da natureza e traduzi-las de várias formas. Esta capacidade pode ser expressa, tanto pela pintura clássica, quanto pelo desenho publicitário (ANTUNES, 2000, p. 68), bem como por caricaturas e traços humorísticos.

Giotto, Botticelli, Rafael, Leonardo da Vinci, Michelangelo, Maurício de Souza (o pai da Mônica e do Cebolinha), Ziraldo (o pai do menino maluquinho), Henfil (o pai dos fradinhos), Salvador Dali, Pablo Picasso, Tarsila do Amaral, Cândido Portinari, Vincent van Gogh, Henri Matisse, Rembrandt van Rijn, Piet Mondrian, Claude Monet, Tomie Ohtake, Anita Mafaltti, Henri Matisse e Marc Chagall são exemplos de pessoas famosas, dotadas de forte inteligência pictórica.

Social: em agosto de 2006, Daniel Goleman, autor do livro sobre Inteligência Emocional, publicado em 1995, lançou em Nova York, um novo livro onde descreve o seu conceito sobre a Inteligência Social. Segundo ele o cérebro pode ser moldado pelas práticas e interações sociais. Mais do que alterar o comportamento, as interações sociais delineiam novos mecanismos cerebrais, através da neuroplasticidade, ou seja, estas interações sociais moldam a forma, o tamanho e o número de neurônios. Segundo ele, tanto as experiências negativas, quanto as positivas com as pessoas com as quais nos relacionamos, após anos, podem moldar nosso cérebro. Goleman ainda afirma que a convivência faz com que imitemos o modo de agir de outras pessoas. Podem ser citados os seguintes aspectos relevantes da Inteligência Social:

1) Empatia; 2) Captação de sinais não verbais do comportamento humano; 3) Harmonia nas relações interpessoais; 4) Respeito às emoções e sentimentos alheios e 5) Equilíbrio entre competitividade no trabalho e qualidade de vida.

Outras inteligências

Além dessas 12, o próprio professor Gardner sempre admitiu que possam existir outras inteligências (embora ele mesmo não aceite algumas aqui descritas). É interessante ver como algumas pessoas têm mais "habilidades" para as artes, do que outras, assim como aquelas que gostam das artes, mais que outras. Aqui usa-se a palavra no plural, pois além de existirem diversas formas de expressão artística como: cinema, teatro, música, pintura, escultura, dança, etc. também nota-se como os artistas e os com este tipo de "habilidade", gostam das diversas artes. Com relação à intuição, é interessante ver como algumas pessoas a têm com mais força, do que outras. Aqui fala-se da intuição no sentido de prever ou antever um fato ou uma coisa que possa acontecer. Qual a razão de, ao estarmos em dúvida sobre qual caminho tomar, escolhermos um e acertarmos? Mera coincidência? Assim pensam os cartesianos e os que têm a inteligência Lógico Matemática bem desenvolvida. Com relação à intuição, diz-se que as mulheres a tem em maior grau do que os homens. Quem já não ouviu falar sobre a famosa frase: "intuição de mãe não falha".

O jornal O GLOBO de 23/12/07, Caderno Ciência/Saúde, página 46, em reportagem de Jane E. Brody, do jornal *New York Times*, em reportagem intitulada: "cérebro ativo reserva neurônios para velhice. Neurogênese compensa os danos inerentes ao envelhecimento, como o Alzheimer, e deixa mentes afiadas", mostra resultados de uma pesquisa de pesquisadores da universidade americana de Columbia, onde se concluiu que, pessoas que se mantém ativas na educação, praticamente impedem que o cérebro envelheça e que surjam doenças como, por exemplo, o Alzheimer, que é um tipo de demência. Os cientistas chamam este fenômeno de reserva de conhecimento ou reserva cognitiva. Em resumo, é muito importante manter as atividades físicas e intelectuais, mesmo até após os 90, 100 anos. Um exemplo no Brasil é o arquiteto Oscar Niemeyer que, mesmo tendo completado 104 anos em 15/12/2011 (ele faleceu em 2012, pouco antes de completar 105 anos), continuava em atividade intelectual e profissional. Outro exemplo era o cirurgião plástico Ivo Pitanguy (1926-2016) que, ao morrer com 90 anos, continuava em atividade.

5.5 As inteligências múltiplas e o projeto de produtos

Segundo os estudos e teoria de Gardner, todo ser humano, além de inteligente é dotado de várias inteligências, sendo capaz de atuar de forma multi, inter e transdisciplinar, de modo que, mesmo que não tenha facilidades com o raciocínio lógico-matemático, pode usar suas outras inteligências, como uma espécie de compensação. Do ponto de vista do desenvolvimento do projeto de um produto, deve-se usar o conceito de Gardner, ou melhor, a teoria das inteligências múltiplas, de forma a descobrir (sem quantificar) quais as inteligências mais fortes de cada colaborador, da equipe de projeto, objetivando extrair de cada pessoa o seu maior e melhor potencial.

Dentro de uma concepção de preservação ambiental, da vida e de uma nova era do desenvolvimento de novos produtos, é fundamental ter pessoas com visões e percepções diferentes. Um detalhe interessante é quanto às diferenças entre homens e mulheres, no que se refere às inteligências múltiplas.

Do ponto de vista do projeto e engenharia de produtos, fica confirmado que, como homens e mulheres são e pensam diferentes, devem ser alocados em atividades e tarefas, segundo as suas "inteligências" mais fortes. O ideal é que a equipe de desenvolvimento de novos produtos seja composta por homens e mulheres, lembrando que, por exemplo, elas têm muito melhor percepção de detalhes e cores, do que os homens.

5.6 O *Brainstorming* e o *Brainwriting* na inovação

O *brainstorming* ou "tempestade de ideias" mais que uma técnica de dinâmica de grupo é uma atividade desenvolvida para explorar a potencialidade criativa do indivíduo, colocando-a a serviço de seus objetivos. Foi criada em 1939, pelo publicitário americano Alex Faickney Osborn (1888-1966). A técnica do *brainstorming* tem várias aplicações, mas é mais frequentemente usada em:

1. Desenvolvimento para obter ideias para novos produtos e efetuar melhoramentos de produtos existentes;
2. Publicidade, para desenvolver ideias para campanhas de publicidade;
3. Resolução de problemas, para buscar soluções alternativas, análise de impacto e avaliação;
4. Gestão de processos, para encontrar formas de melhorar os processos comerciais e de produção.
5. Gestão de projetos; para identificar objetivos dos clientes, riscos, entregas, pacotes de trabalho, recursos, tarefas e responsabilidades.

Para o *brainstorming* o ideal é formar dois grupos: um de geração de ideias e outro de avaliação. O grupo de geração de ideias deve ter entre seis e doze participantes. Se desejar trabalhar com mais pessoas, convém dividi-las em grupos que tenham o tamanho mencionado anteriormente. No final, unem-se todas as ideias geradas. Convém que o grupo de avaliação seja formado por um número ímpar de pessoas, entre três e cinco, pois caso não haja consenso e uma votação seja requerida, não ocorra empate. Na prática o que esta técnica faz é explorar de forma organizada e criativa, as inteligências múltiplas, de diferentes pessoas.

O *brainstorming* clássico é baseado em dois princípios e quatro regras básicas. Os dois princípios são: A) Atraso do julgamento e B) Criatividade em quantidade e qualidade. A maioria das más ideias são inicialmente boas. Atrasando ou adiando o julgamento, é dada a hipótese de se gerarem muitas ideias antes de se decidir por uma. De acordo com Osborn, o ser humano é capaz tanto do julgamento como da criatividade. Embora, a maioria dos processos de educação nos ensine apenas a usar o julgamento. Nós apressamos o julgamento. Quando praticamos o atraso do julgamento, permitimo-nos a nós próprios usar a nossa mente criativa para gerar ideias sem as julgar. Não é fácil. Primeiro, não parece natural, mas depois tem as suas recompensas. Quando geramos ideias, é necessário ignorar as considerações à importância dela, à sua usabilidade, à sua praticabilidade. Neste patamar, todas as ideias são iguais. É necessário atrasar o julgamento enquanto ainda não se terminou a geração das ideias.

O segundo princípio é relativo à quantidade e qualidade da criatividade. Quanto mais ideias forem geradas, mais provável será encontrar uma boa. A técnica de *brainstorming* tira vantagem de associações que se desenvolvem quando se consideram muitas ideias. Uma ideia pode levar a uma outra. Ideias más podem levar a boas. Por vezes, não conseguimos pensar num problema enquanto não houver algumas respostas. O *brainstorming* dá-nos a hipótese de pôr as ideias que passam pela cabeça no papel, de maneira a conseguir obter as melhores delas. Usualmente, as linhas de guia que se seguem são chamadas de "regras". Devem ser seguidas como regras, embora sejam apenas linhas de guia ou de direção. As quatro principais regras do *brainstorming* são:

1. **Críticas são rejeitadas**: Esta é provavelmente a regra mais importante. A não ser que a avaliação seja evitada, o princípio do julgamento não pode operar. A falha do grupo ao cumprir esta regra é a razão mais crítica para que a sessão de *brainstorming* não resulte. Esta regra é aquela que primariamente diferencia um *brainstorming* clássico dos métodos de conferência tradicionais.

2. **Criatividade é bem vinda**: Esta regra é utilizada para encorajar os participantes a sugerir qualquer ideia que lhe venha à mente, sem preconceitos e sem medo que isso o vá avaliar imediatamente. As ideias mais desejáveis são aquelas que inicialmente parecem ser sem domínio e muito longe do que poderá ser uma solução. É necessário deixar as inibições para trás enquanto se geram ideias. Quando se segue esta regra, cria-se automaticamente um clima de *brainstorming* apropriado. Isso aumenta também o número de ideias geradas.

3. **Quantidade é necessária**: Quanto mais ideias forem geradas, mais hipóteses há de encontrar uma boa. Quantidade gera qualidade.

4. **Combinação e aperfeiçoamento são necessários**: O objetivo desta regra é encorajar a geração de ideias adicionais para a construção e reconstrução sobre as dos outros.

Passos recomendados para o *brainstorming*: Embora, na prática não haja linhas de direção aceitas mundialmente para passos específicos a implementar, numa sessão de *brainstorming*, as seguintes atividades principais são bastante típicas:

1. Desenvolver um enunciado para o problema.

2. Selecionar um grupo de seis a 12 participantes.

3. Enviar, com antecedência, uma nota aos participantes falando-lhes acerca do problema. Deverá ser incluído o enunciado do problema, o contexto, bem como algumas soluções e outras coisas que se revelem úteis para o caso.

4. Realizar o *brainstorming* em dia, hora e local previamente marcados. A reunião deve ser em uma sala clara, aconchegante e sem interrupções.

5. Começar por escrever o problema num quadro visível a todos os elementos pertencentes ao grupo.

6. Falar, novamente, sobre as quatro regras principais do *brainstorming*.

7. Requisitar novas ideias aos participantes pela ordem pela qual estes levantam a sua mão. Apenas uma ideia deve ser sugerida em cada momento.

8. Ter um gravador, ou um membro do grupo como auxiliar de maneira que se possa escrever e tomar notas das ideias.

9. A sessão deve durar cerca de 30 minutos. No máximo uma hora. Se necessário promove-se outra sessão.

10. Após a sessão, selecionar um grupo de três a cinco pessoas para avaliação.

11. Fornecer ao grupo a lista de ideias e dizer-lhes que sugiram e selecionem as melhores.

12. Fornecer ao grupo original um relatório com as ideias selecionadas pelo grupo de avaliação e requisitar a submissão de quaisquer ideias adicionais estimulada pela lista.

13. Dar a lista final de ideias à pessoa ou grupo de trabalho do projeto.

A maioria dos grupos de *brainstorming* são constituídos por três elementos: 1) O líder; 2) Os membros; 3) Um(a) secretária(o). Devem ser escolhidas pessoas que tenham alguma experiência com o problema em causa ou que com ele possam colaborar. O líder de grupo deve ser familiar com o processo de *brainstorming* e ter facilidade em manter-se relaxado, e numa atmosfera descontraída. A(O) secretária(o) deve ter facilidade na escrita rápida. Esta(e), vai ter que tomar nota de uma numerosa lista de ideias que vão ser geradas. As ideias não têm, necessariamente, de ser escritas exatamente da mesma forma que são ditas. O nome da pessoa que sugere as ideias não deve ser anotado, já que o anonimato encoraja a liberdade de expressão. A tarefa do grupo de avaliação é a de avaliar todas as ideias e selecionar as melhores para uma possível implementação ou estudo adicional. Depois do líder do grupo receber a lista de ideias da(o) secretária(o), elas devem ser editadas, certificando e verificando que elas estão descritas claramente e que estão concisas. As ideias devem ser organizadas segundo categorias lógicas (usualmente, estas categorias vão de cinco a dez) e apresentadas ao grupo de avaliação para revisão. É possível tornar este processo mais fácil e prático utilizando uma *checklist* organizada segundo determinados critérios como a simplicidade das ideias, menos custosas em termos de tempo e capital, e outros termos similares. O grupo de avaliação deve verificar as melhores ideias de forma a sujeitá-las a testes práticos.

Existe uma outra forma de se buscar soluções para problemas no projeto de produtos, que é o *reverse brainstorming*, onde ao invés de se procurar por novas ideias o objetivo principal é procurar encontrar e ou sugerir todos os defeitos possíveis e imagináveis que um produto possa ter, apresentando soluções.

O *Brainwriting*

É a versão silenciosa e escrita do *brainstorming*. Ao retirar a interação oral, elimina a possibilidade de o líder do grupo favorecer determinados participantes mais ativos e extrovertidos. No *brainwriting*, todas as pessoas podem ter ideias simultaneamente e são incentivadas a desenvolver as outras geradas pelos outros participantes. As principais fases desta técnica são:

1. Identificação do tema central por parte do líder da sessão.

2. Os participantes, sentados numa sala, escrevem individualmente as suas ideias durante cerca de cinco minutos.

3. Cada participante passa a sua folha de papel à pessoa sentada ao seu lado, que acrescentará as suas próprias ideias, durante mais cinco minutos. Este processo pode repetir-se diversas vezes, mas, geralmente, três passagens são suficientes.

4. O líder da sessão recolhe os papéis e lê as ideias ou escreve-as num quadro.

5. O grupo discute em conjunto cada uma das ideias e avalia-as, reunindo as melhores e eliminando as que são absurdas ou impraticáveis.

Com relação ao *brainwriting*, cada vez mais está comum o uso das facilidades de comunicação pela *Internet*, para colocar pessoas conectadas em diferentes localidades (inclusive até no exterior), para obter ideias sobre um determinado problema.

Existe uma técnica chamada *roll playing*, onde o problema do projeto do produto é colocado aos participantes, que são estimulados a registrar suas ideias e propostas em folhas de papel tipo *flip-chart* (cavalete de madeira com grandes folhas). A seguir todas as propostas produzidas pelos indivíduos são pregadas na parede, onde todos as vejam. Na sequência são feitas críticas, sugestões, alterações e mudanças, de forma a que, após novas discussões, se chegue a uma boa e criativa solução.

Capítulo 6

O método *benchmarking* e o desenvolvimento de produtos. Análise de preço e custo de produtos

Benchmarking é a busca das melhores práticas no mercado que conduzem a um melhor desempenho. É visto como um processo positivo e pró ativo por meio do qual uma empresa examina como outra realiza uma função específica a fim de melhorar como realizar a mesma ou uma função semelhante. É um processo gerencial permanente, que requer atualização constante da coleta e análise cuidadosa daquilo que há de melhor externamente em práticas e desempenho para as funções de tomada de decisões e de comunicações em todos os níveis da empresa. Um processo que obriga ao teste constante das ações internas em relação aos padrões externos das práticas, por exemplo, da indústria. É um processo de descoberta e de uma experiência de aprendizagem. Exige a identificação das melhores práticas e a projeção do desempenho futuro. A ideia por trás do *benchmarking* é de que ninguém é melhor em tudo. Então, "copiar" modelos de outras empresas significa "economizar" tempo e trabalho. Por definição, as "cópias" nunca serão iguais. Haverá sempre ajustes, adaptação e aprimoramentos, o que garante a "evolução" da ideia original.

O *benchmarking* também pode ser aplicado ao projeto de produto, como forma de ganhar vantagens competitivas. Faz uso de referências e detalhes que funcionam em vez de criar algo totalmente novo, ou melhor, inicia o projeto do novo produto já com muitas informações do mercado e de concorrentes. Em verdade, no caso do projeto de um produto, o *benchmarking* se aplica mais aos processos de fabricação, ou seja, à Engenharia do Produto. Especificamente, no que se refere ao Projeto, o que melhor se aplica é o conceito e prática da "Engenharia Reversa", como será detalhada no capítulo 8.

O *benchmarking* é uma das mais antigas ferramentas de gestão. O seu propósito é estimular e facilitar as mudanças organizacionais e a melhoria de desempenho das empresas através de um processo de aprendizagem. Isto é feito de duas maneiras: 1) Identificando resultados excelentes, geralmente mensurados através de métricas ou indicadores. Tais resultados servem de estímulo para os esforços de melhoria e dão uma garantia que, através de esforços inteligentes, tais resultados poderão ser igualados. 2) Identificando as chamadas melhores práticas que, geralmente com alguma adaptação à cultura e às peculiaridades da empresa, podem servir de referência para uma mudança que leve a melhores resultados.

É mundialmente difundido e utilizado para transformar as empresas e introduzir as mudanças necessárias à melhoria de seus processos, práticas e resultados. Também pode ser definido como um processo contínuo de avaliação de produtos, serviços ou práticas gerenciais, comparativamente aos concorrentes ou empresas consideradas líderes no mercado. Empresas que praticam *benchmarking* podem ser usualmente, descritas como pró ativas, focadas externamente, e próximas dos mercados em que operam. Tais empresas têm acesso a um ilimitado volume de conhecimento, usam o mercado como o ponto inicial para posicionar seus objetivos, e têm ótimo entendimento das necessidades dos seus clientes. Por outro lado, as características mais comuns das empresas que não utilizam *benchmarking* são: um foco essencialmente interno, sem uma clara compreensão de suas forças e fraquezas; comportamento reativo para a competitividade; conhecimento incipiente das necessidades e expectativas dos clientes; e esforços, de maneira geral, ineficazes no que diz respeito à inovação. Simplificando: *benchmarking* é o processo de:

1) descobrir o que comparar (por exemplo, como executar protótipos); 2) descobrir qual é o padrão de excelência (protótipos executados e testados em horas); 3) determinar que métodos ou processos produzem esses resultados (por exemplo, a prototipagem rápida) e 4) decidir fazer as mudanças ou melhorias da maneira de fazer o que foi analisado (no caso a execução de protótipos), a fim de igualar ou suplantar o padrão de referência de mercado, criando um novo padrão de excelência.

Pode-se dizer que o processo *benchmarking* foi inserido no ambiente de negócios pela Xerox (na década de 1980), que o definiu como "o processo contínuo para medir os nossos produtos, serviços e práticas com os mais fortes concorrentes ou com as companhias reconhecidas como líderes da indústria".

No que se refere ao processo de desenvolvimento de produtos, o *benchmarking*, junto com a prática da engenharia reversa (ver parágrafo 8.5), muito podem auxiliar, não apenas no sentido de "copiar" bons produtos, mas com o objetivo de melhorar soluções e práticas utilizadas.

6.1 Tipos de *benchmarking*

***Benchmarking* competitivo:** Caracteriza-se por ter como alvo específico as práticas dos concorrentes. É o menos usual uma vez que é quase impossível que as empresas se prestem a facilitar dados que estão ligados diretamente com a sua atividade à concorrência. Por isso muitas vezes é necessário contratar uma consultora externa para obter informações sobre o *benchmarking* competitivo. Na prática outro "artifício" utilizado para obter informações de concorrentes é a espionagem industrial (veja parágrafo 15.3).

***Benchmarking* interno:** A procura pelas melhores práticas ocorre dentro da própria empresa em unidades diferentes (outros departamentos, sedes, etc.). Tem como vantagens a facilidade para se obter parcerias, custos mais baixos e a valorização pessoal interna. A grande desvantagem é que as práticas estarão sempre impregnadas com os mesmos paradigmas, pois só se olha para dentro da empresa.

***Benchmarking* genérico:** Ocorre quando é baseado num processo que atravessa várias funções da empresa e pode ser encontrado na maioria daquelas do mesmo porte, como por exemplo, o processo desde a entrada de um pedido até a entrega do produto ao cliente. É neste tipo de *benchmarking* que encontramos a maioria dos exemplos práticos e onde as empresas estão mais dispostas a colaborar e a ser mais verdadeiras.

***Benchmarking* funcional:** Baseado numa função específica, que pode existir ou não na própria organização e serve para a troca de informações acerca de uma atividade bem definida como, por exemplo, a distribuição, o faturamento ou embalagem. Alguns autores vinculam o conceito de *benchmarking* funcional ao genérico, pela possibilidade dos mesmos serem utilizados sem se levar em consideração a concorrência direta da empresa que aprende ou patrocina o estudo e a empresa "investigada".

6.2 O processo de *benchmarking*

Em geral, este processo tem cinco fases: planejamento, coleta de dados, análise, adaptação e implementação. Mas a metodologia, mais detalhada, descrita por CAMP (1993) apresenta as seguintes etapas:

1. Identificar marcos de referência; 2. Identificar empresas comparativas; 3. Definir método e coletar dados; 4. Determinar a lacuna de desempenho; 5. Projetar níveis de desempenho futuro; 6. Comunicar descoberta dos marcos de referência e obter aceitação; 7. Estabelecer metas funcionais; 8. Desenvolver plano de ação; 9. Implementar ações específicas e monitorar progresso; 10. Revisar marcos de referência.

O processo de implementação está dividido em cinco fases, que por sua vez, estão subdivididas em atividades e estas em tarefas. As quatro fases deste processo, são: a) Planejamento, b) Recolha interna e externa de informação, c) Melhoria do desempenho do item e d) Melhoria contínua. A seguir são citadas as etapas de cada fase:

Planejamento: 1) Identificação do item ; 2) Obter o apoio da Direção; 3) Desenvolvimento do sistema de medida; 4) Desenvolvimento do plano de recolha de informação; 5) Revisão dos planos e 6) Caracterização do item.

Recolha interna e externa de informação: 1) Recolha e análise de informação publicada interna e externamente; 2) Selecionar potenciais parceiros internos; 3) Caracterização do item em cada parceiro; 4) Recolha interna e externa de dados e 5) Realização de visitas aos parceiros (ou concorrentes).

Melhoria do desempenho do item: Esta fase não é mais do que decidir quais as melhores práticas a aplicar e a sua metodologia de implementação é critica, pois requer análises muito cuidadosas de grande quantidade de informações recolhidas, bem como a interpretação dos elementos num contexto que é o da organização. Ela envolve: 1) Identificação das ações corretivas; 2) Desenvolvimento do plano de implementação; 3) Obter a aprovação da solução e 4) Implementação e verificação da solução.

Melhoria contínua: Nesta altura após terem sido alcançados os objetivos a que se propusera, a empresa tem duas alternativas: direcionar os esforços para a melhoria de outro item e nada fazer pelo primeiro ou continuar a trabalhar na melhoria do desempenho do item. Quando se abandonam os esforços de melhoria contínua, o melhor que pode acontecer é que o desempenho se mantenha estável. No entanto, as empresas concorrentes poderão estar trabalhando em melhoria continua, o que vai provocar num futuro próximo, um novo desvio negativo no desempenho do item. É claro que é preferível continuar os esforços de melhoria do item, para tal deverão ser realizadas duas atividades: 1) Manutenção da base de dados e 2) Implementação da melhoria contínua do desempenho.

6.3 O que é, e o que não é o *benchmarking*

É um processo contínuo; uma pesquisa que fornece informações valiosas; um processo de aprendizagem com outros; um trabalho intensivo, consumidor de tempo, que requer disciplina e uma ferramenta viável a qualquer empresa e aplicável a qualquer processo. Não é um evento isolado; uma pesquisa que fornece respostas simples e "receitas"; cópia; imitação rápida e fácil ou um modismo da gestão empresarial. O *benchmarking* não é espionagem industrial simples, apesar de também poder se utilizar deste "recurso".

6.4 Produtos: preço de venda *versus* custos

Em uma viagem de fim de semana, pelo interior do estado, você para na estrada para comprar alguns produtos expostos em barracas de pequenos produtores e fica impressionado com os baixos preços. Por exemplo, um simples quilo de cenoura é vendido por R$ 1,00, um preço até cinco vezes menor, daquele que você está acostumado a pagar no mercado próximo a sua casa na cidade. Como pode? Você começa a se perguntar por que as coisas são tão caras na cidade e tão baratas no interior. Em verdade você, intuitivamente, começa a perceber que, além dos custos de produção, existem custos embutidos em qualquer produto. É óbvio.

Vamos analisar o que acontece com os custos daquela cenoura que você compra perto de sua casa. O agricultor plantou a cenoura que, além de todo o trabalho e gastos, levou cerca de 100 dias para ser colhida, desde que a semente foi plantada. Após colher ele levou até um local do lugarejo onde mora (às vezes no lombo de um burro ou numa carroça) e lá vendeu para um intermediário que, coloca no caminhão e leva para uma central de abastecimento nos arredores da cidade grande. Lá ele vende para um atacadista que, depois vende para um feirante ou mercado que, vende para você. Ufa! Certamente você não tinha ideia desta verdadeira viagem, daquela simples cenoura. Todos os envolvidos no processo: o agricultor (produtor), o intermediário, o atacadista e o feirante ou varejista (mercado) têm que ganhar, ou seja, cada um coloca um valor sobre o valor pelo qual comprou. Isto também acontece com os produtos industriais, obviamente com as suas particularidades.

A figura 6.1 mostra os componentes de custos e margens, para a formação do preço de um produto manufaturado (BAXTER, 2001, p. 146) e em seguida é feita uma descrição sumária de cada componente.

Custo do desenvolvimento: Inclui desde a pesquisa de mercado, pesquisa do produto, projeto do produto, protótipo e testes. Nestes custos estão incluídos, além dos materiais e testes, todos os custos relativos aos salários e encargos de todos os participantes desta fase.

Custo dos componentes: Normalmente os produtos são compostos por vários componentes que, nem sempre são produzidos internamente. Muitos componentes são comprados de terceiros (terceirização).

Custo da fabricação: Os componentes de um produto, fabricados internamente, podem ser de diferentes materiais e formas diversas de fabricação. Estes custos incluem toda a fabricação, incluindo todos os encargos.

Custo da montagem: Uma vez com os componentes produzidos internamente e os comprados de terceiros, procede-se a montagem do produto. Isto tem custos inclusive de embalagens.

Margem de lucro do fabricante: Com todos os custos já computados, inclindo encargos e impostos, a empresa acresce a sua margem de lucro e chega ao preço que cobrará do distribuidor. Esta margem é um dos grandes segredos estratégicos de uma empresa. Mesmo duas empresas concorrentes, semelhantes em tudo, inclusive tecnologia, não praticam as mesmas margens ou valores, pois existem diferenças de eficácia e produtividade, por exemplo, relacionadas aos desperdícios. Sim, uma empresa que desperdiça mais, obviamente tem custos maiores. Outro detalhe é quanto ao tipo de produto. Existem produtos que têm margem até acima de 100%, outros não passam de 5%. Os automóveis são bons exemplos de produtos com baixa margem de lucro do fabricante. As montadoras ganham na quantidade vendida.

Margem do distribuidor: Sobre o preço pago ao fabricante, o distribuidor acresce os seus custos e a sua margem. Normalmente os custos de um distribuidor, entre outros incluem: salários, encargos, impostos, logística, espaços, seguros, manutenção, energia elétrica, etc.

Margem do lojista e preço final do produto: Sobre o preço pago ao distribuidor, o lojista acresce os seus (incluindo encargos e impostos) e a sua margem e, finalmente chega-se ao preço final do produto. Existe outra estratégia de formação de preço, exatamente oposta a esta, ou seja, parte-se do preço teto aceito pelo mercado e chega-se até à margem de lucro do fabricante. Este procedimento obriga a empresa a ser eficaz e altamente produtiva, além de estar permanentemente de olho no mercado e nos concorrentes (que é o correto). Seja qual for o método ou estratégia utilizada para o desenvolvimento de produtos, deve-se dar especial atenção à redução de custos, e dos desperdícios, causando o mínimo impacto ambiental.

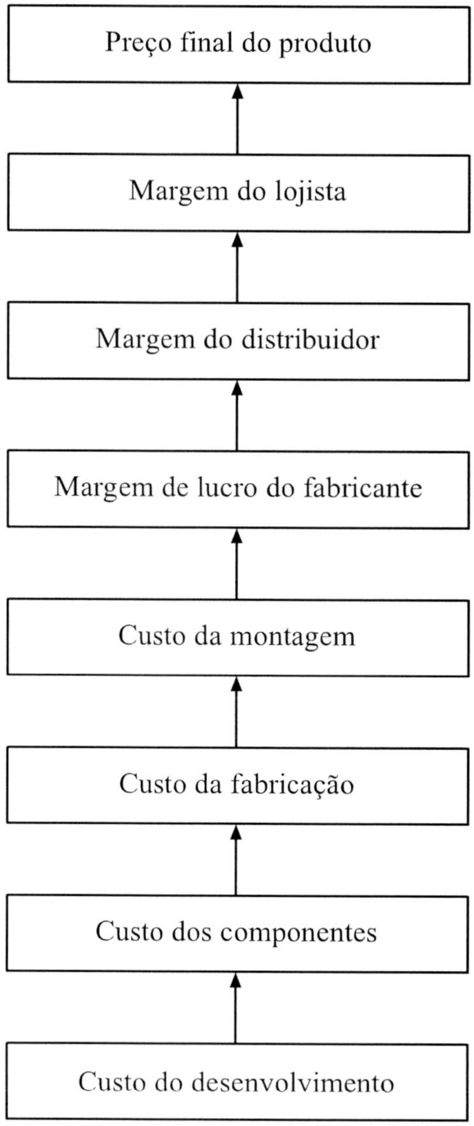

Figura 6.1: componentes do preço de um produto industrial manufaturado

6.4.1 A análise econômica, para o desenvolvimento de um novo produto

Ao preço de venda de um produto são agregados todos os custos e mais a margem bruta de lucro, ou seja, os custos começam já na fase quando a empresa toma a decisão de desenvolver um novo produto. Esta decisão, normalmente, é tomada no nível estratégico da empresa, sob o apoio da equipe de *marketing*.

De maneira geral, para a equipe de *marketing* tomar esta decisão, ela leva em consideração uma estimativa do investimento total para o desenvolvimento e fabricação do produto. Para chegar a este valor total (estimado), a equipe de *marketing* faz as seguintes considerações:

- Custos totais esperados, para a produção unitária do produto.
- Margem de lucro esperada.
- Competitividade do produto no mercado.
- Quantidade de produtos que se espera vender (considerando o ciclo de vida).

Um produto é considerado competitivo quando é percebido de alto valor pelo mercado, ou seja, os consumidores veêm valor no produto. Um exemplo de valorização de um produto é quando o mesmo traz mais conforto ao usuário. O sucesso de um produto pode ser expresso pela relação entre valor e preço, ou seja, quanto maior for esta relação, maior competitividade terá o produto.

$$\text{Competitividade de um produto} = \frac{\text{Valor do produto}}{\text{Preço do produto}}$$

É dentro dessa lógica, que a equipe de *marketing*, a todo instante, enfatiza que a equipe de desenvolvimento do produto tem que "agregar valor ao mesmo", ou seja, durante o desenvolvimento devem ser feitas "coisas" para que os consumidores percebam "mais valor" no produto. O grande desafio, da equipe de desenvolvimento, é criar valor fazendo "coisas", sem tornar o produto muito mais complexo (com mais componentes) e mais custoso, o que elevará o preço final, logo reduzindo a competitividade.

Com relação aos produtos industriais, a agregação de valor se dá pela incorporação de detalhes funcionais e ou estéticos (*design*), que criam um diferencial em relação aos concorrentes, possibilitando uma melhor aceitação pelo mercado. Outra forma de agregar valor a um produto é através da prática da "Engenharia de Valor", como descrita no parágrafo 7.10.

Vamos a um exemplo, de como se pode agregar valor a um produto agrícola, que passa a sofrer um processo de industrialização.

Considerando o ano de 2020, um produtor de tomates vendia o quilo a R$ 1,00 (que era revendido no supermercado por R$ 4,00), pois os seus custos foram R$ 0,50, logo sua margem bruta foi de 100% ou R$ 0,50. Agora este produtor, ao invés de vender os tomates *in natura*, passa a fazer tomate seco, vendido em embalagens de 250 gramas, pelo preço de R$ 2,50, ou seja, R$ 10,00 o quilo, que será revendido no supermercado por R$ 30,00 a R$ 40,00 o quilo.

Com o beneficiamento do tomate, ou seja, corte, secagem, embalagem e mão de obra especializada, embora seus custos por quilo passaram para R$ 6,00 ou 12 vezes mais, ele passou a ganhar R$ 4,00 ou oito vezes mais (R$ 0,50 x 8 = R$ 4,00).

Em verdade o que o produtor de tomate fez foi, agregar valor ao seu produto, já que o mercado valoriza mais (paga mais) um quilo de tomate seco, do que o *in natura*.

Ao se analisar a equação: competitividade = valor/preço, vê-se que existem duas formas de aumentá-la: ou agregando valor ou reduzindo o preço do produto. Como já foi mostrado um exemplo de como se agrega valor, vamos analisar como se pode reduzir o preço.

O preço pode ser expresso pela soma dos custos com a margem bruta, ou seja: Preço = Custos + Margem bruta. Isto mostra que o preço pode ser reduzido e ou reduzindo custos e margem bruta. Sem reduzir a margem bruta, vamos analisar como se pode reduzir os custos.

Os custos são compostos por fixos e variáveis, ou seja, aqueles que variam ou não com a quantidade produzida. Normalmente, reduzir custos fixos como salários (ou seja, demitindo pessoas) é complicado, além de também gerar custos (por exemplo, com indenizações). Uma grande saída é reduzir os custos variáveis, principalmente com métodos de produção mais eficazes, ou seja, aumentando a produtividade. Mas como se pode definir o que é produtividade? De forma geral é produzir mais e melhor com menos, ou seja, aqui falaremos sobre como a filosofia da qualidade pode reduzir custos, logo reduzir preço, ou seja, aumentar a competitividade.

Foram os japoneses, já na década de 1960, que "ensinaram" como avaliar a produtividade, sem considerar apenas a quantidade produzida, ou seja, não basta apenas produzir quantidade, mas sim produzir mais e melhor, com menos. Vamos analisar a equação a seguir.

$$\text{Produtividade} = \frac{\text{Faturamento Total}}{\text{Custos Totais}} \quad \left\{ \text{Custos totais} = \text{custos fixos} + \text{custos variáveis} \right.$$

Aqui também existem duas maneiras de se aumentar a produtividade: aumentando o faturamento e ou reduzindo os custos. Faturar mais significa vender mais, ou seja, o que o mercado comprou e pagou. Mantendo-se os fixos, a redução dos custos se dá pela redução dos variáveis, tornando os processos mais eficazes ou como ensinaram os japoneses, reduzindo os desperdícios.

Ou seja, não basta apenas criar um excelente produto, com muitos valores agregados, mas sim, ao longo de todo o processo do projeto e fabricação (Engenharia) do produto, tem-se que reduzir todos os tipos de desperdícios. Ao longo deste livro são citadas algumas técnicas e ferramentas que reduzem os desperdícios, mas tem-se que fazer uma análise global de toda a gestão empresarial, para se chegar ao mínimo de desperdícios e perdas.

Além do método *benchmarking* descrito neste capítulo, entre outras, no capítulo 7 são detalhadas as seguintes técnicas e análises, que muito podem contribuir para um produto de baixo custo e excelente qualidade: Método de Análise e Solução de Problemas – MASP, Diagrama de Causa e Efeito ou Espinha de Peixe ou de Ishikawa, Desdobramento da Função Qualidade ou *Quality Function Deployment* – QFD, Engenharia de Valor, Métodos de Taguchi, Método de Análise do Tipo e Efeito de Falha ou *Failure Mode and Effect Analysis* – FMEA. Ainda no capítulo 7 são descritas as técnicas da Engenharia Reversa e da Engenharia Simultânea ou concorrente ou *Concurrent Engineering*, que também permitem reduções de custos. Como método gerencial para o combate aos desperdícios, em toda a empresa, recomenda-se a adoção do Programa 8S (ABRANTES, 2007).

6.5 O planejamento estratégico de produtos e a Matriz SWOT

Quando, no capítulo 3, estudou-se o ciclo de vida de um produto, viu-se que dentro da filosofia do mercado consumista globalizado, as empresas são obrigadas a constantemente criar, desenvolver e lançar novos produtos, pois assim funcionam o mercado e a concorrência. As grandes questões são: quais produtos? Com que frequência? Com que faixa de preço?

Toda empresa, de qualquer tamanho, qualquer área e atuando em qualquer nicho de mercado, está submetida a dois ambientes: o interno e o externo. A figura 6.2 dá uma ideia geral de como se dá a produção e a quais ambientes as empresas estão submetidas.

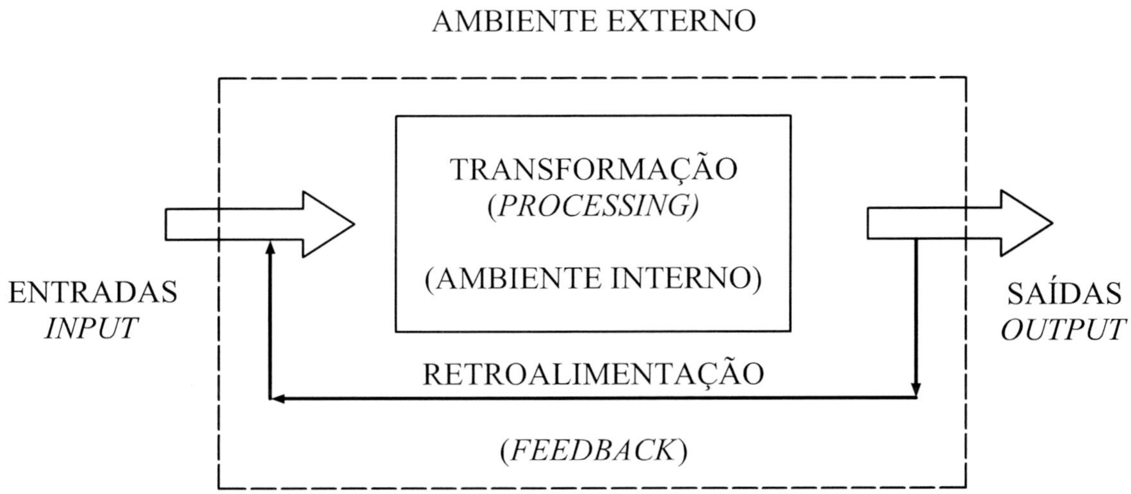

Figura 6.2: o modelo e os ambientes da Administração da Produção

Sobre o ambiente interno a empresa pode ter controle total, já com relação ao externo não. O que ela tem que fazer é constantemente avaliar o que acontece externamente e que pode interferir com a sua sobrevivência. Além do mercado, ou melhor, clientes e da concorrência, outros fatores externos podem causar sérios problemas e até acabar com uma empresa. Imagine que o governo federal, devido um acordo internacional de livre comércio, reduz a zero a alíquota de importação de um determinado produto que a sua empresa fabrica. Independentemente do tipo de produto, em pouco tempo estarão chegando aqui no nosso mercado produtos iguais, ou melhor, ao seu e por um preço inferior. Pronto, agora você tem um belo problema. Este é um simples e real exemplo de como o ambiente externo influencia a estratégia de seus produtos.

O ambiente interno também é composto por vários componentes, sendo que dois se destacam: 1) A tecnologia de produção, ou seja, os métodos e processos; 2) Os recursos humanos, as pessoas ou capital intelectual (que na óptica dos autores é o mais importante).

Existe uma metodologia que é muito utilizada para se planejar estrategicamente uma empresa, considerando os dois ambientes, trata-se da análise SWOT, onde:

S = *Strengths* (Pontos Fortes, de origem interna), ***W*** = *Weaknesses* (Pontos Fracos, de origem interna), ***O*** = *Opportunities* (Oportunidades externas), ***T*** = *Threats* (Ameaças externas)

Em português esta análise pode ser chamada de FFOA, ou seja, Forças, Fraquezas, Oportunidades e Ameaças. Embora a análise SWOT seja empregada mais no planejamento estratégico de uma empresa, como um todo, podemos usar a mesma filosofia para o planejamento estratégico de produtos, senão vejamos:

Pontos Fortes
- Quais produtos a empresa/equipe faz bem?
- Que recursos especiais a empresa possui e pode aproveitar, na inovação?
- O que outras empresas concorrentes acham que a sua produz bem?

Pontos Fracos
- No que a empresa pode melhorar, quanto à produção?
- Onde a empresa tem menos recursos que os concorrentes?
- O que os concorrentes acham que são suas fraquezas?

Ameaças
- Que ameaças (leis, regulamentos, concorrentes) podem prejudicar o desenvolvimento de novos produtos?
- O que seu concorrente anda fazendo, em termos de novos produtos?

Oportunidades
- Quais são as oportunidades externas que você pode identificar, nos novos produtos
- Que tendências e "modas" você pode aproveitar em seu favor?

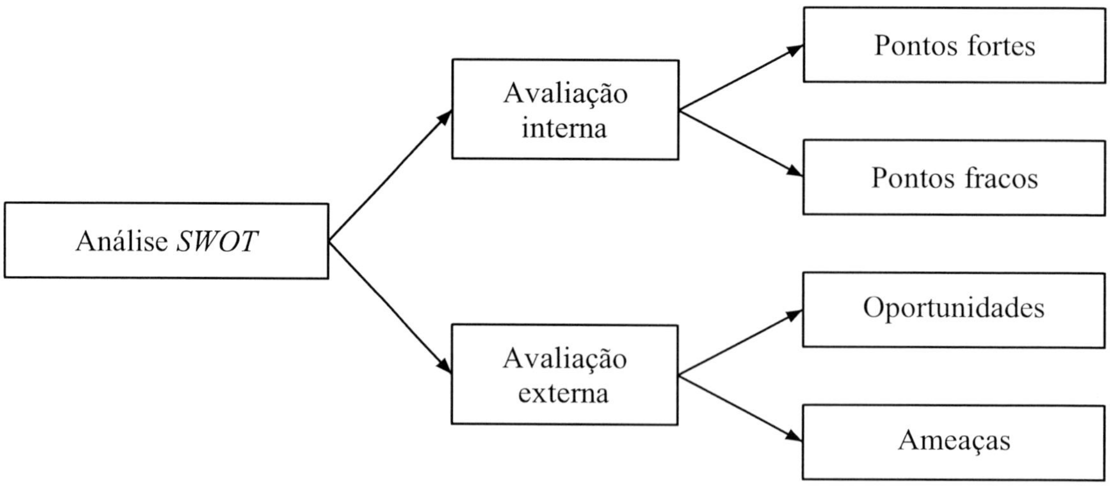

Figura 6.3: detalhes da análise SWOT

Capítulo 7

Técnicas, métodos e análises, que auxiliam o Projeto e a Engenharia de Produtos

Aqui neste capítulo são detalhadas algumas técnicas, métodos e análises, que muito podem ajudar no Projeto e Engenharia de Produtos, lembrando que o Projeto envolve a concepção, a geometria e a aparência dos produtos, enquanto a Engenharia se preocupa com a descrição dos materiais, os processos, o delineamento e a fabricação dos mesmos. Algumas técnicas aqui apresentadas podem ser utilizadas durante a pesquisa de mercado e o desenvolvimento básico de novos produtos (projeto conceitual), outras se aplicam muito bem durante a fase de prototipagem e testes e a maioria na fase de fabricação e montagem do produto.

7.1 Coleta e análise de dados

Tomar decisão baseando-se em dados e informações e não no "achismo". Esta é a regra básica da gerência, de qualquer área, especialmente das equipes envolvidas no Projeto e Engenharia de produtos. Inicialmente é importante explicar a diferença entre dados, informações e conhecimentos.

Dados são números, quantidades, imagens ou símbolos, que uma vez processados ou analisados, transformam-se em informação. Quando a informação, de alguma forma, é armazenada, em condições de ser utilizada, sempre que necessário, então surge o conhecimento. Vamos a um exemplo prático, pois é comum a confusão entre dados, informações e conhecimento.

Se você pegar o seu jornal preferido dos últimos 90 dias, na parte da meteorologia e previsão do tempo, encontrará os valores das temperaturas diárias, máximas e mínimas, em determinada região. Estes são dados. Se você pegar estes dados e colocá-los em um gráfico, por exemplo, na horizontal os dias e na vertical o valor da temperatura, ao unir o valor de cada valor, dia a dia, você terá um gráfico com a informação de como a temperatura variou naquele período. Você saberá se, no período, a temperatura subiu, desceu ou ficou estável. Isto é uma informação. Se você comparar as sucessivas variações da temperatura, ao longo de alguns anos, terá a informação sobre como a temperatura varia, ao longo das estações. Se agora você deixar estes gráficos e as análises registradas, em qualquer meio (magnético ou não) terá um conhecimento que, poderá ser acessado e utilizado por qualquer pessoa.

O conhecimento pode ser subdividido em: empírico (também conhecido como vulgar ou senso comum), conhecimento filosófico, conhecimento teológico e conhecimento científico. No que se refere às empresas, podemos apontar dois tipos de conhecimentos: 1) o que existe na cabeça de cada funcionário, em função de suas experiências de vida e profissional e de seus estudos. É o chamado conhecimento tácito ou implícito; 2) o que existe na forma de normas, procedimentos, padrões, métodos, fórmulas e programas. É o chamado conhecimento explícito. A figura 7.1 ilustra melhor estas fases. No que se refere ao projeto de produtos, estes dois conhecimentos são fundamentais, tanto o que existe na cabeça dos profissionais da área (o tácito ou implícito), quanto o conhecimento explícito, que normalmente é armazenado em banco de dados.

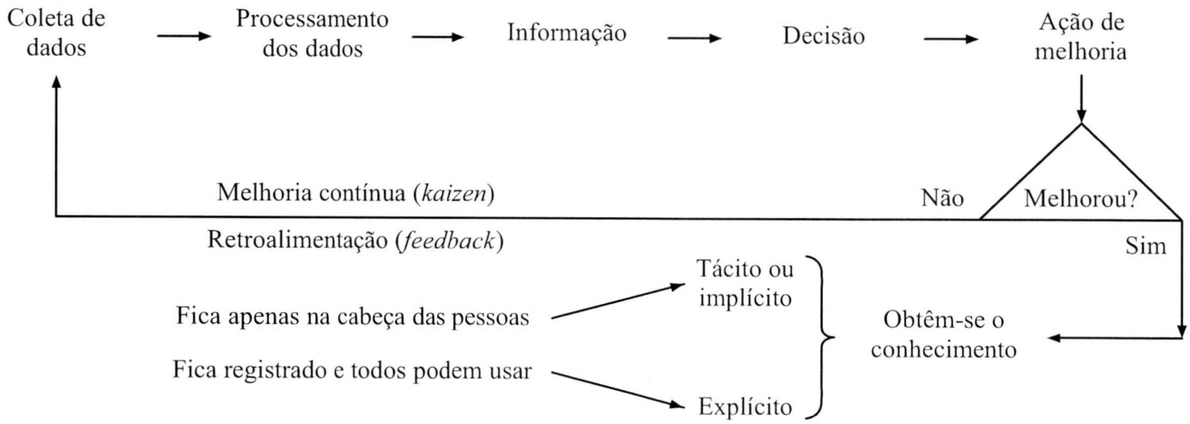

Figura 7.1: da coleta e processamento de dados ao conhecimento (implícito ou explícito)

Gestão do conhecimento ou administração do conhecimento, significa administrar estes conhecimentos implícito e explícito. Em princípio, especialmente com o alto desenvolvimento da Tecnologia de Informação – TI, é mais fácil, e comum, administrar aquele conhecimento explícito que está nas normas, procedimentos, padrões, métodos, fórmulas e programas, do que aquele que está na "cabeça" de cada funcionário ou implícito. O grande desafio para os gestores é como "transformar" o conhecimento implícito em explícito, ou em palavras diretas, como "drenar" conhecimento do funcionário, para os sistemas de informação da empresa, de forma a que qualquer pessoa possa acessar e utilizá-lo. Isto é o que se chama de "*Know How*" de uma empresa. Em inglês o termo Gestão do Conhecimento é traduzido como *Knowledge Management*.

A filosofia que existe por trás da gestão do conhecimento é que, apenas "saber muito" sobre alguma coisa não proporciona, por si só, maior poder de competição para uma empresa. É quando aliado a sua gestão que ele faz diferença. A criação e implantação de processos que gerem, armazenem, gerenciem e disseminem o conhecimento representam o grande desafio a ser enfrentado pelas empresas. Foi dentro do contexto dos novos tempos, especialmente após 1980, que surgiram termos como "capital intelectual", "capital humano", "capacidade inovadora", "ativos intangíveis" ou "inteligência empresarial", todos para expressar o conjunto de conhecimentos de uma empresa, que é composto pelo conhecimento implícito dos funcionários e o explícito da empresa.

Também se pode dizer que, a gestão do conhecimento significa a capacidade da empresa em captar, gerar, criar, analisar, traduzir, transformar, modelar, armazenar, disseminar, implantar e gerenciar a informação, tanto interna como externa. Essa informação deve ser transformada efetivamente em conhecimento e distribuída tornando-se acessível aos interessados. A informação aplicada, ou seja, o conhecimento, torna-se um ativo da empresa e não mais um suporte à tomada de decisão.

Em resumo, tudo depende da coleta de dados. Os dados ou variáveis são classificados em quantitativos e qualitativos. Os dados quantitativos podem ser contínuos ou discretos e os qualitativos são do tipo atributo. O quadro 7.1 ilustra estas variações.

Dado	Característica	Exemplo	Como se obtêm
<u>Quantitativo</u>			
Tipo contínuo	São números reais, que podem ter qualquer valor	Peso, comprimento, temperatura, etc.	Medição direta
Tipo discreto	São números inteiros (1,2,..7,...)	Peças produzidas, clientes atendidos, etc.	Por contagem
<u>Qualitativo</u>			
Tipo atributo	É obtido a partir de um critério específico	Sexo, cor, grau de satisfação, grau de limpeza, etc	Classificação

Quadro 7.1: tipos e características dos dados

7.2 O Método de Análise e Solução de Problemas – MASP

Este método pode ser seguido usando-se os oito passos seguintes: 1) Selecionar o processo ou problema a ser estudado; 2) Registrar dados e como o processo é realizado no momento; 3) Fazer análise dos dados registrados; 4) Comparar estes dados com outro método e obter a informação de que o método atual pode ser melhorado; 5) Desenvolver o novo método; 6) Implantar o novo método; 7) Controlar o novo método, comparando os resultados com os do método antigo; 8) Melhorar o novo método (*feedback*). A seguir é feito um detalhamento de cada um destes oito passos, lembrando que em cada um devem ser utilizadas as Ferramentas da Qualidade, apropriadas, como detalhadas neste capítulo. De forma geral, as técnicas, métodos e análises, descritas neste capítulo aplicam-se mais à Engenharia de Produto, em especial na fase da fabricação e montagem. Isto não quer dizer que não possam ser usados na fase do Projeto do Produto, como será exemplificado em 7.2.1.

1. Selecionar o processo ou problema a ser estudado. Em geral as operações produtivas são constituídas por centenas e até milhares de tarefas, normalmente feitas de forma automática, ou melhor, faz-se deste jeito porque sempre foi assim. A tarefa a ser selecionada, obviamente, deve ser aquela em que se note problema e ou que possa ser melhorada, e cuja melhoria representa uma redução de custo considerável para o processo como um todo. Durante esta seleção são feitas análises e perguntas como: Qual a frequência do problema? Como o problema ocorre? Quanto está se perdendo? Quanto é possível ganhar? (CAMPOS, 1999, p.212). Também se deve usar a metodologia 5W2H (parágrafo 7.4).

2. Coletar e registrar dados e como o processo é realizado no momento: dentre outras são registradas, via fluxograma do processo, a sequência de atividades do processo, os tempos e movimentos. Aqui também é possível usar a metodologia 5W2H, especialmente para descobrir algumas possíveis causas de problemas.

3. Fazer análise dos dados registrados: com a análise e processamento dos dados obtêm-se informações, que serão utilizadas no próximo passo.

4. Comparar estes dados com outro método (que se entende melhor que o atual). Só se pode melhorar aquilo que se conhece, ou seja, a decisão tem que ser baseada em fatos e não em "achismo". Uma vez que se tenham todos os dados do processo atual, pode-se comparar com outros métodos.

5. Desenvolver o novo método: baseado nos dados e informações obtidas, bem como comparando-o com outro método, criar novas formas e tarefas (ou operações), ou seja, desenvolver o novo método.

6. Implantar o novo método: ou seja, colocar em prática o novo método desenvolvido. Isto envolve educar e treinar, no novo método, todos os que operam o processo em questão.

7. Controlar o novo método, comparando os resultados com os do método antigo: sim, a famosa comparação do antes com o depois. Com os resultados e comparações sabe-se o que e quanto melhorou (ou piorou). Neste passo se deve usar o diagrama de causa e efeito.

8. Melhorar o novo método (*feedback*): mesmo que tenha havido melhora, dentro do princípio do melhoramento contínuo (*Kaizen*), começa-se a pensar em melhorar aquilo que está bom.

7.2.1 Exemplo de aplicação do método MASP, ao projeto de um produto

Uma empresa decide fazer um estudo sobre quais benefícios um sistema de prototipagem rápida (veja parágrafo 9.6) pode trazer, já que o seu principal concorrente o vem utilizando com sucesso, o que ficou comprovado com um menor tempo entre o projeto e o lançamento de um novo produto no mercado. Este estudo envolveu as oito perguntas, do método MASP, como a seguir detalhadas.

1. Problema a ser estudado: um sistema de prototipagem rápida, objetivando reduzir custos e prazos, entre o início do projeto de um novo produto e o seu lançamento no mercado.

2. A empresa detalha o passo a passo de todas as etapas atuais do projeto de um novo produto, ou seja, como o projeto é feito hoje.

3. A empresa analisa todos os custos e tempos gastos no projeto de um novo produto.

4. Com o apoio e supervisão de um fornecedor de sistemas de prototipagem rápida, a empresa constata que um novo sistema pode trazer vários benefícios.

5. A empresa faz uma análise detalhada dos benefícios e escolhe um modelo de prototipagem rápida. Em síntese, faz uma análise da viabilidade técnica econômica, para decidir se o modelo escolhido é melhor.

6. A empresa passa a usar o novo método de prototipagem rápida, simulando o projeto de um novo produto, já lançado e em vendas no mercado, tendo sido projetado pelo método antigo.

7. A empresa constata que, com o novo método de prototipagem rápida, houve uma significativa redução de custos e tempos, entre o início do projeto e o lançamento no mercado. Conclusão: o novo sistema de prototipagem rápida se mostra altamente favorável, devendo ser adotado pela empresa.

8. Estar atento para métodos de prototipagem mais eficazes.

7.3 Histogramas

Mostram, visualmente, como um conjunto de dados varia, considerando-se determinadas características e valores. Histogramas, por exemplo, podem ser utilizados na fase de protótipos e testes de produtos em desenvolvimento. É possível obter informações úteis sobre os dados através da análise do perfil do histograma.

Um histograma consiste num conjunto de retângulos ou células que tem: a) As bases sobre um eixo horizontal X, com centro no ponto médio e as larguras iguais às amplitudes dos intervalos das classes; b) As alturas e áreas proporcionais às frequências ou percentuais das classes, sobre o eixo vertical Y. A figura 7.2 mostra um exemplo de um histograma típico de um processo produtivo qualquer.

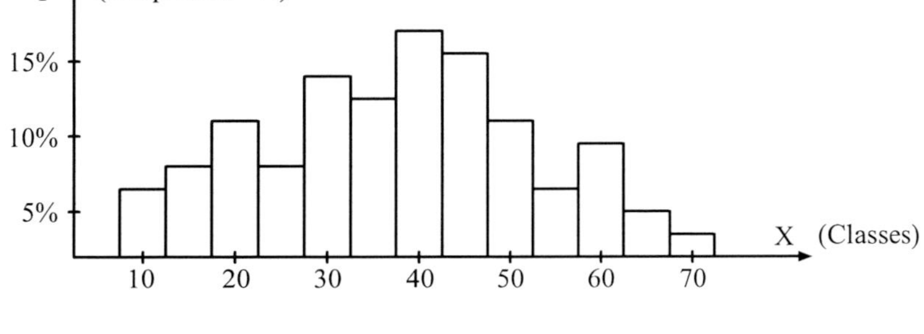

Figura 7.2: exemplo de um Histograma geral

7.3.1 Tipos de Histogramas

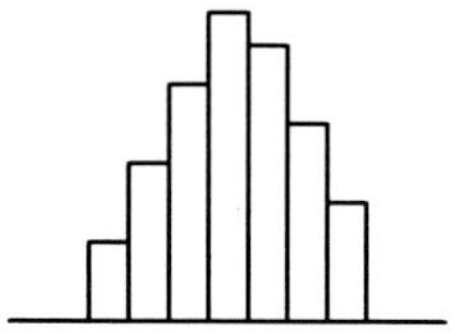

A - Tipo geral

Tipo geral (simétrico ou em forma de sino): o valor médio do histograma está no meio da faixa dos dados. A frequência é mais alta no meio e torna-se gradualmente mais baixa na direção dos extremos. O perfil é simétrico. É o formato encontrado com mais frequência, para processos dentro da "normalidade".

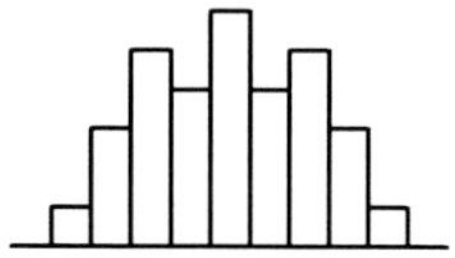

B - Tipo pente

Tipo Pente (multi-modal): as classes possuem frequências altas e baixas, alternadamente. Este perfil ocorre quando a quantidade de dados incluídos na classe varia de classe para classe, ou quando existe uma tendência particular no modo como os dados são arredondados.

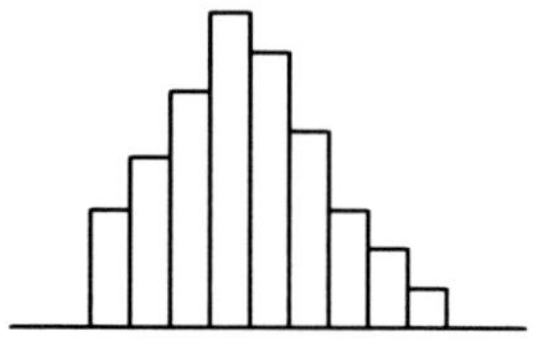

C - Tipo assimétrico positivo

Tipo assimétrico positivo (pode ser assimétrico negativo): o valor médio do histograma fica localizado à esquerda (direita) do centro da faixa da variação. A frequência decresce um tanto abruptamente em direção à esquerda (direita), porém de forma suave à direita (esquerda). Isto ocorre quando o limite inferior (superior) é controlado, ou teoricamente, ou por um valor de especificação, ou quando valores mais baixos (mais altos) do que certo valor não ocorre.

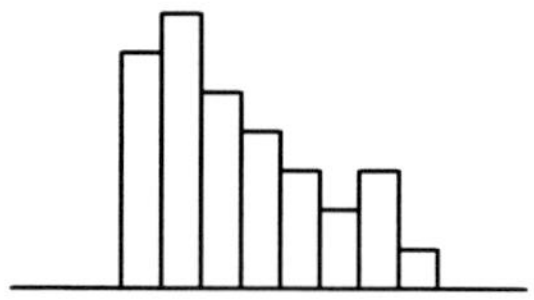

D - Tipo declive à direita

Tipo declive à direita (declive à esquerda): o valor médio do histograma fica localizado à esquerda (direita) do centro da faixa da variação. A frequência decresce um tanto abruptamente na esquerda (direita), e lentamente em direção à direita (esquerda). Isto ocorre com frequência quando uma triagem de 100% tiver sido feita por causa da baixa capacidade do processo, e também quando a assimetria positiva (negativa) se tornar ainda mais extrema.

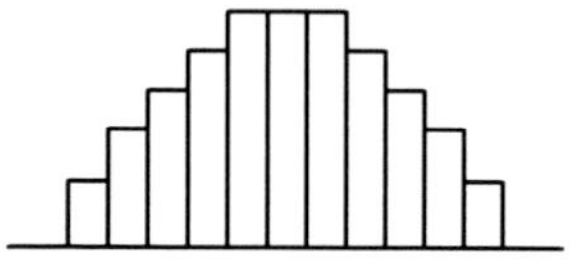

E - Tipo platô

Tipo platô: a frequência em cada classe forma um platô porque as classes possuem mais ou menos a mesma frequência exceto aquelas das extremidades. Este formato ocorre quando há mistura de várias distribuições que têm diferentes médias.

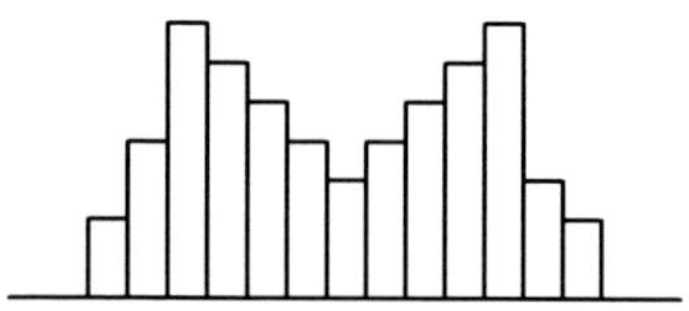

F - Tipo picos duplos

Tipo picos duplos (bimodal): a frequência é baixa próximo ao meio da faixa de dados e existe um pico em um e outro lado. Este formato ocorre quando duas distribuições com médias muito diferentes são misturadas.

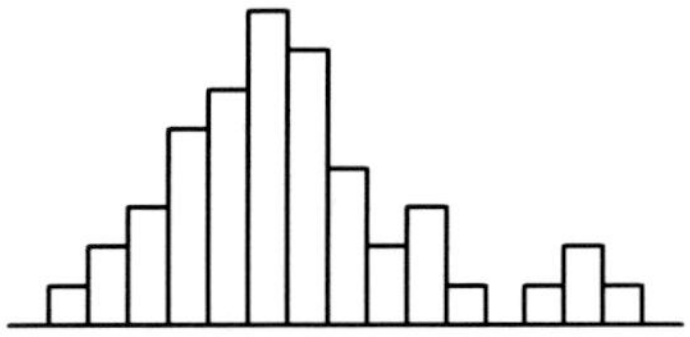

G - Tipo picos isolados

Tipo picos isolados: existe um pequeno pico isolado em adição a um histograma do tipo geral. Este é um perfil que ocorre quando há uma pequena inclusão de dados de uma distribuição diferente, como no caso de anormalidade do processo, erro de medição, ou inclusão de dados de um processo diferente.

7.3.2 Os limites de especificação nos Histogramas

Especialmente no Controle Estatístico de Processo – CEP, usa-se o Histograma com os limites de especificação, para saber quais classes estão fora dos limites, ou seja, não atendem ao processo, pois através de um Histograma e seus limites podemos acompanhar um processo produtivo e dizer como está. Os cinco exemplos a seguir mostram alguns casos, lembrando que: LIE = Limite Inferior de Especificação e LSE = Limite Superior de Especificação. No caso dos pesos da tabela 7.1 temos: LIE = 495 gramas e LSE = 505 gramas, ou seja, não são aceitos pesos com menos de 495 e com mais de 505 gramas.

(a)

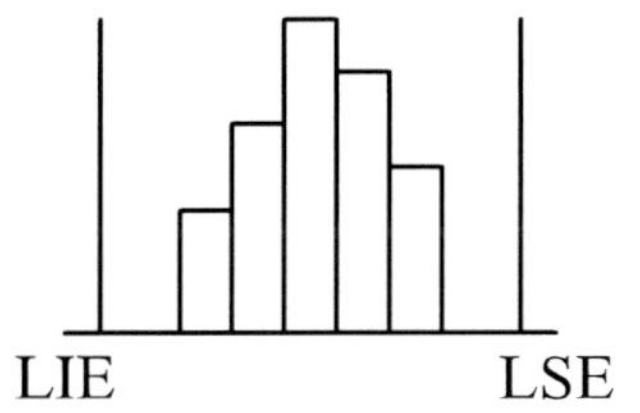

(b)

No exemplo (a) o processo está ótimo e todas as classes dentro dos limites. Isto significa que "talvez" os limites possam ser reduzidos, ou seja, tornar-se mais estreita a faixa de variação. No (b) a especificação é satisfeita, as classes extremas estão no limite, mas não há margem extra; portanto, tem-se que interferir no processo e reduzir um pouco a variação.

(c)

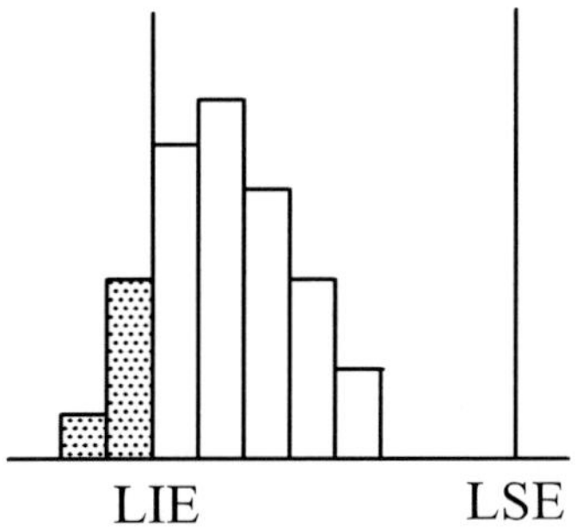

(c) Tomam-se medidas para colocar a média mais próxima do meio da especificação.

(d)

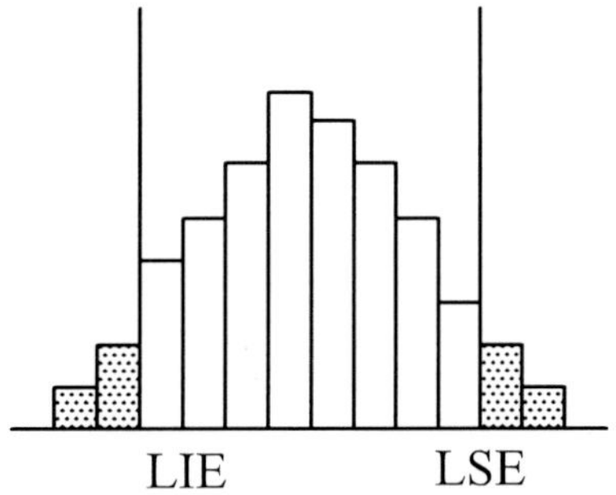

(d) São necessárias ações para reduzir a variação.

(e)

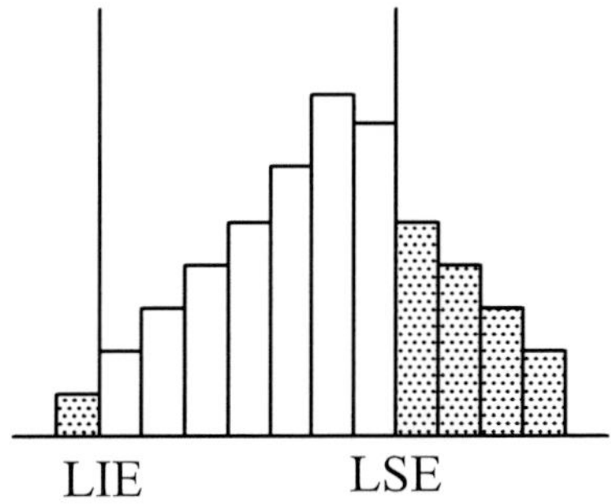

(e) São necessárias medidas, tanto para colocar a média mais próxima do meio da especificação, quanto para reduzir a variação.

7.3.3 Exemplo do uso de um Histograma na fase de projeto de um produto

Um fabricante de sistemas de dosagem e pesagem automática de produtos em pó, está testando um novo protótipo, desenvolvido pela equipe de projetos, para saber como estão os erros na pesagem, que neste caso deve ter uma variação máxima de 1%, ou seja, em um quilo ou 1.000 gramas, admite-se um erro de até 10 gramas.

Após dosar e pesar 50 embalagens, com 500 gramas de um determinado pó, no novo protótipo, foram encontrados os valores mostrados na tabela 7.1. Considerando um erro de 1%, ou seja 5 gramas, procede-se a análise utilizando-se um Histograma, para verificar como está o novo protótipo.

Inicialmente são contados os valores, desde o menor até o maior, para em seguida fazer-se um Histograma com os valores de peso na horizontal e as frequências de ocorrência na vertical. Foram encontrados 18 valores diferentes de peso.

Tabela 7:1 peso de 50 embalagens de 500 gramas, durante teste do novo protótipo de dosagem/pesagem

495	510	475	485	490	455	480	505	480	455
450	465	525	440	455	440	490	510	465	470
445	500	480	475	505	485	470	480	500	450
520	480	460	485	520	525	500	475	460	480
510	520	485	470	500	480	490	460	455	460

No Histograma da figura 7.3, foram utilizadas células, ao invés de retângulos

Frequências

Faixa aceitável ⟵⟶ (495 – 505)

(2)	(1)	(2)	(4)	(4)	(2)	(3)	(3)	(7)	(4)	(3)	(1)	(4)	(2)	(3)	(0)	(3)	(2)
								X									
								X									
								X									
			X	X				X	X			**X**					
			X	X		X	X	X	X	X		**X**		X		X	
X		X	X	X	X	X	X	X	X	X		**X**	**X**	X		X	X
X	X	X	X	X	X	X	X	X	X	X	**X**	**X**	**X**	X		X	X
440	445	450	455	460	465	470	475	480	485	490	**495**	**500**	**505**	510	515	520	525

Figura 7.3: Histograma com a distribuição de pesos das 50 embalagens

Quando se define que o erro deve ser de no máximo 1%, no caso 5 gramas, sabe-se que na prática o sistema deverá variar entre +/- 1%, ou seja, serão aceitos valores entre 495 e 505 gramas. Abaixo de 495 gramas os clientes estarão sendo "lesados", pois apesar de constar 500 gramas na embalagem, na verdade ele estará recebendo menos. Acima de 505 gramas, a empresa é que estará tendo perdas, pois apesar de constar 500 gramas, estará entregando mais.

Uma análise detalhada do Histograma mostra que, das 50 embalagens pesadas, pelo novo protótipo, apenas sete, ou seja, 14% estão na faixa aceitável, e que oito, ou seja, 16% estão acima das 505 gramas. A primeira conclusão é que 70% das embalagens estão fora da faixa aceitável, sendo que 37, ou seja, 74% estão abaixo do valor mínimo de 495 gramas.

A grande conclusão é que o novo protótipo tem que ser melhorado, ficando evidente que existe uma tendência para pesos abaixo do mínimo aceitável, bem como uma variação muito grande de valores, pois foram encontrados 18 valores diferentes.

A equipe de projeto deve se reunir com os profissionais que fabricam os protótipos, para descobrir e sanar o que está errado.

7.4 A Metodologia 5W2H

Está relacionada a sete perguntas na língua inglesa, sendo muito utilizada quando se está planejando um projeto ou execução de atividades. Imagine que você esteja planejando a execução de uma determinada atividade; então pode fazer as seguintes sete perguntas:

O Quê deve ser feito? (*What*?). Que atividade deve ser feita?
Por que deve ser feito? (*Why*?). Qual a razão de se fazer esta atividade?
Quando deve ser feito? (*When*?). Em que data e em que prazo?
Quem fará? (*Who*?). Qual pessoa (ou equipe) fará a atividade?
Onde será feito? (*Where*?). Em que lugar (espaço físico)?
Como será feito? (*How*?). Quais recursos materiais serão utilizados?
Quanto custará? (*How much does it cost?*). Quanto se gastará de recursos financeiros?

Um pequeno exemplo pode ser proposto, supondo que se esteja querendo planejar o projeto de um novo liquidificador, já que um concorrente lançou um modelo com um moderno controle de velocidade. O quadro 7.2 mostra um resumo deste exemplo, inclusive com perguntas e respostas complementares.

Perguntas e respostas diretas	Perguntas complementares	Respostas complementares
O que deve ser feito? (*What*?) O projeto de um novo liquidificador, com um controle moderno de velocidade.	**1) Quais os resultados deste projeto?** **2) Quais informações adicionais são necessárias?**	1) Um produto competitivo. 2) Obter um modelo do concorrente e, através da engenharia reversa, descobrir seus "segredos".

Por que deve ser feito este projeto? (*Why*?) Porque, o atual modelo da empresa está ultrapassado e com baixas vendas.	**3) Por que o projeto deve ser desenvolvido pela própria equipe da empresa, ao invés de contratar uma empresa especializada em projeto de produtos?**	3) Para manter o "segredo" do novo modelo de liquidificador, restrito à equipe de projeto da empresa.
Quando este projeto deve ser feito? (*When*?) Entre os meses de abril e setembro, para comercialização no período natalino.	**4) Quando será feito o planejamento completo deste projeto?**	4) Imediatamente.
Quem fará o projeto? (*Who*?) A própria equipe da empresa.	**5) Há necessidade de subcontratar outra empresa?**	5) Talvez para o sistema de controle de velocidade.
Onde o projeto será feito? (*Where*?) Na própria empresa.	**6) Onde serão realizados os testes?**	6) Na própria empresa.
Como o projeto será será feito? (*How*?) Utilizando a própria equipe e com o conceito de manufatura integrada ao projeto.	**7) Como será feito o controle deste projeto?**	7) Pela gerência de projetos e segundo o conceito da engenharia simultânea.
Quanto custará este projeto? (*How much?*). Considerando 6 meses de projeto, os profissionais envolvidos, mais os custos de prototipagem e testes, estima-se um custo total de R$ 200.000,00.	**8) É possível reduzir este custo?**	8) Talvez utilizando o método da prototipagem rápida.

Quadro 7.2: exemplo da Metodologia 5W2H, aplicada ao projeto de um produto

7.5 A Matriz GUT de prioridade e decisão: Gravidade, Urgência e Tendência

É um método utilizado para definir prioridades, e tomar decisão, dentre uma determinada lista. É muito comum, no trabalho diário, o profissional se deparar com muitas atividades a serem realizadas. Como não pode fazer todas ao mesmo tempo, tem que definir qual fará inicialmente, bem como as demais. A matriz GUT muito pode auxiliar na definição das prioridades. A análise é feita considerando-se a atividade segundo três aspectos: quanto à Gravidade - G, quanto à Urgência - U e quanto à Tendência - T.

Gravidade - G. A atividade é analisada e faz-se a seguinte pergunta: quais as consequências caso a atividade não seja realizada prioritariamente? Pode-se estabelecer um sistema de pontuação, por exemplo, de 1 a 5, segundo o grau de gravidade da não execução imediata. Embora qualquer profissional possa estabelecer os valores e as consequências, costuma-se usar os seguintes valores:

1 = Sem gravidade, ou seja, nada ocorrerá se a atividade não for feita imediatamente.
2 = Pouca gravidade.
3 = Grave.
4 = Muito grave.
5 = Gravíssimo.

Urgência - U. Faz-se a seguinte pergunta: com que urgência a atividade deve ser realizada? Usam-se os seguintes valores:

1 = Não há pressa, ou seja, a atividade pode esperar.
2 = Pode esperar um pouco.
3 = Deve ser feita o mais rápido possível.
4 = Deve ser feita imediatamente.
5 = Tem que ser feita urgentemente.

Tendência - T. analisa qual a tendência da não execução imediata da atividade. Pode-se pensar na seguinte pergunta: qual a situação pela não execução imediata da atividade? Usam-se os seguintes valores:

1 = Nada ocorrerá, ou seja, a situação ficará como está (estável).
2 = A situação vai piorar, no longo prazo.
3 = A situação vai piorar, no médio prazo.
4 = A situação vai piorar em pouco tempo.
5 = A situação vai piorar rapidamente.

Cabe observar que, dependendo da empresa e da atividade, os valores de longo, médio e curto prazo variam. O quadro 7.3 mostra uma matriz GUT, com os valores de cada aspecto, enquanto o quadro 7.4 dá um exemplo prático, de uma situação hipotética, quando se tem cinco atividades a serem executadas e se quer definir quais devem ser priorizadas.

Valor	Gravidade (Consequências se nada for feito).	Urgência (Prazo para tomada de decisão).	Tendência (Proporção do problema no futuro)	Valor Total G x U x T
5	Os prejuízos ou dificuldades são extremamente graves.	É necessária uma ação imediata.	Se nada for feito, a situação se agrava imediatamente	5 x 5 x 5 = 125
4	Muito graves	Com alguma urgência.	Vai piorar no curto prazo.	4 x 4 x 4 = 64
3	Graves	O mais cedo possível.	Vai piorar no médio prazo.	3 x 3 x 3 = 27
2	Pouca gravidade	Pode esperar um pouco	Vai piorar no longo prazo	2 x 2 x 2 = 8
1	Sem gravidade.	Não tem pressa.	Não vai piorar.	1 x 1 x 1 = 1

Quadro 7.3: aspectos e valores de uma Matriz GUT

7.5.1 Exemplo prático de uma matriz GUT, aplicada ao projeto/engenharia de produto

Atividades	Valor de G	Valor de U	Valor de T	Produto G x U x T	Soma G + U +T	Prioridade
1 - Telefonar para o fornecedor do sistema de controle de velocidade, perguntando se ele pode antecipar a entrega dos materiais críticos, para testse do novo produto.	4	5	5	100	14	2ª
2 - Entrar em contato com o cliente Beta, para informar que a entrega do produto sofrerá atraso de 5 dias.	5	3	5	75	13	3ª
3 - Verificar quais funcionários poderão trabalhar em hora extra, no feriadão daqui há 3 meses.	1	1	1	1	3	5ª
4 - Tomar providências para resolver o problema do cliente Gama, que espera há dois meses pelo produto, que sofreu alterações de projeto.	5	5	5	125	15	1ª
5 - Marcar reunião organizacional, semestral, com toda a equipe de supervisores de vendas da filial do Rio de Janeiro.	1	2	2	4	5	4ª

Quadro 7.4: exemplo prático de uma Matriz GUT

Uma análise da Matriz GUT do quadro 7.4 mostra que as atividades devem ser resolvidas na seguinte prioridade: 4, 1, 2, 5 e 3. Deve ser observado que, ao invés de multiplicar, também se pode somar os valores atribuídos. Confirma-se que, apesar de somar, por óbvio, não houve alteração nas prioridades, mas apenas uma redução dos valores.

7.6 Diagrama de Causa e Efeito ou de Ishikawa ou Espinha de Peixe

É uma das sete originais Ferramentas da Qualidade, propostas em 1968 pelo professor japonês Kaoru Ishikawa (1915-1986). Este diagrama investiga com clareza a relação entre causas e efeito. O conceito é de que, cada efeito tem várias causas. A construção do Diagrama começa com a definição precisa do efeito, e somente um efeito. As causas são subdivididas em 6 componentes, conhecidos como 6M's. Estes componentes são: 1) Mão de obra (pessoas) ou *Man*; 2) Métodos ou *Methods*; 3) Materiais ou *Materials*; 4) Máquinas (equipamentos) ou *Machines*; 5) Medições ou *Measurements*; 6) Meio ambiente, que pode ser o ambiente de negócio ou *Market* ou, em alguns casos, a própria natureza.

Outra ferramenta que muito ajuda a definição das causas é uma ou mais seções de *brainstorming*. Durante a construção, caso comecem a surgir muitas causas ligadas a cada componente, até por questões de espaço físico, recomenda-se desmembrar "as espinhas do peixe", como se fossem vários diagramas. A figura 7.4 mostra o modelo do Diagrama de Causa e efeito e a figura 7.5 mostra um exemplo prático.

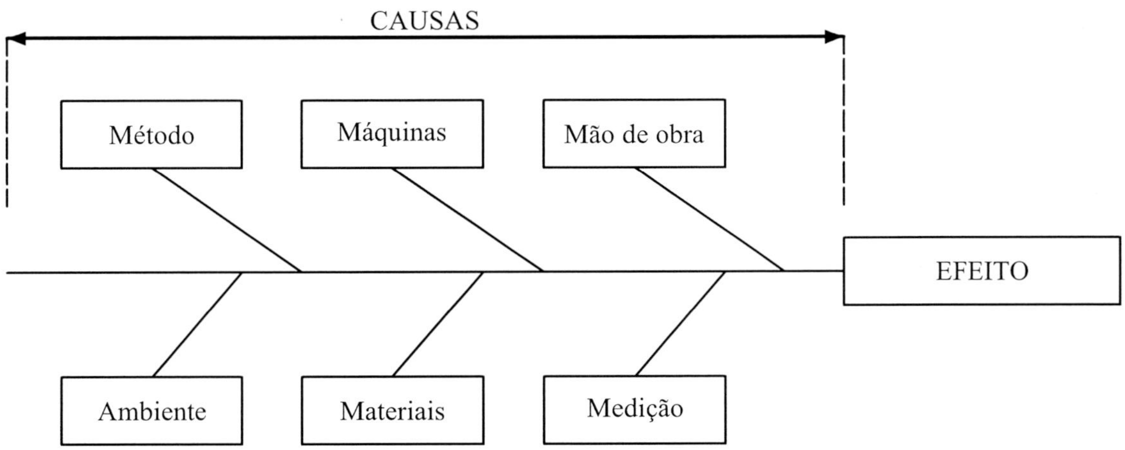

Figura 7.4: modelo do Diagrama de Causa e Efeito

7.6.1 Exemplo de um Diagrama de Causa e Efeito, aplicado na fase de testes de um produto

Durante o teste de um protótipo de um produto, constatou-se que o mesmo falhou, pois o botão de controle de velocidade quebrou logo no terceiro acionamento. A equipe de projetos reuniu-se com o pessoal da produção e manutenção e, após muita discussão, chegou-se à várias possíveis causas, conforme mostradas na figura 7.5.

Observa-se que, nem sempre todos os 6 Ms são utilizados, pois dependendo do efeito alguns não se aplicam.

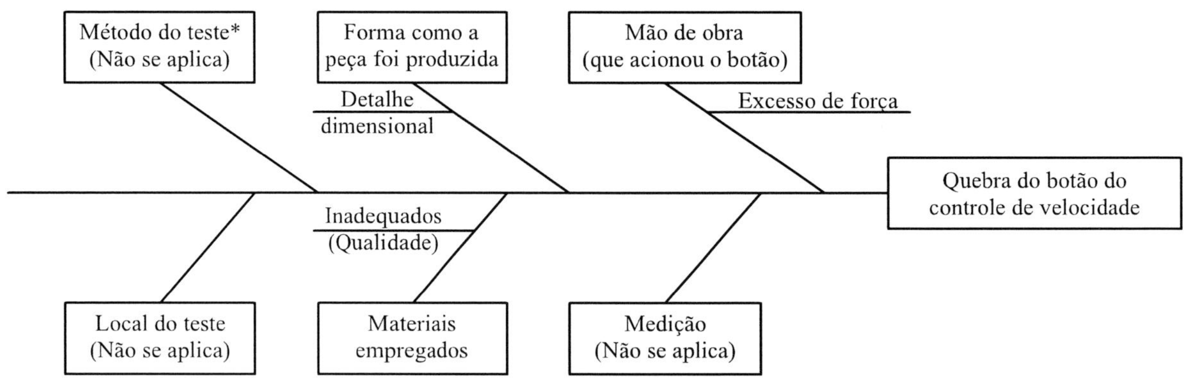

Figura 7.5: exemplo prático de um Diagrama de Causa e Efeito

(*Foi decidido que o teste seria feito com acionamento humano, para simular o caso real)

Concluiu-se que as causas da quebra do botão de controle de velocidade são as três citadas: 1) detalhe dimensional; 2) materiais inadequados e 3) excesso de força no acionamento. A equipe deve tomar ações de mudanças e fazer novos testes, até que o problema esteja resolvido.

7.7 Questionários para pesquisa de opinião

Este tipo de análise é muito realizado durante a fase do projeto conceitual, principalmente quando se quer saber o que o mercado pensa e necessita de um novo produto. Trata-se de uma pesquisa quantitativa que, após uma simples análise estatística percentual, sinaliza o que a maioria dos entrevistados prefere, quanto às características perguntadas. A grande questão destes questionários é como definir a amostra, ou seja, quantas e quais pessoas serão entrevistadas. Dependendo do tipo de pesquisa, é fundamental a participação da equipe de *marketing*, auxiliada por algum profissional com bons conhecimentos estatísticos. As perguntas a seguir mostram um bom e simples exemplo, de como se pode descobrir características que um novo produto deve ter.

Imagine que se esteja desenvolvendo um projeto conceitual para um novo tipo de frasco de perfume, onde se deseja formar opinião sobre as características a seguir citadas. No capítulo 13 existe um exemplo completo deste caso.

1) Qual atrativo o leva a comprar um perfume?
Fragrância ( ) Embalagem ( ) Preço ( ) Frasco ( )

2) O que acha mais importante em um perfume?
Praticidade ( ) Segurança ( ) Preço ( ) Outros ( )

3) Quanto ao sistema de usabilidade prefere:
Sem spray ( ) Com *spray* ( ) Indiferente ( )

4) Ao comprar um perfume você leva em consideração o preço?
Sim ( ) Não ( )

5) Quanto ao volume tem preferência por qual?
30 a 60 ml ( ) 70 a 90 ml ( ) 100 a 125 ml ( ) Indiferente ( )

Uma vez colhidas as respostas, descobre-se o percentual de cada pergunta. Uma simulação para este caso seria: 64% das pessoas levam em consideração o preço, 82% querem o frasco com sistema de *spray* e 73% preferem o frasco com volume entre 100 a 125 ml. Com estas informações (dados processados), conclui-se que o projeto do novo produto deve incorporar estas características. Mais uma vez deve ser citada a importância do tamanho e tipo da amostra, ou seja, quantas e quais pessoas serão entrevistadas.

7.8 Escala de diferencial semântico

A Escala de Diferencial Semântico é uma técnica usada em projeto de produtos, que consiste em dar uma "nota" entre dois conceitos antagônicos, objetivando formar ideia para gerar alternativas do novo produto. Supondo o desenvolvimento de um projeto conceitual para um novo tipo de frasco de perfume, o exemplo a seguir mostra uma análise de escala de diferencial semântico, quando são analisados quatro modelos existentes de frascos e quais características deve ter um novo modelo E.

Características/conceito para o frasco:

Beleza → Bonito/feio;
Preço → Caro/barato;
Uso → Boa pega/pega ruim;
Peso → Leve/pesado;
Estilo → Esportivo/formal;
Aparência → Atrativo/não atrativo;
Segurança → Seguro/não seguro;
Vedação → Boa vedação/má vedação;
Tamanho → Grande/pequeno.

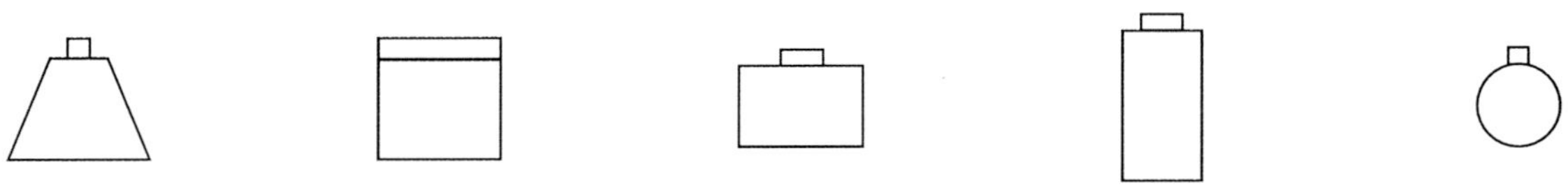

Modelo A   Modelo B   Modelo C   Modelo D   Modelo E

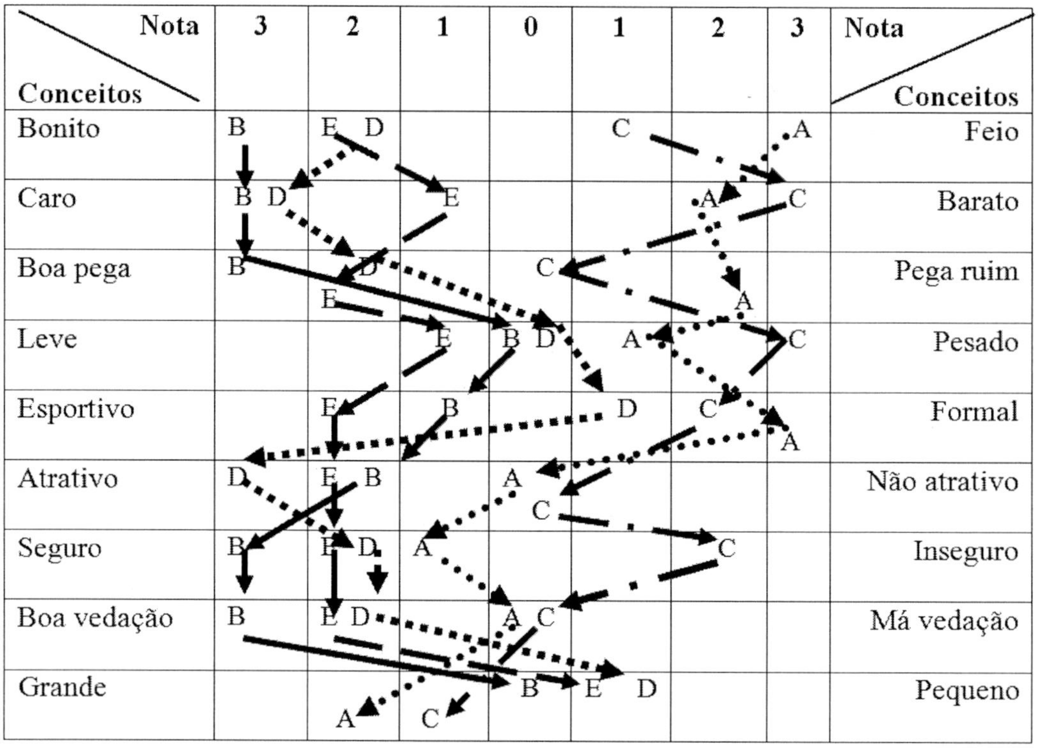

Quadro 7.5: exemplo de uma escala de diferencial semântico (para um frasco de perfume)

Na escala semântica utilizada as notas variaram de 0 a 3. A análise das notas mostrou que realmente existem conceitos que podem ser incorporados ao novo frasco, modelo E, conseguindo um diferencial de mercado, ou seja, podendo gerar bons resultados comerciais. Esta análise mostrou que o novo frasco deve incorporar os seguintes conceitos: ser bonito, ter boa pega, ser esportivo, atrativo, seguro, ter boa vedação e ser pequeno.

7.9 Desdobramento da Função Qualidade – QFD (*Quality Function Deployment*)

Existem diversas definições para o termo Qualidade, tais como: "A Qualidade não é nem pensamento nem matéria, mas uma terceira entidade independente das duas. Ainda que Qualidade não possa ser definida, sabe-se que existe". "Diferenças na Qualidade equivalem a diferenças na quantidade de alguns elementos ou atributos desejados". "A Qualidade consiste na capacidade de satisfazer desejos". "Qualidade é a satisfação das necessidades do consumidor". "Qualidade é adequação ao uso". "Qualidade é conformidade às especificações". "Prevenir não conformidades é mais barato que corrigir ou refazer o trabalho". "Qualidade é o grau de excelência a um preço aceitável". "Qualidade é ausência de deficiências" ou "quanto menos defeitos, melhor a qualidade". "Qualidade é a correção dos problemas e de suas causas ao longo de toda a série de fatores relacionados com *marketing*, projetos, engenharia, produção e manutenção, que exercem influência sobre a satisfação do usuário.". "Qualidade é tudo aquilo que melhora o produto do ponto de vista do cliente". A estas, podemos acrescentar outras e dizer que: "Qualidade é a redução da variabilidade". "Qualidade é fazer certo da primeira vez". Também pode-se dizer: "que um produto (ou serviço) de Qualidade é um BBBPS, ou seja, Bom, Bonito, Barato, entregue no Prazo e Seguro".

O conceito de Qualidade foi primeiramente associado à definição de conformidade às especificações. Posteriormente o conceito evoluiu para a visão de Satisfação do Cliente. Obviamente a satisfação do cliente não é resultado apenas e tão somente do grau de conformidade com as especificações técnicas, mas também de fatores como prazo e pontualidade de entrega, condições de pagamento, atendimento pré e pós-venda, flexibilidade, etc. Paralelamente a esta evolução do conceito de Qualidade, surgiu a visão de que o mesmo era fundamental no posicionamento estratégico da empresa perante o mercado. Pouco tempo depois se percebeu que o planejamento estratégico da empresa enfatizando a Qualidade não era suficiente para seu sucesso. O conceito de satisfação do cliente foi então ampliado para outras entidades envolvidas com as atividades da empresa. O termo Qualidade Total representa a busca da satisfação, não só do cliente, mas de todos os *stakeholders* (entidades significativas na existência da empresa) e também da excelência organizacional da empresa.

Em 1978, os professores japoneses Shigeru Mizuno e Yoji Akao desenvolveram o método chamado *Quality Function Deployment* (*QFD*), em português, "Desdobramento da Função Qualidade", com a finalidade de integrar as necessidades expressas pelos clientes ao desenvolvimento de produtos e processos. *QFD* foi uma resposta dos acadêmicos a uma forte carência que existia, desde 1969, dentro do movimento *Total Quality Control* (*TQC*) relativamente à operacionalização do planejamento da qualidade.

O QFD foi criado para auxiliar o processo de gestão de desenvolvimento do produto denominada ação gerencial do planejamento da qualidade. Esta ação pode ser, de forma bem simples, sequenciada em quatro etapas:

1. Definir a finalidade do produto (a que necessidades e desejos o produto deve satisfazer);

2. Identificação das características do produto (que características, materiais e tecnologias são necessárias);

3. Identificação dos processos (qual é o fluxograma de processo e como aquelas características podem ser agregadas);

4. Plano tentativo de fabricação (se der certo será adotado como padrão).

Quando se fala em desenvolvimento de produto, tem-se que pensar no seu Ciclo de Vida, ou seja, período entre o seu lançamento e a retirada de produção. Este período deve ser o melhor definido possível, pois é determinante no grau de avanço tecnológico a ser incorporado no seu projeto. Este ciclo de vida inclui o que se chama de fase inicial, passando pelo período maduro de aceitação no mercado até sua completa rejeição por parte do consumidor. Desta forma o QFD se faz necessário no sentido de viabilizar uma maior permanência do produto no mercado, justamente atendendo às exigências dos clientes. Durante a vida de um produto devem ser adotadas ações na tentativa de implementar melhorias garantindo o prolongamento da permanência do produto no mercado. Como planejar de forma adequada e eficiente a qualidade do produto? Uma boa resposta é inserir a voz do cliente, o que o mercado realmente deseja, não só no desenvolvimento, mas também durante seu ciclo de vida, justamente utilizando o QFD que auxilia, de forma sistemática, a captação destes dados.

Desdobramento da Qualidade pode ser conceituado como o processo que visa: buscar, traduzir e transmitir as exigências dos clientes em características da qualidade do produto por intermédio de desdobramentos sistemáticos, iniciando-se com a determinação da voz do cliente, passando pelo estabelecimento de funções, mecanismos, componentes, processos, matéria-prima e estendendo-se até o estabelecimento dos valores dos parâmetros de controle dos processos. O Desdobramento da Função Qualidade é na verdade uma matriz de decisão que relaciona os desejos do cliente e como o fornecedor irá ou tentará atendê-los. Em resumo é uma técnica que assegura a qualidade dos produtos, segundo o desejo do consumidor (RODRIGUES, 2006, p. 240). Na prática nem sempre é possível atender a todos os desejos dos clientes, pois podem ocorrer grandes alterações de custos de produção, significando maior preço para o consumidor, o que pode tornar o produto não competitivo.

A análise do desdobramento da função qualidade é feita segundo uma Matriz QFD, que também é conhecida como Casa da Qualidade (RODRIGUES, 2006, p. 249), pois lembra o desenho simplificado de uma casa. A figura 7.6 mostra a estrutura de uma Casa da Qualidade.

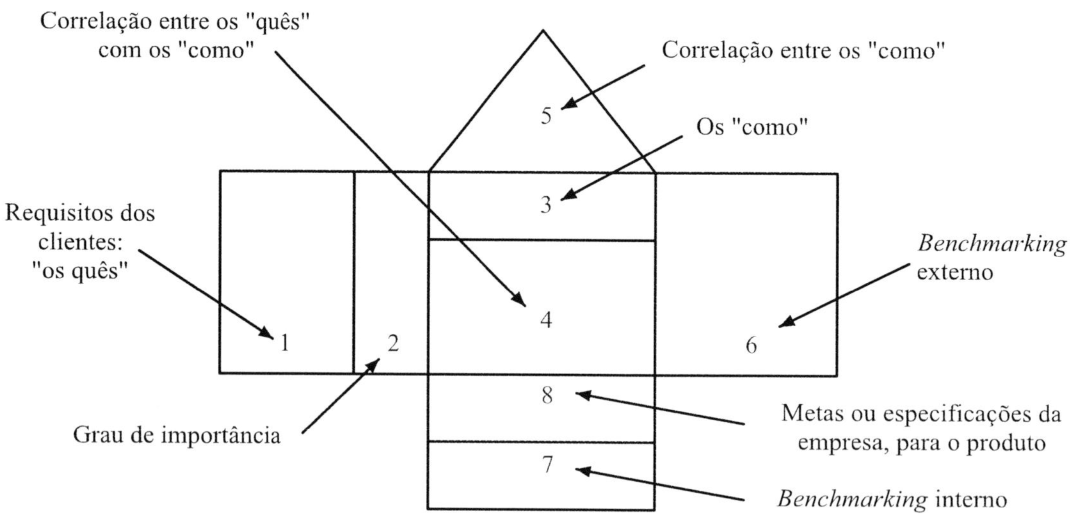

Figura 7.6: matriz Casa da Qualidade - QFD resumida

Detalhamento das matrizes:

1. **Expressa os requisitos dos clientes ou "os quês"**. São os desejos dos clientes, ou seja, o que o cliente quer do produto. Por exemplo: segurança, confiabilidade, beleza, intercambiabilidade, facilidade de manutenção, etc.

2. **Representa qual o grau de importância** que o cliente dá para cada um dos requisitos, descritos na matriz 1 ou "dos quês". Normalmente adotam-se valores de 1 a 5, da seguinte forma: 1 = ruim; 2 = regular; 3 = aceitável; 4 = bom; 5 = ótimo.

3. **Expressa os "como"** ou requisitos do produto, por exemplo, suas características físicas e dimensionais como: tamanho, peso, volume, etc.

4. **Apresenta a correlação dos "quês" com os "como".** Podem ser usadas relações como: • = positiva forte; Θ = positiva; O = média; X = negativa forte; * = negativa; Δ = fraca; / = Sem correlação.

5. **Apresenta a correlação entre os "como" ou requisitos do produto.**

6. **Representa o *benchmarking* externo**, ou seja, a empresa se compara com dois ou mais fortes concorrentes, para cada um dos requisitos dos clientes. Isto é feito com pesquisa externa. São usados valores de 1 a 5, como descritos anteriormente em 2.

7. **Representa o *benchmarking* interno**, ou seja, como o pessoal da empresa vê as características do produto. Isto é feito com pesquisa interna. São usados valores de 1 a 5, como descritos em 2.

8. **Expressa as metas ou valores numéricos dos requisitos do produto**, como descritos em 3.

A seguir é feito um exemplo de uma matriz de desdobramento da qualidade, para um fabricante de bolo com 500 gramas de peso bruto, sendo detalhados os passos a serem seguidos.

1º) Requisitos dos clientes e seus graus de importância, obtidos via pesquisa com os clientes. Representa as partes 1 e 2 da casa da qualidade.

Preço = 5 (ótimo), sabor = 5 (ótimo), aparência = 4 (boa).

2º) Requisitos do produto. São as propriedades intrínsecas do produto, definidas pela empresa: peso, preço, sabores, versão com açúcar e versão dietética. É a parte 3 da casa da qualidade.

3º) Relacionamento entre os requisitos dos clientes e os do produto, ou seja, as partes 1 com 3 da casa da qualidade.

4º) Relacionamento entre as características do produto, ou seja, entre os "como". É a parte 5 da casa da qualidade e são usados os símbolos e significados: • = positiva forte; Θ = positiva; O = média; X = negativa forte; * = negativa; Δ = fraca.

5º) *Benchmarking* externo. Como os clientes vêm este produto, comparativamente com outros fornecedores de bolo. É a parte 6 da casa da qualidade.

6º) *Benchmarking* interno. Como os funcionários da empresa avaliam as características físicas e dimensionais dos produtos similares dos concorrentes. É a parte 7 da casa da qualidade.

7º) Estabelecimento das metas, ou melhor, dos valores quantitativos das características físicas e dimensionais dos bolos. É a parte 8 da casa da qualidade.

Para este exemplo, a Casa da Qualidade toma o aspecto mostrado na figura 7.7.

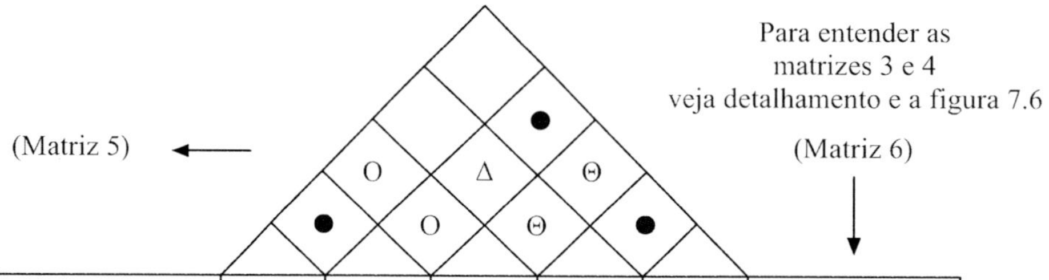

Requisitos do projeto →		peso	preço	sabor	opção com açucar	opção *diet*	*Benchmarking* externo	
Requisitos do cliente (Matriz 1) ↓	Importância para o cliente (Matriz 2) ↓						Emp 1	Emp 2
Preço	5	●	/	O	Δ	●	3	2
Sabor	5	Δ	Δ	/	●	●	2	3
Aparência	4	O	Θ	O	Δ	Δ	5	4
Metas ou valores numéricos →		500 g	R$ 10,00	10 tipos	6 tipos	4 tipos	(Matriz 8)	
Benchmarking interno →		5	4	3	4	5	(Matriz 7)	

Figura 7.7: exemplo prático de uma Casa da Qualidade

Uma análise desta Casa da Qualidade mostra que o produto, no caso bolos de 500 gramas, deve incorporar as seguintes características: 1) Tanto a opção com açúcar, quanto a *diet* têm que ter sabor, já que é normal no mercado as opções *diets* serem "sem graça". 2) Tem que ser analisada, muito bem, a relação preço/peso, ou seja, o preço tem que ser justo em relação ao peso. 3) Tem que ser analisada, muito bem, a relação preço/aparência do produto, ou seja, o produto tem que ter uma excelente aparência (especialmente a embalagem).

O processo de análise não termina com o preenchimento e análise das informações contidas nas matrizes. Estas informações precisam ser transmitidas para as áreas que produzirão o produto ou serviço, ou seja, têm que ser estudadas e definidas tudo o que deverá ser alterado, inclusive com a definição de objetivos e prazos de realização. O sistema de padrões é o meio de transmissão de informação para as áreas funcionais da empresa que produzirão o produto. Portanto, para que o desenvolvimento de um novo produto através do QFD tenha sucesso, é necessário que o processo de padronização na empresa esteja num bom nível. De nada adianta, toda esta análise, se as áreas funcionais da empresa não conseguem produzir o produto de acordo com o especificado.

7.10 A Engenharia e Análise de Valor ou *Value Engineering* - VE

Este método tem como princípio a agregação de valor, ou melhor, redução e prevenção de custos desnecessários, antes de produzir o produto ou serviço, transmitindo a sensação de valor ao usuário. A filosofia da Engenharia de Valor é baseada em dois critérios: 1 – Redução dos custos, com a manutenção da qualidade; 2 – Melhoramento da qualidade, com a manutenção dos custos.

É importante que, a equipe de desenvolvimento do produto, perceba e agregue funções que deixem o usuário ou cliente "encantado", ou seja, mais do que satisfeito, sendo isto feito com pouco ou nenhum acréscimo nos custos, para que o preço do produto não suba. Também podemos analisar o valor como uma forte relação entre custo e preço *versus* benefícios, ou seja, um produto de baixo preço, comparativamente aos benefícios (satisfações) que o mesmo traz. Isto é um grande desafio, para qualquer equipe de desenvolvimento de produto, seja qual for a área.

Em verdade a Engenharia de Valor deve começar durante a fase inicial do desenvolvimento de um produto, considerando um produto não apenas como um conjunto de peças, mas principalmente como uma série de funções, criadas para atender às necessidades dos clientes. É uma metodologia gerencial para melhoria da qualidade, que visa identificar alternativas e os reais valores das funções necessárias aos produtos, serviços, projetos inovadores, processos e sistemas. Desta forma, a Engenharia e Análise de Valor conseguem criar alternativas e remover os custos desnecessários na elaboração e execução de produtos/ serviços. Esta metodologia é a base do desenvolvimento e aplicação do QFD (*Quality Function Deployment* – Desdobramento da Função Qualidade), outra importante ferramenta gerencial para o desenvolvimento de novos produtos, já estudada.

As fases de um projeto de Análise de Valor de um produto podem ser: 1) Escolha do objeto/produto e da equipe, fontes de informação, e cronograma de trabalho; 2) Coleta de informações sobre o objeto/produto da análise de valor; 3) Divisão do objeto em partes; 4) levantamento e análise das funções das partes; 5) levantamento dos custos; 6) Geração de opções de solução para as funções representativas do objeto; 7) Viabilidade técnica / econômica das opções; 8) Projeto de implantação da solução escolhida.

A Análise de Valor deve ser conduzida por uma equipe multi e interdisciplinar, com profissionais das áreas de: engenharia de desenvolvimento de produto (projetistas), compras, finanças, *marketing* e produção. Além de empreendedora, esta equipe deve ser criativa e crítica, inclusive lançando mão do Método de Análise e Solução de Problemas – MASP, bem como da técnica do *brainstorming*. A filosofia básica é analisar a função e custo de cada componente e tentar encontrar e ou projetar outro que faça a mesma função (ou melhor) a um custo menor. Em resumo esta equipe tenta reduzir o número de componentes, usar materiais mais baratos e simplificar o processo de produção (SLACK, 2002, p. 156).

Um exemplo prático é quando um determinado eixo de grande diâmetro (300 mm) e comprimento (3 metros) de uma máquina, por questões de contaminação ou corrosão, precisa ser de aço inoxidável. Em verdade só a superfície que terá contato com o produto processado é que precisa ser em aço inoxidável. Isto significa que, para reduzir o custo, pode-se ter um eixo cladeado (*cladding*) ou revestido com solda, com o miolo em aço ao carbono (que é mais barato que o inoxidável) e uma pequena espessura em aço inoxidável na periferia. Ou seja, o eixo com o miolo em aço ao carbono permite que o produto cumpra suas funções, porém com um custo bem menor.

O produto a ser analisado, primeiramente, tem que ser entendido nas suas diversas funções. As intervenções ou melhorias são feitas a partir dos componentes de maior custo ou desnecessários. Com relação à análise das funções de um produto ou componente, os seguintes tipos devem ser analisados, considerando-se um liquidificador:

Funções primárias: são aquelas para as quais o produto/componente foi concebido. A função básica de um liquidificador doméstico é liquefazer frutas, verduras e legumes.

Funções secundárias: são as necessárias ao atendimento das funções primárias. Em um liquidificador, pode ser uma função de rotação intermitente a baixa velocidade, para separar pequenos caroços de algumas frutas, com o objetivo de obter a polpa e, então liquefazer.

Funções de uso: são as devido à utilidade intrínseca do produto. No caso do liquidificador é a função de rotação, inclusive com velocidades diferentes (isto pressupõe que, tem que existir um motor elétrico).

Funções de estima: como o próprio nome diz, são aspectos que "encantam" o cliente, transmitindo-lhe a sensação de segurança, prestígio e *status*. Um bom exemplo é colocar a base do liquidificador ou em chapa de aço inoxidável ou com uma pintura que dê este aspecto.

Funções obrigatórias: são aquelas que atendem normas e regulamentos governamentais, normalmente relacionadas à segurança e economia de energia. No caso do liquidificador, no Brasil, pode ser a proibição de uso do copo em vidro, bem como a obrigação do uso de motor de alta eficiência energética.

Funções desnecessárias ou inúteis: são as que não atendem às necessidades dos clientes, para o tipo de produto. No caso do liquidificador pode ser, por exemplo, a colocação de um temporizador ou *timer* ou ainda de um relógio, para indicar horas. Que tipo de valor estes componentes agregam a um liquidificador? Nenhum? Logo, devem ser eliminadas na análise de valor.

7.11 Métodos de Taguchi

Os métodos de Taguchi tratam do controle de qualidade na linha e fora da linha de produção. Foram criados pelo engenheiro japonês Genichi Taguchi (1924-2012) e começaram a ser divulgados principalmente pela indústria automobilística no início dos anos 1980. O núcleo fundamental dos métodos Taguchi é o conceito da perda. Quando pensamos em perda para a sociedade, imediatamente pensamos em poluição, ruído excessivo nos automóveis, vazamentos químicos, etc. Taguchi vê a perda para a sociedade num conceito mais amplo. Ele associa essa perda com os custos incorridos na produção, e também os custos sofridos pelos consumidores no decorrer da vida útil do produto (reparos, perdas dos negócios, lucros cessantes, etc.). Minimizar a perda para a sociedade é a estratégia que irá incentivar produtos uniformes e reduzirá custos na hora de produção e da utilização.

Os métodos de Taguchi têm dois conceitos fundamentais: 1) Perdas de qualidade devem ser definidas como desvio dos valores objetivos, e não conformidade com especificações; assim são medidas em um sistema mais amplo de custos e não por custos locais nos pontos de detecção de defeitos. 2) Obter um sistema com altos níveis de qualidade requer que a qualidade seja projetada, em outras palavras desde o projeto.

Taguchi divide o processo de controle de qualidade total em duas etapas: controle de qualidade "*off-line*" e o "*on-line*". A primeira fase cobre as atividades de controle de qualidade e custos, conduzidas na fase de projeto do produto, e a segunda, são todas as atividades de controle de qualidade realizadas na fase de fabricação. O método de Taguchi se utiliza de duas ferramentas que sobressaem: a função perda e o uso do delineamento de experimentos. A primeira determina as perdas monetárias pagas pela sociedade, devido ao desvio da característica de desempenho do produto do seu valor ideal e a segunda é a utilização do delineamento de experimentos de uma maneira diferenciada, procurando os níveis dos parâmetros que tornam o produto robusto às fontes de variabilidade e o projeto de tolerâncias de menor custo.

Um exemplo clássico do uso da abordagem de Taguchi, são os testes desenvolvidos por fabricantes de veículos que submetem protótipos a diversas colisões (*car crash*), nas mais variadas situações, objetivando descobrir quais são os pontos ou partes do veículo que precisam ter sua segurança aumentada. Por exemplo, no final de 2013, no Brasil descobriu-se, após testes de colisão (*car crash*), que a maioria dos modelos nacionais de cadeirinhas usadas por crianças nos automóveis, apresentavam um risco muito grande para a criança, caso ocorresse uma colisão lateral, e não frontal. Após esta constatação, os fabricantes iniciaram a modificação do projeto deste produto, objetivando aumentar a segurança.

O método Taguchi é considerado como uma das abordagens que assegura a qualidade através do projeto, neste caso através da identificação e controle de variáveis críticas que fazem ocorrer desvio na qualidade do produto e/ou processo. Caso se divida o ciclo de vida de um produto em duas partes principais: antes da venda e após a venda para o consumidor, todos os custos ocorridos antes da venda do produto são adicionados ao custo de fabricação por unidade, enquanto todos os custos ocorridos após a venda são considerados juntamente como perda de qualidade. A Engenharia da Qualidade foi idealizada para reduzir estes dois custos e, assim, é uma ciência interdisciplinar, envolvendo a engenharia de projeto, operações de fabricação e economia.

Como foi visto no QFD (parágrafo 7.9), durante o desenvolvimento de um produto, as necessidades do consumidor são traduzidas em termos funcionais, e então, em características de desempenho ou de qualidade. Estas características são especificadas em valores ideais que proporcionam a máxima satisfação ao usuário. Não se pode melhorar a qualidade de um produto sem que as características de qualidade do produto possam ser identificadas e medidas. Além disso, um programa de contínuo desenvolvimento depende de se conhecer os valores ideais destas características de qualidade. Cada característica de qualidade é uma variável. Seu valor pode ser diferente para cada diferente unidade de produto, e também pode mudar com o tempo por uma unidade obtida. O objetivo de um programa de desenvolvimento contínuo da qualidade é reduzir a variação das características de qualidade de um produto de seus valores desejáveis. A variabilidade é um elemento inerente dos sistemas (produtos e processos) e relevante em relação à qualidade, por isso é necessário encará-la como um problema desde os primeiros passos de desenvolvimento do produto.

A prática produtiva fez com que as características, de qualidade dos produtos, sejam especificadas em termos de níveis nominais e tolerâncias em torno destes níveis, tornando determinados valores alvos unicamente em termos de intervalos, uma prática difundida na indústria. Esta prática transmite uma ideia errônea de que um consumidor permanece igualmente satisfeito com todos os valores das características de qualidade, no intervalo da especificação, e então, subitamente torna-se descontente quando o valor da característica de qualidade se desvia do intervalo especificado. É essencial na qualidade de um produto o grau da variação de seu desempenho, desse modo, quanto menor o desvio do desempenho do produto, de seu valor meta, melhor a qualidade deste. Segundo Taguchi as fontes causadoras de variabilidade são chamadas de "fatores de ruído".

O ponto essencial do método de Taguchi é sua definição do termo "qualidade" como a característica que evita perda para a sociedade depois que o produto é adquirido. Muitas empresas ainda usam como medida do nível da qualidade a porcentagem não conforme. Produtos não conformes, geralmente não são enviados. Somente produtos que são entregues causam problemas de qualidade aos consumidores. Por esta razão, uma perda causada pela não expedição de produtos não conformes deve ser considerada como custo e não como perda da qualidade.

7.12 Análise do Modo e Efeito de Falha (*Failure Mode and Effect Analysis* – FMEA)

A Análise do modo e Efeito de Falha, conhecida como FMEA ou *Failure Mode and Effect Analysis*, também conhecido como Análise Modal de Falhas e seus Efeitos – AMFE, é uma ferramenta que busca, em princípio, evitar, por meio da análise das falhas potenciais e propostas de ações de melhoria, que ocorram falhas no projeto do produto ou do processo. Este é o objetivo básico desta técnica, ou seja, detectar falhas (ainda na fase de projeto) antes que se produza uma peça e ou produto. Pode-se dizer que, com sua utilização, se está diminuindo as chances do produto ou processo falhar, ou seja, busca-se aumentar sua confiabilidade.

Esta dimensão da qualidade, a confiabilidade, tem se tornado cada vez mais importante para os consumidores, pois, a falha de um produto, mesmo que prontamente reparada pelo serviço de assistência técnica e totalmente coberta por termos de garantia, causa, no mínimo, uma insatisfação ao consumidor ao privá-lo do uso do produto por determinado tempo. Além disso, cada vez mais são lançados produtos em que determinados tipos de falhas podem ter consequências drásticas para o consumidor, tais como automóveis, aviões e equipamentos hospitalares nos quais o funcionamento inadequado pode significar até mesmo um risco de vida ao usuário.

Apesar de ter sido desenvolvida com enfoque no projeto de novos produtos e processos, para a área automobilística, a metodologia FMEA, pela sua grande utilidade, passou a ser aplicada de diversas maneiras e em diferentes áreas da produção. Também é utilizada para diminuir as falhas de produtos e processos existentes e para diminuir a probabilidade de falha em processos administrativos.

De forma resumida, pode-se dizer que a FMEA considera três aspectos: 1 – gravidade da falha; 2 – probabilidade da falha ocorrer; 3 – probabilidade da falha ser detectada. Do ponto de vista do mercado, a FMEA reduz os riscos para os usuários. Como o método analisa os tipos e efeitos das falhas, é importante citar alguns exemplos práticos, para produtos industriais, bem como de algumas causas potenciais destas falhas.

<u>Principais tipos de falhas</u>: desgaste, corrosão, empeno, deformação, ruptura, quebra por fadiga, queima (com mudança de coloração), desalinhamento e curto circuito.

<u>Principais efeitos das falhas</u>: ruído excessivo, vibração, aumento de temperatura, vazamentos, sobre pressão, cheiro, consumo excessivo de energia, combustão (fogo), explosão, contaminação de pessoas e do meio ambiente.

<u>Principais causas de falhas</u>: pintura ou revestimento inadequado, material inadequado (inclusive já com corrosão), erros de projetos (em especial de cálculos errados, com falhas estruturais), soldagem errada ou ineficiente, excesso de calor ou frio, lubrificação errada ou ineficiente, impurezas ou trincas ou porosidades na matéria prima, marcas de usinagens (especialmente sulcos nas superfícies) e erro de montagem.

A história deste método começa em 1963, durante a missão Apollo, que objetivava levar o homem à Lua, quando a agência norte-americana NASA (*National Aeronautics and Space Administration*) desenvolveu um método para identificar, de forma sistemática, falhas potenciais em sistemas, processos ou serviços, identificar seus efeitos, suas causas e, a partir disso, definir ações para reduzir ou eliminar o risco associado a essas falhas. Esse método foi chamado de Análise de Modos e Efeitos de Falha (FMEA). Embora surgido em 1963, o FMEA somente passou a ser utilizado de forma mais abrangente após 1977, quando a Ford Motors Company começou a utilizar o método na fabricação de automóveis.

Vantagens proporcionadas pelo FMEA

1. Uma forma sistemática de se catalogar informações sobre as falhas dos produtos/processos;

2. Melhor conhecimento dos problemas nos produtos/processos; Ações de melhoria no projeto do produto/processo, baseado em dados e devidamente monitoradas (melhoria contínua);

3. Diminuição de custos por meio da prevenção de ocorrência de falhas;

4. O benefício de incorporar dentro da organização a atitude de prevenção de falhas e

5. A atitude de cooperação e trabalho em equipe e a preocupação com a satisfação dos clientes.

Tipos de FMEA: Esta metodologia pode ser aplicada tanto no desenvolvimento do projeto de produto como de um processo de fabricação. As etapas e a maneira de realização da análise são as mesmas, ambas diferenciando-se somente quanto ao objetivo. As análises FMEA são classificadas em dois tipos:

FMEA de produto: na qual são consideradas as falhas que poderão ocorrer com o produto dentro das especificações do projeto. O objetivo desta análise é evitar falhas no produto ou no processo, decorrentes do projeto. É comumente denominada também de FMEA de projeto. É aplicada em projetos de novos produtos, bem como em produtos em uso.

FMEA de processo: são consideradas as falhas no planejamento e execução do processo, ou seja, o objetivo desta análise é evitar falhas do processo, tendo como base as não conformidades do produto com as especificações do projeto. É aplicada, tanto em novos processos, quanto nos já em operação.

Há ainda um terceiro tipo, menos comum, que é o **FMEA de procedimentos administrativos**. Nele são analisadas as falhas potenciais de cada etapa do processo administrativo, com o mesmo objetivo que as análises anteriores, ou seja, diminuir os riscos de falha.

Como Funciona a FMEA? O princípio da metodologia é o mesmo, independente do tipo de FMEA e a aplicação, ou seja, se é FMEA de produto, processo ou procedimento e se é aplicado para produtos/processos novos ou já em operação. A análise consiste basicamente na formação de um grupo de pessoas que identificam para o produto/processo em questão suas funções, os tipos de falhas que podem ocorrer, os efeitos e as possíveis causas desta falha. Em seguida são avaliados os riscos de cada causa de falha por meio de índices e, com base nesta avaliação, são tomadas as ações necessárias para diminuir estes riscos, aumentando a confiabilidade do produto/processo.

7.12.1 Etapas para a Aplicação da FMEA

O método possui cinco etapas de implantação (a seguir detalhadas): 1) Planejamento; 2) Análise de falhas em potencial; 3) Avaliação dos riscos; 4) Melhorias; 5) Continuidade.

1) Planejamento: esta fase é realizada pelo responsável ou coordenador, pela aplicação da metodologia e compreende:

- Descrição dos objetivos e abrangência da análise: em que identifica-se qual(ais) produto(s)/processo(s) será(ão) analisado(s);
- Formação dos grupos de trabalho: em que se definem os integrantes do grupo, que deve ser preferencial-

mente pequeno (entre 4 a 6 pessoas), multi e interdisciplinar (contando com pessoas de diversas áreas como qualidade, desenvolvimento e produção);

- Planejamento das reuniões: agendadas com antecedência e com o consentimento de todos os participantes para evitar paralisações;

- Preparação da documentação e dados necessários.

2) Análise de Falhas em Potencial: esta fase é realizada pelo grupo de trabalho que discute e preenche o formulário FMEA de acordo com os passos descritos a seguir:

1. Funções e características do produto/processo
2. Tipos de falhas potenciais para cada função
3. Efeitos do tipo de falha
4. Causas possíveis da falha
5. Controles atuais

3) Avaliação dos Riscos: nesta fase são definidos pelo grupo os índices de severidade ou gravidade da falha (S), a frequência de ocorrência da falha (O) e a possibilidade de detecção para cada causa de falha (D), de acordo com critérios previamente definidos (um exemplo de critérios que podem ser utilizados é apresentado nas tabelas a seguir, mas o ideal é que a empresa tenha os seus próprios critérios adaptados a sua realidade específica). Depois são calculados os coeficientes ou Números de Prioridade de Risco (NPR), por meio da multiplicação dos três índices, ou seja, NPR = S x O x D. Esse número ou índice indica a prioridade de risco da falha. As tabelas 7.2 e 7.3 mostram os valores.

Índice ou peso	Severidade	Critério ou descrição
1	Mínima	O cliente mal percebe que a falha ocorre
2 3	Pequena ou baixa	Ligeira deterioração no desempenho com leve descontentamento do cliente
4 5 6	Moderada	Deterioração significativa no desempenho de um sistema, com descontentamento do cliente
7 8	Alta	Sistema deixa de funcionar, causando grande descontentamento do cliente
9	Muito alta	A falha afeta a segurança pessoal e ou ambiental
10	Catastrófica	Causa catástrofes

Tabela 7.2: índices de Severidade ou gravidade da falha - S

Para a determinação do valor de S podem ser feitas as seguintes perguntas: Qual o grau de severidade ou gravidade da falha? Qual seria a consequência da falha?

Índice ou peso	**Probabilidade de Ocorrência e descrição**	**Proporção**	**CpK***
1	Remota. Não é razoável supor que ocorram falhas	1:1.000.000	>1,67
2 3	Pequena ou baixa ou muito ocasional	1:20.000 1:10.000	>1,00
4 5 6	Moderada ou ocasional	1:2.000 1:1.000 1:200	>1,00
7 8	Alta, ou seja, em casos similares houveram falhas	1:100 1:20	/
9 10	Muito alta, ou seja, é quase certo que falhas ocorrerão	1:10 1:2	/

Tabela 7.3: índices de Frequência da ocorrência da falha - O

Para a determinação do valor de O é feita a seguinte pergunta: Qual a frequência ou probabilidade de ocorrência da falha?

*Além da média e desvio padrão, existem diversos outros fatores estatísticos que são utilizados na interpretação de como está a distribuição de um processo produtivo. Existem dois índices muito importantes que são o Cp ou coeficiente de potencial do processo e o CpK ou coeficiente de capacidade do processo. O coeficiente de potencial do processo Cp, relaciona a tolerância e a faixa real de variação do processo. A tolerância T é dada pela diferença entre os limites superiores e inferiores de controle: T = LSC – LIC. A faixa real de variação do processo é dada, na prática, por 6 vezes o desvio padrão (σ), ou seja, 6 σ (+/- 3 σ). Dentro da filosofia Seis Sigma, esta faixa é igual a 12 vezes o desvio padrão, ou seja, 12 σ (+/- 6 σ). Assim temos: Cp = (LSC – LIC) / 6 σ na análise clássica e prática. Cp = (LSC – LIC) / 12 σ na análise da filosofia Seis Sigma.

Na análise clássica e prática, com intervalo +/- 3 σ, são definidos 3 níveis de processo: verde, amarelo e vermelho, conforme o valor do Cp. O quadro 7.6 resume estes valores, indicando o número provável de itens defeituosos.

Coeficiente Cp	Número provável de itens defeituosos	Nível do processo
$Cp \geq 1{,}33$	Máximo de 64 itens defeituosos por cada milhão analisado ($\leq$ 64 ppm)	Capaz (ou verde)
$1 \leq Cp < 1{,}33$	Itens defeituosos entre 64 no mínimo e 2700 no máximo, por cada milhão analisado	Razoável (ou amarelo)
$Cp < 1$	Itens defeituosos acima de 2700, por cada milhão analisado	Incapaz (ou vermelho)

Quadro 7.6: capabilidade de um processo, em função dos itens defeituosos

Apenas como informação cabe ressaltar que, na filosofia Seis Sigma, ou seja, intervalo +/- 6 σ o índice de defeituosos fica abaixo de 3 itens por cada bilhão analisado! O que isto significa? Por exemplo, em um processo Seis Sigma, ao se controlar o diâmetro de um eixo com diâmetro 50 mm e tolerâncias + 0,02 mm e – 0,01 mm, só "poderão" ocorrer no máximo três diâmetros, em cada um bilhão produzido, fora desta tolerância. Embora signifique perfeição de qualidade, a filosofia Seis Sigma é tão extremamente complexa e difícil de ser implantada, sendo difícil encontrar empresas que trabalhem 100% sob a filosofia do Seis Sigma, tanto no Brasil, quanto no exterior.

O coeficiente de capacidade do processo CpK está relacionado ao Cp mas, como também utiliza a média do processo, permite avaliar se o mesmo está alcançando o valor nominal, que é a meta ideal estabelecida. O CpK é definido como:

$CpK = (1 - K)\ Cp$, onde: $K = (2\ |\ M - \mu\ |) / (LSC - LIC)$, $M = (LIC + LSC) / 2$, K = Vício do processo, μ = Média do processo; LSC = Limite Superior de Controle, LIC = Limite Inferior de Controle, M = Média dos limites de controle.

No caso de FMEA de processo pode-se utilizar os <u>índices de capabilidade da máquina</u>, (Cpk) para se determinar o índice de ocorrência.

Na prática procura-se obter processos onde o CpK e o Cp tenham valores o mais próximo possível, e com valores acima de 1,33. Na filosofia Seis Sigma o CpK mínimo é igual a 2,0 e o Cp pode ser muito maior do que 2,0. Segundo Wilson (2000):

> Um processo é chamado Seis Sigma quando sua variabilidade (amplitude do processo) é igual à metade da amplitude da especificação (diferença entre LSC e LIC). Se a média do processo estiver centralizada no meio dos limites de especificação, e a variabilidade do processo for igual à metade da amplitude da especificação, então o CpK será igual a 2,0 e também terá o mesmo valor do Cp

Índice ou peso	Descrição Da Detecção	Critério ou descrição	Probabilidade de não Detecção (*)
1	Altíssima	Certamente será detectada, ou seja, probabilidade remota da falha atingir o cliente	0 a 15%
2 3	Grande	Baixa probabilidade da falha atingir o cliente	6 a 15% 16 a 25%
4 5 6	Moderada	Provavelmente será detectada, ou seja, probabilidade moderada da falha atingir o cliente	26 a 35% 36 a 45% 46 a 55%
7 8	Pequena	Provavelmente não será detectada, ou seja, alta probabilidade da falha atingir o cliente	56 a 65% 66 a 75%
9 10	Muito pequena	Certamente não será detectada, ou seja, altíssima probabilidade da falha atingir o cliente	76 a 85% 86 a 100%

Tabela 7.4: índices da possibilidade de Detecção da falha - D

(*Slack, 2002, p. 639)

Para a determinação do índice D é feita a seguinte pergunta: qual a probabilidade desta falha ser detectada?

Uma vez que se tenha o Número de Prioridade de Risco ou NPR, usa-se uma classificação, que mostra se o risco é baixo, médio, alto ou muito alto. A tabela 7.5 mostra esta classificação.

Deve ser observado que, o menor NPR é igual a 1, pois: 1 x 1x 1 = 1, enquanto o maior é 1.000, pois: 10 x 10 x 10 = 1.000.

Classificação do risco	Valor do NPR
Baixo	1 a 50
Médio	50 a 100
Alto	100 a 200
Muito alto	200 a 1.000

Tabela 7.5: classificação do risco, em função do número NPR

4) Melhorias:

Nesta etapa o grupo, utilizando os conhecimentos, criatividade e até mesmo outras técnicas como *brainstorming*, lista todas as ações que podem ser realizadas para diminuir os riscos. Estas medidas podem ser: a) prevenção total ao tipo de falhas; b) prevenção total de uma causa de falha; c) medidas que dificultam a ocorrência de falhas; d) medidas que limitem o efeito do tipo de falha; e) medidas que aumentam a probabilidade de detecção do tipo ou da causa de falha. Estas medidas são analisadas quanto a sua viabilidade, sendo então definidas as que serão implantadas, dando-se prioridade às falhas de maior valor do índice NPR. Uma forma de se fazer o controle do resultado destas medidas é pelo próprio formulário FMEA por meio de colunas que onde ficam registradas as medidas recomendadas pelo grupo, nome do responsável e prazo, medidas que foram realmente tomadas e a nova avaliação dos riscos. Em geral os benefícios, na prevenção de falhas, compensam os custos com o uso do FMEA.

5) Continuidade:

O formulário FMEA é um documento "vivo", ou seja, uma vez realizada uma análise para um produto/processo qualquer, esta deve ser revisada sempre que ocorrerem alterações neste produto/processo específico. Além disso, mesmo que não haja alterações deve-se regularmente revisar a análise confrontando as falhas potenciais imaginadas pelo grupo com as que realmente vêm ocorrendo no dia-a-dia do processo e uso do produto, de forma a permitir a incorporação de falhas não previstas, bem como a reavaliação, com base em dados objetivos, das falhas já previstas pelo grupo.

7.12.2 Exemplo de uma análise FMEA e cálculo do Número de Prioridade de Risco ou NPR

Um fabricante, durante os testes com um protótipo de uma nova máquina, constatou dois modos ou tipos de falha: vazamento e vibração. Após uma análise FMEA, conduzida por uma equipe multidisciplinar, com cinco profissionais, foram obtidos os valores para Índices de Severidade ou gravidade da falha – S, Índices de Frequência da ocorrência da falha – O e Índices da possibilidade de Detecção da falha – D, tendo sido calculado o NPR, para cada falha. A tabela 7.6 mostra os valores e as descrições.

Modo ou tipo da falha	Severidade ou gravidade da falha (S)	Frequência da ocorrência da falha (O)	Possibilidade de Detecção da falha (D)	Cálculo do NPR (S x O x D)
Vazamento	**8** (Alta severidade e máquina deixa de funcionar, causando grande descontentamento do cliente)	**4** (Ocorrência moderada ou ocasional, na proporção de 1: 1.000)	**2** (Grande probabilidade da falha ser detectada e baixa de atingir o cliente)	**64** (ou seja, risco médio)
Vibração	**4** (Severidade moderada com deterioração significativa no desempenho da máquina e desconten tamento do cliente)	**9** (Ocorrência muito alta, ou seja, é quase certo que ocorrerá na proporção de 1:10)	**5** (Moderada probabilidade da falha ser detectada e de atingir o cliente)	**180** (ou seja, risco alto)

Tabela 7.6: exemplo de uma análise FMEA, com cálculo do risco

É obrigatório que se tomem ações corretivas, para corrigir as duas possibilidades de falha, começando pela análise da causa raiz de cada falha e priorizando a falha por vibração, que apresentou um valor maior do número NPR, com risco alto.

7.13 Análise da Causa Raiz da Falha - ACRF

Conhecida em inglês como *Root Cause Failure Analysis* – RCFA, trata-se de uma metodologia simples para descobrir a causa básica ou causa raiz de um problema, objetivando fazer as correções, para que não mais ocorra. É de grande utilidade para produtos que apresentam falha, quando em uso, podendo ser usada na fase do desenvolvimento de um produto, principalmente quando se está fazendo testes com o protótipo e este apresenta uma falha.

Esta metodologia advém dos "cinco porquês" (*five why*) utilizados segundo os princípios da Gestão pela Qualidade Total – GQT (*Total Quality Management - TQM*), embora no seu uso não existam limitações, devendo-se fazer tantas perguntas ou porquês, até que se chegue à raiz da falha. O exemplo a seguir, baseado em Kardec e Nascif (2009, p. 133), ilustra bem a metodologia.

Uma equipe de testes de uma indústria que fabrica bombas centrífugas, estava operando o protótipo de um novo tipo de bomba, para trabalhar com produtos derivados de petróleo e que utiliza um novo tipo de selo mecânico, com sistema de refrigeração de acionamento automático (por meio de uma válvula solenóide) para evitar o vazamento para a atmosfera, o que pode causar incêndio, com gravíssimas consequências, podendo até deixar em risco toda uma unidade industrial, onde esta bomba possa vir a ser instalada, especialmente se for em um navio ou plataforma *off shore* de petróleo.

Após algum tempo de operação, com várias pessoas observando e monitorando a bomba, eis que a bomba começa a fazer um ruído diferente, começa a vibrar e para. Quase que imediatamente a equipe de testes descobre que, o problema ocorreu no selo mecânico. A equipe se reuniu e começou a análise da causa raiz, fazendo as perguntas ou porquês, e as respostas, como descritas adiante:

1. **Pergunta**: Por que a bomba falhou? **Resposta**: Porque o selo mecânico falhou.

2. **Pergunta**: Por que o selo mecânico falhou? **Resposta**: Porque houve desgaste excessivo das faces de vedação.

3. **Pergunta**: Por que ocorreu este desgaste? **Resposta**: Porque houve superaquecimento.

4. **Pergunta**: Por que houve superaquecimento? **Resposta**: Porque o sistema de refrigeração do selo ou *flushing* não funcionou.

5. **Pergunta**: Por que a refrigeração não funcionou? **Resposta**: Porque a válvula do sistema não funcionou.

6. **Pergunta**: Por que a válvula não funcionou? **Resposta**: Porque o seu acionamento elétrico parou.

7. **Pergunta**: Por que o acionamento elétrico parou? **Resposta**: Porque foi alimentado em tensão de 220 Volts, igual a da bomba, quando deveria ser em 110 Volts.

8. **Pergunta**: Por que houve este erro de alimentar com a mesma tensão da bomba? **Resposta**: Porque não havia este aviso de forma clara, já que nos outros modelos só se utiliza um valor de tensão.

Após esta análise, a equipe se reuniu com a equipe de projeto, para juntos encontrar uma modificação no sistema de selagem, de forma a que isto não ocorra na prática.

Observe que a causa raiz foi encontrada, ou seja, um problema na tensão de alimentação de uma válvula solenóide, que abre automaticamente, permitindo a passagem do fluido de refrigeração. A bomba parou, porque o selo falhou, porque não houve refrigeração, porque a válvula automática não abriu, porque a tensão de alimentação da válvula estava incompatível com o seu funcionamento.

7.14 Análise e gráfico de Pareto

Toda empresa frequentemente se depara com uma série de problemas e todos têm que ser resolvidos. A análise de Pareto é uma das ferramentas que auxilia na determinação das prioridades, ou seja, a ordem de solução de cada problema. O Diagrama de Pareto é um gráfico de barras que ordena as frequências das ocorrências, da maior para a menor, permitindo a priorização dos problemas. Mostra ainda a curva de percentagens acumuladas. Sua maior utilidade é a de permitir uma fácil visualização e identificação das causas ou problemas mais importantes, possibilitando a concentração de esforços sobre os mesmos. Na prática são seguidos cinco passos para uma análise de Pareto. 1) Identifique o problema; 2) Estratifique o problema, ou seja, descubra as causas deste problema (por exemplo, utilizando o Diagrama de Ishikawa); 3) Colete o máximo de dados relacionados ao problema; 4) Através do gráfico de Pareto, descubra as prioridades; 5) Atribua responsabilidade pela solução dos problemas. Quem resolverá cada problema?

O conceito do princípio de Pareto vem do fato de que, na prática 80% dos problemas se originam de apenas 20% das causas. Foi Joseph Moses Juran (1904-2008) quem cunhou este princípio para o Controle Estatístico de Processo, citando a frase: "poucos, mas vitais e muitos e triviais". Para dar exemplo de um gráfico de Pareto, mostrado na figura 7.8, será utilizada a seguinte situação: Um fabricante de bolos analisou 100 bolos, de 500 gramas, e obteve os dados mostrados na tabela 7.7.

Tipo de problema	Quantidade encontrada	Frequência do Problema Sobre 100 bolos	Frequência do Problema Sobre 42 bolos	Prioridade do Problema*
A Peso fora da especificação	13	13%	31%	2º
B Embalagem rasgada	18	18%	43%	1º
C Sabor desagradável	1	1%	2,4%	7º
D Sabor diferente do indicado na embalagem	3	3%	7%	3º
E Falta de indicação do prazo de validade	3	3%	7%	4º
F Embalagem um pouco descolorida	2	2%	4,8%	5º
G Inseto no bolo *	1	1%	2,4%	6º
H Outros problemas	1	1%	2,4%	8º
I Nenhum problema encontrado	58	58%	/	(não tem)
Total	**100**	**100%**	**100%**	/

Tabela 7.7: problemas detectados nos bolos

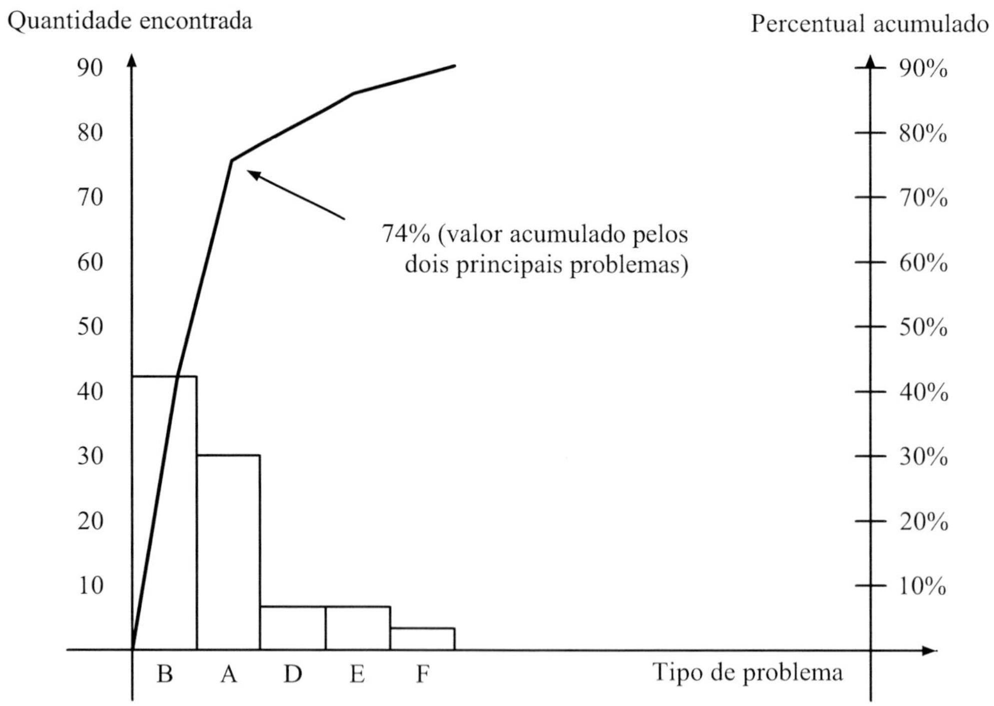

Figura 7.8: exemplo de gráfico de Pareto (problemas detectados nos bolos)

Analisando-se os valores quantitativos e os percentuais, mostrados na tabela 7.7, matematicamente concluí-se que os problemas: embalagem rasgada (com 43% das ocorrências) e peso fora da especificação (com 31% das ocorrências), devem ser resolvidos o mais rápido possível, pois representam quase 75% de todos os problemas. Entretanto um problema, apesar de só ter tido 1% de ocorrência, com a descoberta de um inseto no bolo, é gravíssimo, pois pode destruir a imagem da empresa, em especial com problemas judiciais e pedidos de reparações financeiras. Ou seja, a análise de Pareto dá indicação percentual dos problemas, mas a decisão final das prioridades não pode ser tomada apenas pela análise de números.

7.15 Diagramas de Dispersão ou de relacionamento

É um método rápido, simples e prático para verificar se existe dispersão ou relacionamento ou correlação entre duas variáveis. Trabalha-se com os dois eixos cartesianos X e Y. As figuras 7.9 e 7.10 são exemplos destes gráficos.

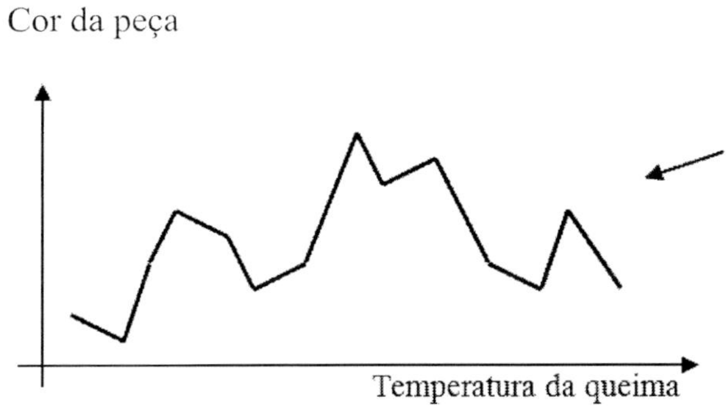

Gráfico do processo de queima de peças em porcelana, onde quer se estudar se existe relação entre a temperatura da queima (X) e a cor final da peça (Y). Após analisar as 14 medições, vê-se que não existe relação.

Figura 7.9: gráfico de dispersão (sem relacionamento)

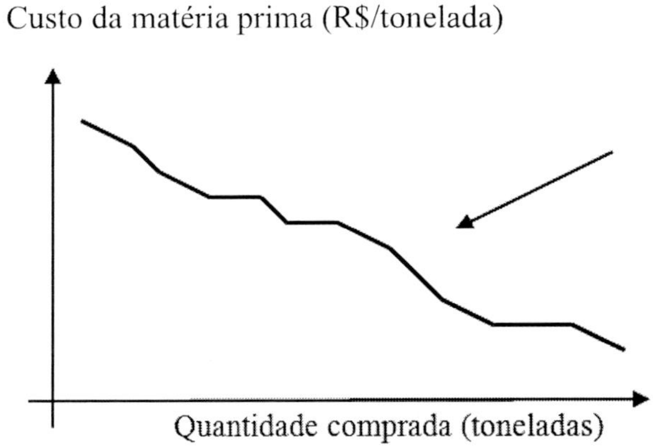

Gráfico onde se quer estudar se existe relação entre o custo da matéria prima (Y) e a quantidade comprada (X). Analisando os valores plotados, constata-se que, à medida que se compra uma maior quantidade, paga-se menos por tonelada. Por exemplo, por 10 toneladas paga-se 10 mil reais, ou seja, um real por quilo, enquanto que por 20 toneladas paga-se 15 mil reais, ou seja, 75 centavos por quilo. Existe uma correlação decrescente.

Figura 7.10: gráfico de dispersão (com relacionamento)

7.16 Gráficos de Controle Estatístico de Processo – CEP

É uma das ferramentas da qualidade propostas por Kaoru Ishikawa em 1968, embora seu conceito tenha sido estudado na década de 1930 por Walter Andrew Shewhart (1891-1967). Atua diretamente na produção e permite através da coleta e análise de dados, o controle estatístico dos processos produtivos. Este controle é feito através de gráficos sequenciais, onde no eixo horizontal (X) representa-se a quantidade da característica investigada e no eixo vertical (Y) tanto o dado propriamente dito, quanto os limites de aceitação e a média da sequência estudada. A figura 7.11 mostra um gráfico sequencial para o controle da fabricação do diâmetro (em milímetros) de um eixo, de um motor elétrico de um grande ventilador.

Todo processo, em especial os de fabricação mecânica, apresenta variabilidade, por isto uma boa definição de Qualidade é a redução da variabilidade. Todo processo apresenta variações por causas aleatórias e causas especiais. As aleatórias são devidas à variabilidade natural do processo, enquanto as especiais são devidas às perturbações ocasionais. Diz-se que um processo está sob controle estatístico quando todos os resultados estão entre os limites de controle inferior e superior.

Com muito treinamento e, por exemplo, adotando a Gestão pela Qualidade Total, consegue-se praticamente eliminar as causas especiais, que são quase exclusivamente devido ao ser humano. As causas aleatórias ou naturais, como o próprio nome diz, são impossíveis de serem eliminadas.

Outra observação importante é a análise da relação custo x benefício, no que se refere à precisão de controle para a redução da variabilidade. Existem processos onde o valor do produto não "compensa" o que se investirá para ter-se o máximo de controle e o mínimo de variabilidade. Vamos analisar dois casos: 1) Pesagem de ouro, para a produção de joias e 2) Pesagem de brita em uma pedreira. Como o valor do ouro é alto, tem-se que ter balanças de precisão, que cheguem até ao centésimo de grama. No caso da brita, por ter baixo valor, não se justifica investir tanto dinheiro para, por exemplo, garantir que o caminhão pesou 12,647 toneladas ou 12.647 quilos. Caso o caminhão pesasse 12.640 ou 12.650 quilos, ou seja, 10 quilos de diferença, pouquíssima variação financeira ocorreria. Quanto custa um quilo de brita? E quanto se tem que investir, por exemplo, na balança tipo rodoviária, para garantir esta precisão de quilos? Com certeza não se justifica.

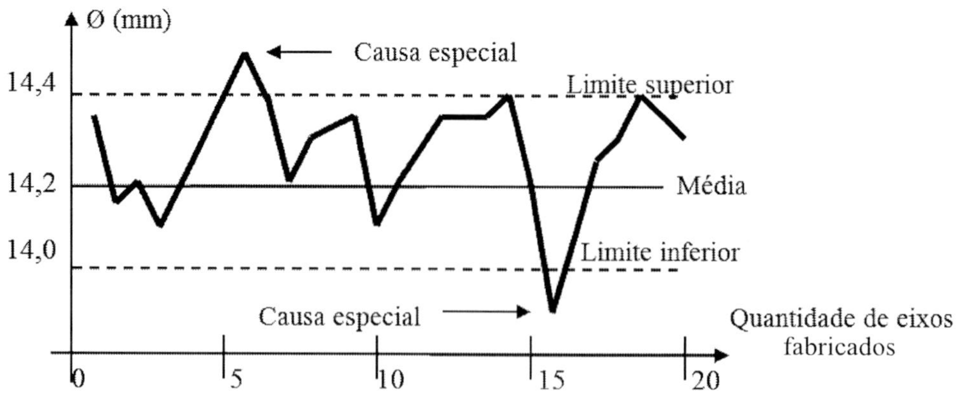

Figura 7.11: exemplo de gráfico sequencial para controle de fabricação mecânica

7.17 A curva da banheira ou porque os produtos falham ao longo do tempo

Para muitos produtos, algum tipo de falha é apenas uma questão de tempo, ou seja, irá falhar em algum momento. Existe um paradoxo (ou algo contrário à lógica) de fabricação e uso de produtos, onde existe maior probabilidade de falha quando no início do seu uso ou da fase de introdução do seu ciclo de vida. Passada esta fase inicial, o produto já "amaciado" ou em "regime" normal de operação, apresenta menor e quase constante probabilidade de falha, que vai aumentando à medida que o tempo de uso aumenta. Existe uma figura clássica, chamada curva da banheira, que expressa estas probabilidades. O termo banheira advém do fato da curva lembrar o perfil de uma banheira sanitária. A figura 7.12 mostra uma clássica curva da banheira.

Esta curva costuma apresentar três etapas, bem definidas, conhecidas como: I – mortalidade infantil; II – etapa de vida normal; III – etapa de desgaste. É importante citar que nem todo tipo de produto segue exatamente este comportamento, porém os projetistas de produtos devem conhecê-lo para tomar algumas medidas corretivas, ainda na fase do desenvolvimento de um produto, como por exemplo, "planejar" para que o início da etapa do desgaste "coincida" com a fase de declínio e morte do produto, segundo a curva do ciclo de vida do produto, como visto no capítulo 3.

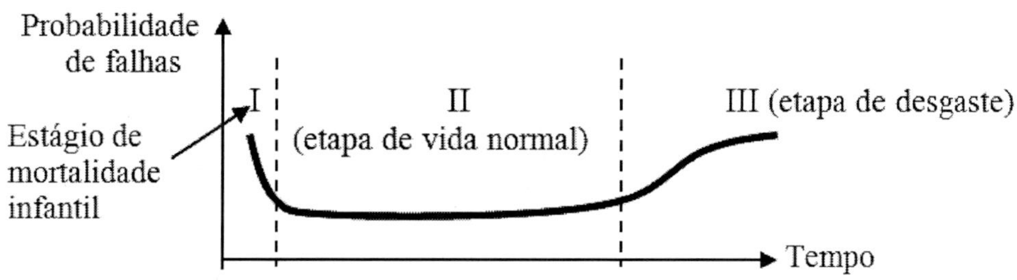

Figura 7.12: a curva da banheira

As três etapas podem ser descritas da seguinte forma: I – mortalidade infantil, quando as falhas ocorrem por causa de peças defeituosas ou uso inadequado ou até por erros de montagem ou de ajustes ou ainda devido rebarbas de materiais, devido o processo de fabricação; II – vida normal, quando a taxa de falhas é baixa, constante e causada por fatores aleatórios normais (por exemplo, uma falha de material na estrutura de algum componente, que não foi detectada antes); III – desgaste, quando a taxa de falhas aumenta, à medida que se aproxima o fim da vida útil, principalmente devido "envelhecimento" e deterioração de componentes e materiais. Será que podemos fazer uma analogia com a vida de um ser humano "normal", onde a etapa I é a fase de bebê (quando somos frágeis), a II é a fase adulta (com poucos problemas de saúde) e a fase III é a velhice?

7.17.1 Confiabilidade de um produto (*Reliability*)

Expressa a capacidade de um produto funcionar como esperado, ou seja, sob certas condições, durante certo intervalo de tempo. O ideal é que os produtos tenham alta confiabilidade, ou seja, que funcionem por muito tempo. A confiabilidade é expressa em termos percentuais, por exemplo, 97% ou 0,97. Como se determina a confiabilidade de um produto? Através de testes de funcionamento, quando o produto é colocado em operação e monitorado para se medir quando apresenta problemas, normalmente de desgaste. Também é possível, em alguns casos, simulações em programas computacionais específicos. Embora falemos em confiabilidade, na verdade medimos falhas.

A confiabilidade, em função do tempo, pode ser expressa pela seguinte equação:

$\mathbf{R_t = e^{-\lambda t}}$ ou $\mathbf{R_t = 1/ e^{\lambda t}}$ onde:

R_t = confiabilidade, em função do tempo t
e = base dos logarítimos neperianos (e = 2,73)
λ = taxa de falhas ou o número total de falhas, ocorrido no período de observação
t = tempo de observação

Com relação à confiabilidade, o grande problema é quanto ao número de componentes interdependentes de um produto, pois, além de cada um ter a sua confiabilidade específica, quanto maior o número de componentes, maior será a probabilidade de que um falhe e cause o colapso do produto, como um todo. Ou seja, quanto maior o número de componentes interdependentes de um produto, maior a probabilidade deste produto falhar. É baseado neste conceito que se usa a analogia: assim como toda corrente tem um elo fraco, assim também todo produto tem um componente mais fraco, ou seja, de menor confiabilidade. Este é um dos grandes desafios do projeto e engenharia de produtos, ou seja, concebê-los com alta confiabilidade e com preço e custos competitivos.

A confiabilidade de um produto ou R_p, com vários componentes interdependentes, é dada pelo produto da confiabilidade de cada componente. Supondo um produto com quatro componentes, com confiabilidades específicas R_1, R_2, R_3, R_4, sua confiabilidade será:

$R_p = R_1 \times R_2 \times R_3, \times R_4$ Vamos a um exemplo prático:

Um determinado produto, por exemplo, uma máquina, tem oito componentes interdependentes, com as seguintes confiabilidades específicas: R_1= 0,93, R_2= 0,98, R_3= 0,97, R_4= 0,91, R_5= 0,99, R_6= 0,95, R_7= 0,95 e R_8= 0,97. Calcular a confiabilidade total da máquina (R_m).

R_m = 0,93 x 0,98 x 0,97 x 0,91 x 0,99 x 0,95 x 0,95 x 0,97, o que resulta em R_m = 0,697. Ou seja, a máquina tem uma confiabilidade de 69,7%, o que significa que, esta máquina tem cerca de 30% de probabilidade de falhar, durante o período que se precisa que a mesma funcione. Também podemos pensar assim: "esta máquina é 70% confiável".

Considerando produtos com componentes interdependentes, onde cada um tem uma confiabilidade específica de 0,99, o produto (uma máquina, por exemplo) como um todo apresenta as seguintes confiabilidades: 10 componentes, $R_p = 0,90$, 20 componentes, $R_p = 0,82$, 30 componentes, $R_p = 0,74$, 40 componentes, $R_p = 0,67$, 50 componentes, $R_p < 0,61$, 100 componentes, $R_p < 0,35$ e 400 componentes, $R_p < 0,05$. Ou seja, um produto com 100 componentes interdependentes tem uma confiabilidade total menor do que 0,35, que significa que este produto é apenas 35% confiável, podendo falhar em 65% do tempo previsto do seu uso.

É baseado nesse raciocínio que reafirmamos que: os produtos devem ser o mais simples possível, com o menor número de componentes interdependentes e todos fabricados com a máxima qualidade possível.

Capítulo 8

Planejamento e detalhes da Gestão do Projeto e Engenharia de Produtos

Projeto significa também planejamento e idealização. Gestão é sinônimo de Administração. Existem diversos tipos de produtos, desde uma simples faca que, terá preço de mercado de poucos reais, até uma unidade compressora de gás de alta pressão para a indústria petrolífera que, terá preço de alguns milhões de reais ou ainda um automóvel ou um liquidificador. É óbvio que cada um desses produtos tem uma forma diferente de ser projetada. Enquanto o projeto da nova faca, praticamente só envolverá um *designer* e será feito em poucos dias, o da unidade compressora precisará de vários engenheiros e projetistas e precisará de alguns meses, até ser concluído, bem como o de um automóvel ou ainda o de um liquidificador. Embora existam essas diferenças, pode-se dizer que, o projeto de qualquer produto envolve uma série de etapas e pré-requisitos. A figura 8.1 mostra as oito etapas do projeto de um produto, detalhadas na sequência.

Dependendo de problemas durante a fabricação/montagem, bem como das observações da utilização (*feedback*) do produto na prática, podem ocorrer cinco formas de se melhorar o projeto de um produto:

A – O mercado não aceitou o produto. Tem-se que mudar radicalmente o conceito/tipo de produto, ou seja, tem que ser feita nova pesquisa de mercado. Isto causa grandes perdas financeiras, bem como à imagem da empresa.

B – O mercado aceitou o conceito do produto, porém exige grandes mudanças. Também gera perdas financeiras e de imagem.

C – O produto foi aceito pelo mercado e deve sofrer pequenas inovações, para ir melhorando cada vez mais, até para melhorar a competitividade junto aos concorrentes.

D – Durante o detalhamento da Engenharia do Produto, são descobertos problemas que obrigam a revisão do projeto final. Como será visto na figura 8.2, isto gera custos, mas o produto ainda não foi fabricado, logo o mercado não detectará estes problemas.

E – Durante a fabricação/montagem, são descobertos problemas que obrigam a revisão do projeto final. A figura 8.2 mostra que, embora o produto ainda não esteja no mercado, tem-se custos razoáveis com as revisões.

Todo e qualquer trabalho envolve custos, inclusive as atividades de projeto e engenharia de produtos. À medida que o projeto avança e o produto vai se materializando, os custos com mudanças ou revisões vão se tornando maiores, além de interferir no prazo do projeto, podendo até adiar o lançamento do produto no mercado (infelizmente isto ocorre muito na prática).

Por exemplo, uma mudança ou revisão, no projeto do produto, durante a etapa do ante projeto, tem menores implicações e custos do que durante a etapa do projeto final. As mudanças durante a etapa de fabricação/montagem são mais custosas e problemáticas, e normalmente causam atrasos no lançamento do produto, trazendo sérias consequências financeiras, principalmente com perdas diante à concorrência.

Consequências terríveis ocorrem quando o produto está em uso no mercado e descobrem-se problemas. Isto vem ocorrendo muito na indústria automobilística e daí advêm os famosos *recall*, quando os clientes são informados e solicitados a reparar o problema, sem custos diretos para o cliente. Quem paga isso?

Sabe-se que, em alguns casos, fabricantes ou montadoras recorrem ao *recall* como uma forma de manter o nome e chamar atenção para a empresa. Nestes casos o *recall* refere-se a um simples detalhe, que não causaria problema algum, embora muitas vezes a troca ou reparo de alguma peça é questão de riscos, podendo até ser fatal.

8.1 Detalhamento das etapas

Pesquisa de mercado

Assim é que deve começar o projeto de um produto, e não quando alguém tem uma ideia, "acha" que o mercado vai aceitar, faz o projeto, fabrica e lança no mercado. Depois podem vir o fracasso e as lamentações. Mais do que atender desejos e expectativas dos consumidores, a pesquisa de mercado tem que descobrir o que está sendo necessário, ou seja, o que o mercado realmente está precisando. Aqui cabe observar que, cada vez mais os consumidores querem produtos os mais amigáveis do planeta, ou seja, este é o caminho básico que pode nortear a pesquisa de mercado.

Aqui está um grande diferencial na forma como deve ser o Projeto de um Produto: atender às necessidades das pessoas. Os profissionais de *marketing* também têm que pensar dessa maneira. Não se deve mais agir da forma clássica, por exemplo, ir ao mercado e mostrar entre quatro ou cinco modelos de cadeiras, qual a maioria dos pesquisados compraria. Será que eles estão precisando de um novo modelo de cadeira? A nova postura deve ser: que tipo de produto, dentro da área de atuação da empresa, o mercado está necessitando?

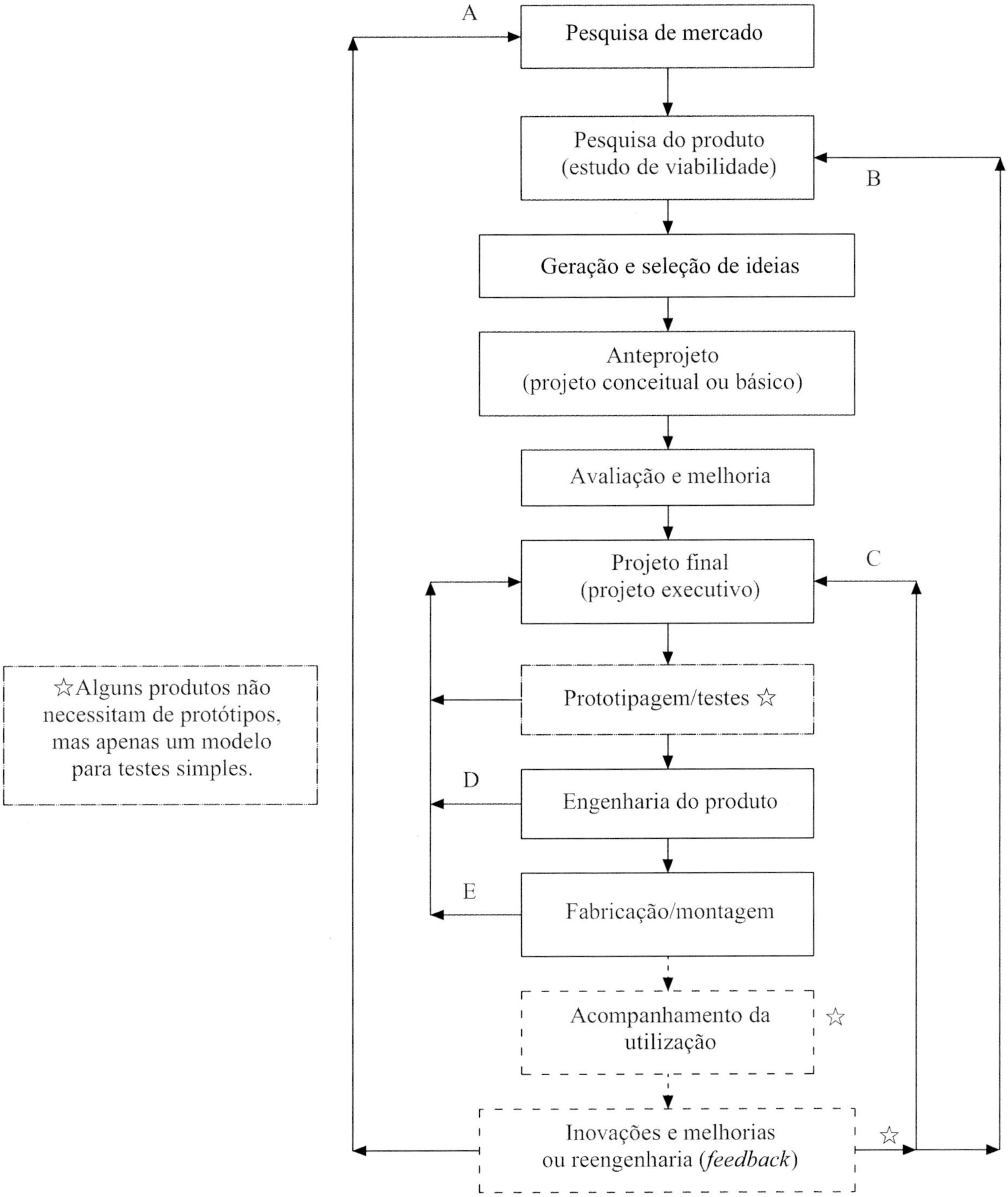

Figura 8.1: etapas do projeto de um produto (*etapas após o lançamento do produto)

Já foi falado mais de uma vez que, o mundo não tem recursos materiais suficientes para ficarmos "inventando" novos produtos a todo instante. Temos que reavaliar conceitos, por exemplo, de moda. Principalmente quando essa envolve novos materiais. Também já foi dito que todo e qualquer produto, para ser fabricado, exige recursos materiais da natureza, além de consumir energia, que também causa impactos ambientais.

Sabe-se que é difícil para um profissional de *marketing* "aceitar" essas ideias, pois eles foram formados estudando outros conceitos. Aqui não estamos falando apenas de produtos ecológicos ou *marketing* verde. Estamos falando de produzir o estritamente necessário, utilizando recursos naturais e renováveis e evitando o acúmulo de produtos. Para que uma pessoa "precisa" ter dezenas de pares de sapatos? Analise quais materiais, processos tecnológicos e energia estão por trás da produção de um "simples" par de sapatos. Você ficará impressionado.

Quanto mais tempo continuarmos com essa cultura do consumismo e do descartável, menos tempo e condições existirão para a sobrevivência digna nossa e de nossos descendentes. Nós já estragamos tanto o nosso planeta, que agora temos que mudar. Ou acabamos com o conceito do descartável, e reduzimos o consumismo, ou o planeta provavelmente nos descarta!

A ferramenta que muito pode ajudar nesta etapa é o *benchmarking*, principalmente o Industrial. É fundamental que a empresa saiba quais as filosofias estratégicas de desenvolvimento de produtos dos concorrentes, principalmente os melhores ou "campeões". A ferramenta básica dessa etapa é a coleta de dados. Nessa etapa também está incluída pesquisa junto aos consumidores para descobrir, dentre os produtos similares, quais os problemas ou queixas quanto ao uso. Dessa forma a empresa já partirá destes dados, para que o seu produto também não tenha esses problemas.

Com relação à área de *marketing*, é já na etapa da pesquisa de mercado que são feitos os estudos sobre o potencial de vendas (ou demanda do mercado), preço de venda e canais de distribuição.

Pesquisa do produto (ou estudo de viabilidade)

Uma vez que, através da pesquisa de necessidades do mercado, a empresa descobriu qual produto está sendo necessitado, a equipe de projeto de desenvolvimento de produto começa realmente a pesquisa do produto em si. Dentro da filosofia da responsabilidade socioambiental e do comprometimento com as futuras gerações, passa-se a pesquisar como será esse produto.

Por princípio o produto deverá ser o mais simples possível, utilizar o mínimo de componentes (ou seja, poucos materiais), utilizar materiais naturais e renováveis e ter uma forma tal que se gaste o mínimo de energia com a sua produção/manutenção.

Nessa etapa do projeto do produto, deve-se utilizar a filosofia dos 3Rs, ou seja: Reduzir, Reciclar e Reutilizar. Literalmente deve-se reduzir o "tamanho" do produto, de forma a ser o mais simples possível. Deve-se usar a maior quantidade possível de materiais reciclados, ou seja, usar o mínimo de matéria prima virgem, pois assim reduz-se o impacto ambiental. O produto já tem que ser pensado e projetado de forma que, ao término de sua vida útil, ou melhor, do seu ciclo de vida, possa ser reutilizado e reciclado ou o que se chama de planejamento do abandono do produto.

É recomendável que a empresa analise criteriosamente os principais produtos similares que já existem no mercado. É nessa etapa que se faz o primeiro planejamento macro para o projeto do produto utilizando-se a metodologia 5W2H, ou seja: O Quê deve ser feito? (*What*?). Que atividade deve ser feita? Por que deve ser feito? (*Why*?). Qual a razão de se fazer esta atividade? Quando deve ser feito? (*When*?). Em que data e em que prazo? Quem fará? (*Who*?). Qual pessoa (ou equipe) fará a atividade? Onde será feito? (*Where*?). Em que lugar (espaço físico)? Como será feito? (*How*?). Quais recursos materiais serão utilizados? Quanto custará? (*How much does it cost?*). Quanto se gastará de recursos financeiros?

Posteriormente, na etapa de anteprojeto, esse planejamento será aperfeiçoado, constituindo-se na principal ferramenta de gestão do projeto de produto. Também nessa etapa, além do 5W2H, devem ser usadas ferramentas como: Diagrama de Causa e Efeito e Matriz GUT.

Geração e seleção de ideias

Filosoficamente o produto já foi concebido, agora é hora da equipe multi, inter e transdisciplinar de projeto, começar a pensar nos detalhes do produto em si, inclusive nas suas dimensões e como será fabricado. É hora da criatividade ser colocada em prática. É óbvio que essa equipe tem que ser voltada para a responsabilidade socioambiental, ou seja, não basta apenas, por exemplo, ter-se um excelente *designer* ou engenheiro de produção. Eles também têm que estar afinados com as questões ambientais.

De forma geral, duas ferramentas podem e devem ser utilizadas nesta etapa: o *brainstorming*, para a fase de geração e o *brainwriting* para a seleção das ideias. Fica subentendido a importância de um coordenador (a) ou gerente de desenvolvimento de produtos. Esse profissional terá um papel fundamental, principalmente porque atuará muito mais como líder e facilitador, do que propriamente como técnico. Tanto no *brainstorming*, quanto no *brainwriting*, é esse profissional que coordenará as ações.

Após uma ou mais seções de *brainwriting*, finalmente tem que surgir apenas uma ideia de produto e em cima dela é que o projeto será desenvolvido. Recomenda-se que as outras ideias, que não foram aproveitadas, sejam arquivadas e guardadas, pois no decorrer do processo (ou até no futuro) alguma delas ou parte pode ser "ressuscitada".

Um passo importantíssimo dessa etapa é quanto ao estilo do produto, principalmente, tanto no que se refere à aparência, quanto às cores. Em geral, os primeiros estudos são feitos à mão livre, na forma de *croquis*. Com o desenvolvimento de programas de computação gráfica, mesmo nessa etapa, já é fácil e prático ter-se desenhos, inclusive na forma tridimensional, com cores e com movimento em tela.

Anteprojeto (projeto conceitual ou básico)

Com a ideia selecionada, começa-se a materializar o produto. São feitos os primeiros desenhos e a equipe conversa bastante. Aqui é a etapa de se analisar, nos mínimos detalhes, os produtos concorrentes e similares que existem no mercado. Pode-se recorrer ao conceito da Engenharia Reversa (descrita em 8.5), onde se desmonta o produto do concorrente nos seus componentes primários e faz-se uma análise completa. Nessa etapa pode-se pensar em um pequeno modelo, apenas para se ter ideia das dimensões e "plástica" ou geometria do produto. Nessa etapa fica facilitado o estudo do estilo do produto. A partir de desenhos técnicos básicos, existem programas (*softwares*) que permitem a visualização do produto em tela em três dimensões, com cores e com movimentos. Com a impressão tridimensional em resina, é possível, prático e barato, ter-se um ou mais modelos impressos que, dependendo do produto e de suas dimensões, pode ser feito em tamanho real, ou seja, escala 1/1. Outro recurso que, em 2019, já era utilizado no Projeto de Produtos, é o da realidade virtual, possibilitando que, a partir de arquivos digitais sejam "construídos" modelos virtuais, que podem ser manuseados, simulando o produto físico real, sendo utilizado na prática. Essa tecnologia causará uma nova revolução no projeto e desenvolvimento de novos produtos, dos mais diversos tipos.

Também nessa etapa são feitas as primeiras estimativas de custos e as simulações sobre materiais de construção e processos de fabricação. As ferramentas de Causa e Efeito, a metodologia 5W2H e a Matriz GUT, podem ser utilizadas. No que se refere ao estilo, ou seja, a aparência e cores do produto, deve-se estar muito atento, pois a maioria das pessoas (potenciais compradores) primeiro se impressiona pela aparência. É óbvio que um produto não deve ter apenas aparência ou em palavras populares "beleza não põe mesa". Ainda em termos de estilo, além da aparência, as cores também devem ser bem avaliadas. Por exemplo, pesquisas mostram que, mais de metade das pessoas, preferem a cor azul.

Avaliação e melhoria do projeto conceitual

Já com o anteprojeto pronto, os primeiros desenhos, ideias de custos, tipos de materiais e processos de fabricação, pode-se pensar em como melhorar "o produto". Além das ferramentas: Diagrama de Causa e Efeito, Matriz GUT, metodologia 5W2H e análise de Pareto, detalhadas no capítulo 7, pode-se usar a análise MESCRAI, conforme citada em Baxter (2001, p. 79). Esta análise vem dos seguintes conceitos: M = Modifique (aumente, diminua, etc.); E = Elimine; S = Substitua; C = Combine; R = Rearranje; A = Adapte; I = Inverta. Essa análise tem grande eficácia principalmente em produtos complexos com vários componentes.

Projeto final ou projeto executivo

São feitos todos os desenhos e cálculos de engenharia, e um modelo simples, apenas para análises visuais. O modelo tem como finalidade uma ideia dimensional, geométrica e de estilo do produto, não faz as funções operativas do produto e pode ser feito em tamanho reduzido (escala de redução).

Já há alguns anos, existem programas de cálculo de engenharia (*Computer Aided Engineering* - CAE), que possibilitam que cálculos sejam feitos a partir de desenhos técnicos projetivos, gerados por programas gráficos (*Computer Aided Drawing* - CAD). Existem programas CAE, que, além de permitir os cálculos de engenharia, simulam em tela, as deformações e tensões sofridas pelo produto (que até aqui só existe em tela), em função da aplicação de forças, velocidades, etc.

Nessa etapa são utilizadas diversas ferramentas de apoio, principalmente: o Desdobramento da Função Qualidade – QFD; a Engenharia de valor – VE; os Métodos de Taguchi (quando aplicáveis) e o Método de Análise do Tipo e Efeito de Falha (*Failure Mode and Effect Analysis* - FMEA), também quando aplicável. A atuação do engenheiro de produção ocorre principalmente para definir os métodos e processos de produção, de forma a gerar o mínimo de resíduo e pouco consumo de energia.

Prototipagem/testes

O protótipo, apesar de não ter todos os acabamentos do produto final, funciona exatamente como o produto, ou seja, tem todas as funções, exatamente igual ao produto. Alguns produtos, devido simplicidade, não necessitam da confecção de um protótipo, ou seja, uma cópia fiel e que opere (por exemplo, os que têm motores) para testes mais completos, mas apenas um modelo, de preferência nas mesmas dimensões e materiais, para testes de uso. Modelos, normalmente, atuam como maquetes sendo muito utilizados em produtos sem movimentos como edifícios e objetos simples. Protótipos são usados para sistemas com motores e movimentos. É nessa etapa que são feitas as últimas modificações, antes da finalização da Engenharia de Produto, ser fabricado e lançado no mercado.

Engenharia do Produto

É feito o detalhamento de todos os materiais e processos de produção e fabricação, inclusive os recursos humanos necessários, antes de passar para a fabricação/montagem. É nesta etapa que são feitas as folhas de operação ou de processo, ou seja, documentos que detalham todas as operações e processos de produção, inclusive com os tempos estimados de fabricação e montagem (ver parágrafo 14.4.1). Aqui são feitos os cálculos finais sobre o custo do produto. É a partir desses cálculos que a engenharia de produção faz todo o planejamento da fabricação, em função dos pedidos do setor de vendas.

Fabricação/montagem

Com todos os testes, análises, processos, usinagens e desenhos concluídos, o produto é liberado para a fabricação, e dependendo do produto, a montagem de todos os componentes. Nessa etapa o engenheiro de produção tem uma atuação direta, especialmente para confirmar todos os métodos e processos planejados. Também é muito importante que todos os profissionais que participaram do projeto de desenvolvimento do produto, assistam à fabricação e montagem das primeiras peças e conjuntos. O que antes era ideia, imagens virtuais e papel, agora é material, é real, e funciona. É como assistir ao parto de um filho. Vê-se o fruto do trabalho que, dependendo do produto, levou meses até estar pronto para uso.

Apesar do projeto estar finalizado, podem surgir problemas durante o início da fabricação dos primeiros produtos. Muitas vezes esses problemas até obrigam a interrupção da produção e revisão do projeto final. O Diagrama de Causa e Efeito é uma ferramenta muito útil nessa etapa. Quando o problema é mais grave, obrigando a produção a re-estudar os métodos e processos de fabricação, uma excelente ferramenta gerencial é o Método de Análise e Solução de Problemas – MASP.

Acompanhamento da utilização

Essa etapa deve ser acompanhada "no campo" pela equipe de *marketing* encarregada da assistência pós venda. Problemas específicos (reclamações), quanto ao uso do produto, também podem ser descobertos pelo Serviço de Assistência ao Cliente – SAC. É fundamental que a empresa atenda aos clientes o mais rápido possível, sendo essa, mais do que uma obrigação legal, mas uma excelente estratégia de *marketing*. Já foi pesquisado e descoberto que, um cliente satisfeito passa uma boa imagem do produto e da empresa para muitas outras pessoas, principalmente aquelas que fazem parte da família e amigos mais próximos.

Dependendo do problema e do tipo de produto, a empresa tem que enviar até uma equipe de alto conhecimento para entender ao cliente e solucionar o problema. Essa equipe também colhe muitas informações que, muito podem ajudar no aperfeiçoamento e melhorias do produto. Algumas empresas enviam cartas aos clientes solicitando que eles informem como está o produto em funcionamento. Assim como a propaganda por mala direta apresenta retorno máximo de 1%, aqui também ocorre o mesmo. Poucos clientes se dispõem a responder e reenviar pelo correio essas cartas consultas. O uso de *e-mail* também não apresenta resultados melhores. O melhor é selecionar alguns clientes e fazer o acompanhamento direto no local de uso do produto, obviamente dependendo do produto.

Inovações e melhorias ou reengenharia (*feedback*)

Essa é a etapa que fecha o ciclo do projeto de um produto. Tanto em função das informações de uso obtidas com os clientes, quanto pela evolução de materiais, métodos e processos, a empresa tem que pensar sempre em melhorar. Esse é o princípio do melhoramento contínuo, que os japoneses chamam de *Kaizen*. Também não se pode esquecer de acompanhar, constantemente, a concorrência. Uma empresa não deve esperar suas vendas começarem a cair, para descobrir que seu produto foi ultrapassado pelo de outro concorrente.

8.2 Custos devido mudanças, durante o projeto de um produto

Nesse livro são propostas 10 etapas para o Projeto e Engenharia de Produtos. Segundo Baxter (2001, p.7), o desenvolvimento de um produto apresenta quatro estágios sequenciais: 1) Viabilidade e especificação; 2) Projeto e desenvolvimento; 3) Engenharia de produção e 4) Fabricação e vendas. A esses quatro estágios os autores acrescentam o quinto, ou seja, de observações do mercado, onde à medida que os consumidores utilizam o novo produto, por melhor que tenha sido o seu desenvolvimento, podem surgir problemas, que obriguem a uma mudança no produto. Isso é o que acontece, frequentemente com a indústria automotiva, são os *recalls*.

Ao longo do desenvolvimento de um produto, normalmente ocorrem mudanças, porém dependendo do estágio do projeto, os custos podem ser altos. Nos estágios iniciais, o custo de modificações é baixo, e é alta a possibilidade dessas reduções, pois o produto ainda está na fase de viabilidade e especificação. A figura 8.2 mostra bem essas variações.

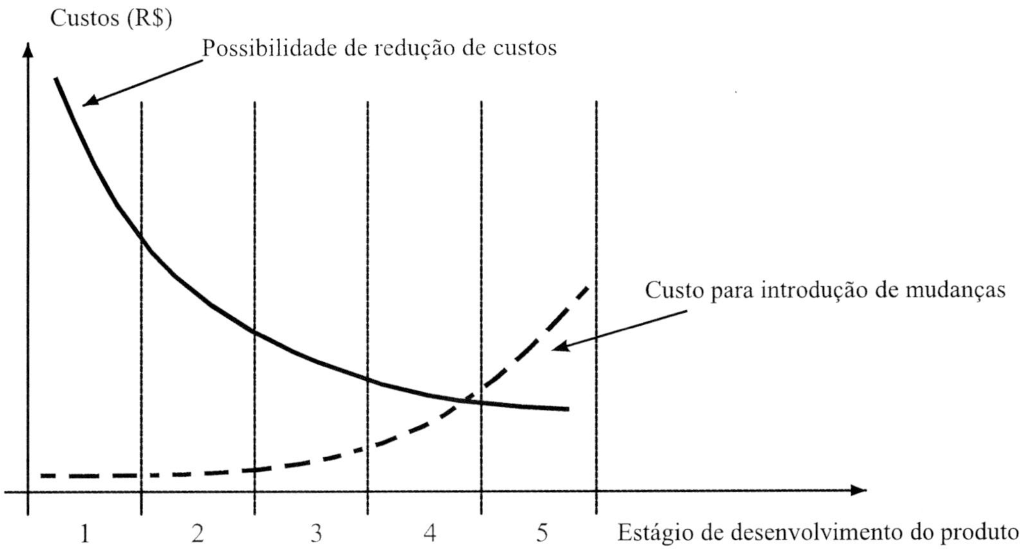

Figura 8.2: variação dos custos em função do estágio de desenvolvimento do produto

<u>**Descrição dos estágios**</u>

1 Viabilidade e especificação
2 Projeto e desenvolvimento
3 Engenharia de produção
4 Fabricação e vendas
5 Observações do mercado

8.3 Considerações ergonômicas, de qualidade e de estilo, no Projeto de Produtos

Você pega uma chave de fenda, para soltar um parafuso, e já durante o uso sente um incômodo na mão, pois o cabo a machuca. Seu automóvel parou porque a bomba d'água quebrou e você aciona um reboque, que o leva até uma oficina. Lá o mecânico é obrigado a desmontar várias peças, para ter acesso à bomba. Você vai trocar a bateria de um brinquedo, da sua netinha, e acaba machucando o dedo, tentando abrir a tampinha que está localizada em um local de difícil acesso. O que esses problemas têm em comum? Com certeza esses produtos não foram projetados, considerando aspectos ergonômicos e antropométricos, muito menos facilidades para manutenção.

Antropometria é a ciência que estuda e se utiliza das medidas físicas do corpo humano. Cada pessoa é diferente de outra, mesmo pertencendo à mesma etnia. Peso, altura, comprimento de braços e pernas, etc. são diferentes, de uma para outra pessoa. Ergonomia significa o estudo da adaptação do trabalho ao homem. *Ergo* = trabalho e *nomos* = regras ou leis naturais. Todos os produtos devem ser projetados de forma a considerar aspectos antropométricos e ergonômicos.

Dependendo da forma como são utilizados, os produtos são classificados em bens de capital e bens de consumo. Os de capital são máquinas, equipamentos e sistemas operados por pessoas, com treinamento específico. Um compressor industrial, um guindaste e um reator nuclear, são exemplos de bens de capital. Bens de consumo são eletrodomésticos, móveis e utensílios do lar, operados e utilizados por qualquer pessoa, sem necessidade de treinamento específico. Fogão, geladeira, liquidificador, faca, cadeira, abridor de garrafa, cama, etc. também são exemplos de bens de consumo.

Na Engenharia de Produção a antropometria e a ergonomia são utilizadas de duas formas: nos ambientes de trabalho e nos produtos. Nos ambientes serve para dar mais conforto e segurança aos trabalhadores. Nos produtos, os detalhes construtivos e as facilidades de uso e manutenção, são os aspectos ergonômicos ou anatômicos utilizados. Segundo Lida (2001, p.354), os produtos devem ser projetados de forma a atender a três características de qualidade: a) Técnica; b) Ergonômica e c) Estética ou estilo.

Qualidade técnica é a relacionada ao funcionamento do produto, podendo ter partes mecânicas, elétricas, pneumáticas, eletrônicas ou de reações químicas (por exemplo, em pilhas e baterias). Do ponto de vista técnico, os produtos devem funcionar perfeitamente.

Qualidade ergonômica é a relacionada à facilidade de manuseio do produto, respeitando a antropometria e não causando dano a quem usa.

Qualidade estética ou estilo é a relacionada às formas (geometria), cores, materiais e texturas (acabamentos), de forma a que os produtos sejam agradáveis visualmente. A estética expressa o estilo de um produto.

Estilo é o conjunto de características visuais (aparência) que atrai o consumidor. Apesar das pessoas serem diferentes, sabe-se que 80% têm "percepções" e "gostos" parecidos. É óbvio que o ideal seria a personalização (ou customização), ou seja, um produto com características específicas, para cada pessoa. Isso é impossível e inviável na prática, pois certamente encarece demais o produto.

A visão é o sentido mais utilizado para a percepção do estilo de um produto. As formas e cores são fundamentais para a definição do estilo e aceitação do produto. Homens e mulheres, jovens, crianças, adultos e idosos têm percepções e visões diferentes. Tudo isso tem que ser considerado no projeto de um produto. Por exemplo, inúmeras pesquisas, em nível global, mostram que cerca de 50% das pessoas preferem a cor azul, em relação às outras.

Existe outra percepção que tem que ser considerada no projeto de um produto: a qualidade. Mas o que é qualidade? Pode-se definir um produto de qualidade como sendo um: BBBS, ou melhor, Bom, Bonito, Barato e Seguro. Bom é o produto que atende às especificações de uso e necessidades dos clientes. Bonito é o produto cujo estilo agrada. Barato é aquele cujo preço é inferior, comparativamente aos similares. Seguro é o produto que não causa danos ao cliente e nem ao meio ambiente.

No que se refere à ergonomia, os produtos têm evoluído muito. A seguir são citados alguns exemplos destas evoluções.

1. **A cadeira regulável**. No passado as cadeiras eram fixas, sendo construídas com as mesmas dimensões, independentemente de quem ia utilizar. Alto ou baixo, gordo ou magro, todos tinham que usar a mesma cadeira. Era muito desconforto.

2. **A ponta seca dos compassos**, usados em artes e desenho técnico. Só passaram a ter uma proteção plástica, na ponta fina de metal, a partir da década de 1990.

3. **O cinto de segurança retrátil**. Antes a regulagem exigia um longo tempo e esforço, para se ajustar a cada pessoa, sem contar o desconforto de se sentir "preso" literalmente, pois o cinto não acompanhava pequenos movimentos.

4. **Os liquidificadores**. Até a década de 1990, muitos liquidificadores tinham os seus copos fixos à base do hélice, por meio de um sistema de rosca e uma vedação de borracha. Com o uso e acúmulo de detritos, no fundo do copo, era necessária a abertura desse rosqueamento, para separar o copo da base com hélice. Muitas pessoas sofreram sérios acidentes nas mãos e abdômen, tentando abrir tal conjunto. Já há algum tempo que os liquidificadores têm um sistema onde, a um simples toque a base se solta do copo.

5. **Ao se comparar um ferro elétrico atual**, com outro de 20 ou 30 anos atrás, fica patente a diferença de estilo e cores, além do peso. O uso de plásticos facilitou muito o projeto destes eletrodomésticos.

6. **Observe o teclado de um computador atual**, com outro "antigo" de 10 anos atrás. Tudo mudou e ficou mais bonito, além de ergonômico.

7. **Os aparelhos telefônicos fixos antigos** eram grandes, feios e pesados. O próprio aparelho celular mudou muito. Os primeiros modelos, do início da década de 1990, tinham que ser fixos à cintura ou carregados como um peso. Lembravam aparelhos de comunicação de campo, usados por soldados.

8.4 A Gestão do Projeto de um Produto

A Gestão do Projeto de um Produto compreende três atividades básicas: planejamento, programação e controle. Planejar significa prever todas as atividades que serão realizadas até a conclusão do projeto. Programar significa prever datas e prazos para a execução de cada atividade. Tanto o planejamento, quanto a programação têm que ser acompanhadas ou controladas continuamente, ou seja, verifica-se se tudo está acontecendo conforme o planejado e dentro dos prazos previstos.

Independentemente do tipo de produto, todo projeto tem um ciclo de vida bem definido, composto pelas fases de: início, desenvolvimento e finalização, como mostrado na figura 8.3. Deve ser observado que os tempos consumidos em cada fase são diferentes. Na prática os projetos de desenvolvimento de produtos seguem uma curva característica própria chamada Curva "S", como mostrada na figura 8.4

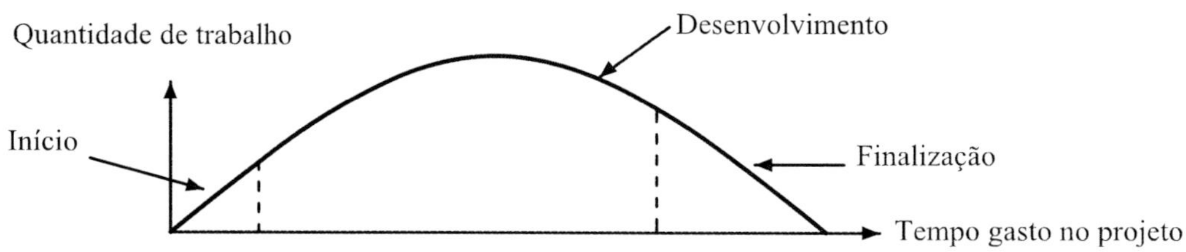

Figura 8.3: curva característica do ciclo de vida do projeto de produto

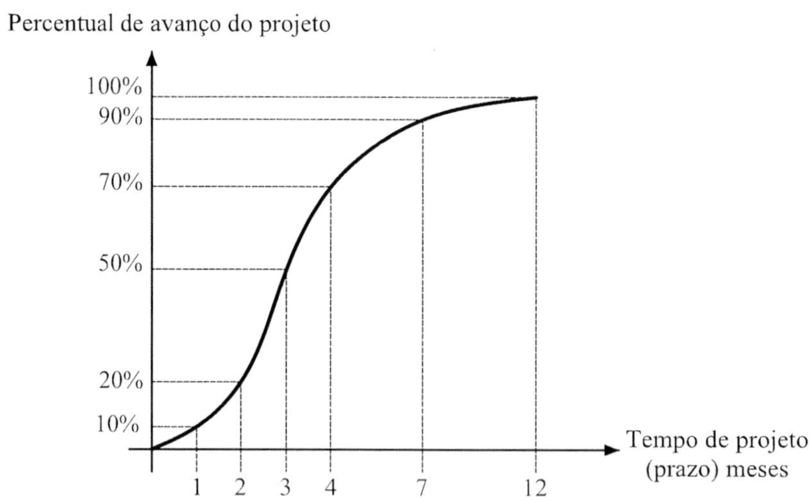

Figura 8.4: curva "S" de evolução do projeto de produto

Uma observação dessa curva "S" mostra que, em três meses, ou seja, 25% do tempo total de 12 meses chega-se a um avanço de 50%. Em seguida, com mais um mês, ou seja, quatro meses de projeto ou 33% do tempo total, chega-se a 70% de avanço. Depois são necessários mais três meses para se chegar a 90% de avanço. Ou seja, em sete meses teve-se um avanço de 90% ou algo como 13% de avanço médio ao mês. Em contrapartida, os 10% restantes, para se terminar o projeto, consomem cinco meses, ou seja, cerca de 40% do tempo total de projeto.

Assim são os projetos de produto. Leva-se um bom tempo no início, com as etapas de pesquisa de mercado, do produto e a geração e seleção de ideias. Em seguida, com as etapas entre o anteprojeto e a avaliação e melhoria, leva-se um tempo bem menor. Finalmente nas etapas de projeto final e fabricação/montagem, consome-se um tempo proporcionalmente maior que o anterior.

Normalmente o documento principal para o planejamento, programação e controle do projeto de produto é o diagrama de Gantt ou cronograma do projeto. Nesse documento são mostradas todas as atividades ao longo do tempo e como elas se relacionam, ou seja, como estão interdependentes, melhor ainda, quais atividades dependem de outras ou não. O quadro 8.1 dá uma ideia de um cronograma físico macro do projeto de desenvolvimento de um produto. Especialmente para projetos de maior duração, também se faz o cronograma financeiro, onde se prevê, mês a mês, o quanto será gasto, conforme as atividades. Esses dois documentos compõem o planejamento físico financeiro de um projeto.

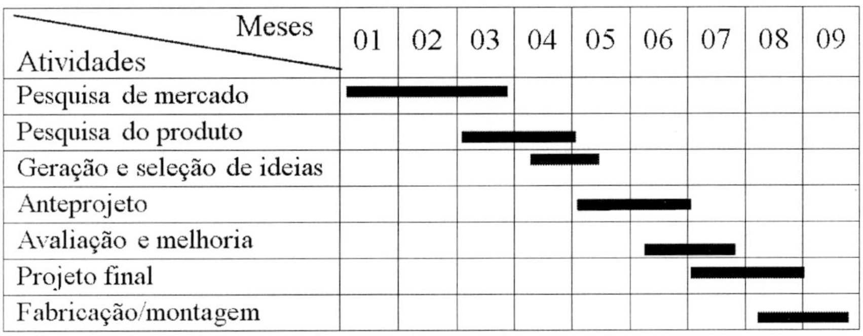

Quadro 8.1: cronograma físico macro de projeto convencional de um produto

Em geral, a gestão de projetos é uma especialidade dentro da engenharia, sendo uma área que muito se desenvolveu no Brasil, principalmente a partir de 2002, devido aos grandes investimentos em projetos industriais da área de petróleo. Além dessas ferramentas aqui mostradas, existem outras bem mais complexas, especialmente em meios informatizados. Uma ferramenta que vem sendo utilizada com muito sucesso (referindo-se a 2019) é o programa "Primavera" para Gerenciamento de projetos (de grande porte e valor), ou melhor, o MS Project.

8.5 A Engenharia Reversa e os recursos tecnológicos, usados no Projeto de Produto

O conceito de Engenharia Reversa existe há muito tempo, especialmente desde a segunda guerra mundial, quando armamentos e equipamentos capturados de inimigos (de ambos os lados) eram desmontados e cuidadosamente analisados, de forma a se produzir similares e melhores. Além de detalhes dimensionais ou geométricos, são feitas análises físico química para se conhecer os tipos de materiais, seus processos de fabricação e acabamentos como dureza e polimento. Atualmente, e já há alguns anos, existem *scanners* tridimensionais que possibilitam analisar um produto e a partir disso gerar desenhos e detalhes, ou seja, fica facilitada a Engenharia Reversa.

Um exemplo real e clássico de Engenharia Reversa, ocorreu durante o período chamado de "guerra fria" (confronto entre URSS e EUA), na década de 1980. Um piloto chinês desertou e fugiu com o seu avião, um Mig soviético (URSS) de última geração (na época), tendo pousado na Coreia do Sul, aliada dos norte americanos (EUA). O piloto recebeu asilo político e os engenheiros militares americanos desmontaram totalmente o avião, peça por peça, chegando até aos minúsculos rebites. Durante alguns meses os americanos fizeram uma série de análises e descobriram vários "segredos" e, obviamente melhoraram e passaram a usar em seus projetos aeronáuticos. Na época, alguns jornais noticiaram que, após alguns meses, e depois de muita negociação, os americanos devolveram o avião; porém totalmente desmontado, em dezenas de caixotes. Será que foi verdade?

Com o avanço da tecnologia, especialmente da informática aplicada a projetos e fabricação de produtos, é possível fazer a Engenharia Reversa com muito mais precisão e em menos tempo. Programas de computação gráfica, *scanners* e impressoras tridimensionais, em muito facilitaram a Engenharia Reversa.

Embora pareça uma boa solução, existem muitas discussões sobre os aspectos éticos da Engenharia Reversa, em especial na área de *softwares*. Academicamente fala-se e compara-se a Engenharia Reversa com pirataria e clonagem, configurando, portanto, crime.

8.6 A Engenharia Simultânea ou concorrente (*Concurrent Engineering*)

Especialmente a partir de 1990, com a crescente necessidade de se lançar novos produtos, em curto espaço de tempo, surgiu um conceito que modificou a maneira de gerenciar projetos, de forma a reduzir o tempo total gasto com o desenvolvimento de novos produtos. Ao invés das etapas de projeto serem desenvolvidas uma após a outra, com poucas atividades em paralelo, como visto no quadro 8.1. A figura 8.5 mostra o novo cronograma, com várias etapas em paralelo, reduzindo o tempo de projeto de 9 para 5 meses, como mostra o quadro 8.2. O novo cronograma, quadro 8.2, mostra que o tempo entre o início do projeto, ou seja, pesquisa de mercado e a fabricação e montagem, ou seja, lançamento do produto no mercado foi reduzido de nove para cinco meses. Esse é o resultado da Engenharia Simultânea. Embora seja possível gerenciar projetos de produtos, utilizando essa filosofia, várias ações e procedimentos têm que ser colocadas em prática, como detalhadas em 8.6.1.

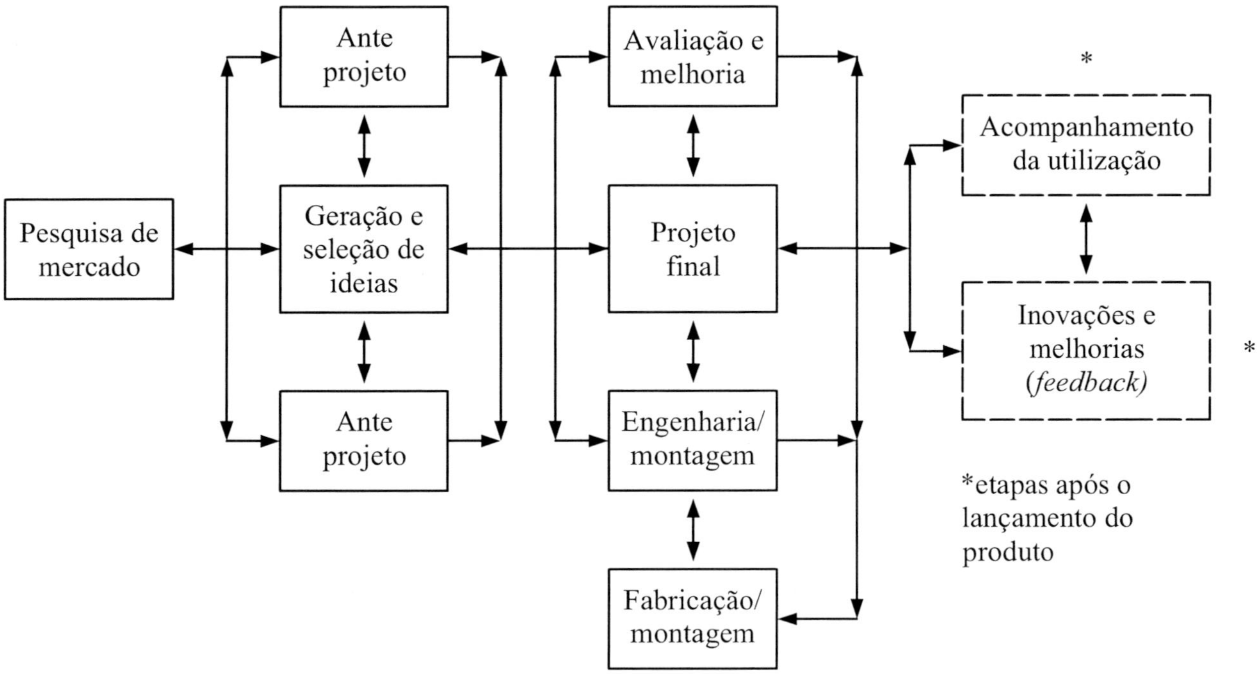

Figura 8.5: etapas do projeto de um produto, segundo a engenharia simultânea

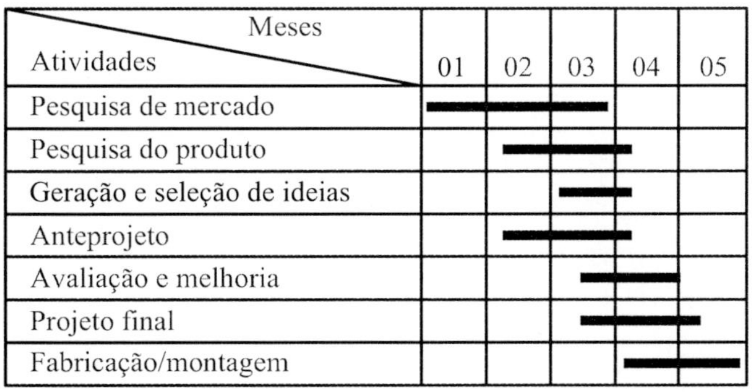

Quadro 8.2: novo cronograma devido engenharia simultânea

8.6.1 Detalhes organizacionais para a implantação da engenharia simultânea na prática

Para que uma equipe de projetos trabalhe com o conceito da Engenharia Simultânea, os seguintes detalhes organizacionais devem ser observados:

A. Inicialmente a empresa tem que ter uma cultura organizacional voltada para a qualidade de produtos e com um bom clima organizacional, ou seja, funcionários com bom nível de qualidade de vida no trabalho. Em empresas certificadas pelas normas ISO e/ou administradas pela filosofia da qualidade total já existem essas condições.

B. A empresa tem que operar com planejamento estratégico de médio e longo prazo (2 a 5 anos), principalmente com detalhes das tendências do mercado e dos concorrentes.

C. Tem que existir uma equipe exclusiva multi, inter e transdisciplinar, dedicada a projetos. Essa política é fundamental, pois muitas empresas encaram o projeto como um tipo de serviço interno que pode ser terceirizado, ou seja, realizado por outras empresas. É fundamental que essa equipe viva e respire toda a cultura da empresa. Dessa equipe devem constar: projetistas ou *designers*, engenheiros e profissionais de *marketing*. A equipe tem que ter o suporte tanto da engenharia de produção, quanto de apoio da área financeira, além do setor de compras e fornecimento de materiais. Essa equipe tem que ser treinada e ter experiência nas principais ferramentas e técnicas de qualidade e produção.

D. A figura do gerente ou coordenador de projetos é importantíssima. Esse(a) profissional, além de ter formação e experiência em Projeto de Produtos, tem que ter características como: dinamismo, liderança, simpatia, fácil relacionamento e principalmente espírito empreendedor. Na prática arquitetos e desenhistas industriais mostram ter este perfil, embora alguns engenheiros (especialmente mecânicos) também consigam se sair bem.

E. A empresa tem que estar atualizada tecnologicamente, com programas e sistemas informatizados e interligados com a produção. Uma rede *Intranet*, para interligar todos os membros e setores da empresa, bem como um rede *Extranet*, para interligar a empresa com seus fornecedores, são fundamentais. Essa ação está dentro do modelo de Andreasen ou Desenvolvimento Integrado de Produto – DIP ou *Integrated Product Development* – IPD, que compreende a interação entre *marketing*, projeto e produção. (CASAROTTO FILHO *et al*, 1999, p. 124).

8.7 A Engenharia de Produtos e o conceito da Indústria 4.0 (a fábrica inteligente)

O termo "Indústria 4.0" teve origem em um projeto estratégico de alta tecnologia do Governo Alemão, que promove a informatização da manufatura. Ele faz parte da Revolução Digital, com uso de itens eletrônicos e tecnologia da informação, para automatizar, ainda mais, a produção. O termo foi usado pela primeira vez na Feira de Hannover em 2011. Em Outubro de 2012 o grupo responsável pelo projeto, ministrado por Siegfried Dais e Kagermann apresentou um relatório de recomendações para o Governo Federal Alemão, a fim de planejar sua implantação. Em Abril de 2013 foi publicado, na mesma feira, um trabalho final sobre o desenvolvimento da indústria 4.0. Seu fundamento básico implica que conectando máquinas, sistemas e ativos, as empresas poderão criar redes inteligentes, podendo controlar os módulos da produção de forma autônoma. Ou seja, as fábricas inteligentes ou indústrias 4.0 terão a capacidade e autonomia, dentre outras, para agendar manutenções, prever falhas nos processos e se adaptar aos requisitos e mudanças não planejadas na produção. Na Indústria 4.0, máquinas interconectadas conversam e trocam comandos entre si, armazenam dados na nuvem, identificam defeitos e fazem correções sem precisar de ajuda.

A Indústria 4.0 facilita a visão e execução de "Fábricas Inteligentes" com as suas estruturas modulares, os sistemas ciber-físicos monitoram os processos físicos, criam uma cópia virtual do mundo físico e tomam decisões descentralizadas. Com a Internet das coisas, os sistemas ciberfísicos comunicam e cooperam entre si e com os humanos em tempo real, e através da computação em nuvem, ambos os serviços internos e intra organizacionais são oferecidos e utilizados pelos participantes da cadeia de valor. Embora essas novas tecnologias possam trazer inúmeras oportunidades e vantagens, em especial quanto ao aumento da produtividade de processos, sem planejamento e gestão adequados podem causar grandes prejuízos e poucos resultados. A seguir são citados os seis princípos da Indústria 4.0, como concebidas pelos engenheiros alemães citados.

1. Capacidade de operação em tempo real: a aquisição e tratamento de dados é feita de forma praticamente instantânea, permitindo a tomada de decisões em tempo real.

2. Virtualização: uma cópia virtual das Fábricas Inteligentes é criada por sensores de dados interconectados (que monitoram processos físicos) com modelos de plantas virtuais e modelos de simulação. Isso permite a rastreabilidade e monitoramento remoto de todos os processos por meio dos inúmeros sensores espalhados ao longo da fábrica.

3. Descentralização: a habilidade dos sistemas ciberfísicos das Fábricas Inteligentes de tomarem decisões sem intervenção humana. Além disso, as máquinas não apenas receberão comandos, mas poderão fornecer informações sobre seu ciclo de trabalho. Logo, os módulos da fabrica inteligente trabalharão de forma descentralizada a fim de aprimorar os processos de produção.

4. Capacidade em Tempo Real: a capacidade de coletar e analisar dados e entregar conhecimento derivado dessas análises imediatamente.

5. Orientação a Serviço: oferecimento dos serviços (dos sistemas ciberfísicos, humanos ou das Indústrias Inteligentes), através da Computação em Nuvem, com a utilização de arquiteturas de *software* orientadas a serviços aliado ao conceito de *Internet of Services.*

6. Modularidade: adaptação flexível das Fábricas Inteligentes para requisitos mutáveis através da reposição ou expansão de módulos individuais. Produção de acordo com a demanda, acoplamento e desacoplamento de módulos na produção. O que oferece flexibilidade para alterar as tarefas das máquinas facilmente.

A Indústria 4.0 desponta como caminho natural para aumentar a competitividade do setor por meio das tecnologias digitais. Automóveis são montados em grandes lotes, com cores pré definidas. Um exemplo real e prático da atuação de uma indústria 4.0, é quando um cliente, ao comprar um automóvel (numa agência ou de casa, via Internet), pede um tipo de cor especial. Ainda na linha de montagem, aquele automóvel já teria um dono, já que as máquinas receberam o pedido e fizeram a pintura, exatamente como o desejo do cliente, ou seja, customização *on line.* No Brasil, em 2019, ainda era pouco utilizada pelas empresas nacionais, com poucos exemplos em montadoras de automóveis e indústrias de bebida, sendo que nesses casos o conceito 4.0 ainda não era aplicado em toda a fábrica, mas sim em alguns processos.

Capítulo 9

O produto. Desenho industrial (*design*), projeto conceitual e desenhos técnicos. Manufatura aditiva. Prototipagem rápida. Impressão 3D

O objetivo deste capítulo é sintetizar todos os conceitos, métodos e técnicas já descritas neste livro, mostrando de forma objetiva como surge um produto, desde a ideia inicial até os desenhos técnicos detalhados, que permitirão o planejamento da produção e a fabricação do produto. Exemplos de projeto conceitual e engenharia de fabricação de produtos são mostrados nos capítulos 13 e 14.

9.1 Desenho industrial (*design*)

O profissional especializado nesta área é o desenhista industrial ou *designer*, que aplica os conhecimentos técnicos, normalmente adquiridos em curso superior com duração de quatro anos, para criar e desenvolver desenhos para produtos que vão ser fabricados e comercializados em larga escala. O profissional dessa área caracteriza-se como a síntese do ser criativo com o ser tecnológico, podendo atuar em diversas áreas tais como: *Design* Gráfico, *Design* de Produto, *Web Design*, *Design* de Interiores, *Design* de Joias, e muitas outras.

O desenho industrial é a área do conhecimento humano que trata do planejamento, da programação e do projeto dos objetos com os quais o homem lida em seu cotidiano, assim como dos ambientes em que mantém seu espaço de vida. Também pode ser definida como a atividade responsável pela determinação das características funcionais, estruturais, estéticas e formais de um produto ou de um conjunto de produtos para a produção em série, ou seja, industrial.

Para o desenvolvimento de um novo produto, o desenhista industrial deve levar em consideração aspectos como: funcionalidade, segurança, ergonomia, forma, beleza, estilo, praticidade e impactos ambientais. Pode-se dizer que os desenhistas industriais ou *designers* são os "arquitetos" do processo de desenvolvimento de novos produtos. A propósito, muitos arquitetos se dedicam ao *design*, principalmente na área de móveis.

O *design*, no seu aspecto físico muitas vezes é o único diferencial entre produtos semelhantes, por isso na hora da opção de compra entre produtos semelhantes, é normal o consumidor optar pelo que apresenta o melhor e mais bonito *design*. Um bom exemplo disto são os automóveis, onde é comum ter-se veículos com as mesmas tecnologias de motor e acessórios, mas que apresentam *design* ou forma mais atraente. Um liquidificador, além de cumprir, com segurança, suas funções básicas de liquefazer, deve ser o mais bonito possível.

Segundo o Instituto Nacional de Propriedade Industrial – INPI (www.inpi.gov.br), desenho industrial é a forma plástica ornamental de um objeto ou o conjunto ornamental de linhas e cores que possa ser aplicado a um produto, proporcionando resultado visual novo e original na sua configuração externa e que possa servir de tipo de fabricação industrial.

O registro do desenho industrial é um título de propriedade temporária sobre um documento, outorgado pelo Estado aos autores ou outras pessoas físicas ou jurídicas detentoras dos direitos sobre a criação. O titular tem o direito de excluir terceiros, durante o prazo de vigência do registro, sem sua prévia autorização, de atos relativos à matéria protegida, tais como fabricação, comercialização, importação, uso, vendas, etc. Maiores detalhes sobre propriedade intelectual, marcas e patentes, podem ser vistos no capítulo 15.

Diariamente são criados por *designers*, em todo o mundo, os mais diferentes e belos tipos de produtos, sempre objetivando atender às necessidades e desejos dos consumidores. A seguir serão citados alguns exemplos, extraídos de www.desenhoindustrial.com, acesso em 20/01/2011.

Neal Fletcher, estudante de *design* gráfico da UCLAN – *University of Central Lancashire*, Inglaterra, inovou desenvolvendo um conceito diferenciado de embalagem para espaguete: que separa o produto em porções individuais. O projeto foi desenvolvido para facilitar a vida do consumidor e evitar o desperdício. A ideia surgiu a partir de uma dificuldade do próprio estudante, que sempre exagerava nas porções. Em formato hexagonal a embalagem pode guardar até seis porções individuais de massa.

Em julho de 2010, o *Electrolux Design Lab* apresentou um novo conceito de máquina de lavar roupas. Trata-se de um modelo portátil e compacto, em plástico e com formato tipo quadrado de lado aproximado de 50 cm. Seu conceito foi baseado na economia de espaço e higiene pessoal. A máquina "lava" gerando vapor de alta pressão, utilizando energia elétrica. Ela tem capacidade, por exemplo, para lavar por vez: duas camisas, uma cueca e um par de meias. A máquina tem um furo central que permite o seu suporte na parede e na vertical, quando não estiver em uso. Para a lavagem a máquina pode ser apoiada em qualquer lugar.

Em fevereiro de 2010, a empresa Mypressi lançou uma máquina de café expresso portátil, a "*Twist Espresso Maker*" que pode ser transportada facilmente dentro da bolsa, pesando menos de 1kg. Ela funciona com baterias de óxido de nitrogênio recicláveis, não precisando de fonte externa de energia. Para funcionar, basta colocar a medida de pó de café a gosto, água quente e apertar o botão para tomar um expresso em qualquer lugar. A "*Twist*" é capaz de fazer até três cafés por vez.

Além desses, uma rápida consulta na *internet*, (em 2019) procurando por "ideias simples e geniais de *design*", permitiu separar as seguintes criações: 1) Um pote de vidro de pepinos em conserva, com um pequeno elevador interno de plástico, que permite retirar facilmente os pepinos, sem o uso de garfos e facas. 2) Uma pá de lixo que tem um espaço para colocar o pé na base e poder segurá-la, sem necessidade de abaixar para recolher a sujeira. 3) quando um hotel percebeu que o meio dos sabonetes nunca era usado, passou a utilizar uns com um buraco no meio para economizar. 4) Uma pizzaria instalou degraus para que as crianças pudessem observar o preparo da pizza. 5) Uma embalagem de leite mostra quanto leite ainda resta. 6) Uma garrafa de molho permite ajustar o nível de ardência. 7) Uma tela mostra quais vagões do trem estão cheios e quais ainda têm lugares. 8) Uma balanço de jardim, com dois assentos, de forma que o pai ou mãe brinca e protege o filho. 9) O lápis que não precisa ser apontado. 10) O botão do elevador fica no começo do corredor, pois assim até a pessoa chegar na porta ele já está aberto ou pelo menos próximo. 11) Um carrinho de supermercado que já vem com uma calculadora e 12) Uma xícara que já vem com um buraco para você pendurar os saquinhos.

9.2 O projeto conceitual

Como já visto no capítulo 8, o processo de desenvolvimento de um novo produto envolve diversas etapas, devendo começar pela pesquisa de mercado, quando se descobre o que o mercado está necessitando. A etapa seguinte é a pesquisa do produto.

Uma vez que, através da pesquisa de necessidades do mercado, a empresa descobriu qual o produto está sendo necessitado, a equipe de projeto de desenvolvimento de produto começa realmente a pesquisa do produto em si. Considerando a filosofia da responsabilidade socioambiental e do comprometimento com as futuras gerações, passa-se a pesquisar como será esse produto.

Seguindo essa filosofia, o produto deverá ser o mais simples possível, utilizar o mínimo de componentes (ou seja, poucos materiais), utilizar ao máximo materiais naturais e renováveis e ter uma forma ou geometria tal que se gaste o mínimo de energia e tempo com a sua produção/manutenção.

Nessa etapa do projeto do produto, deve-se utilizar a filosofia dos 3Rs, ou seja: Reduzir, Reciclar e Reutilizar. Literalmente deve-se reduzir o "tamanho" do produto, de forma a ser o mais simples possível. Deve-se usar a maior quantidade possível de materiais reciclados, ou seja, usar o mínimo de matéria prima virgem, pois assim reduz-se o impacto ambiental. O produto já tem que ser pensado e projetado de forma que, ao término de sua vida útil, ou melhor, do seu ciclo de vida, possa ser reutilizado e ou reciclado.

A primeira coisa que se analisa em um projeto conceitual é se o produto é totalmente inédito ou se trata de modificações e ou melhorias em um produto já existente. Produtos inéditos demandam muito mais tempo e criatividade. Uma coisa é modificar a base ou o copo de um liquidificador, outra é "criar" um novo tipo de liquidificador, por exemplo, sem hélice!

Tanto num, quanto noutro caso, tudo começa com a fase da inovação e criatividade, como descritas no capítulo 4. Segundo a figura 4.1 a criatividade envolve cinco etapas: 1 – Inspiração inicial; 2 – Preparação; 3 – Incubação; 4 – Iluminação e 5 – Verificação. Como já citado, embora existam pessoas mais criativas que outras, sabe-se que a criatividade é 1% de inspiração e 99% de transpiração, ou seja, a inspiração inicial demanda muito trabalho, muito tempo.

Na fase da inspiração inicial, o *designer* normalmente rabisca com lápis em papéis brancos, diversas ideias e formas. Mais uma vez, se o produto é totalmente inédito, esta fase consome muito tempo. O *designer* pode levar dias e até semanas, imaginando como deve ser o produto. Embora esse início seja feito a mão livre, existem *softwares* específicos que muito auxiliam, principalmente permitindo diversas opções na geometria ou arquitetura do produto, normalmente com pequenas alterações entre as opções. O computador em muito pode ajudar nesta fase.

A criatividade, especialmente no projeto de produtos, na etapa da preparação, passa por disciplina e método. Disciplina para pensar no que se quer criar e obediência para seguir determinados caminhos ou linhas de raciocínio, ou melhor, seguir métodos. Nessa etapa o *designer* "rumina" ideias; muitas.

Aos poucos passa-se para a etapa da incubação, com as ideias "fervilhando" no cérebro. Quanto mais experiências e vivências tiver o *designer*, mais rápido e menos "dolorosa" será essa etapa. Aqui funciona muito a análise de produtos similares já existentes no mercado, especialmente com o uso da engenharia reversa, quando o produto existente mais próximo do que se está imaginando é desmontado e entendido nos seus mínimos detalhes.

Eureka! Pronto: o *designer* e ou a equipe de projeto finalmente vêem a luz ou a solução do problema. Se for uma embalagem ou um produto simples, basta fazer-se um *mock-up* digital, ou seja, consegue-se ver na tela "o produto" na sua forma real e tridimensional. Caso seja um produto mais complexo, por exemplo, um novo tipo de eletrodoméstico, faz-se necessária a construção de um protótipo e a realização dos testes.

Uma vez concluído o projeto conceitual do produto, são necessárias reuniões com pessoas da produção e *marketing*, pois não basta apenas "imaginar" ou "criar" um produto. Além de todos os aspectos técnicos, inclusive com a definição de materiais e processos de fabricação, de todos os componentes, tem-se que planejar custos e distribuição, ou seja, envolver também o pessoal de *marketing*. Na prática, tanto o pessoal da produção, quanto o de *marketing*, acompanham o projeto, desde o início, principalmente para evitar que após semanas ou meses de muito trabalho, seja concluído que o produto não é viável. Pesquisas mostram que cerca de 80% das ideias de novos produtos, sequer passam da etapa do projeto conceitual.

No capítulo 13 desse livro é detalhado o projeto conceitual de um frasco de perfume e sua embalagem e no capítulo 14 é feito o detalhamento da fabricação de uma panela de pressão em alumínio.

9.3 O *design* inclusivo

Em 2020 o mundo tinha mais de 7,8 bilhões de habitantes, com cerca de 10% ou 770 milhões com algum tipo de deficiência, desde uma pequena dificuldade visual para ler a bula de um remédio ou o rótulo de um produto, para saber se contém ou não glúten, até pessoas cadeirantes, com sérias dificuldades de locomoção. *Design* inclusivo, em síntese, significa criar produtos e serviços, os mais diversos, que atendam tanto e também às pessoas que têm algum tipo de deficiência, ou seja, trata-se de inclusão social. *Design* inclusivo não é apenas criar melhores condições de mobilidade, como por exemplo, rampas ao invés de escadas, para permitir a mobilidade de cadeirantes e pessoas com dificuldades motoras.

Análises do censo do IBGE de 2010, divulgadas em abril de 2012, mostravam que no Brasil cerca de 24% da população ou 45 milhões de pessoas tinham pelo menos uma das seguintes deficiências: visual, auditiva, motora ou mental. Cerca de 19% ou 39 milhões de pessoas declararam que tinham dificuldades para enxergar, mesmo com óculos ou lentes de contato. Segundo o IBGE, a Região Nordeste registrava os maiores percentuais para todas as deficiências. A Região Sul tinha o menor percentual de pessoas com deficiência visual, o Centro Oeste a menor taxa de deficiência auditiva e motora, e a Região Norte tinha o menor percentual de pessoas com deficiências mentais. Na comparação entre os estados, apresentavam maiores níveis de população com alguma deficiência o Rio Grande do Norte e a Paraíba. As menores incidências estavam em Roraima e Santa Catarina.

A filosofia básica para se promover o projeto de produtos inclusivos é entender, através de pesquisas de campo, as reais necessidades das pessoas, com os mais diversos tipos de deficiências ou restrições de uso. Nessas pesquisas é fundamental conversar com pessoas com as deficiências, para que soluções práticas e aplicáveis sejam encontradas, ou seja, o *designer* não deve sozinho pensar em produtos inclusivos. Os usuários é que devem nortear os projetos. Agindo dessa forma, os *designers* estarão seguindo o mais moderno conceito do projeto de produtos, ou seja, não apenas para atender desejos, mas principalmente para reais necessidades.

A cada dia são lançados novos produtos, projetados para atender às pessoas com deficiências. Aqui cabe outra explicação, tanto no Brasil, quanto no mundo em geral, passa-se por um processo de envelhecimento muito rápido, ou seja, cada vez menos pessoas jovens logo, cada vez mais idosos. Por mais saudável que seja uma pessoa, à medida que envelhece, adquire dificuldades e ou deficiências, principalmente visuais e de locomoção. Isso também é uma boa razão para aumentar e disseminar a filosofia do *design* inclusivo.

Dentre os vários exemplos, existentes em 2019, de produtos inclusivos, um se destacava: a colher *liftware spoon*, para facilitar o uso para pessoas com o mal de Parkinson. Essa colher foi lançada no mercado no final de 2014, pela empresa Google. Essa colher usa uma série de algoritmos e conta com uma tecnologia que estabiliza o acessório quando a mão da pessoa está tremendo. Em 2019, uma colher desse tipo custava no Brasil o equivalente a cerca de 300 dólares.

Além dessa colher, em 2019, três produtos inclusivos mereciam destaques: 1) o carrinho de bebês para pais cadeirantes, que permite que o pai ou a mãe cadeirante possam passear juntos, cada um no seu carrinho, com o bebê de frente para o pai ou mãe. 2) A banheira acessível para cadeirante, que permite ao cadeirante sozinho entrar e sair da banheira e 3) O elevador de piscina, que permite aos deficientes motores e ou amputados, entrar e sair de uma piscina. Esse elevador foi lançado nos jogos paralímpicos de Londres, em 2012.

9.4 Os desenhos técnicos e os cálculos de engenharia, auxiliados por computador

Tanto produtos simples, quanto os mais complexos, seja para a fase de protótipo, bem como para o início da produção em escala industrial, necessitam da execução de desenhos técnicos de todos os componentes do produto, nos seus mínimos detalhes, bem como de cálculos de engenharia. É através dos desenhos técnicos que são mostrados todos os detalhes dimensionais e construtivos, incluindo os materiais utilizados, indispensáveis à fabricação dos produtos. Desde um simples pino ou parafuso, até peças com centenas de quilos, todos os componentes de um produto têm que ser detalhados, via desenhos técnicos.

Quanto aos cálculos de engenharia, cada peça componente é analisada quanto aos esforços a que estará submetida. Um simples abridor de garrafas com rolha, por exemplo, tem que ter seu eixo em forma de hélice dimensionado para resistir ao esforço de tração, quando após a introdução na rolha, se faz força para sacá-la. Imagine um martelo com cabo de madeira, o tipo de madeira e as dimensões do cabo têm que ser dimensionados para resistir aos esforços típicos, por exemplo, ao se martelar um prego mais espesso em uma madeira mais dura. Uma cadeira de plástico, além de um belo *design*, tem que resistir ao peso de uma pessoa mais obesa, com este peso seguindo as recomendações dos órgãos que regulam tal área (no Brasil é o Inmetro). Tanto o tipo de plástico, quanto as espessuras das pernas, assento e encosto, tudo tem que ser objeto de cálculos estruturais, para garantir a segurança de uso.

Em termos de desenvolvimento de novos produtos é fundamental, desde o projeto conceitual, que engenheiros e projetistas de diversas áreas sejam envolvidos, pois pode-se ter o caso de uma bela ideia conceitual, porém inexequível do ponto de vista dos materiais empregados ou dos processos de fabricação necessários. São esses profissionais que dominam e conhecem esses detalhes, além de saber os tipos de máquinas e instalações que a empresa têm, ou seja, se terá condições de fabricar. Dependendo do produto podem ser necessários profissionais de diversas áreas, mas normalmente, na maioria dos casos, são profissionais das áreas de mecânica e eletrotécnica.

9.4.1 Sistemas CAD, CAE e CAM

Desenho auxiliado por computador ou CAD (do inglês: *Computer Aided Design*) é o nome genérico de sistemas computacionais (*softwares*) utilizados pela engenharia, geologia, geografia, arquitetura e *design* para facilitar o projeto e desenhos técnicos. No caso do *design*, esse pode estar ligado especificamente a todas as suas vertentes (produtos como vestuário, eletroeletrônicos, automobilísticos, etc.), de modo que os termos de cada especialidade são incorporados na interface de cada programa.

Esses sistemas (*softwares*) fornecem uma série de ferramentas para a construção de figuras geométricas planas (linhas, curvas, polígonos, etc.) ou mesmo objetos tridimensionais (cubos, esferas, etc.). Também disponibilizam ferramentas para relacionar essas figuras como, por exemplo, criar um arredondamento entre duas linhas ou extrair as formas de dois objetos tridimensionais para obter um terceiro.

Uma divisão básica entre os *softwares* CAD é feita com base na capacidade do programa em desenhar apenas em duas dimensões (2D) ou criar modelos tridimensionais (3D) também, sendo estes últimos subdivididos ainda em relação a que tecnologia usam como modelador 3D. Nos *softwares* pode haver intercâmbio entre o modelo 3D e o desenho 2D (por exemplo, o desenho 2D ou vistas ortográficas pode ser gerado automaticamente a partir do modelo 3D).

Existem modelos de CAD específicos que simulam as condições de fabricação, ou seja, as ferramentas usadas no desenho são as mesmas disponíveis no chão de fábrica. Esses são chamados programas CAM ou *Computer Aided Manufacturing* ou Manufatura Assistida por Computador. Também na arquitetura existem CADs específicos que desenham paredes, telhados e outras construções automaticamente. Em 2020, e já há alguns anos, sistemas CAD dispunham do recurso de geração automática de vistas ortográficas, a partir do modelo sólido tridimensional, já desenvolvido por computador.

Sistemas CAE, significam *Computer Aided Engineering*, ou seja, cálculos de engenharia assistidos pelo computador. Uma vez com os arquivos finais dos desenhos gerados no CAD, são feitos em tela todos os cálculos estruturais e dimensionais, inclusive com simulações de aplicações de forças e as deformações causadas. Com esses cálculos, finaliza-se o dimensionamento do produto, inclusive alterando-se, se necessário, os desenhos técnicos gerados no CAD.

Com o resultado das análises CAE, os arquivos digitais são enviados diretamente para a fabricação ou manufatura, no conceito da CAM, *Computer Aided Manufacturing* ou Manufatura Assistida por Computador, onde Centros Computadorizados de Fabricação – CNC, incluindo Impressoras Tridimensionais, em pouco tempo realizam a fabricação de grandes lotes de produtos.

9.5 Protótipo, maquete e *mock-up*

Protótipo é uma amostra real e preliminar de um produto que se está desenvolvendo. Um protótipo funciona, ou seja, é real, tal e qual será o produto. A grande função de um protótipo é realizar testes, objetivando descobrir problemas dimensionais e funcionais, para que o produto final não sofra esses problemas e, portanto o fabricante não tenha problemas, nem cause problemas aos usuários. Já há alguns anos algumas empresas de tecnologia vem desenvolvendo experiências com automóveis que funcionam sem motorista, ou seja, o carro de teste é um protótipo real, do mesmo tamanho do veículo futuro, que tem todas as funções, apenas possui uma série de instrumentos, sensores e aparelhos que acompanham sua performance, objetivando coletar dados para corrigir erros e pontos fracos. Imagine colocar no mercado um veículo sem motorista, que não tenha sido bem testado? O que poderá acontecer?

Maquete ou modelo é uma representação em escala reduzida de um produto, objetivando estudos durante o processo de desenvolvimento de um produto. As maquetes podem ser feitas com uma grande diversidade de materiais, incluindo plásticos, metais, madeira e um material próprio chamado cartão de maquete. As maquetes são muito utilizadas em projetos de arquitetura. *Mock-up* também é um modelo de um produto, só que em tamanho real. *Mock-ups* são muito utilizados em projetos de desenvolvimento de produtos industriais, principalmente os *mock-ups* digitais de embalagens de determinados produtos de higiene, limpeza e alimentos.

Com o contínuo desenvolvimento de programas de computação gráfica, cada vez mais sofisticados e com mais recursos, estamos passando por uma verdadeira revolução tecnológica na forma de projetar objetos, construções civis e peças, além de facilitar a construção e fabricação.

A arquitetura em muito tem-se beneficiado da possibilidade de "construir" maquetes eletrônicas, inclusive com movimentos em tela, ao invés de consumir dias e semanas com a construção de maquetes e modelos em escala. Deve ser dito que, apesar de todo esse avanço tecnológico, em muitos casos ainda se faz necessário a construção do modelo ou maquete real e tridimensional, seja em madeira ou plástico e até em papel especial, pois pode-se tocá-la e resolver muitos problemas, que não são possíveis de se fazer em tela, mesmo com movimentos. A indústria aeronáutica, a automobilística e tantas outras ganharam muita produtividade com estas possibilidades da maquete eletrônica. Os *designers* (desenhistas industriais), hoje, conseguem ver o seu produto e suas infinitas opções de forma em poucas horas, em comparação aos dias e até meses que eram necessários, quando não se dispunha dessas ferramentas tecnológicas.

Maquete eletrônica, também conhecida por maquete digital ou virtual, é a simulação volumétrica de um desenho industrial ou projeto arquitetônico/urbanístico produzido em ambiente gráfico-computacional, utilizando modelagem tridimensional. Geralmente é criada por arquitetos, *designers*, ou desenhistas utilizando um *software* de modelagem 3D. Apresenta níveis distintos de detalhamento, podendo ser meramente esquemática, detalhada ou foto-realística. A evolução da simulação de formas e espaço arquitetônico em ambiente gráfico-computacional está diretamente relacionada à evolução de equipamentos de *hardware* e aplicativos ou *softwares*. A maquete eletrônica é na verdade uma evolução das perspectivas à mão feitas em aquarela, nanquim ou aerógrafo. Outra tecnologia que já causava (2020) grandes avanços, no projeto e desenvolvimento de produtos, era a Realidade Virtual que, a partir do *mock-up* virtual, literalmente permite que sejam feitos testes "reais" com o produto, quando ele só existe em um arquivo magnético.

9.6 Manufatura aditiva e prototipagem rápida de produtos

Este subcapítulo descreve as principais tecnologias (referente ao ano de 2019) associadas com a manufatura aditiva, que compartilham as características de integração computacional, produção sem uso de ferramentas tradicionais e capacidade de produzir rapidamente o produto.

No desenvolvimento de um novo produto, normalmente, existe a necessidade de produzir uma amostra (protótipo) de uma peça ou sistema, antes do investimento maciço de capital em ferramental, máquinas e montagem de linhas de produção. A produção de protótipos é necessária para avaliar o projeto e possíveis problemas, antes da produção e comercialização. Uma tecnologia, disponível desde o ano 2000, que acelera consideravelmente o processo de desenvolvimento de produtos interativos é o conceito e prática da manufatura aditiva, anteriormente denominada prototipagem rápida (*rapid prototyping*), em especial as que utilizam a Impressão Tridimensional ou 3D.

Desenvolvimentos em prototipagem rápida começaram em meados de 1980 (a impressão 3D começou efetivamente em 1984) e as vantagens dessa tecnologia incluem: modelos físicos produzidos através do Projeto Assistido por Computador ou *Computer Aided Design* – CAD, que podem ser fabricados em questão de horas e permitem a rápida avaliação da eficiência de projeto e fabricação com materiais adequados, onde o protótipo pode ser usado em operações da fabricação para produzir o produto final. Processos de prototipagem rápida podem ser usados, por exemplo, para produzir o ferramental para aplicação na produção (ferramental rápido). Em 2019, previa-se, para poucos anos, mais um grande salto na área de desenvolvimento de protótipos, com a interação entre a Impressão 3D e o conceito da Realidade Virtual.

Tais métodos permitem aos projetistas criar rapidamente protótipos reais e tridimensionais a partir de seus projetos, ao invés de apenas figuras bidimensionais, como nos desenhos. Esses modelos apresentam diversos usos. Eles constituem um auxílio visual excelente durante a discussão prévia do projeto com colaboradores ou clientes. Além disso, o protótipo pode permitir testes prévios como, por exemplo, ensaios em túnel de vento para componentes aeronáuticos ou análise fotoelástica para se verificar pontos de concentração de tensões na peça. Os processos de prototipagem rápida permitem que eles sejam feitos mais depressa e de forma mais barata.

As mesmas técnicas de prototipagem rápida podem ser usadas para a fabricação de ferramentais, um processo também conhecido como ferramentaria rápida, ou seja, a fabricação automática de ferramentas para uso na produção em série. A produção de ferramentas é uma das etapas mais lentas e caras no processo de manufatura, em função da qualidade extremamente alta que se exige delas, principalmente para produtos com partes injetadas em material plástico. Ferramentas geralmente apresentam geometrias complexas e necessitam ser dimensionalmente precisas. Além disso, elas devem ser resistentes ao desgaste e apresentar baixa rugosidade (serem bem lisas). Por isso matrizes e moldes são tradicionalmente feitos por usinagem CNC, eletroerosão ou mesmo manualmente. Todos esses processos são caros e demorados, o que torna a implementação das técnicas de prototipagem rápida muito bem vinda. Em 2019, estimava-se que essas técnicas permitem economizar 75% do tempo e custos envolvidos na fabricação das ferramentas.

As técnicas de prototipagem rápida, principalmente as baseadas na impressão 3D, podem ser aplicadas à ferramentaria, em especial de moldes e matrizes, para a fabricação de produtos plásticos. Os processos de ferramentaria direta, que permitem produzir diretamente ferramental com alta dureza diretamente de arquivos CAD, constituíam em 2020 o máximo das técnicas de ferramentaria rápida.

Segundo Renata Sollero, gerente de território para o Brasil da Stratasys, utilizar cavidades de moldes impressas em 3D em ciclos de injeção oferece uma série de vantagens às empresas ligadas à indústria do plástico. "Uma única cavidade de aço pode custar dezenas ou centenas de milhares de reais e levar de uma semana a meses para ser produzida". A cavidade impressa em 3D, por sua vez, é produzida em questão de horas. "No caso de alguma mudança ou ajuste no projeto do produto a ser injetado, outra cavidade pode ser gerada, tornando ágil todo o processo de desenvolvimento do produto." (www.plastico.com.br, acesso em 20/12/2013).

A prototipagem rápida é o melhor processo de manufatura possível quando é preciso produzir pequenos lotes de peças e ou no caso de componentes complicados. O termo "rápido" associado a esses processos é relativo. A construção de alguns protótipos pode levar de 3 a 72 horas (dados de 2019), dependendo do tamanho e complexidade do objeto. Ainda assim esses processos são bem mais rápidos que os métodos tradicionais, tais como usinagem, que podem requerer dias ou mesmo semanas para fabricar um único protótipo.

Os processos de prototipagem rápida podem ser classificados em tres grupos: subtrativo, aditivo e virtual. O processo subtrativo envolve a remoção de material da peça, que é maior que o produto final. A fabricação do protótipo pelos métodos subtrativos tradicionais envolve grande variedade de ferramentas e equipamentos e normalmente consome muito tempo dependendo da complexidade e dimensões do produto, além de mão de obra especializada. Esses métodos tradicionais incluem os processos de usinagens padrões como: fresamento, furação, usinagem por descarga elétrica e ferramentas mais modernas, como usinagem em máquinas de controle numérico ou CNC. Os métodos tradicionais limitam-se a formas relativamente simples, pois geometrias complexas não são possíveis. As vantagens do processo subtrativo incluem: precisão, acabamento, produção em massa, composição do material e tamanho da peça.

O termo mais comum para a fabricação pelo processo aditivo é de prototipagem rápida. O termo "rápida" é utilizado porque os processos aditivos são realizados muito mais rapidamente do que os processos convencionais de fabricação. O termo "prototipagem" é utilizado porque esses processos aditivos foram inicialmente utilizados para fabricar protótipos. Com a melhoria das tecnologias de adição, esses processos estão se tornando cada vez mais capazes de manufaturar altos volumes de produção, inclusive de peças mais complexas, em diversos tipos de metais.

As operações de prototipagem rápida pelo processo aditivo referem-se a uma classe de processos de fabricação, em que uma peça é construída pela adição de camadas de material sobre a outra. No processo aditivo a peça é construída diretamente a partir de um modelo 3D digital criado através do programa CAD. O modelo 3D é convertido em muitas camadas finas e os equipamentos de fabricação utilizam estes dados geométricos para construir cada camada sequencialmente até que a peça seja concluída. Devido a essa abordagem, a fabricação pelo processo aditivo é muitas vezes referida como camadas de fabricação, manufatura digital direta ou fabricação de forma livre sólida.

A fabricação aditiva de protótipos oferece várias vantagens como: velocidade de fabricação, processamento de peças complexas, variedade de materiais utilizados e baixos volumes de produção, a custo reduzido. Mesmo com todas essas vantagens, a fabricação aditiva ainda não substitui os processos de fabricação mais convencionais para cada aplicação. Processos como usinagem, moldagem e vazamento ainda são preferidos em casos específicos como: peças de grande porte, alta precisão, acabamento especial e grandes volumes de produção.

As tecnologias que podem ser usadas para construir uma peça são bastantes variadas e em diferentes estágios de desenvolvimento. A fim de acomodar os diferentes materiais, bem como melhorar o tempo de construção, inúmeras tecnologias têm surgido. Algumas tecnologias estão comercialmente disponíveis para a fabricação de protótipos, outras estão rapidamente se tornando viáveis e novas tecnologias estão sendo continuamente desenvolvidas, principalmente às relacionadas à Impressão Tridimensional ou 3D. Estes diferentes métodos de fabricação aditiva podem ser classificados pelo tipo de material que é empregado, como os a seguir descritos, lembrando que estes eram os mais comuns e utilizados em 2020, já que a cada dia surgem novos.

9.6.1 Manufatura aditiva

Estas tecnologias aditivas normalmente usam resinas poliméricas fotocuráveis e curam porções selecionadas da resina, para formar parte de cada camada.

Processos em base líquida - O processo aditivo mais comum de base líquida é a Estereolitografia (*Stereolithography - SLA*), que foi o primeiro processo disponível comercialmente. Peças produzidas com esta tecnologia têm alta precisão e uma aparência semelhante a peças moldadas. Embora, os polímeros fotocuráveis possuam baixas propriedades mecânicas, que podem piorar com o tempo. Outros processos em base líquida incluem jateamento de fotopolímeros e impressão a jato de tinta, que podem usar um único jato ou jatos múltiplos.

Processos baseados em Pó - Nos processos de base em pó, como a Sinterização Seletiva a *Laser* (*Selective Laser Sintering - SLS*), uma porção selecionada de material em pó é fundido ou sinterizado para formar parte de cada camada. O uso de material em pó permite que peças possam ser fabricadas utilizando polímeros, metais ou cerâmica. Além disso, as propriedades mecânicas das peças são melhores e mais estáveis do que alguns polímeros fotoativados. Entre outros processos baseados em deposição de pó incluem-se a sinterização metálica direta a *Laser* (*Direct Metal Laser Sintering - DMLS*) e a impressão tridimensional (*Three Dimensional Printing - 3DP*).

Processos em base sólida – Os processos sólidos utilizam uma variedade de materiais sólidos, e cada processo é diferente na forma como constrói as camadas de uma peça. A maioria dos processos sólidos usam métodos de empilhamento, em que folhas muito finas do material utilizado são dispostas em camadas e a forma da peça é cortada. O processo mais comum de empilhamento de folhas é chamado manufatura laminada de peças (*Laminated Object Manufacturing - LOM*), que utiliza folhas muito finas de papel ou polímero, mas outros processos também fazem uso de folhas de polímero ou metal. Alguns processos usam fios sólidos de polímero, e não folhas, como a modelagem de deposição por fusão (*Fused Deposition Modeling - FDM*), que extruda o polímero ou a cera e os depositam em camadas.

Inicialmente os processos de fabricação aditivos tiveram peças com poucas aplicações, devido às limitadas opções de material e propriedades mecânicas. As melhorias das tecnologias de processamento e opções de materiais expandiram as possibilidades para essas peças fabricadas em camadas. Atualmente o processo de fabricação aditivo é usado em uma variedade de indústrias incluindo: aeronáutica, arquitetura, automotiva, médica e militar. A aplicação de peças nessas indústrias é bastante vasta. Por exemplo, algumas peças são meramente estéticas, tais como joias, esculturas ou modelos arquitetônicos em 3D. Algumas são personalizadas para atender necessidades pessoais do usuário, tais como equipamentos esportivos, especialmente equipados, implantes dentários, próteses ou dispositivos.

9.6.2 Prototipagem rápida

A prototipagem virtual é uma forma de *software* exclusivo, que usa gráficos avançados e ambientes de Realidade Virtual, para permitir que o projetista analise um produto. A prototipagem virtual tem a vantagem da visualização instantânea para avaliação da peça. Os principais sistemas de prototipagem rápida (considerando o ano de 2019) usados na fabricação de modelos são descritos a seguir.

Estereolitografia (*SLA Stereolithography*) - Foi a primeira técnica de prototipagem rápida desenvolvida (patenteada em 1986). Este processo constrói modelos tridimensionais a partir de polímeros líquidos sensíveis à luz, que se solidificam quando expostos à radiação ultravioleta. O modelo é construído sobre uma plataforma situada imediatamente abaixo da superfície de um banho líquido de resina epóxi ou acrílica. Uma fonte de raio *laser* ultravioleta, com alta precisão de foco, traça a primeira camada, solidificando a seção transversal do modelo e deixando as demais áreas líquidas. A seguir um elevador mergulha levemente a plataforma no banho de polímero líquido e o raio *laser* cria a segunda camada de polímero sólido acima da primeira camada O processo é repetido inúmeras vezes, até o protótipo estar completo. Uma vez pronto, o modelo é removido do banho de polímero líquido e lavado. Após, o modelo é submetido à radiação ultravioleta para cura completa. Como a estereolitografia foi a primeira técnica bem sucedida de prototipagem rápida, ela se tornou um padrão de avaliação (*benchmarking*) para as demais, que surgiram (e continuam surgindo) posteriormente, mas que possuem a foto polimerização como princípio físico químico para fabricação e adesão entre camadas. A estereolitografia pode também ser utilizada para obter ferramentas rápidas (*Rapid Tooling, RT*), com as quais podem ser fabricados lotes de peças.

Micro Estereolitografia (*Super IH*) - Este processo foi inicialmente desenvolvido pelo grupo de trabalho do prof. Ikuta na Universidade de Nagoya no Japão em 1992. O polímero no processo *IH* é curado por uma baixa fonte de energia ultravioleta (*UV*), suficiente para evitar a cura do material fora do ponto focal. Aplicações desse processo incluem a fabricação de micro turbinas, micro reatores, ambos na faixa de 15 μm de diâmetro e micro *forceps* usado em cirurgia de retinas. Normalmente a espessura das camadas é da ordem de 5 μm.

Manufatura de Objeto por Laminação (LOM, *Laminated Object Manufacturing*) - Nesta técnica camadas de material, na forma de tiras revestidas de adesivo, são grudadas umas nas outras formando o protótipo. O material original consiste de bobinas de papel laminado com cola ativada pelo calor. Um rolo coletor avança a tira de papel sobre a plataforma de construção, onde há uma base feita de papel e fita com espuma nas duas faces. A seguir, um rolo aquecido aplica pressão para fixar o papel à base. Uma fonte de raio *laser* com alta precisão de foco corta o contorno da primeira camada sobre o papel e então quadricula a área em excesso, ou seja, o espaço negativo do protótipo. Esse quadriculado rompe o material extra, tornando fácil sua remoção durante o processamento posterior. Esse material em excesso proporciona um excelente suporte para projeções, saliências e seções com paredes finas durante o processo de construção.

Após o corte da primeira camada a plataforma é abaixada, liberando o caminho para que o rolo coletor avance a tira de papel e exponha material novo. Então a plataforma se eleva até um ponto ligeiramente inferior à altura original, o rolo aquecido liga a segunda camada à primeira e a fonte de raio *laser* corta a segunda camada. Este processo é repetido tantas vezes quantas forem necessárias para construir a peça, a qual apresentará textura similar à de madeira. Uma vez que os modelos são feitos de papel, eles devem ser selados e revestidos com tinta ou verniz para se evitar eventuais danos provocados pela umidade.

Os mais recentes desenvolvimentos desse processo permitem o uso de novos tipos de materiais, incluindo plástico, papel hidrófobo, pós cerâmicos e metálicos. Esses materiais pulverulentos geram no final do processo uma peça "verde" que deve ser posteriormente sinterizada, para que se alcance máxima resistência mecânica. O processo de LOM é muito vantajoso em muitos aspectos. Primeiro, porque o feixe de *laser* apenas corta o esboço da forma fazendo com que esse processo diminua os tempos sobre outros processos de prototipagem rápida. É o mais eficiente entre todos os tipos de processos de prototipagem rápida. Secundariamente, o processo de LOM pode fabricar objetos muito complexos. A complexidade do objeto de LOM está menos limitada que o FDM (Modelagem por Deposição Fundida) porque não há necessidade de material de apoio. O processo de fabricação de objetos em laminas, *LOM*™, é marca registrada da firma Helisys Inc., California, USA, patenteada em 1988.

Sinterização Seletiva a *Laser* (SLS, *Selective Laser Sintering*) - Esta técnica, patenteada em 1989, utiliza um *laser* de CO_2 para sinterizar um material que se encontra originalmente na forma de pó. A construção física da peça se inicia com o material sendo espalhado por um rolo para formar uma camada sobre uma base móvel no sentido vertical. Essa camada é aquecida em atmosfera inerte (usando nitrogênio) a uma temperatura pouco inferior ao ponto de fusão do material. Um sistema de varredura desloca o feixe do *laser* sobre a camada, fornecendo a energia restante para sinterizar as partículas, de acordo com a geometria da camada 2D de cada seção transversal da peça. Esse processo se repete em finas camadas até o final da peça. O pó não sinterizado pelo *laser* é removido ao final do processo com auxílio de escova, ar comprimido ou jateamento com micro esferas de vidro. O pó não sinterizado pode ser reutilizado por mais algumas vezes. Os materiais disponíveis para a tecnologia *SLS* são: poliamida, poliamida com carga de micro esferas de vidro, elastômero, poliestireno, cerâmica, metais e ligas (OLIVEIRA et al, 2007).

Steck *et al*, (2007) consideram que o processo de sinterização seletiva a *laser* é uma das técnicas disponíveis de prototipagem rápida, que pode ser utilizada para produzir protótipos biomédicos a partir de imagens de tomografia computadorizada e ressonância nuclear magnética.

Modelagem por Deposição de Material Fundido (FDM, *Fused Deposition Modeling*) - Aqui filamentos de resina termoplástica aquecida são extrudadas a partir de uma matriz em forma de ponta que se move num plano

X,Y. Da mesma maneira que um confeiteiro enfeita um bolo usando um saco de confeitar, a matriz de extrusão controlada deposita filetes de material muito fino sobre a plataforma de construção, formando a primeira camada do componente. A plataforma é mantida sob uma temperatura inferior à do material, de forma que a resina termoplástica endurece rapidamente. Após esse endurecimento a plataforma se abaixa ligeiramente e a matriz de extrusão deposita uma segunda camada sobre a primeira. O processo é repetido até a construção total do protótipo. São construídos suportes, durante a fabricação, para segurar o protótipo. Tais suportes são fixados ao protótipo usando-se um segundo material, mais fraco, ou uma junção perfurada. As resinas termoplásticas adequadas a esse processo incluem poliéster, polipropileno, ABS, elastômeros e cera usada no processo de fundição por cera perdida (GORNI, 2001).

Conformação Próxima ao Formato Final via *Laser* (*LENS*) - É um processo desenvolvido pelos Laboratórios Sandia, que apresenta a vantagem de produzir protótipos de metal plenamente densos, com boas propriedades metalúrgicas e sob velocidades razoáveis de construção. Aqui um gerador de raio *laser* de alta potência é usado para fundir pó metálico fornecido coaxialmente ao foco do raio *laser*, através de um cabeçote de deposição. O raio *laser* passa através do centro do cabeçote, sendo focado para um pequeno ponto através de uma lente ou conjunto e lentes. Uma mesa X, Y é movida por varredura de forma a gerar cada camada do objeto. O cabeçote é movido para cima, à medida que cada camada é completada. O raio *laser* pode ser conduzido até a área de trabalho através de espelhos ou fibra óptica. Os pós metálicos são fornecidos e distribuídos ao redor da circunferência do cabeçote por gravidade ou através de um gás portador inerte pressurizado. Mesmo nos casos onde não se necessitar de uma corrente de gás para se transportar o pó metálico é necessário ter uma corrente de gás inerte para se proteger a poça de metal líquido do oxigênio atmosférico, de forma a se garantir as propriedades metalúrgicas e promover melhor adesão entre camadas através de melhor molhamento superficial.

Podem ser usados pós de diversas ligas metálicas, tais como aço inoxidável, inconel, Cobre, Alumínio e Titânio. A potência do gerador de raio *laser* varia conforme o material usado, taxa de deposição e outros parâmetros, podendo oscilar desde algumas centenas até 20.000 Watts ou mais. Os protótipos produzidos requerem usinagem para acabamento, apresentando densidade plena, boa microestrutura e propriedades similares ou melhores ao metal convencional (GORNI, 2001).

Cura Sólida na Base (SGC, *Solid Ground Curing*) - Foi um processo desenvolvido pela empresa Cubital Inc. de Israel. É bastante similar a estereolitografia, pois ambos usam radiação ultravioleta para endurecer, de forma seletiva, polímeros fotossensíveis. Ao contrário da estereolitografia, este processo cura uma camada inteira de uma vez. Em primeiro lugar, a resina foto-sensível é borrifada sobre a plataforma de construção, a seguir, a máquina gera uma foto-máscara (como um estêncil) correspondente à camada a ser gerada. Essa foto máscara é impressa sobre uma placa de vidro acima da plataforma de construção, usando-se um processo similar ao das fotocopiadoras. Na sequência a máscara é exposta à radiação ultravioleta, a qual passa apenas através das porções transparentes da máscara, endurecendo seletivamente as porções desejadas de polímero correspondentes à camada atual. Após a cura da camada, a máquina succiona por vácuo o excesso da resina líquida e borrifa cera em seu lugar para dar suporte ao modelo durante sua construção. A superfície superior é fresada de forma a ficar plana e o processo é repetido para se construir a próxima camada. Assim que a peça fica pronta, é necessário remover a cera nela presente, através de sua imersão num banho de solvente. Essas máquinas são de grande porte e podem produzir modelos de grandes dimensões.

Sinterização direta de Metal a *Laser* (DMSL, Direct Metal Sintering Laser) - Foi desenvolvida em conjunto pelas empresas Rapid Product Innovations (RPI) e EOS GmbH, a partir de 1994, como o primeiro método de prototipagem rápida comercial para a produção de peças de metal em um único processo. Com DMLS, o pó metálico (20 micrometros de diâmetro), isento de ligante ou agente fundente, é completamente derretido pela varredura de um feixe de *laser* de alta potência, para construir a peça com as propriedades do material original. Eliminando o aglutinante do polímero evita as etapas de queima e infiltração, produzindo uma peça de aço com 95% de densidade, se comparado com cerca de 70% de densidade obtida no processo de Sinterização Seletiva a *Laser* (SLS).

Uma vantagem adicional do processo DMSL, em comparação com o SLS, é sua maior resolução de detalhes, devido à utilização de camadas mais finas, em função de diâmetros menores das partículas do pó metálico. Isso permite que objetos com formas mais complexas sejam fabricadas. Opções de materiais incluem ligas de aço, aço inoxidável, aço ferramenta, alumínio, bronze, cobalto-cromo e titânio. Além de protótipos funcionais, o processo DMSL é muitas vezes usado para produzir ferramental rápido, implantes médicos e peças para aplicações aeroespaciais em ambiente de temperaturas elevadas. O processo de DMSL pode ser realizado por dois métodos diferentes: a deposição de pó e leito de pó, que diferem na maneira como cada camada de pó é aplicada. No método de deposição de pó, o metal está contido em um funil que derrete o pó e o deposita em uma camada fina sobre a plataforma de construção. No método de leito de pó o pistão dispensador levanta e dispensa o material na mesa, e em seguida um braço plano distribui uma camada de pó sobre o leito. O *laser*, em seguida, sinteriza a camada de metal em pó. Em ambos os métodos, depois de uma camada ser construída, o pistão de construção abaixa a plataforma e a camada seguinte de pó é aplicada. O método de deposição de pó oferece a vantagem de utilizar mais do que um material, cada um no seu próprio funil. O método de leito em pó é limitado a um só material, mas oferece maiores velocidades de construção.

9.6.3 Impressão Tridimensional ou Impressão 3D

Considerando o ano de 2020, sem dúvidas, a Impressão Tridimensional ou 3D, junto com a Realidade Virtual, proporcionaram grandes avanços tecnológicos, tanto para a produção de protótipos, quanto para a fabricação de peças e produtos, inclusive em metais. Maiores detalhes deste processo são descritos no parágrafo 11.13.

Capítulo 10

Projeto e Engenharia de Produtos: a ciência e o uso dos materiais de fabricação

Na seleção do material para um determinado produto é essencial um perfeito entendimento das exigências de funcionalidade individual de cada componente e, para tanto, as propriedades mecânicas, físicas e químicas devem ser consideradas na escolha do material. Como propriedades mecânicas podemos considerar: dureza, tenacidade, ductibilidade, resistência à fadiga, deformação e impacto. Propriedades físicas incluem: densidade, ponto de fusão, calor específico, condutividade térmica e elétrica, expansão térmica e propriedades magnéticas. As principais propriedades químicas consideradas na fabricação industrial são a sensibilidade à oxidação e à corrosão.

Ferrante e Walter (2010, p.159) citam que os seguintes atributos devem ser considerados, quando se está na fase do projeto de um produto, relacionados à qual material deve ser escolhido: ecologia, estética, funcionalidade, viabilidade técnica, propriedades, disponibilidade, processabilidade, condições de trabalho e custo.

Uma vez desenvolvidos, projetados e detalhados, os produtos são fabricados, e para tanto se usam os mais diversos tipos de materiais e processos de produção. Existe uma infinidade de tipos de materiais. O que não se pode esquecer é que: tudo que é produzido pelo homem retiram-se materiais da natureza, sendo que alguns são renováveis como os de origens animal e vegetal, e outros não são como os de origem mineral (carvão, petróleo, urânio, argila e rochas). Como já enfatizado ao longo desse livro, tanto a escolha dos materiais, quanto os processos de fabricação, devem primar pelo menor impacto ambiental possível. Devemos procurar o máximo possível usar materiais renováveis e processos, que utilizem pouca energia e baixo impacto ao meio ambiente.

Podemos começar este capítulo dando alguns exemplos de materiais e suas aplicações: A) A partir de minerais metálicos são produzidos os aços, os ferros fundidos e ligas metálicas como bronze. B) A partir de minerais não metálicos são produzidas cerâmicas e placas refratárias. C) A partir de vegetais, podem ser produzidos carvão, móveis, utensílios domésticos, itens da construção civil, obras de arte e artesanato. D) A partir de materiais de origem animal, pode-se produzir sabão, lubrificantes e colas. Sapatos, bolsas, cintos, colares, pulseiras, casacos, calças, etc. podem ser produzidos a partir de pele, couro, ossos, unhas, dentes e escamas.

A utilização de produtos de origem vegetal e animal têm que obedecer a uma série de leis, normas, critérios e recomendações de órgãos como: Ministério do Meio Ambiente, IBAMA, Ministério da Agricultura, Vigilância Sanitária, etc.

Com pelos de animais, como do cavalo, podem ser produzidos excelentes pincéis. Com penas de aves são produzidas roupas, artesanatos e obras de arte. Com a carne de animais são produzidos vários tipos de alimentos. Com cartilagens e espinhas de peixes são produzidas rações, cosméticos e remédios. Com o látex da seringueira produz-se a borracha natural. Com a resina dos pinheiros produz-se uma excelente cola. Com a casca da árvore sobreiro (típica de Portugal e Espanha) produz-se a cortiça, tanto para rolhas, quanto para isolamento térmico. Com a areia o vidro. Com a língua do peixe pirarucu produz-se um tipo de lixa. A partir do petróleo pode-se obter uma dezena de produtos e centenas de subprodutos. Enfim, produtos podem ser fabricados utilizando materiais dos três reinos conhecidos: vegetal, animal e mineral.

Uma grande e importante observação é quanto ao crescente e contínuo uso de recursos minerais, especialmente metais e derivados do petróleo, já que são recursos não renováveis, existindo em quantidades "fixas e definidas", ou seja, um dia não mais estarão disponíveis. Muito se fala do fim do petróleo, mas quase nada sobre a extinção dos minérios, de onde são produzidos os metais. Para o petróleo já existem algumas alternativas, especialmente quanto à produção de energia, mas, e quanto aos metais? Como será a produção industrial, baseada nos metais, quando não mais tivermos os minérios de onde são extraídos?

Classificação geral dos materiais

De forma geral, os materiais utilizados no desenvolvimento e fabricação de produtos podem ser classificados como a seguir, e detalhados nos subparágrafos indicados:

- Materiais
  - Minerais
    - Metálicos
      - Ferrosos (Ferro fundido e aço) (10.4)
      - Não ferrosos (Alumínio e cobre) (10.5)
    - Não metálicos (Plásticos, vidro e rochas) (10.6)
  - Vegetais (Madeiras) (10.7)
  - Animais (Couros) (10.8)
  - Materiais de engenharia e compósitos (Fibra de carbono) (10.9)

10.1 Minérios e minerais. Obtenção dos metais: siderurgia (ferrosos) e metalurgia (não ferrosos)

Mineral é um determinado elemento químico. Minério é um agregado de minerais rico em um determinado mineral, quando é econômica e tecnologicamente viável a extração (mineração) de metais. Pode ser uma rocha, sedimento ou solo. O minério é constituído de minerais de minério (ou minerais de interesse econômico) e ganga (ou minerais que não possuem interesse econômico). Os minerais dos quais são extraídos metais e outros produtos com vantagem econômica são chamados de minerais de minério. Os minerais de minério mais comuns ocorrem como óxidos, sulfetos, silicatos, haletos ou como metais puros como, por exemplo, o Cobre, a Prata e o Ouro. O local onde ocorre grande concentração de minério é denominado jazida. É importante relembrar que os minerais e minérios são materiais não renováveis, existindo em quantidades pré definidas na natureza, ou seja, um dia não mais existirão em condições de sofrerem mineração ou sua extração da natureza. O que é siderurgia? O que é metalurgia? Existem diferenças entre esses termos?

Os aços e ferros fundidos ou metais ferrosos, são obtidos, a partir do minério de ferro, (hematita, magnetita ou pirita), em indústrias chamadas siderúrgicas. Os metais não ferrosos (Cobre, Alumínio, Chumbo, etc.), também obtidos de diversos tipos de minérios, são produzidos em indústrias metalúrgicas. Existem dezenas de materiais minerais metálicos não ferrosos, porém dois se destacam na fabricação de produtos: Alumínio (Al) e cobre (Cu), bem como suas ligas. O metal mais utilizado no mundo (em 2020) era o aço, com cerca de 95% de todos os metais utilizados. Em seguida vinha o alumínio e depois o cobre. O quadro 10.1 mostra os minérios, a partir dos quais são obtidos os principais metais.

Tipo de metal obtido (metal puro)	Minérios de origem (extraídos da natureza)
Ferro	Hematita (Fe_2O_3), Magnetita (Fe_3O_4) ou Pirita (FeS_2)
Alumínio	Diásporo ($Al_2O_3.H_2O$), Bohemita ($Al_2O_3.H_2O$), Gibbsita ou hidrargita ($Al_2O_3.3H_2O$). Quando um destes materiais é solubilizado em sílica, forma-se um minério chamado bauxita.
Cobre	Bornita (Cu_3Fe_4), Calcopirita ($CuFeS_2$), Calcosita (Cu_2S), Cuprita (Cu_2O) e Malaquita (($CuCO_3$. $Cu(OH)_2$)
Zinco	Blenda (ZnS)
Estanho	Cassiterita (SnO_2)
Chumbo	Galena (PbS)
Ouro	Calaverita (AuTe) e também associado à pirita, que é um dos minérios de ferro
Prata	Argentita (Ag_2S)
Cromo	Cromita ((Fe, Mg) Cr_2O_4)
Níquel	Pentlandita $(FeNi)_{11}S_{10}$, Garnierita $(NiMg)SiO_3.H_2O$
Molibdênio	Molibdenita $(Mo)S_2$
Tungstênio (ou Volfrâmio)	4Volframita $(FeMn)WO_4$, Scheelita ($CaWO_4$)

Quadro 10.1: principais metais e seus minérios de origem
(Fonte: NUNES e KREISCHER, 2010, p.6 e 7)

10.2 Estruturas atômica, cristalina e granular dos metais

Átomo é a menor parte de um material, com características próprias. Cada átomo é composto por um núcleo central, com prótons e nêutrons, com elétrons que giram ou orbitam o núcleo. Os prótons possuem carga elétrica positiva, os elétrons carga negativa e os nêutrons não possuem carga elétrica.

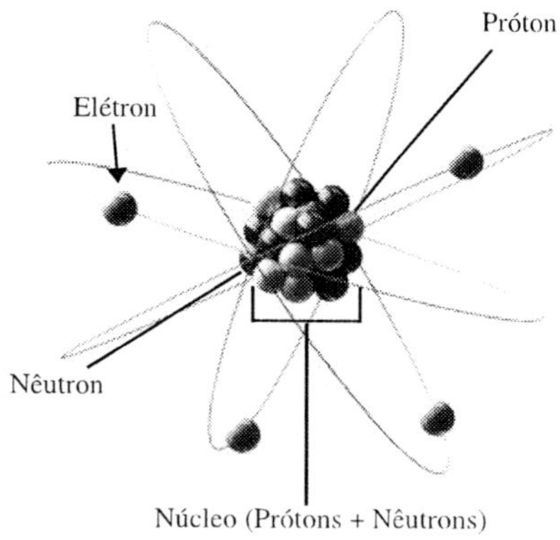

Esta é uma imagem tridimensional, pois em volta do núcleo os elétrons giram segundo circunferências, sendo normal existirem várias órbitas com raios diferentes. Raio atômico é uma estimativa da distância do núcleo à última camada de elétrons.

Figura 10.1: estrutura esquemática de um átomo

Os elétrons além de possuírem cargas elétricas negativas, possuem também um movimento angular, conhecido como *spin*. Esse movimento pode ser comparado ao de uma esfera ou bola girando em torno de si mesma, como, por exemplo, o nosso planeta Terra (é este movimento da Terra, em torno do seu eixo, que define os dias e as noites).

O *spin* esta intimamente associado a um campo magnético, parecido com o produzido por um pequeno imã. Ou seja, um elétron age como se fosse um pequeno imã, com o Pólo sul e o Pólo norte, e assim como a Terra gira em torno do eixo que liga seus pólos, um elétron também o faz, tendo uma orientação magnética chamada de *spin*.

Os metais são sólidos formados por grãos e cristais constituídos por pequenos grupos de átomos que formam um padrão repetitivo. Cada grão é constituído por milhares de cristais, que por sua vez são compostos por grupos de átomos. Nos metais os cristais são estruturas tridimensionais, bem definidas e repetidas milhões de vezes. Esses cristais obedecem a determinadas forças eletromagnéticas, provenientes dos átomos. Dependendo do tipo de metal, esses cristais possuem uma determinada geometria, ou seja, seus átomos são posicionados de determinadas formas.

A maioria dos cristais de metais puros possui estruturas, segundo as seguintes três geometrias: Cúbica de Corpo Centrado ou CCC (como no Ferro ou Fe, Cromo ou Cr, Molibdênio ou Mo e Tungstênio ou W), Cúbica de Face Centrada ou CFC (como no Cobre ou Cu, Alumínio ou Al, Ouro ou Au, Chumbo ou Pb, Níquel ou Ni, Platina ou Pt e Prata ou Ag) e Hexagonal Compacta ou HC (como no Zinco ou Zn, Titânio ou Ti, Cádmio ou Cd, Cobalto ou Co e Magnésio ou Mg). O Estanho ou Sn possuí uma estrutura cristalina Tetragonal, ou seja, na forma de tetraedros (semelhante a uma pirâmide de base triangular).

Em uma estrutura CCC, tem-se um cubo que contém um átomo, bem no centro, em contato com outros oito átomos posicionados em cada vértice. Um cubo ou hexaedro possuí seis faces ou planos e oito vértices. Nas estruturas HC e CFC, 12 átomos estão em contato com um átomo central, mas arranjados de modo que suas posições configuram um prisma hexagonal (HC) ou um cubo (CFC) imaginários. A seguir, nas figuras 10.2 e 10.3, são mostradas figuras que ilustram as estruturas cristalinas dos metais.

Outra característica dos metais é que um conjunto de cristais forma um grão, sendo que em um "pedaço" de metal existem vários grãos. É importante ressaltar que, muitas propriedades dos metais (resistência à tração, dureza, etc.) estão relacionadas ao tamanho do grão. Em princípio, quanto maior o tamanho de um grão, mais frágil é o metal ou liga metálica. Liga metálica é quando são "misturados" dois ou mais metais puros. Por exemplo, o aço é uma liga metálica, basicamente composta de Ferro (Fe) e Carbono (C).

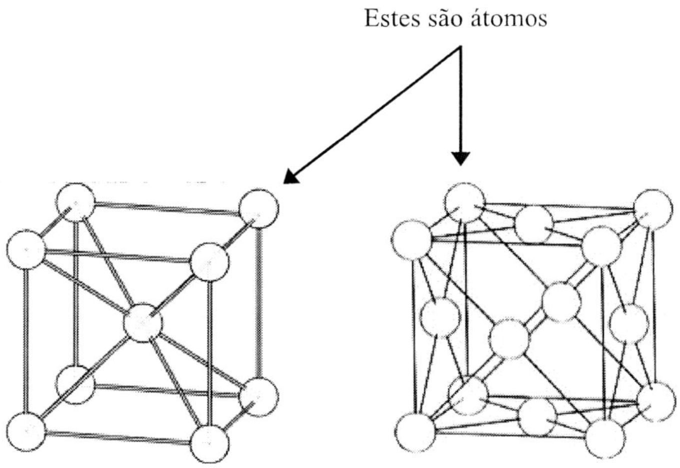

Figura 10.2: geometrias CCC, CFC e HC dos cristais metálicos

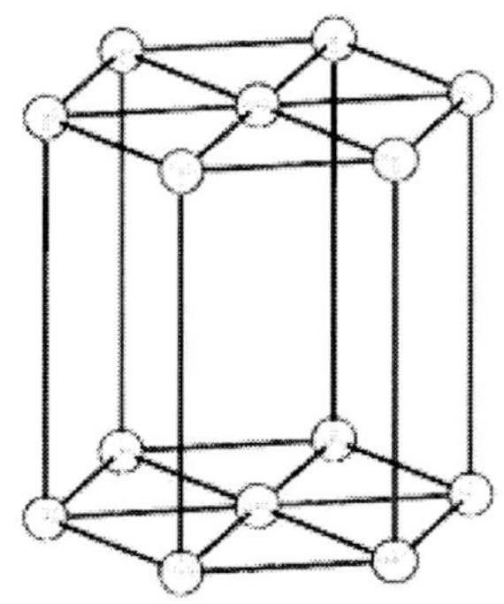

Figura 10.3: detalhes de uma estrutura hexagonal centrada

As estruturas dos metais podem ser avaliadas através das análises metalográficas. Para a realização dessa análise, retira-se uma amostra da parte a ser estudada e, na sequência são feitos o lixamento, o polimento e um ataque com um reagente químico, de modo a revelar as interfaces entre os diferentes constituintes que compõem o metal.

Os exames metalográficos podem ser macroscópicos ou microscópicos. No tipo macro podem ser feitas análises a olho nu, com lupas com aumentos de até 60 vezes. Já no tipo micro, usando microscópios, são possíveis os seguintes aumentos: com a microscopia óptica consegue-se ampliação de até duas mil vezes. Com a microscopia eletrônica de varredura (MEV) consegue-se ampliação entre 10 e 50 mil vezes. Com a microscopia eletrônica de transmissão (MET) consegue-se ampliação de até um milhão de vezes. Com a microscopia de Ponta de Prova, podem ser obtidas ampliações no nível do bilhão ou 10^9, chegando-se ao nível dos parâmetros cristalinos. (NUNES e KREISCHER, 2010, p.60). A seguir são mostrados dois exemplos diferentes de micrografias de metais.

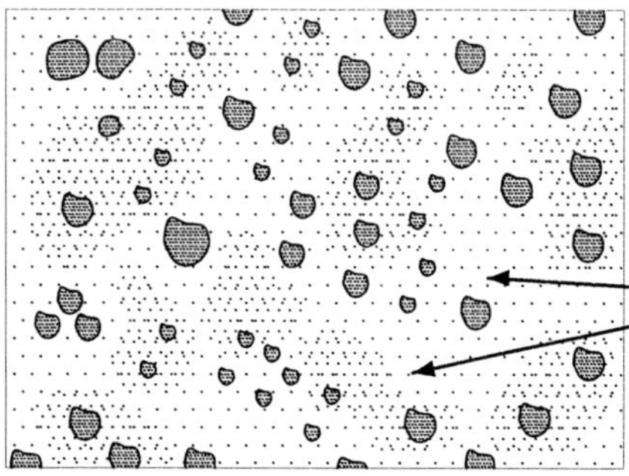

Imagem de uma micrografia óptica, de uma amostra de ferro fundido. Aumento de 100 vezes e ataque químico com Nital a 3%. Esse reagente é uma mistura de ácido nítrico e álcool.

Como o ferro fundido é uma mistura de alguns metais (liga metálica), podem ser observadas tonalidades diferentes de cor, ou seja, materiais diferentes.

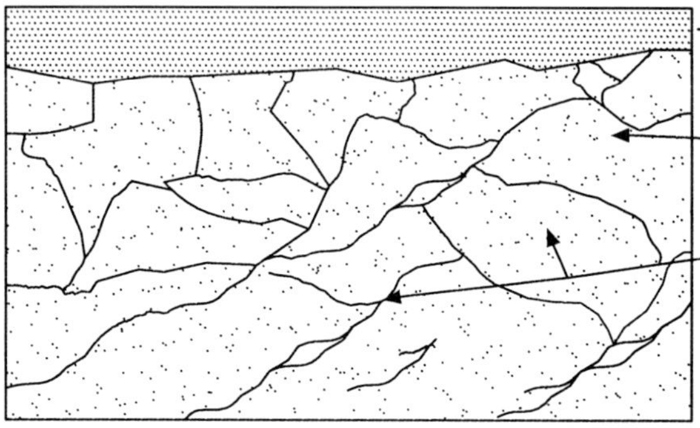

Imagem da micrografia de um metal, vendo-se nitidamente os grãos e os espaços intergranulares ou contornos dos grãos.

10.3 As ligas metálicas

São materiais com propriedades metálicas que contêm dois ou mais elementos químicos sendo que pelo menos um deles é metal. Apesar da grande variedade de metais existentes, a maioria não é empregada em estado puro, mas em ligas com propriedades alteradas em relação ao material inicial, o que visa, entre outras coisas, reduzir os custos de produção e obter desejadas propriedades, como por exemplo: a) aumentar a dureza e a resistência mecânica; b) conferir resistência uniforme através de toda a seção em peças de grandes dimensões; c) diminuir o peso (consequência do aumento da resistência), de modo a reduzir a inércia de uma parte em movimento ou reduzir a carga morta em um veículo ou numa estrutura; d) conferir resistência à corrosão; e) aumentar a resistência ao calor; f) aumentar a resistência ao desgaste; g) aumentar a capacidade de corte e h) melhorar as propriedades elétricas e magnéticas, dentre outras.

Ligas metálicas também podem conter não metais, como por exemplo, Carbono, Fósforo e Enxofre. Aços inoxidáveis são ligas metálicas ferrosas (com Ferro e Carbono), de Cromo e Níquel, normalmente contendo também molibdênio. O Ouro puro é o de 24 Quilates, enquanto o de 18 Quilates é uma liga de Ouro (75%) e Prata (25%) ou Ouro (75%) e Cobre (25%). O bronze é uma liga de Cobre e Estanho, podendo conter também zinco, alumínio, antimônio, níquel, fósforo e chumbo.

É interessante ter-se uma ideia de como um determinado elemento químico, modifica as propriedades físicas de uma liga metálica. Por exemplo, no aço: quanto maior o teor de carbono, maior sua resistência ao desgaste. Ao se adicionar Molibdênio, aumenta-se sua resistência a altas temperaturas.

Para se ter uma liga metálica é necessário que os metais componentes tenham a mesma estrutura cristalina (por exemplo, CCC com CCC) e raios atômicos próximos. Nas ligas metálicas ou misturas de metais, existe tanto o solvente, quanto o soluto. "O solvente é aquele em maior quantidade e o soluto em menor concentração. O solvente é a matriz metálica onde átomos de outro metal (ou não metal) se distribuem de forma substitucional ou insterstícial". (NUNES e KREISCHER, 2010, p.64). Para cada tipo de liga, existem as proporções corretas de cada componente. Ou seja, tem que existir uma boa e compatível solubilidade entre os componentes de uma liga metálica. Esses estudos são a base da metalurgia física, que é uma especialidade, normalmente desenvolvida por engenheiros metalúrgicos.

A metalurgia física estuda os aspectos fundamentais da estrutura dos metais, bem como suas relações com o comportamento a esforços de metais e ligas. Normalmente são abordados aspectos envolvendo imperfeições cristalinas, tratamentos térmicos, conformação plástica e comportamento mecânico de metais e ligas sob condições de carregamento estático e dinâmico.

10.4 Materiais minerais metálicos e ferrosos

São classificados em ferros fundidos e aços, nos seguintes tipos:

- Ferros fundidos
  - Cinzento
  - Branco
  - Dúctil
  - Maleável
  - Grafítico compacto
- Aços
  - Ao carbomo
  - Aços ligas
  - Aços inoxidáveis

Ferros fundidos são as ligas Ferro-Carbono, contendo de 2 a 4,5% de Carbono, mais Silício, Manganês, Fósforo e Enxofre, podendo ter outros elementos de liga, como Níquel e Cromo. Os cinco tipos principais têm suas composições químicas mostradas na tabela 10.1.

Tipo do ferro fundido	C (Carbono)	Si (Silício)	Mn (Manganês)	P (Fósforo)	S (Enxofre)
Cinzento	2,5 - 4,0 %	1,0 - 3,0 %	0,2 - 1,0 %	0,002 - 1,0 %	0,02 - 0,25 %
Grafítico compacto	2,5 - 4,0 %	1,0 - 3,0 %	0,2 - 1,0 %	0,01 - 0,1%	0,01 - 0,03 %
Dúctil ou nodular	3,0 - 4,0 %	1,8 - 2,8 %	0,1 - 1,0 %	0,01 - 0,1%	0,01 - 0,03 %
Branco	1,8 - 3,6 %	0,5 - 1,9 %	0,25 - 0,8 %	0,06 - 0,2 %	0,06 - 0,2 %
Maleável	2,2 - 2,9%	0,9 - 1,9 %	0,15 - 1,2 %	0,02 - 0,2 %	0,02 - 0,2%

Tabela 10.1: composição química dos cinco principais tipos de ferros fundidos
(O restante da composição é ferro - Fe)

Ferro fundido cinzento: é um material frágil e quebradiço, não servindo muito bem à aplicações que requeiram elevada resistência à tração. Sua resistência e ductilidade são maiores sob compressão, além de terem excelentes capacidades de amortecimento de vibrações e elevada resistência ao desgaste mecânico. Nos produtos são aplicados como: componente estrutural de máquinas e equipamentos pesados sujeitos à vibração, peças fundidas de vários tipos que não necessitam de elevada resistência mecânica, pequenos blocos cilíndricos, pistões, cilindros, discos de embreagem e peças fundidas de motores à combustão interna.

Ferro fundido dúctil ou nodular: devido sua micro estrutura nodular possui maiores resistência mecânica e ductilidade, aproximando suas características das do aço. Em produtos, suas aplicações incluem válvulas industriais, carcaças de bombas centrífugas, virabrequins, engrenagens, pinhões, cilindros e outros componentes de máquinas e automóveis.

Existe também o ferro fundido nodular austemperado, ou seja, tratado termicamente. O tratamento térmico de Austêmpera transforma o ferro fundido nodular num material de excelentes qualidades de resistência à ruptura, à fadiga, ao desgaste, e um alongamento especifico muito elevado. Esse tipo de ferro fundido pode substituir o aço forjado, com aplicações nos setores de maquinas agrícolas, tratores pesados, máquinas para transporte em mineradoras e nos setores de transporte em geral de cargas e automotivo.

Austêmpera é um tratamento isotérmico aplicado a materiais ferrosos que requer um estrito e preciso controle de tempo e temperatura, produzindo uma microestrutura resultante de alta ductilidade, tenacidade, com uma resistência à tração, abrasão e fadiga duas vezes maior que com um tratamento tradicional de têmpera. Durante o tempo em que as peças são mantidas à temperatura de austenitização ocorre uma formação acicular de ferrita, austenita de alto teor de carbono estável e nódulos de grafita, formando assim uma estrutura denominada de ausferrita que proporciona uma dupla resistência para um mesmo nível de ductilidade se comparado com uma estrutura de perlita, ferrita ou martensita, formada por meios convencionais de tratamento térmico.

Ferro fundido branco: material extremamente duro e frágil, chegando a ser inadequado para a usinagem em alguns casos. Sua aplicação é restrita aos casos em que dureza elevada e resistência ao desgaste são necessárias como, por exemplo, nos cilindros de laminação. Geralmente, é utilizado como um processo intermediário na produção do ferro fundido maleável.

Ferro fundido maleável: é produto da transformação do ferro fundido branco, após tratamento térmico em temperatura e atmosfera adequada. Apresenta características de elevada resistência mecânica e considerável ductilidade e maleabilidade. É aplicável tanto em temperaturas normais quanto mais elevadas. Flanges, conexões para tubos, peças para válvulas ferroviárias e navais, peças de automóveis, máquinas agrícolas e outras peças para indústria pesada, são algumas das aplicações típicas do ferro fundido maleável.

Ferro fundido grafítico compacto: é um material cujas propriedades variam entre as do ferro fundido cinzento e as do dúctil ou nodular. Em comparação com os ferros fundidos cinzentos, os grafíticos compactos possuem maior resistência mecânica, maiores ductilidade e tenacidade e menor oxidação a temperaturas elevadas. Já na comparação com os ferros fundidos dúcteis, possuem menor coeficiente de expansão térmica, maior condutibilidade térmica, maior resistência ao choque térmico, maior capacidade de amortecimento, melhor fundibilidade e melhor usinabilidade. Dentre as aplicações típicas, podem ser citadas: base para grandes motores a diesel, cárteres, alojamentos de caixas de engrenagens, alojamentos para turboalimentadores, suportes de rolamentos, rodas dentadas para correntes articuladas, engrenagens excêntricas, moldes para lingotes, coletores de descarga de motores e discos de freio.

O aço: é uma liga de ferro e carbono, com 0,008% a 2,11% de Carbono (CHIAVERINI, 1996). O minério de ferro é um óxido de ferro, associado ao oxigênio e à sílica (areia). O carbono é relativamente abundante na natureza e pode ser encontrado sob diversas formas. Na siderurgia, como fonte de Carbono, usa-se carvão mineral, e em alguns casos, o carvão vegetal. O carvão exerce duplo papel na fabricação do aço. Como combustível, permite alcançar altas temperaturas (cerca de 1.500 graus Celsius) necessárias à fusão do minério. Como redutor, associa-se ao oxigênio que se desprende do minério com a alta temperatura, deixando livre o ferro. O processo de remoção do oxigênio do ferro para ligar-se ao carbono chama-se redução e ocorre dentro de um equipamento chamado alto forno.

Antes de serem levados ao alto forno, o minério e o carvão são previamente preparados para melhoria do rendimento e economia do processo. O minério é transformado em pelotas e o carvão é destilado, para obtenção do coque, dele se obtendo ainda subprodutos carboquímicos. No processo de redução (via fusão), o ferro se liquefaz e é chamado de ferro gusa ou ferro de primeira fusão. Impurezas como calcário, sílica etc., formam a escória, que é matéria prima para a fabricação de cimento. A etapa seguinte do processo é o refino. O ferro gusa é levado para a aciaria, ainda em estado líquido, para ser transformado em aço, mediante queima de impurezas e adições. O refino do aço se faz em fornos a oxigênio ou elétricos. Finalmente, a terceira fase clássica do processo de fabricação do aço é a laminação. O aço, em processo de solidificação, é deformado mecanicamente e transformado em produtos siderúrgicos utilizados pela indústria de transformação, como chapas grossas e finas, bobinas, vergalhões, arames, perfilados, barras etc.

Tipos de aços ao carbono, aços ligas e suas classificações

Os vários tipos de aços utilizados na fabricação de produtos podem ser classificados conforme os sistemas de codificações ABNT, SAE, AISI, ASTM, BSI e DIN, onde ABNT = Associação Brasileira de Normas Técnicas, SAE = *Society Automotive Enginneering* ou Sociedade de Engenharia Automotiva, AISI = *American Iron and Steel Institute* ou Instituto Americano de Ferro e Aço, ASTM = *American Society for Testing and Materials* ou Sociedade Americana para materiais e testes, BSI = *British Standards Institution* ou Instituições Britânicas de Padronizações e DIN = *Deutches Institut fur Normung* ou Instituto Alemão de Normalização. Os sistemas SAE e AISI usam em geral quatro algarismos na forma ABXX onde: 1) A e B são números que identificam os principais elementos de liga presentes no aço e seus teores dados em porcentagem de peso. 2) XX indicam a porcentagem em peso de carbono do aço dividido por 100. Isso significa dizer que um aço identificado como 1045 contêm 0,45 % em peso de carbono em sua composição química.

Quando a letra B aparece entre os dois primeiros números e os dois últimos indica que o aço tem um teor de boro no mínimo 0,0005% em peso (o boro, quanto presente no aço em teores muito baixos, facilita a têmpera do aço, aumentando a sua resistência). Quando o teor de carbono excede 1% o sistema admite a utilização de cinco algarismos. Por exemplo, o aço prata, utilizado principalmente na fabricação de anéis, esferas e roletes de rolamentos, pois apresenta uma dureza elevada, é codificado como 52100, correspondendo a 1,5% de Cromo e 1% de carbono.

Os aços ao carbono com até 0,6% de Silício (Si) são chamados de "acalmados" ou *killed stell* e possuem uma estrutura metalúrgica mais fina o que, por exemplo, diminui a incidência de trincas após soldagem. A resistência mecânica dos aços ao carbono começa a diminuir muito após 400 graus Celsius, sendo essa a temperatura limite para seu uso. Também não se deve usar esses aços em temperaturas negativas, ou seja, abaixo de zero, pois ficam quebradiços, principalmente se houver muitos esforços. Os aços carbono acalmados podem ser utilizados até 45 graus Celsius negativos. A tabela 10.2 mostra a classificação SAE/AISI, para os principais tipos de aços ao carbono e aços ligas.

Classificação SAE / AISI	Tipo de Aço e composição nominal (o restante é ferro - Fe)
10XX / C10XX	Aços ao carbono comuns
11XX / C11XX	Aços de usinagem (ou corte) fácil, com alto Enxofre (S)
13XX / 13XX	Aço manganês com 1,75% de Manganês (Mn)
23XX / 23XX	Aços Níquel com 3,5% de Níquel (Ni)
25XX / 25XX	Aços Níquel com 5,0% de Ni
31XX / 31XX	Aços Níquel Cromo com 1,25% de Ni e 0,65% de Cr
33XX / E33XX	Aços Níquel Cromo com 3,5 % de Ni e 1,55 Cr
40XX / 40XX	Aços Molibdênio com 0,25% de Molibdênio (Mo)
41XX / 41XX	Aços Cromo Molibdênio com 0,50% ou 0,90% de Cr e 0,12% ou 0,20% de Mo

43XX / 43XX	Aços Níquel cromo com molibdênio com 1,80% de Ni e 0,20% ou 0,25% de Mo
46XX / 46XX	Aços Níquel Molibdênio com 1,55% ou 1,80% de Ni e 0,20% ou 0,25% de Mo
47XX / 47XX	Aços Níquel Cromo Molibdênio com 1,05% de Ni, 0,45% de Cr e 0,20 de Mo
48XX / 48XX	Aços Níquel Molibdênio com 3,5 % de Ni e 0,25% de Mo
50XX / 50XX	Aços cromo com 0,28% ou 0,65% de Cr
50BXX / 50BXX	Aços cromo boro com baixo teor de Cr e no mínimo 0,0005% de Boro (B)
51XX / 51XX	Aços cromo com 0,80 a 1,05% de Cr
61XX / 61XX	Aço cromo vanádio com 0,8 ou 0,95% de Cr a 0,1% ou 0,15% de Vanádio (V)
86XX / 86XX	Aços níquel molibdênio com baixos teores de Ni, Cr e Mo
87XX / 87XX	Aços níquel molibdênio com baixos teores de Ni, Cr e Mo
92XX / 92XX	Aço silício manganês com 0,85% de Mn e 2,0% de Si
93XX / 93XX	Aços silício manganês com 3,25% de Ni, 1,20% de Cr e 0,12% de Mo
94BXX / 94BXX	Aço níquel cromo molibdênio com baixos teores de Ni, Mo e no mínimo 0,0005% de B
98XX / 98XX	Aço níquel cromo molibdênio com 1,0% de Ni,0,80 de Cr e 0,25% de Mo

Tabela 10.2: classificações SAE / AISI de aços ao carbono e aços ligas

Aços inoxidáveis: são os que contêm um mínimo de 10,5% de Cromo como principal elemento de liga. São aços onde não ocorre oxidação em ambientes normais. Alguns possuem mais de 30% de Cromo ou menos de 50% de Ferro. Suas características de resistência são obtidas graças à formação de um óxido protetor que impede o contato do metal base com a atmosfera agressiva. Outros elementos como níquel, molibdênio, cobre, titânio, alumínio, silício, nióbio, nitrogênio e selênio podem ser adicionados para a obtenção de características mecânicas particulares.

Os aços inoxidáveis são divididos em cinco grupos, de acordo com a microestrutura, estrutura cristalina das fases presentes ou tratamento térmico utilizado. Os grupos são: martensíticos, ferríticos, austeníticos, duplex (austenítico e ferrítico) e endurecíveis por precipitação.

Os aços inoxidáveis são normalmente designados pelos sistemas de numeração da AISI, UNS (*Unified Numbering System*) ou por designação própria do proprietário da liga, como é o caso da siderúrgica Sandvik. Entre estes, o sistema da AISI é o mais utilizado. Nele, a maioria dos graus de aços inoxidáveis possui uma classificação com três dígitos. Os aços austeníticos fazem parte das séries 200 e 300, enquanto que a série 400 designa tanto aços ferríticos quanto martensíticos. A série UNS, por sua vez, possui um maior número de ligas que a AISI, pois incorpora todos os aços inoxidáveis de desenvolvimento mais recente.

Nessa série, os aços inoxidáveis são representados pela letra S, seguida de cinco números. Os três primeiros representando a numeração AISI (se tiverem). Os dois últimos algarismos serão 00 se o aço for um aço comum da designação AISI. Se forem diferentes, significa que o aço tem alguma característica especial reconhecida pela UNS. Os inoxidáveis austeníticos apresentam as seguintes características: boa soldagem, alta ductilidade, grande resistência à corrosão, adequados para trabalhar à altas e baixas temperaturas e não são magnéticos. Os ferríticos possuem boa soldagem, podem ser dobrados e cortados, sua resistência cresce por trabalho a frio e são magnéticos. Os martensíticos têm resistência moderada à corrosão e são magnéticos.

Devido suas características e propriedades, os aços inoxidáveis são utilizados nos mais diferentes tipos de produtos, principalmente quando se busca beleza e resistência à corrosão.

Classificação AISI	**Estrutura metalúrgica**	**Composição nominal % (o restante é Ferro - Fe)**	**Temp. máx. de uso (°C)**
304	Austenítica	0,08C; 2,0Mn; 1,0Si; 18 a 20Cr; 8 a 10,5Ni	815
304L	Austenítica	0,03C; 2,0Mn; 1,0Si; 18 a 20Cr; 8 a 12Ni	430
304H	Austenítica	0,04 a 0,1C; 2,0Mn; 1,0Si; 18 a 20 Cr; 8 a 10,5Ni	815
304N	Austenítica	0,08C; 2,0Mn; 1,0Si; 18 a 20Cr; 8 a 10,5Ni; 0,1 a 0,16N	650
310	Austenítica	0,08C; 2,0Mn; 1,0Si,24 a 26Cr; 19 a 22Ni	815
316	Austenítica	0,08C; 2,0Mn; 1,0Si;16 a 18Cr; 10 a 14Ni; 2 a 3Mo	815
316L	Austenítica	0,03C; 2,0Mn; 1,0Si;16 a 18Cr; 10 a 14Ni; 2 a 3Mo	430
316H	Austenítica	0,04 a 0,1C; 2,0Mn; 1,0Si;16 a 18Cr; 10 a 14Ni; 2 a 3 Mo	815
316N	Austenítica	0,08C; 2,0Mn; 1,0Si; 0,1 a 0,16N;16 a 18Cr; 10 a 14Ni; 2 a 3Mo	650
317	Austenítica	0,08C; 2,0Mn; 1,0Si;18 a 20Cr; 11 a 15Ni; 3 a 4Mo	815
321	Austenítica	0,08C; 2,0Mn; 1,0Si;17 a 19Cr; 9 a 12Ni; 5x %C Ti	815
347	Austenítica	0,08C; 2,0Mn; 1,0Si; 17 a 19Cr;9 a 13Ni; 8 x %C Cb + Ta	815
348	Austenítica	0,08C; 2,0Mn; 1,0Si; 17 a 19Cr;9 a 13Ni; 10 x % C Cb + Ta	815
403	Martensítica	0,15C; 1,0Mn; 0,5Si; 11,5 a 13Cr	480
405	Ferrítica	0,08C; 1,0Mn; 1,0Si; 11,5 a 14,5Cr; 0,6Ni; 0,1 a 0,3Al	540
410	Martensítica	0,15C; 1,0Mn; 1,0Si; 11,5 a 13,5Cr; 0,75Ni	650
410S	Ferrítica	0,08C; 1,0Mn; 1,0Si11,5 a 13,5Cr; 0,6Ni	650
416	Martensítica	0,15C; 1,0Mn; 0,5Si12 a 14Cr; 0,6Mo	480

429	Ferrítica / Martensítica	0,12C; 1,oMn; 1,0Si;14 a 16Cr; 0,75Ni	650
430	Ferrítica	0,12C; 1,0Mn; 1,0Si;16 a 18Cr; 0,75Ni	550
431	Ferrítica / Martensítica	0,20C; 1,0Mn; 1,0Si; 15 a 17Cr; 1,5Ni	500
440	Martensítica	0,60C; 1,oMn; 1,0Si; 16 a 18Cr; 0,75Mo	500
442	Ferrítica	0,20C; 18 a 23Cr	550
446	Ferrítica	0,35C; 23 a 27Cr	550

Tabela 10.3: dados dos principais aços inoxidáveis

10.5 Materiais minerais metálicos e não ferrosos

Existem dezenas, porém dois se destacam na fabricação de produtos: Alumínio (Al) e Cobre (Cu), bem como suas ligas. O metal mais utilizado na fabricação de produtos é o aço (ao carbono, ligas e inoxidáveis), em segundo lugar vem o Alumínio e suas ligas e em terceiro o Cobre e suas ligas. A seguir é feita a descrição dos metais não ferrosos, citando-se o símbolo químico, as propriedades e usos práticos na fabricação de produtos.

Alumínio (Al): apresenta grande maleabilidade e fraca resistência mecânica. Boa resistência à corrosão atmosférica. É utilizado em artigos domésticos, na indústria eletroeletrônica, na construção civil, bem como em chapas finas para embalagens. Depois dos aços, é o metal mais utilizado pelo homem moderno. Seu ponto de fusão é 660 ºC.

Antimônio (Sb): também chamado Estíbio, tem cor azul esbranquiçada, quebradiço, quando usado como liga, abaixa o ponto de fusão da mesma. Seu ponto de fusão é 630 ºC. É utilizado em tipos de impressão gráfica e peças de decoração doméstica, que não exijam alta resistência mecânica. O óxido de Antimônio é usado no interior de colchões para evitar incêndios. Caso o colchão pegue fogo, estes óxidos evitam que os objetos se incendeiem. Os sais de antimônio são usados na fabricação de maquiagens como sombras, por exemplo. O Antimônio é um dos metais pesados, portanto é tóxico.

Berílio (Be): tem cor esverdeada, parecendo esmeralda. Proporciona grande dureza superficial, especialmente em ligas de Cobre. Tem alto ponto de fusão: 2500 ºC. É utilizado em mancais, peças de relojoaria e em instrumentos de medição na forma de ligas com Níquel, Cromo, Cobalto e Ferro. Escudos de calor, giroscópios, guias inerciais de mísseis e foguetes, acelerômetros e espelhos (é usado como substrato fixo para uma superfície altamente polida). Muito usado na indústria aeroespacial. O uso comercial do berílio requer a utilização de equipamentos de controle adequado do pó e o controle industrial em período contínuo porque a toxicidade da inalação de substâncias que possuem o berílio pode causar uma doença crônica com risco de vida chamada beriliose.

Bismuto (Bi): tem cor branca prateada, quebradiço, baixa usinabilidade, fraca resistência elétrica e ao calor. Seu ponto de fusão é 271 ^{0}C. É utilizado em fogos de artifício e como corante de porcelana. Em ligas especiais que fundem a baixas temperaturas, é muito utilizado em produtos terapêuticos.

Cádmio (Cd): tem cor branca acinzentada. É um subproduto da mineração do Zinco. É um metal raro que é mais facilmente encontrado em ambientes aquáticos (águas de superfícies subterrâneas), e possui a propriedade de ser insolúvel. Seu ponto de fusão é 321 ^{0}C. É utilizado na fabricação de mancais, em baterias (cádmio níquel) de celulares e em pilhas recarregáveis. Chegou a ser utilizado como amálgama por dentistas. É um dos metais mais tóxicos, apesar de ser um elemento químico essencial, necessário em quantidades muito pequenas, embora sua função biológica não seja muito clara. Normalmente é encontrado em minas de zinco.

Chumbo (Pb): tem cor cinzenta, azulada e brilhante. É um subproduto da produção de Zinco. Alta resistência à corrosão e radiações. Seu ponto de fusão é 327,3 ^{0}C. É utilizado em tipos de impressão gráfica e como placas para proteção contra Raios X e radioatividade. Muito utilizado em baterias de automóveis. É um metal tóxico, pesado, macio, maleável e mal condutor de eletricidade.

Cobalto (Co): tem cor branco prateada com matizes azuladas. É utilizado na produção de ligas magnéticas, fabricação de peças de precisão e de ligas especiais para odontologia ou ainda como matéria prima na indústria de cerâmica, para que as peças fiquem azuladas. Seu ponto de fusão é 1.495 ^{o}C. É utilizado para a produção de superligas usadas em turbinas de gás de aviões, ligas resistentes a corrosão, aços rápidos, carbetos e ferramentas de diamante. O Co 60, radioisótopo é usado como fonte de radiação gama em radioterapia e esterilização de alimentos.

Cobre (Cu): possui elevadas condutividades elétrica e térmica, boa resistência à corrosão e facilidade de fabricação, aliadas a elevadas resistências mecânica e à fadiga. Seu ponto de fusão é 1.083 ^{0}C. É utilizado na construção civil, elétrica, automobilística, arquitetura, eletro-eletrônica, mecânica, objetos decorativos, bélica, mineração, construção naval e exploração petrolífera. Depois dos aços e Alumínio, é o metal mais usado pelo homem moderno.

Cromo (Cr): é um metal branco azulado, capaz de adquirir grande polimento. É extremamente duro, sendo mais duro que o aço. Seu ponto de fusão é 1.830 ^{0}C. É utilizado como elemento de liga, principalmente em aços inoxidáveis. Os cromatos de potássio e sódio são usados em tinturaria; na fabricação de pigmentos (amarelo, cromo, vermelho de cromo, verde de Guignet, etc.) e no curtimento de couros. Usam-se, também, os sais de cromo como agentes corantes, na fabricação de vidro e olaria.

Estanho (Sn): é um metal branco, brilhante, maleável e macio. Tem baixo ponto de fusão 232 ^{0}C. É muito utilizado para a estanhagem de chapas de aço, para uso alimentício, constituindo as folhas de Flandres.

Magnésio (Mg): tem cor branca prata. Em estado puro, é o mais leve dos metais conhecidos. Ponto de fusão 651 ^{0}C. As ligas de magnésio, sobretudo com o alumínio, manganês, zircônio, zinco e lantanídeos, têm aplicação na fabricação de fuselagens, motores e rodas na indústria aeronáutica. O magnésio, potente redutor, é empregado também, em síntese química, na obtenção de titânio, berílio e urânio.

Mercúrio (Hg): é um metal líquido branco prata. Seu ponto de fusão é -38,93 ºC (ponto de fusão negativo). O mercúrio só é sólido a baixíssimas temperaturas. É altamente tóxico para o ser humano. É encontrado em diversos produtos diferentes, como lâmpadas fluorescentes, baterias, telas de televisores e computador, resíduos militares, químicos, dentários e médicos, termômetros, filtros, *relays*, retificadores e manômetros.

Molibdênio (Mo): tem cor branca prateada. É muito duro. Tem um elevado módulo de elasticidade e ponto de fusão de 2.623 ºC. É um importante componente de liga, uma vez que aumenta a dureza e a tenacidade do aço. Também aumenta a resistência em altas temperaturas. Aços de elevada resistência, em quase sua totalidade, têm molibdênio em proporções de 0,25 a 8%. Agente catalisador no refino do petróleo (para remover compostos orgânicos de enxofre). Em camadas condutivas de alguns tipos de transistores. Em eletrodos para fornos de aquecimento elétrico. Em filamentos para componentes elétricos e eletrônicos. Em ligas à base de níquel, resistentes a altas temperaturas e à corrosão. Em reatores nucleares e partes de aviões e mísseis. Sulfeto de molibdênio é um lubrificante para altas temperaturas.

Nióbio (Nb): é um metal branco acinzentado, brilhante, macio e dúctil. O aspecto se torna azulado, se exposto ao ar por longo tempo. A oxidação começa a 200 ºC e, portanto, o trabalho a quente deve ser feito em atmosfera protetora. Propriedades químicas são parecidas com as do tântalo. Ponto de fusão de 2.477 ºC. É utilizado como aditivo de vidros de dispositivos óticos, para aumentar índice de refração. Elemento de liga para aços inoxidáveis e para algumas ligas de metais não ferrosos. Em ligas de eletrodos para solda de aço inoxidável. Em razão da inatividade fisiológica, o metal e algumas ligas são usados em joalheria e em medicina (o metal pode ser anodizado para refinar o aspecto). Há pesquisas para uso em capacitores para eletrônica, em substituição do tântalo. Ligas de nióbio/estanho e nióbio/titânio são usadas em magnetos supercondutores de elevada intensidade de campo.

Níquel (Ni): tem a aparência da prata e pode ser finamente polido. É duro, maleável, dúctil, ferromagnético, razoável condutor de calor e eletricidade. Seu ponto de fusão é 1.455 ºC. Amplamente usado na produção de aços inoxidáveis e de outras ligas resistentes à corrosão. Componente de ligas para resistências elétricas. Eletrodeposição de níquel dá uma eficiente proteção anticorrosiva a peças de aço (as famosas peças niqueladas). Granulado, serve como catalisador para a hidrogenação de óleos vegetais. Outras aplicações: moedas, ligas para ímãs permanentes, baterias. Tubulações feitas de liga de cobre e níquel são empregadas na condução de meios corrosivos como água do mar.

Ouro (Au): possui alta maleabilidade e resistência à corrosão. Pode ser laminado em espessuras de até um décimo de milésimo de milímetro. Soldável a frio. Ponto de fusão de 1.063 ºC. É utilizado em moedas, bijuterias, joias, objetos de arte e também como revestimento em alguns equipamentos químicos e farmacêuticos, devido sua resistência à corrosão. Também é utilizado em contatos eletrônicos especiais.

Prata (Ag): é um metal branco, maleável e dúctil. Quando exposto ao ar enegrece devido oxidação. Ponto de fusão de 960 °C. É utilizado em moedas, bijuterias, jóias e objetos de arte. Também é utilizado em contatos eletroeletrônicos especiais.

Platina (Pt): é um metal branco prateado. No estado puro, é maleável e dúctil. Não é oxidado pelo ar em nenhuma temperatura, mas é corroído por halogênios, cianetos, enxofre e álcalis. Uma mistura de hidrogênio e oxigênio explode na presença de platina. Um fio fino de platina aquecido até o rubro se exposto a vapores de álcool metílico, devido à ação catalisadora, converte o álcool em formaldeído. Ponto de fusão de 1.773 °C. É amplamente usado em joalheria. Também em fios para resistências de fornos, vasos de laboratório, instrumentos como termopares, contatos elétricos, odontologia. A expansão térmica é quase idêntica à de alguns tipos de vidros e, por isso, é usado em uniões seladas vidro metal. Ligas de platina e cobalto têm propriedades magnéticas e são usadas em ímãs de alta capacidade. Na forma granulada, é excelente catalisador, empregado em processos de produção de ácido sulfúrico e no craqueamento de derivados de petróleo. Também como catalisador em células de combustível. Anodos de platina são usados em proteção catódica.

Polônio (Po): é um metal radioativo, cinza prateado ou negro. É um metal de baixo ponto de fusão e bastante volátil. A 55 °C, 50% é vaporizado em 45 horas. É empregado industrialmente, por exemplo, para eliminar a eletricidade estática gerada pela laminação do papel, na manufatura de laminados plásticos e na fiação de fibras sintéticas. Também é usado em escovas para remover poeira de filmes fotográficos e, em física nuclear como fonte de radiação alfa. Misturas de polônio com berilo ou com outros elementos leves são empregadas como fontes de nêutrons.

Silício (Si): o dióxido de silício, vulgarmente chamado sílica, é um dos mais importantes compostos de silício que ocorre na natureza, encontrado principalmente no quartzo e este, por sua vez, é muito comum e ocorre na areia, no granito e em arenitos. Em estado livre, o silício é um sólido cinza escuro, duro, de brilho metálico e estrutura cristalina semelhante a do diamante. Suas propriedades químicas se assemelham às do carbono. Ponto de fusão de 1.414 °C. O silício tem poucas aplicações: em metalurgia como agente redutor e como liga metálica no aço, latão e bronze; altamente purificado, é usado em dispositivos fotoelétricos, transistores, *chips* e outros componente eletrônicos. Na forma de areia e argila, a sílica é usada para fabricar concreto e tijolos, além de materiais refratários e do vidro.

Tântalo (Ta): é um metal cinza, pesado e bastante duro. No estado puro, é dúctil e pode ser trefilado em arames finos, que são usados como filamentos para evaporar metais como o alumínio. Tem excelente resistência à corrosão em temperaturas abaixo de 150 °C. O ponto de fusão é 3.017 °C, inferior apenas aos do tungstênio e rênio. É supercondutor a −268,7 °C. Filmes de óxido de tântalo são estáveis e possuem boas propriedades dielétricas. Capacitores eletrolíticos são a principal aplicação. Também em alguns resistores especiais para circuitos de áudio. Componente de diversas ligas caracterizadas pelo alto ponto de fusão, alta resistência e boa ductilidade. Em vários casos, o tântalo é um substituto mais econômico para a platina. Óxido de tântalo é usado em vidros especiais, de alto índice de refração, para câmeras fotográficas. Partes diversas de fornos a vácuo. Tântalo é completamente imune aos líquidos do corpo humano e não é agressivo. Por isso tem encontrado aplicações cirúrgicas.

Titânio (Ti): é um metal branco prateado, muito resistente a corrosão e a impacto mecânico. O ponto de fusão é 1.668 ^{0}C. É aplicado na fabricação de ligas leves e de alta resistência, que são empregadas em reatores, motores de foguetes, aviões e automóveis. Seus compostos são empregados como pigmento branco para tintas, papel, borracha, além de ser utilizado na produção de cosméticos. Titânio e ligas são usados em próteses ósseas e implantes dentários, bem como em instrumentos cirúrgicos.

Tungstênio (W): no estado puro, tem uma coloração cinza aço. Tungstênio de elevada pureza pode ser cortado com serra, forjado e trefilado. O metal impuro é quebradiço e difícil de trabalhar. É o metal de mais alto ponto de fusão e o de maior resistência em temperaturas acima de 1650 ^{0}C. A temperatura de ebulição está perto da temperatura da superfície solar. A resistência à corrosão é muito boa. O ponto de fusão é 3.422 ^{0}C. Carboneto de tungstênio (WC) é um material quase tão duro quanto diamante e usado em ferramentas para cortar metais e em brocas de perfuração, sendo uma das aplicações mais importantes do metal. Contatos elétricos de elevada robustez. Componente de ligas especiais para paletas de turbinas, armamentos e outras aplicações. Elemento de liga para aços rápidos. Filamentos para lâmpadas e válvulas termiônicas. Eletrodos para solda elétrica. Essas aplicações são decorrentes do elevado ponto de fusão e/ou baixa pressão de vapor do metal. Tungstatos de cálcio e de magnésio são usados em lâmpadas fluorescentes. Uniões seladas vidro / metal em razão da expansão térmica similar à expansão dos vidros de borossilicato (sais oxigenados com boro e silício, usados em vidros resistentes a variações de temperatura. Esses vidros são popularmente denominados pírex).

Urânio (U): tem dureza um pouco menor que o aço, é denso, maleável, dúctil e levemente paramagnético. Tem aspecto branco prateado. Exposto ao ar fica recoberto por uma camada de óxido. É pirofórico se pulverizado. Cristais de nitrato de urânio apresentam triboluminescência (luminescência devido ao atrito). O urânio natural é suficientemente radioativo para impressionar um filme fotográfico em cerca de uma hora. Urânio e seus compostos são altamente tóxicos, pela atividade química e pela radioatividade. Ponto de fusão de 1.132 ^{0}C. É o mais importante combustível nuclear, usado em reatores para produção de energia elétrica. Um quilograma de urânio pode fornecer energia equivalente a cerca de 3.300 toneladas de carvão. Outras aplicações do urânio: material para instrumentos de orientação inercial como giroscópios; produção de raios X de alta intensidade; blindagens; o nitrato pode ser usado como toner fotográfico; acetato é usado em análises químicas; alguns sais são empregados na produção de vidros amarelos.

Zinco (Zn): é um metal branco-azulado, de baixo ponto de fusão, com boa fusibilidade e pode ser facilmente deformado a frio ou a quente. É razoável condutor de eletricidade e queima no ar com uma chama vermelha, emitindo fumaça branca do óxido formado. Ponto de fusão de 419,5 ^{0}C. Cloreto de zinco é usado como desodorante e conservante de madeiras. Componente de uma variedade de ligas: latão, bronze para molas, com níquel e prata para tipografia, ligas para soldas, etc. Galvanização de peças de aço para prevenir a corrosão. Ligado com cobre e alumínio em peças fundidas sob pressão, as quais são amplamente usadas na indústria automobilística, de equipamentos elétricos e outras. Óxido de zinco é usado como pigmento não tóxico para tintas e em algumas borrachas e plásticos, como estabilizador. Sulfeto de zinco é empregado em painéis luminosos, telas de cinescópios e lâmpadas fluorescentes.

Zircônio (Zr): é um metal azul escuro, refratário, com elevada resistência à tração, alta dureza e resistente a corrosão. Ponto de fusão de 1.855 ºC. Em liga com o nióbio, é supercondutor em baixas temperaturas e, por isso, usado em ímãs supercondutores. É usado na indústria química como anticorrosivo, para remover oxigênio de válvulas eletrônicas, em ligas de aço, em lâmpadas de *flash*, em explosivos, etc. Nitreto de zircônio (ZrN) tem sido usado em substituição ao nitreto de titânio no revestimento de brocas. O óxido impuro é empregado como refratário na indústria de cerâmica e vidro e em cadinhos de laboratório. Zircônio tem uma baixa absorção de nêutrons e, por isso, é usado em reatores nucleares, no revestimento do combustível, por exemplo. Essa aplicação representa a maior parte do uso comercial do zircônio metálico.

10.5.1 Os metais pesados (e seus riscos à saúde humana)

São assim chamados por apresentarem uma densidade mais elevada do que a dos demais metais. Além da densidade elevada ou mais de 4,0 g/cm^3 (ou 4 toneladas por metro cúbico), também se caracterizam por apresentarem altos valores de número atômico, massa específica e massa atômica.

As principais propriedades dos metais pesados são os elevados níveis de reatividade e bioacumulação. Isto quer dizer que, além de serem capazes de desencadear diversas reações químicas, não metabolizáveis (organismos vivos não podem degradá-los), permanecem em caráter cumulativo ao longo da cadeia alimentar. No ser humano, a contaminação por metais pesados traz uma série de problemas à saúde, adiante citadas.

Essa contaminação pode ocorrer das seguintes formas: a) trabalhadores em indústrias que manuseiam, cortam, usinam, soldam e fundem metais, que contêm estes metais pesados como elementos de liga; b) trabalhadores que trabalham, tanto na mineração, quanto na produção direta siderúrgica/metalúrgica, destes metais e suas ligas; c) ingestão de alimentos contaminados, com resíduos destes metais; d) uso constante de utensílios, fabricados com ligas metálicas com metais pesados. A ingestão é mínima, mas a constância, pode vir a trazer um acúmulo excessivo no organismo. Existem diversos metais "classificados" como "pesados" e cada um pode causar danos específicos à saúde. A seguir é feito um resumo dos metais pesados mais comuns e seus principais danos à saúde humana.

Mercúrio (Hg): esse elemento químico age de forma devastadora. Uma vez absorvido, deposita-se em várias regiões do corpo, tais como cérebro, rins, aparelhos digestivo e reprodutivo, pulmões, rins, fígado, pâncreas e outros, causando graves distúrbios (por exemplo, psíquicos e de visão), por vezes irreversíveis.

Chumbo (Pb): é um dos mais perigosos, entre os metais pesados, acometendo principalmente os sistemas nervosos central e periférico, medula óssea e rins.

Cromo (Cr): dentre os principais danos causados por tal elemento no organismo, estão as lesões na pele, bronquite e, se a exposição ocorrer em doses mais elevados, pode levar ao desenvolvimento de células cancerígenas.

Cádmio (Cd): pode gerar efeitos tóxicos ao organismo humano, ainda que em quantidades moderadas, atingindo órgãos vitais como rins, fígado e pulmões. A intoxicação por cádmio pode provocar danos no sistema ósseo, cânceres, entre outros distúrbios.

Arsênio (As) pode provocar lesões não cicatrizáveis na epiderme, lesões em diversos órgãos vitais, alguns tipos de cânceres (em especial, o câncer de pele), e, se em concentrações elevadas, ao óbito.

Estanho (Sn): seus resíduos, comuns em alimentados enlatados, causam náuseas, vômitos e diarreia. Normalmente, latas de alimentos são produzidas com folhas de flandres, ou seja, aço revestido com uma liga de estanho.

Cobre (Cu): causa febre, náuseas e diarreia.

Níquel (Ni): causa doenças respiratórias e alergias.

Sempre que possível, deve-se evitar ao máximo projetar e fabricar produtos que contenham partes desses metais, ainda que na forma de liga, ou seja, ainda que em mínimas proporções.

10.5.2 Metais nobres e preciosos

Metal nobre é aquele resistente à corrosão e oxidação, ao contrário da maior parte dos chamados metais comuns, tais como ferro, níquel e alumínio. Os metais nobres não devem ser confundidos com os metais preciosos, embora muitos metais nobres sejam preciosos. Alguns dos metais nobres podem ser dissolvidos em água régia, que é uma mistura concentrada de ácidos.

Os metais nobres são: Rutênio (Ru), Ródio (Rh), Paládio (Pd), Prata (Ag), Ósmio (Os), Irídio (Ir), Platina (Pt) e Ouro (Au). Outras fontes incluem o Mercúrio (Hg) e o Rênio (Re) como metais nobres. O Titânio (Ti), o Nióbio (Nb) e o Tântalo (Ta) não são chamados metais nobres, apesar de serem muito resistentes à corrosão.

Um metal precioso é um elemento químico metálico raro, de elevado valor econômico. Quimicamente, os metais preciosos são menos reativos do que a maioria dos elementos. São mais lustrosos, mais suaves ou dúcteis e têm um ponto de fusão mais alto do que os outros metais. Historicamente, os metais preciosos foram importantes enquanto moeda de troca, mas há muito são considerados principalmente como investimento e mercadoria industrial.

Os metais preciosos mais conhecidos são o Ouro (Au) e a Prata (Ag). Embora ambos tenham usos industriais, são mais conhecidos pelo seu uso nas artes, joalheria e moedas. Outros metais preciosos incluem os metais do grupo da platina (Pt): Rutênio (Ru), Ródio (Rh), Paládio (Pd), Ósmio (Os), Irídio (Ir) e a própria platina.

10.5.3 Metais estratégicos

Metais e minerais estratégicos são aqueles vitais à tecnologia e indústria moderna (e a um país), mas cujo suprimento é limitado e estão sujeitos a interrupção. Eles são importantes para fins militares, industriais ou comerciais essenciais à economia, defesa, medicina ou infraestrutura. Pouca abundância na natureza, poucos depósitos conhecidos e o suprimento esporádico caracterizam os metais estratégicos.

Embora seja difícil estabelecer uma lista completa e fechada de metais chamados estratégicos, baseando-se em livros e na WEB (pesquisa de 2020), os seguintes metais podem ser chamados de estratégicos: Lítio (Li), terras raras (os lantanídeos), Nióbio (Nb), Tântalo (Ta), Cobalto (Co), Cádmio (Cd), Antimônio (Sb), Gálio (Ga), Germânio (Ge), Magnésio (Mg), Manganês (Mn) e Mercúrio (Hg).

Um bom exemplo é a liga ferro/nióbio, onde o nióbio entra com somente 0,1% na composição em peso, mas a liga era vendida (em 2015) por um valor 100 vezes superior ao nióbio puro. Vê-se, assim, o enorme valor que o nióbio agrega a um simples insumo industrial, de valor ínfimo em relação aos produtos finais das indústrias altamente tecnológicas que o usam como matéria prima. O Brasil sempre teve as maiores reservas de nióbio do mundo.

As terras raras ou lantanídeos, são elementos metálicos com propriedades magnéticas, que os tornam ideais para aplicações de alta tecnologia como discos rígidos e câmeras digitais. Também são cruciais para as tecnologias "verdes", onde, por exemplo, lâmpadas econômicas usam európio e érbio, enquanto as baterias de carros híbridos e as turbinas eólicas usam neodímio.

As terras raras têm aplicações militares importantes por causa de sua força magnética, que permite uma miniaturização extraordinária dos componentes. As asas que direcionam as bombas de precisão, por exemplo, usam motores magnéticos permanentes à base de samário/cobalto em seus sistemas de orientação. Os motores que movimentam o leme e a cauda de um jato de alto desempenho como o F-22 Raptor, da Força Aérea Americana, são feitos de ímãs leves, de terras raras. O Neodímio pode ser encontrado em *lasers* de estado sólido, usados para marcar alvos.

Os monitores de tela plana têm índio, os telefones móveis ou celulares possuem Gálio, as fibras ópticas antimônio, computadores portáteis, Tântalo, e o veículo híbrido Prius, da montadora Toyota, leva Cobalto. Entre 2001 e 2005, o preço do Índio passou de 65 para 1.000 dólares por quilo, e o Cobalto rosa alcançou 50 dólares por libra, em 2005.

10.5.4 Materiais radioativos

Radioatividade ou radiatividade é a propriedade de determinados tipos de elementos químicos emitirem radiações, um fenômeno que acontece de forma natural ou artificial. A radioatividade natural ou espontânea ocorre através dos elementos radioativos encontrados na natureza (na crosta terrestre, atmosfera, etc.). Já a radioatividade artificial ocorre quando há uma transformação nuclear, através da união de átomos ou da fissão nuclear. A fissão nuclear é um processo observado em usinas nucleares ou em bombas atômicas.

A radioatividade artificial é produzida quando se bombardeiam certos núcleos com partículas apropriadas. Se a energia dessas partículas tem um valor adequado, elas penetram no núcleo modificando-o, este, por ser instável, se desintegra posteriormente, criando-se os isótopos que são o mesmo elemento químico, com o mesmo número de prótons e elétrons, mas com número de nêutrons diferentes. A radioatividade artificial foi descoberta graças ao bombardeamento de núcleos de boro e alumínio com partículas alfa, após cessar o ataque com partículas, os núcleos continuaram emitindo radiação.

Os átomos dos isótopos radioativos são muitos instáveis, já que seus núcleos liberam radiações e partículas eletromagnéticas de alta energia, convertendo-se em novos elementos. Esse fenômeno ocorre naturalmente e é denominado decaimento radioativo ou reação de transmutação ou, ainda, reação de desintegração radioativa. O carbono 14 (14 C), um isótopo radioativo do carbono (12 C), decai para nitrogênio 14 (14 N), forma mais estável do nitrogênio que não emite radiação.

O decaimento radioativo de isótopos é um parâmetro muito importante na determinação do tempo, por isso, é chamado de "relógio geológico". Isso se deve a uma propriedade dos radioisótopos chamada "meia vida", que é o período de tempo necessário para que metade dos seus átomos sofra decaimento radioativo. A "meia vida" varia muito de um isótopo para outro, alguns decaem em milhões de anos, outros o fazem em milésimos de segundos. A meia vida do carbono 14, por exemplo, é de 5.730 anos, ou seja, a cada período de 5.730 anos, metade dos seus átomos presentes numa atmosfera decai para nitrogênio 14. O urânio 235 tem meia vida de 700 milhões de anos, enquanto o potássio 40 sofre decaimento dentro de 1,3 milhões de anos e o césio 137, em 30 anos.

A longa exposição de organismos vivos à radiação pode provocar graves lesões no corpo, doenças diversas ou morte. A radiação não é apenas ruim, por exemplo, na medicina nuclear, a radiação gama (um tipo de radiação eletromagnética) é utilizada na imagiologia, processo de realização de diagnósticos através da análise de imagens obtidas com recurso a partículas radioativas, por exemplo, mamografia, tomografia computadorizada, ultrassonografia ou a popular radiografia (raio-X). Também é importante realçar a sua utilização na produção de energia, na esterilização de materiais médicos, no diagnóstico de doenças e no controle do câncer, através da radioterapia. Em alguns alimentos, mais concretamente nas frutas, a radiação iônica emitida sobre elas, permite que a sua durabilidade aumente. Essa radiação (de baixíssima intensidade) não altera o sabor e as qualidades nutritivas dos alimentos. Dentre os elementos químicos naturais e radioativos, destacam-se o Urânio (U), o Polônio (Po), o Rádio (Ra), o Tório (Th) e o Césio (Cs). Todos os actinídeos são radioativos e a partir destes obtêm-se os transactinídeos. Os elementos de números atômicos 104 e 105 foram sintetizados, recebendo os nomes de Kurchatório (Ku) e Rutherfórdio (Rf).

10.5.5 O Alumínio e o Cobre

Como já citado, dentre os metais não ferrosos dois se destacam na fabricação de produtos: o Alumínio e o Cobre. O Alumínio puro contém 99,5% de Al, possui grande maleabilidade, fraca resistência mecânica, sendo utilizado em artigos domésticos, bem como em chapas finas para embalagens. A tabela 10.4 mostra as principais ligas comerciais de Alumínio e aplicações.

Tipo de liga	Características e uso
Alumínio com Magnésio (Al+Mg)	Média resistência mecânica, boa maleabilidade, fácil usinagem e alta resistência à corrosão. Muito utilizada em painéis e em equipamentos de caldeiraria
Alumínio com Magnésio e Manganês (Al+Mg+Mn)	Boa resistência mecânica, boa maleabilidade e boa resistência à corrosão marinha. É fornecida em folhas. Bom material para embutimento e polimento
Alumínio com Cobre e Silício (Al+Cu+Si)	Ótimo material para fundição, sendo ideal para a fabricação de peças com muitos detalhes e formatos não convencionais
Alumínio com Cobre, Magnésio e Titânio (Al+Cu+Mg+Ti)	Ótimo material para fundição, com boa resistência mecânica ao choque e vibrações
Alumínio com Silício, Cobre, Magnésio e Níquel (Al+Si+Cu+Mg+Ni)	Excelente material para fundição, sendo muito utilizado na fabricação de pistões estampados a quente de veículos
Alumínio com Zinco, Magnésio e Cobre (Al+Zn+Mg+Cu)	Material de fácil usinagem e com boas características mecânicas. Usado na indústria naval e peças com bom acabamento

Tabela 10.4: exemplos de ligas de Alumínio
(*Fonte*: REMY, 2002, p.211)

Segundo Remy (2002, p.195), existem três tipos comerciais de Cobre puro: a) O obtido por refinação térmica com 99 a 99,5% de Cobre, usado em caldeiras, radiadores de veículos e telhados (nos países frios); b) O eletrolítico com 99,98% de Cobre, usado em eletrônica e ligas especiais; c) O Cobre OFHC, ou seja, isento de oxigênio e alta condutividade, sendo muito maleável e excelente condutor de corrente elétrica. Também existem Cobres com pequenas adições de alguns elementos, mostrados na tabela 10.5.

Tipo de Cobre	Características e uso
Cobre com 0,5% de Arsênio (As)	Muito maleável a frio, sendo utilizado em rolos de impressoras, membranas elásticas e válvulas
Cobre com 1% de Cádmio (Cd) e 0,15% de Estanho (Sn)	Boas propriedades mecânicas, boa resistência à fadiga, sendo utilizado em fios condutores de alta tensão (catenárias)
Cobre com 0,3 a 1% de Telúrio (Te)	Material de boa usinagem, boa resistência à corrosão e muito utilizado em instrumentos de precisão
Cobre com 0,05% de prata (Ag)	Boa resistência a temperaturas de até 200 graus Celsius, sendo utilizado em bobinas de motores elétricos e lâminas de coletores
Cobre com 1% de Cromo (Cr)	Aumenta as resistências mecânicas do cobre, sendo muito utilizado para fazer eletrodos das soldas por ponto
Cobre com 2% de Níquel (Ni) e 0,7% de Silício (Si)	Ótima resistência à tração e muito usado como acessórios de fios e cabos

Tabela 10.5: tipos de Cobres, com pequenas adições de outros elementos
(*Fonte*: REMY, 2002, p.195)

As ligas de Cobre com Zinco (Zn) formam os latões ou metal amarelo e as ligas com Estanho (Sn) formam os Bronzes. As características do latão ou metal amarelo garantem excelente acabamento nas peças produzidas, podendo passar por processos de galvanoplastia como cromagem e niquelagem ficando com aparência semelhante ao aço inox. O latão é amplamente utilizado em ambientes onde há contato com água (banheiros, barcos, casas próximas ao litoral e cozinhas) também é um bom condutor de eletricidade, sendo empregado na fabricação de materiais elétricos. As ligas de bronze têm grande aplicação industrial e principalmente na indústria naval, devido sua alta resistência à corrosão marinha.

10.6 Materiais minerais não metálicos

Também são não renováveis, ou seja, o homem não consegue reproduzi-los. Embora muitos existam em abundância na natureza, um dia acabarão. Muitos podem ser reciclados e ou reutilizados. Existe um grande número destes materiais utilizados na fabricação de produtos e os principais são: petróleo, carvão, grafite, pedras preciosas, rochas, talco, areias e argilas. Alguns são utilizados diretamente, como as pedras preciosas na confecção de jóias e outros são misturados, como o caso das argilas para a produção de cerâmicas especiais resistentes à altas temperaturas. Das areias extrai-se a sílica, matéria prima dos vidros e na fabricação de *chips* de computadores.

Dentre todos esses materiais, sem dúvidas, o petróleo é o mais utilizado, tanto para a produção de combustíveis e geração de energia, quanto para a produção de uma infinidade de tipos de plásticos. Do ponto de vista de custo e praticidade de uso, sem dúvidas, pode-se dizer que a descoberta dos plásticos revolucionou o desenvolvimento, projeto e fabricação de milhares de produtos, tendo substituído muitos metais e o vidro.

10.6.1 Materiais plásticos derivados do petróleo

A palavra plástico descreve as resinas e polímeros, em sua maioria derivados de petróleo, contendo: hidrogênio, oxigênio, nitrogênio, carbono, flúor, silicone e cloro. Esses materiais constituem os polímeros e podem ser nominados e classificados de diversas maneiras e usos.

Com relação ao comportamento às temperaturas temos: 1) **Termoplásticos**. São polímeros que se fundem ao serem aquecidos e que se solidificam ao serem resfriados. Alguns exemplos são: polietileno, politereftalato de etileno, poliacrilonitrila e o náilon. 2) **Termorrígidos ou termofixos**. São polímeros que ao serem aquecidos, tornando-se infusíveis e insolúveis. Alguns exemplos são: resina fenol-formol, resina melamina formol e a resina uréia formol.

Quanto à resistência mecânica temos: 1) **Plásticos ou que se moldam**. São materiais poliméricos estáveis nas condições normais de uso, mas que, em algum estágio de sua fabricação, são fluídos, podendo ser moldados por aquecimento, pressão ou ambos. Alguns exemplos são: polietileno, polipropileno e poliestireno. 2) **Elastômeros ou borrachas sintéticas**. São materiais que, após sofrerem deformação sob a ação de uma força, retornam a sua forma original quando esta força é removida. Alguns exemplos são: polibutadieno e borracha nitrílica. 3) **Fibras** são materiais em que a razão entre o comprimento e as dimensões laterais é muito elevada (como um fio). Alguns exemplos são: poliésteres, poliamidas e poliacrilonitrila.

Quanto ao tipo de aplicação, para a fabricação de produtos, os plásticos podem ser de uso geral ou os chamados plásticos de engenharia, para usos especiais. Como exemplos de plásticos de usos gerais temos: 1) Polietileno, largamente utilizado em embalagens, por exemplo, as sacolas de supermercado. 2) Poliestireno, é o caso do Isopor®, com múltiplas aplicações. 3) Cloreto de polivinila ou PVC. 4) Metacrilato de metila ou acrílico, muito utilizado na fabricação de lentes.

Os chamados plásticos de engenharia possuem propriedades mecânicas, químicas e térmicas, apropriadas para o uso como materiais de construção e componentes de máquinas. Como exemplos temos: 1) Policarbonatos, plásticos de alta resistência, utilizados até em blindagens. 2) Resina éster vinílica ou epóxi®, que composta com fibras de vidro e de carbono (materiais compósitos) apresentam boa resistência mecânica e química, sendo muito utilizada em equipamentos de indústrias químicas e petroquímicas, além de piscinas.

Dentre os termoplásticos temos um fluorcarbono, o Politetrafluoretileno ou PTFE, conhecido comercialmente como teflon©, de grande uso industrial, principalmente como material anti-aderente (tem baixíssimo coeficiente de atrito), em utensílios domésticos.

Do ponto de vista de produtos, especialmente os do dia a dia, os plásticos mais utilizados são: polipropileno ou PP, polietileno, poliestireno (comercialmente é o Isopor) e o PVC ou cloreto de polivinila. Além da facilidade em adquirir as mais diversas formas, os plásticos aceitam uma série de usinagens e acabamentos. O melhor exemplo do uso de material plástico em produtos é o caso do automóvel. Muitos produtos ficaram com custos baixos, ao se substituir metais e madeiras por plásticos.

Baseando-se em Ferrante e Walter (2010, p.59 e 60), a seguir são apresentados quadros com os principais termoplásticos (quadro 10.1), termofixos (quadro 10.2) e borrachas (quadro 10.3), utilizados na fabricação de produtos industriais.

Nome químico	**Nome comum**	**Abreviatura**	**Principais usos**
Cloreto de polivinila	Vinil	PVC	Tubos e conexões. Embalagens para medicamentos, bolsas de sangue, tubos para transfusão e hemodiálise, artigos cirúrgicos, além de pisos de salas onde é indispensável o alto índice de higiene.
Polietileno de baixa densidade	/	LDPE	Sacolas plásticas. Embalagem automática de alimentos e produtos industriais. Garrafas térmicas e outros produtos térmicos. Frascos de cosméticos, medicamentos e alimentos. Mangueiras para água.
Poliestireno	Isopor	PS	Isolante térmico. Garfos de plástico, caixa externa de computadores, peças de automóveis, brinquedos e pentes de cabelo, são alguns exemplos de utilização.
Polipropileno	/	PP	Brinquedos, copos plásticos, recipientes para alimentos, remédios, tubos para cargas de canetas esferográficas, carpetes, seringas de injeção. material hospitalar esterilizável, autopeças (para-choques, carcaças de baterias, interior de estofos, lanternas, ventoinhas, ventiladores e peças diversas), peças para máquinas de lavar, pranchas de *bodyboard* e cabos de ferramentas manuais.
Polietileno de alta densidade	/	HDPE	Garrafas de leite e outras bebidas não carbonatadas, tambores, reservatórios de combustível para automóveis, brinquedos e produtos domésticos. Também é utilizado como embalagem de muitos produtos químicos domésticos e industriais, como por exemplo, detergentes, cloro e ácidos.
Policarbonato	/	PC	Painéis à prova de bala e como proteção em caixas de bancos. Cobertura de telhados. Proteção de cartazes publicitários e como isolante de som.
Poliamida	Náilon	PA	Tecidos em geral. Mancais, blocos de desgaste, guia de rodas de suporte, rolos de esteira, rolos de tensão, buchas das rodas e rodízios, roldanas e polias, forros, câmaras, martelos, espátulas, engrenagens, anéis de vedação, parafusos e isoladores. Em veículos é usado em: maçanetas, tampas de motor, radiador e gaiolas de rolamentos.

Polioximetileno	/	POM	Possui resistência à abrasão e à fadiga, bem como tem ótima estabilidade dimensional. Comercialmente recebe nomes como Poliacetal e Celcon. Usado em pequenas engrenagens e peças mecânicas, rolamentos de esfera, cabos de facas.
Polimetilmetacrilato	Acrílico	PMMA	Artesanato e revestimentos. Destaca-se pelo elevado grau de transparência. Por isso, é amplamente usado em aplicações onde esta propriedade é importante, seja no aspecto visual ou no aspecto funcional.
Politetrafluoretileno	Teflon	PTFE	Fita de vedação de encanamento, utensílios para a cozinha, canos, revestimentos à prova d'água, filmes e mancais.
Acrilonitrila-butadieno-estireno	/	ABS	É usado em vários materiais de construção, dispositivos de segurança, eletrodomésticos, fabricação de tubos, tacos de golfe, peças de automóveis, aparelhos telefônicos, carcaça de televisores, aparelhos de ar condicionado, partes transparentes de máquinas de lavar, fornos de micro-ondas, capacetes de segurança e brinquedos.
Etil Vinil Acetato	/	EVA	Mangueiras flexíveis, brinquedos, tapetes, palmilhas e solados de calçados, tatames de academia e em sacaria industrial.
Polietileno tereftalato	/	PET	Garrafas de refrigerantes. Embalagem e proteção de documentos. Material isolante. Aplicações náuticas e na indústria aeroespacial. Aplicações eletrônicas e acústicas.

Quadro 10.1: principais tipos de termoplásticos

Nome químico	Nome comum	Abreviatura	Principais usos
Fenol-formaldeído	Fenólico	PF	Resina sintética líquida usada para a colagem de madeiras.
Uréia-formaldeído	Uréia ou amina	UF	Resina sintética líquida usada para a colagem de madeiras, principalmente na produção de madeiras compensadas.
Melamina-formaldeído	Melamina ou amina	MF	Na produção de vernizes incolores e esmaltes brancos, usados na linha eletrodoméstica (geladeiras, fogões, etc.).

Poliéster insaturado	/	UP	A grande maioria dos plásticos usados como matriz para compósitos de fibra de vidro (*Fiberglass*) são feitos com resinas poliéster insaturadas. As resinas poliéster insaturadas são processadas no estado líquido e curam (isto é, se transformam em plástico) à temperatura ambiente em moldes simples e baratos.
Epóxi	Epóxi	EP	Peças estruturais e principalmente em revestimentos e tintas para proteção química e de intempéries. Resina para laminação de reforços de fibras de vidro, carbono e aramida.
Poliuretano	Lycra e Duroprene	PU	Usado principalmente na forma de espumas, tanto para proteção térmica ou isolante, quanto em bancos de automóveis. Usada em solados de calçados. Como cola para madeira. Em pneus rígidos e rodinhas de *skate*.
Resina fenólica	Bakelit, Celeron e Formiplac	PR	Engrenagens, pastilhas de freio, compensado naval, revestimento de móveis, peças elétricas moldadas e bijuterias.

Quadro 10.2: principais tipos de plásticos termofixos

Nome comum	Abreviatura	Principais usos
Borrachas Acrílicas	ACM ou AEM	Muito utilizadas na fabricação de luvas, para os mais diversos fins.
Polibutadieno	BR	Pneus, bolas de golfe (parte interna) e como aditivo para outros polímeros.
Borrachas Fluoradas	CFM ou FPM ou FKM	É o Viton da Dupont. Sua baixa resistência aos óleos minerais, derivados de petróleo e solventes, restringe sua aplicação a retentores. Possui uma boa tolerância às altas temperaturas e adapta-se principalmente a vedação de vapor de água.
Policloropreno	CR	Sua principal característica é a excelente resistência ao envelhecimento pelas intempéries. É usado para fabricar roupas e luvas industriais, revestimento de equipamentos, em mangueiras, adesivos, correias transportadoras e revestimento de cabos submarinos.
Polietilenos Cloro Sulfonados	CSM	Hypalon da Dupont. Utilizada em piscinas e barreiras flutuantes anti-poluição.
Borracha de Etileno-Propileno Dieno	EPDM	Sua baixa resistência aos óleos minerais, derivados de petróleo e solventes, restringe sua aplicação em retentores. Possui uma boa tolerância à altas temperaturas e adapta-se principalmente a vedação de vapor de água.

Borrachas de Etileno-Propileno	EPR	Usadas principalmente como revestimento de cabos elétricos.
Borracha Butílica – Poliisobutileno	IIR	Tem seu grande uso na fabricação de câmaras de ar pneumáticas.
Poliisopreno	IR	Pneus de grande porte (como de aviões, tratores, etc.), luvas cirúrgicas e calçados.
Borrachas de Silicone	MVQ ou SI	As borrachas de silicone têm diversas e importantes aplicações em artigos médicos e nas indústrias farmacêutica, aeronáutica, naval e automobilística. O seu vasto campo de aplicação estende-se aos mais diversos tipos de atividades, como por exemplo, fabrico de vedantes, tubos, mangueiras, diafragmas, foles, revestimentos de rolos, cabos, estufas, componentes eletrônicos e produção de moldes de borracha para a moldagem de resinas.
Borracha Nitrílica (Acrilonitrila - Butadieno)	NBR	Forma o grupo mais importante de elastômeros em usos gerais, e sua aplicação em vedadores é a mais utilizada. É especialmente adequada para vedações de sistemas que utilizem como fluídos, óleos minerais ou derivados de petróleo, como também, água, graxas e ar comprimido.
Borracha Natural	NR	Tem pouca resistência aos óleos minerais, por isso tem seu uso limitado em vedações. Sua melhor aplicação é em peças sujeitas a choques, desgaste e compressão, tais como coxins, amortecedores, espaçadores e calços. É muito utilizada em preservativos (camisinhas) e luvas cirúrgicas.
Borrachas de Poliuretano	PUR ou AU ou EU ou PU	Esses elastômeros têm como principais qualidades a excepcional resistência mecânica, ao rasgamento e à abrasão (sendo superior a todos os outros). É empregado com excelentes resultados em sistemas de alta e baixa pressão. Aditivado com Bisulfeto de molibdênio, suas características de trabalho melhoram muito pelo baixo coeficiente de atrito e permanente lubrificação desta liga. Apresenta boa resistência aos derivados de petróleo, aos hidrocarbonetos, ao ozônio e às intempéries.
Borracha de Estireno-Butadieno ou Buna S	SBR	É uma borracha sintética, desenvolvida para substituir a borracha natural, equivalendo-se em propriedades e aplicações, com pequena superioridade da borracha natural em algumas propriedades.
Borrachas Termoplásticas	TPE ou TPR ou TR	São polímeros sintéticos utilizados na produção de solados de calçados, adesivos, selantes, na mistura com asfalto usado em pavimentação, impermeabilização, artigos de higiene e médico-hospitalares e também para misturas com plásticos.

Quadro 10.3: principais tipos de borrachas

Em agosto de 2018, foi divulgado que engenheiros alemães desenvolveram uma técnica de moldagem por injeção que permite mesclar alumínio e plástico em uma mesma peça estruturalmente coesa. Usando feixes de *laser* contínuos e pulsados para alterar a rugosidade da superfície do alumínio, eles criaram um intertravamento mecânico entre o alumínio e a poliamida termoplástica, resultando em uma adesão incrivelmente forte entre os dois materiais. As folhas de alumínio tratadas pelo *laser* são colocadas em um molde de injeção, onde recebem a porção de poliamida termoplástica, um polímero aparentado ao náilon muito usado em peças mecânicas, como carcaças de ferramentas elétricas, parafusos e engrenagens.

Exames da topografia superficial (microestrutura) e testes mecânicos da "colagem" entre o plástico e o metal revelaram que os melhores resultados são obtidos quando as chapas de alumínio são tratadas com *laser* pulsados, apresentando padrões de linhas muito mais suaves nos veios, o que aumenta o potencial de adesão em relação ao tratamento com *laser* contínuo. Apesar dos bons resultados, constatou-se ser necessário desenvolver pré tratamentos na superfície do alumínio para tornar o processo mais econômico para a indústria, assim como estudar criteriosamente como as partes termoplásticas das peças moldadas encolhem quando resfriadas.

10.6.2 O Plástico Verde

Este tipo de plástico foi criado para tentar diminuir os impactos causados pela indústria petroquímica na produção e comercialização do plástico. Apesar de reciclável, o plástico comum é oriundo de uma fração do petróleo chamado nafta, e é um recurso não renovável. O álcool etílico (etanol), obtido a partir da cana de açúcar, possui as características necessárias para a produção do polietileno de alta densidade. Esse é um tipo de plástico verde. Pode-se afirmar que este tipo de plástico foi viabilizado em junho de 2007 e a produção industrial/comercialização deu-se a partir do final de 2010, com uma fábrica, localizada na cidade de Triunfo, no Rio Grande do Sul.

A grande vantagem do plástico verde não está em suas características físicas (que são bem semelhantes às do plástico comum), mas no fato de ter origem vegetal, portanto renovável, além de ser produzido a partir da cana de açúcar, quando há a captura e fixação de CO_2 (dióxido de carbono ou gás carbônico) na matéria-prima e, consequentemente, no produto final. O CO_2 é um dos gases do efeito estufa. Para cada tonelada de polietileno verde produzido, cerca de 2,5 toneladas de CO_2 são capturadas da atmosfera. E por não ser biodegradável, o CO_2 capturado permanece fixado por todo o período de vida do plástico, ou seja, não retorna para a atmosfera.

10.6.3 O vidro

É um material mineral muito utilizado na fabricação de produtos industriais, por exemplo, como garrafas de bebidas, refrigerantes e frascos de remédios e perfumes. Popularmente o vidro é um material cerâmico transparente obtido com o resfriamento de uma massa líquida à base de sílica, que é uma matéria prima essencial, apresenta-se sob a forma de areia, de pedra cinzenta e encontra-se no leito dos rios e das pedreiras. Tecnicamente o vidro é um óxido metálico super esfriado, transparente, de elevada dureza, essencialmente inerte e biologicamente inativo, que pode ser fabricado com superfícies muito lisas e impermeáveis. Essas propriedades desejáveis conduzem a um grande número de aplicações. No entanto, o vidro geralmente é frágil, quebrando-se com facilidade.

O vidro comum se obtém por fusão em torno de 1.600 °C de uma mistura de 70% de dióxido de silício, (SiO_2), 14% de carbonato de sódio (Na_2CO_3), 14% carbonato de cálcio ($CaCO_3$) e 2% de outros elementos como vitrificantes, fundentes e estabilizantes. Os vitrificantes são usados para dar maior característica à massa do vidro e são compostos de anidrido sílico, anidrido bórico e anidrido fosfórico. Os fundentes possuem a finalidade de facilitar a fusão da massa silícea, e são compostos de óxido de sódio e óxido de potássio. Os estabilizantes têm a função de impedir que o vidro composto de silício e álcalis seja solúvel, e são: óxido de cálcio, óxido de magnésio e óxido de zinco.

Ao sair do forno, a mistura que dá origem ao vidro é uma massa viscosa e dourada, que lembra muito o mel. Ela flui por canaletas em direção a um conjunto de moldes, em função do formato final que se deseja do produto de vidro. A dosagem para cada molde é controlada conforme o tamanho do vidro a ser criado. O primeiro molde serve apenas para dar o contorno inicial do objeto. A essa altura o material está com a temperatura de cerca de 1.200 °C. O formato do molde primário deixa uma bolha de ar dentro da mistura incandescente.

O objeto segue então para um molde final e uma espécie de canudo é inserido na bolha. Pelo canudo, uma máquina injeta ar, moldando o líquido até ele ganhar o contorno definitivo, como o de uma garrafa de vidro. Ao final dessa etapa a temperatura do vidro já caiu para uns 600 °C e o objeto começa a ficar rígido, podendo ser retirado do molde. Só resta agora o chamado recozimento: o vidro é deixado para resfriar. No caso de uma garrafa, isso só dura uma hora. Depois disso, ele está pronto para ser usado. O chamado vidro temperado recebe um tratamento térmico para aumentar sua resistência. Um exemplo de vidros temperados são os usados nos carros e nos boxes de banheiros.

As garrafas e frascos de vidro, muito utilizados nas indústrias farmacêuticas e de perfume, são obtidos pelo processo de sopro duplo ou soprado/soprado. Esse processo começa pelo aquecimento da matéria prima nos fornos, até a produção da gota de vidro, que é inserida num pré molde, elaborado em aço. No primeiro sopro de ar comprimido, obtém-se a formação quase completa do gargalo, e, na etapa seguinte, num novo sopro de ar comprimido, o vidro chega à forma final, sendo resfriado por ventilação.

Por meio do maquinário utilizado na linha de produção, o vidro assume as formas já determinadas pelos moldes, estabelecendo um processo de fabricação em série, muito veloz, sem possibilidades de variação, diferenciando-se bastante da manufatura do vidro soprado artesanalmente. Quando se deseja um vidro com determinada cor, por exemplo, para um frasco de perfume, são adicionados determinados pigmentos no processo de fusão, obtendo-se o produto final na cor desejada. O quadro 10.4. mostra os principais pigmentos adicionados à mistura do vidro, objetivando a obtenção de uma determinada cor.

Composto mineral (pigmento)	Cores obtidas no vidro
Óxidos de ferro	Verdes e marrons
Óxidos de manganês	Âmbar, ametista e descolorante
Óxido de cobalto	Azul marinho (*Deep Blue*)
Cloreto de ouro	Vermelho rubi
Compostos de selênio	Vermelhos
Óxidos de carbono	Âmbar e marrom
Mistura de magnésio, cobalto e ferro	Preto
Óxidos de antimônio	Branco
Óxidos de urânio	Amarelo esverdeado (é brilhante)
Compostos de enxofre	Âmbar e marrom
Compostos de cobre	Azul e vermelho
Compostos de estanho	Branco
Chumbo com antimônio	Amarelo

Quadro 10.4: pigmentos usados para obter cores de vidros

10.7 Materiais vegetais

São materiais renováveis, ou seja, podem ser produzidos pelo homem e utilizados continuamente. Muitos produtos de uso diário são fabricados integralmente ou com partes de madeiras, folhas, fibras, frutos, sementes, cascas, raízes, seivas e resinas. Madeiras são utilizadas tanto em móveis e utensílios domésticos, quanto na construção civil. Chaves de fenda e martelos, costumam ter cabos de madeira. O bambu é tão resistente que pode ser utilizado para substituir o aço do vergalhão, em algumas construções civis.

Algumas folhas possuem fibras tão longas e resistentes, como o caso da bananeira, que são utilizadas na composição de telhas, sendo misturadas e prensadas com resinas. A fibra do sisal, abundante na Região Nordeste, é muito utilizada na fabricação de cordas, tapetes e tecidos. Do algodão, além de tecidos de roupas, são feitos revestimentos elétricos. Tanto o algodão, quanto o cânhamo são utilizados na fabricação de correias, para acionamentos de máquinas. Ferrante e Walter (2010, p. 89), citam um *skate* produzido com um material compósito laminado com fibras de pupunha (um tipo de palmito), bambu e banana.

Da casca do coco verde da Bahia extrai-se uma fibra, utilizada como isolante térmico e acústico, principalmente para substituir a cortiça, que é extraída da casca da árvore do sobreiro (muito comum em Portugal e Espanha). De algumas sementes, como a da própria soja, obtêm-se produtos como lubrificantes e graxas. O látex da seringueira produz a borracha natural, com largo uso industrial. Da resina dos pinheiros faz-se uma cola de alta qualidade.

As fibras vegetais são componentes estruturais das plantas, utilizados desde a pré história para diversas atividades. Em todas as épocas e culturas, as fibras vegetais foram úteis em trançados, fixação, vestuários, adornos, cordoaria, alimentos e outros usos econômicos, culturais e arquitetônicos, fundamentais ao desenvolvimento das relações sociais e econômicas internas e externas entre povos e culturas. Desde muito as fibras vegetais possuem diversas aplicações industriais e comerciais em muitas atividades cotidianas fundamentais à economia, saúde humana e animal, construção civil, vestuário, cosméticos, indústria automobilística e muitas outras aplicações que se expandem através de novas pesquisas e descobertas.

Há muitas espécies vegetais com grande importância por produzirem fibras em quantidades e com qualidades necessárias ao aproveitamento comercial em muitas atividades e setores. O algodão é indispensável nas indústrias de tecidos. O cânhamo (a popular maconha) nos países onde é permitido seu cultivo comercial (por exemplo, no Uruguai) movimenta uma indústria em expansão, principalmente têxtil. O tecido de cânhamo se parece com o linho, com a vantagem de ser mais durável e ter um custo de produção menor. O cânhamo é mais grosso e menos flexível que o algodão, sendo hoje a fibra natural mais usada no mundo, mas é também mais resistente e suporta melhor condições naturais difíceis. Isso faz dele o tecido perfeito para roupas duráveis (a calça Levi's original era de cânhamo). Ao contrário dos tecidos sintéticos que o substituíram, o cânhamo é fresco, absorvente e biodegradável, portanto mais confortável e ecológico.

O sisal produz fibras muito resistentes, utilizadas em cordoaria, tapeçaria e redes. A piaçava (um tipo de palmeira) é usada para confeccionar vassouras e escovas. A juta (uma erva lenhosa) é outra fibra de origem vegetal que possui importância econômica para muitas comunidades. Na construção civil, há pesquisas que demonstram que a mistura de resíduos da fabricação de blocos cerâmicos com polpa de bambu refinada podem substituir com segurança até 20% do cimento utilizado. As fibras de coco são bastante úteis na indústria, construção civil e paisagismo. Indústrias automobilísticas, navais e aeronáuticas utilizam essa e outras fibras vegetais como enchimentos em estofados, facilitando a reciclagem e evitando a combustão rápida, além de serem mais leves, resistentes e duráveis que as sintéticas.

Existem aplicações práticas de utilização da fibra de sisal com termoplástico e fibra de sisal com poliuretano aglomerado ou injetado na fabricação de peças para estofamento, acabamento e isolamento térmico e acústico nos veículos e na construção civil. Além deste uso, já é comercial a produção de móveis, estantes, peças para barcos e componentes automotivos, como painéis e revestimentos internos, que utilizam a fibra do sisal. Existem patentes que demonstram a possibilidade de desenvolvimento de compósitos poliméricos a partir de taninos, que são substâncias extraídas de certas árvores, como a acácia negra (*Acacia mearnsii*), também encontradas em frutas e na uva. São empregadas na indústria de couro e usadas como agente floculante ou coagulante em tratamento de águas.

Comercialmente já existem telhas onduladas fabricadas com fibras vegetais de madeiras, como pinho e eucalipto, e de não madeiras, como sisal, bananeira e coco, empregadas no reforço dos materiais à base de cimentos, em substituição ao aminato ou asbestos que, além de ser um material mineral, portanto não renovável, é cancerígeno. Essas telhas são fabricadas com uma camada de fibras vegetais, impregnadas de betume ou piche, pigmentadas para se obter a cor desejada e em seguida protegidas por uma resina especial. Essa resina oferece proteção contra os raios ultravioletas, preservando a cor do produto, e impede a escamação da superfície, tão comum nas telhas multicamadas. O reforço das fibras vegetais representou uma melhoria significativa do desempenho mecânico e da durabilidade desses materiais. As telhas suportam melhores cargas dinâmicas, por exemplo, uma chuva de granizo.

10.7.1 Madeiras

Embora a maioria dos produtos industriais sejam fabricados de metais, plásticos, vidros e materiais cerâmicos, não se pode esquecer que, existe uma infinidade de produtos feitos a partir de madeiras, especialmente no Brasil, onde temos (ainda) muitas espécies que podem ser utilizadas legalmente. A indústria moveleira, a de instrumentos musicais, a construção civil e a de utensílios domésticos, são os setores que muito utilizam a madeira, o que é muito bom, pois trata-se de um recurso renovável.

Dada a diversidade das espécies de árvores que produzem madeira, esse material apresenta grande diversidade de características mecânicas, de densidade, higroscopia, cor, grão, resistência ao apodrecimento e ao fogo, odor, e múltiplos outros fatores diferenciadores. Tal diferenciação determina os usos da madeira, tornando difícil o estabelecimento de classificações genéricas. A madeira é usualmente classificada como pesada/dura (*hardwood*) ou macia (*softwood*). A madeira de coníferas (por exemplo: pinho) é chamada madeira macia, e a madeira de árvores de folhas largas e grandes ou latifoliadas ou dicotiledôneas, é chamada madeira pesada/dura. Essa classificação é as vezes enganosa, pois algumas madeiras duras, como a balsa, são de fato muito mais moles ou macias do que a maior parte das madeiras macias, e inversamente, também algumas madeiras macias (por exemplo: o teixo europeu) são muito mais duras do que a maioria das madeiras duras. Madeiras de diferentes tipos de árvores têm diferentes cores e graus de densidade. Isso, aliado ao fato de algumas madeiras terem um crescimento mais longo do que outras, faz com que madeiras de diferentes espécies tenham qualidade e valor comercial diferenciado. Por exemplo, enquanto o mogno, de madeira dura e escura, é excelente para a produção artesanal de móveis finos, a balsa, clara e pouco densa, é muito usada para fabricação de moldes construtivos de vários tipos.

As madeiras, enquanto material de fabricação de produtos, apresentam duas características específicas: a anisotropia e a limitação dimensional. Anisotropia, significa que, por exemplo, as propriedades como módulo de elasticidade, resistência à compressão e tenacidade, variam muito, inclusive em partes de um mesmo material. Quanto à limitação dimensional, o fato é que, tanto o centro da árvore ou medula, quanto a casca dos troncos, não são aproveitáveis como madeira. Isso significa que, a maior peça útil de uma árvore tem que ser, necessariamente, menor que o seu raio. (FERRANTE e WALTER, 2010, p. 96). Um bom exemplo é que, caso se queira uma tábua maçiça com 50 cm ou meio metro de largura, o diâmetro desta árvore deve ser cerca de 1,2 metros ou cerca de 120 cm.

Foi devido a essas limitações, e principalmente para obter dimensões maiores, que foram desenvolvidos o que se chama de produtos de madeira, a partir de: fragmentos, lâminas, partículas e fibras de madeira. Dentre os diversos produtos de madeira, disponíveis no mercado, os seguintes se destacam: painel colado (de fragmentos de sarrafos), madeira laminada colada ou MLC (tábuas coladas longitudinalmente), lâminas de madeira (obtida em torno de laminação), chapa de compensados (obtidas com lâminas sobrepostas), laminado sarrafeado (obtido com sarrafos e lâminas de acabamento), chapas de OSB ou *Oriented Strand Board* (partículas ou lascas grandes aglomeradas com polímeros termofixos). Um tipo de chapa de madeira, muito comum no Brasil é o MDF ou *Middle Density Fiberboards*, feito com fibras de madeira e compostas com resinas termofixas.

Com relação às madeiras brasileiras, existe o termo "madeira de lei", que remonta à época do império. Este termo foi criado em outubro de 1827, para nomear as madeiras que só podiam ser derrubadas se a coroa autorizasse, ou seja, o corte dependia de "permissão por lei". A primeira medida ocorreu em 1542, na primeira Carta Régia que estabeleceu normas e punições para o desperdício da madeira.

O termo "madeira nobre" refere-se às madeiras com elevada durabilidade natural, bom aspecto, cheiro agradável e excelentes propriedades gerais. No Brasil, as principais madeiras nobres utilizadas, principalmente na construção de móveis, são: amendoim, cedro, imbuia, cerejeira, freijó, e mogno. O quadro 10.5, a seguir, mostra os principais tipos de madeiras brasileiras e algumas de suas características e usos.

Nome da madeira	Principais características e usos
Amendoim	Madeira pesada, cerne bege rosado escuro, ou ainda castanho-claro uniforme, superfície lustrosa e lisa ao tato. Por apresentar retrabilidade baixa, aparência agradável e resistência mecânica média é indicada para móveis finos, lambris, decoração internas, em construção civil, como vigas, caibros, ripas, tábuas e tacos para assoalhos. É indicada para construção de carrocerias, interiores de vagões ferroviários e embarcações, implementos agrícolas e ligações encavilhadas. Tem larga aplicação na fabricação de tonéis, barris e tanques para bebidas e produtos ácidos.
Angelim-pedra	Madeira pesada e dura ao corte, cerne de cor castanho amarelado, quando recém polido, escurecendo para castanho escuro amarelado com exposição ao ar. Por ser pesada e de propriedades mecânicas altas, pode ser usada para acabamentos internos, construções externas, esquadrias, tacos e tábuas para assoalhos, vagões, carrocerias e dormentes.
Araribá	Excelente madeira usada nas carpintarias e marcenarias. Existe nas cores vermelha e branca. A madeira de araribá vermelho, por ter retratibilidade e resistência mecânica média e aspecto agradável, é indicada para confecção de mobiliário e marcenaria de luxo, construção civil e naval, tanoaria, obras externas e hidráulicas, tábuas, tacos para assoalho, dormentes, lâminas faqueadas para painéis decorativos e peças torneadas.
Bicuíba	Também conhecida como ucuúba, ucuúba branca e virola. Boa para obras de carpintaria, entalhes e marcenaria. Tipos vermelho e cor de rosa. Usada em marcenaria, embalagens leves, palitos, urnas funerárias, compensado, parte interna de móveis, folhas faqueadas, brinquedos, pás para sorvete, saltos para calçados e tamancos.
Canela	Existem quatro espécies: a tassinua, a preta, a amarela e a canela fétida. Servem todas para carpintaria e são muito empregadas na construção naval. A madeira canela é extinta e só se extrai em demolição. São reaproveitadas de casas demolidas, passando por um processo de retirada dos pregos, refilamento da espessura e da largura, higienização e descupinização.

Cedro	Muito utilizada por entalhadores e marceneiros. Existe nas cores: vermelho, claro e pardo. É usada na fabricação de móveis, compensados, caixilhos, construção naval, trilhos para janelas, sendo muito fácil para trabalhar com jato de areia, broca e plaina.
Cerejeira	Existe nas cores vermelha e branca. Utilizada na fabricação de móveis finos, painéis, balcões, molduras, rodapés, esquadrias, peças torneadas, folhas faqueadas decorativas, tanoaria, acabamento interno e lambris.
Copaíba	Madeira que produz o conhecido óleo de copaíba, muito utilizado, tanto em trabalhos de arte, quanto na medicina popular.
Cumaru	Madeira muito pesada, dura ao corte, cerne de cor castanho claro amarelado, textura fina a média, superfície de pouco brilho e lisa ao tato. Por ser pesada e de propriedades físico mecânicas altas a médias, podendo ser usada em construção civil, como vigas, caibros, ripas, marcos de portas, tacos e tábuas para assoalhos, lambris e forro, estacas, esteios, postes, cruzetas, dormentes, carrocerias, defensas, construção naval e móveis.
Curupixá	Cerne marrom a marrom-rosado pouco distinto do alburno marrom claro. Anéis de crescimento pouco distintos, grã ondulada a direita, textura fina, brilho moderado e cheiro imperceptível. Fácil processamento no torno e na broca, resultando em excelente acabamento. É usada na construção civil, torneados, móveis, artigos domésticos decorativos, utensílios domésticos, e produção de chapas
Freijó	Madeira moderadamente pesada, com cerne pardo claro amarelado ou pardo claro acastanhado, eventualmente com reflexos róseos. Por ter retratibilidade baixa e propriedades mecânicas médias, é particularmente indicada para móveis finos, lambris e painéis. Na construção civil, como caixilhos, persianas, venezianas, ripas, acabamento interno, molduras, guarnições e sarrafos.
Goiabão	É uma madeira pesada, de cor amarela pálida e textura fina. Esta madeira não é durável, com baixa resistência ao ataque de fungos e cupins. Por ser uma madeira pesada é indicada para construção civil pesada e, se devidamente preservada, também para a construção marítima. Pode ser usada ainda para construção civil leve e interna. Tem sido utilizada para fabricar assoalhos domésticos, mobiliário de utilidade geral e mesmo de luxo, cabos de ferramentas e utensílios, embalagens, paletes e instrumentos musicais.
Grapiapunha	Madeira pesada e belíssima, semelhante à peroba. É empregada nos navios, particularmente na quilha. Serve ainda na construção de carros, como excelentes raios de rodas. Tem cor amarela.
Imbuia	Madeira moderadamente pesada e dura ao corte, cerne extremamente variável, do pardo amarelado ao pardo acastanhado e do pardo escuro acastanhado ao pardo havana claro. Por ser moderadamente pesada, de cor agradável e propriedades mecânicas médias, pode ser usada para móveis de luxo, acabamentos internos, tábuas e tacos para assoalhos, marcos de portas, venezianas, vigas, caibros, ripas, entalhe, coronhas de armas de fogo, esquadrias, peças torneadas e instrumentos musicais.

Ipê	Madeira de cor verde oliva escuro, às vezes marrom escuro, granulação encadeada, textura média. Usada como assoalho, caixilhos e quadros de portas. Altamente resistente e excelente para perfurar com broca ou jato de areia.
Jacarandá	Empregado na marcenaria. Variedade escura, avermelhada e o cabiúna, superior aos outros. É comumente utilizada em obras de marcenaria de luxo, construção de instrumentos de corda e na fabricação de pianos. Instrumentos musicais feitos de Jacarandá da Bahia são muito valorizados. A madeira foi amplamente utilizada nas décadas 1950 e 1960 em escalas de guitarras e fundos de violões. Devido à sua sonoridade única, o fato de estar presente em quase todos os instrumentos especiais, a procura por guitarras com escala de Jacarandá da Bahia tornou-a a madeira mais cobiçada na fabricação de instrumentos musicais.
Jatobá	Também conhecida como: copal, courbaril, jataí, jataíba, jatobá-curuba, jatobazinho, jutaí, jutaí açu, jutaí grande, jutaí do igapó, jutaí mirim, jutaí vermelho, quebra machado. É utilizada em obras hidráulicas, postes e vigas, construções pesadas, laminados, móveis, cabos de ferramentas, implementos agrícolas, carrocerias, vagões e dormentes.
Marupá	Também conhecida como: caxeta, marupaúba, paraparaíba, pararaúba, parariúba, pau paraíba, simaruba e tamanqueira. Cor esbranquiçada a levemente amarelada, brilho moderado e superfície lustrosa. Usos: molduras para quadros, instrumentos musicais ou parte deles, cabos de vassoura, palitos, chapas compensadas, lâminas decorativas, artigos de esporte e brinquedos.
Massaranduba	O nome em português é maçaranduba. É conhecida também por Maçaranduba verdadeira, Maparajuba, Paralu e Maçaranduba branca (no Mato Grosso). Tem cor vermelho-claro tornando-se vermelho-escuro com o tempo, sem brilho, densidade alta e dura ao corte. Usada em dormentes ferroviários, pontes, cruzetas, estacas, tesouras, vigas, caibros, assoalhos, tacos, partes decorativas de móveis (puxadores, entalhes), peças torneadas, instrumentos musicais (arcos violinos), transporte, lâminas e tacos de bilhar.
Mogno	Também conhecido como louro vermelho e aguano. Madeira moderadamente pesada, cerne castanho claro, levemente amarelado, quando recém cortado, escurecendo do castanho uniforme para o castanho mais intenso. É indicada para móveis de luxo, lambris, painéis e folhas decorativas. Em construção civil como: acabamentos internos, molduras, cordões, guarnições, venezianas, persianas, rodapés e, ainda, tábua para assoalhos de residências. Em decorações interiores de navios e embarcações. Fabricação de instrumentos musicais, caixa de ressonância, modelos de fundição, esculturas, artigos de escritório, esquadrias, entalhe, coronha de armas, laterais de escada e utensílios de cozinha.
Pau amarelo	É usado na construção civil pesada externa, assoalhos domésticos, mobiliário de utilidade geral, embarcações, laminados e compensados, cabos de ferramentas e utensílios, artigos de esporte e brinquedos, instrumentos musicais, escadas e na indústria têxtil.
Pau Brasil	Apreciado pelas suas cores. Serve para a tinturaria, artesanato, fabricação de móveis de luxo e arcos de violino. No tempo do Brasil colônia, de seu tronco era extraído um corante vermelho, muito valorizado pelos nobres europeus.

Pau ferro	Mesmas cores e propriedades do pau Brasil. Madeira muito dura e extremamente durável e resistente. Usada na construção civil, em acabamentos e pisos, na fabricação de partes duras de guitarras e violões, bem como em objetos de altíssimo luxo como violinos, cachimbos, revólveres, tacos de golfe e de *hockey*, cassetetes, canetas, tacos de bilhar, facas e canivetes, carrocerias de caminhão e painéis de barcos.
Pau marfim	Madeira pesada de cerne branco palha amarelado, escurecendo para amarelo-pálido, superfície lisa ao tato e medianamente lustrosa. Por ser de cor clara, aspecto agradável e resistência mecânica de valor médio. Indicada para fabricação de móveis, laminados decorativos, molduras e guarnições internas, peças torneadas, peças para esporte e outros artefatos. Em construção civil, como vigas, caibros, ripas, rodapés, tábuas e tacos para assoalhos, cabos de ferramentas, metro para medição e forma para calçados.
Pequiá	Também conhecida como grumarim. De duas cores: amarela, que imita o buxo, e branca, que imita o marfim. É usada como material para assoalho, móveis, construção civil e naval, aduelas e alisares de portas, uniforme para ser trabalhada e para dar acabamento.
Peroba	Árvore de grande altura, de 30 a 40 metros. Há três espécies de perobas, que, mais ou menos, se equivalem e só se distinguem pela cor: preta, amarela e quase branca. Madeira amarelada com cerne avermelhado rosado. Madeira de lei dura, pesada e compacta, resistente à umidade e bichos. Madeira muito estimada para a construção de navio, melhor que o pinheiro. Também é usada em cabos de ferramentas.
Pinus	Também conhecida como pinheiro e pinheiro americano. É muito utilizada na construção civil como: ripas, partes secundárias de estruturas, cordões, guarnições, rodapés, forros e lambris, andaimes e formas para concreto. A resina do Pinus é usada para a produção de breu, para elaboração de tintas, vernizes, laquês, sabões, colas, graxas, esmaltes, ceras, adesivos, explosivos, desinfetantes, isolantes térmicos, etc., bem como para produzir a terebintina, que é usada na elaboração de tintas, vernizes, corantes, vedantes para madeira, reagentes químicos, cânfora sintética, desodorantes, inseticidas, germicidas, óleos, líquidos de limpeza, etc. Também é utilizada como: compensados, laminados, cabos para vassouras, palitos de fósforos, brinquedos, objetos torneados, paletes, bobinas e carretéis.
Sucupira	A madeira de sucupira parda ou preta, por ser madeira pesada e de propriedades mecânicas altas, pode ser usada para folhas faqueadas decorativas, móveis de luxo, esquadrias, acabamentos internos, como tacos e tábuas para assoalhos e lambris, em construções externas, como vigas, caibros, ripas, cruzetas, dormentes e pontes.
Óleo pardo	Também conhecida como cabreúva, cabreúna, bálsamo, caburé e quina-morada. Madeira de carpintaria muito prezada em Portugal, semelhante à nogueira, porém muito mais dura. Vai do pardo rosado claro ao escuro, uniforme. Resistente a umidade e bichos. É usada na construção de pontes, móveis, moirões, rodas, marcenaria e na construção naval.
Óleo vermelho	Linda madeira de marcenaria e bastante dura. Serve também para liteira e eixos de carros. Dá uma espécie de resina, da qual se extrai excelente bálsamo para dores e feridas. Existe nas cores vermelho claro e vermelho escuro.

Quadro 10.5: principais tipos de madeiras brasileiras

10.7.2 O bambu

Dentre as espécies vegetais, além das fibras e madeiras, que podem ser usadas na fabricação de produtos industriais, deve ser citado o bambu que, além de produtos artísticos, pode ser usado em móveis e alguns utensílios domésticos. O bambu, também chamado de taquara ou taboca pelos índios brasileiros, possui cerca de 50 gêneros e 1.250 espécies que se distribuem naturalmente dos trópicos às regiões temperadas, tendo, no entanto, maior ocorrência nas zonas quentes e com chuvas abundantes das regiões tropicais e subtropicais da Ásia, África e América do Sul. Os bambus nativos crescem em todos os continentes, exceto na Europa, sendo que 62% das espécies são nativas da Ásia, 34% das Américas e 4% da África e Oceania. O bambu é uma gramínea e não uma árvore. Embora 75% das espécies sejam aproveitáveis, apenas 50 delas têm uso comercial já desenvolvido, sendo que 19 são prioritárias para fins econômicos. uma vara de bambu tratada com fumaça, pode durar até 70 anos. Em relação ao seu peso, o bambu suporta maior tração do que o aço.

No Brasil as espécies nativas são em sua maioria ornamentais e estão associadas à florestas. Todas as espécies de bambu plantadas no Brasil são chamadas exóticas, originárias em sua grande maioria de países orientais, de onde foram sendo trazidas e aqui introduzidas desde o tempo do descobrimento, exceção feita à espécie "*Guadua angustifólia*" que é originária da América do Sul, sendo muito utilizada na Colômbia, mas que existe também em nosso país nos extremos da região Norte.

O uso do bambu no Ocidente é restrito comparado com a China, Índia e Japão, principalmente por questões culturais, sendo que no Oriente o uso é milenar. Nesses países o uso do bambu não está restrito às formas naturais, mas na fabricação de pisos laminados, painéis laminados e derivados. "Chapas de bambu", muito utilizadas em coberturas de templos budistas, especialmente no Japão, além de belas, são impermeáveis, devido à resina que existe na parte externa da planta.

Na América Latina, e mais precisamente no Brasil, o bambu é utilizado em estruturas das casas e em objetos decorativos em geral, aplicados na forma natural (colmos), vinculado às tradições indígenas e aos imigrantes orientais. A Colômbia é o país que mais utiliza esse material em construções rurais e urbanas, em pisos, estruturas e em paredes do tipo "taipa". No Brasil, a maior produção está destinada à fabricação de vara de pescar, mobiliários tradicionais utilizando colmos de bambu, artesanato, brotos comestíveis, instrumentos e papéis de fibras longas, o chamado papel *kraft*. Os bambus de pequenos diâmetros, além da fabricação de móveis como cadeiras e mesas, também são usados como cabos decorativos de facas, garfos e colheres.

10.8 Materiais de origem animal

São materiais renováveis, ou seja, podem ser produzidos pelo homem e utilizados continuamente. Muitos produtos, não comestíveis e de uso diário, são fabricados integralmente ou com partes de pele, couro, ossos, espinhas, cartilagens, unhas, dentes, escamas, leites, gorduras, penas e pelos.

Pele e couro são, cada vez mais, utilizados na fabricação de roupas, calçados, bolsas, cintos, etc. Muitas correias industriais são fabricadas com couro de animais. Do sebo do boi extrai-se a glicerina, de múltiplos usos, inclusive como lubrificante e na produção de sabão e sabonetes. Com penas de aves são feitos brinquedos, roupas e fantasias. Com pelos são feitos pincéis. Com ossos são feitos, por exemplo, botões, fivelas, prendedores de cabelo e pentes. Uma boa cola para madeira é obtida do cozimento de ossos e resíduos de animais. Da albumina do leite extrai-se a caseína, de onde se produz um plástico o galalite, que foi, junto com o acetato de celulose, um dos primeiros plásticos produzidos, antes dos derivados do petróleo.

Deve ser esclarecido que já existem leis e normas oficiais brasileiras, que permitem a criação e exploração comercial, em cativeiro, de uma série de animais silvestres, por exemplo, de jacarés e avestruzes, dos quais são retirados couros e peles de grande utilidade na fabricação de produtos, por exemplo, sapatos, bolsas e cintos.

10.9 Os compósitos e os materiais de engenharia

10.9.1 Os compósitos

Materiais compósitos ou compostos ou *composite*, são aqueles que possuem pelo menos dois componentes ou duas fases, com propriedades físicas e químicas nitidamente distintas em sua composição. Separadamente, os constituintes do compósito mantêm suas características, porém, quando misturados, formam um material composto com propriedades impossíveis de se obter com apenas um deles. Alguns exemplos de compósitos são os formados por metais e polímeros, por metais e cerâmicas e por polímeros e cerâmicas. Trata-se de um material não monolítico, sendo composto por uma matriz e um material de reforço.

O material matriz é o que confere estrutura ao material compósito, preenchendo os espaços vazios que ficam entre os materiais reforços e mantendo-os em suas posições relativas. Os materiais reforços são os que realçam as propriedades mecânicas, eletromagnéticas ou químicas do material compósito como um todo.

Na prática existem os seguintes materiais de reforço (na forma de fibras): fibras orgânicas (náilon, poliéster), vidro, carbono, titânio, boro, cerâmicas, carbeto de Silício, alumina, quartzo, metálicas, aramida e basalto. Também existe o reforço de grafite. Como material matriz tem-se: a polimérica, a metálica e a cerâmica. Na prática os compósitos são classificados em a) de matriz metálica e b) de matriz polimérica: termoplástica ou termofixa.

A aplicação de materiais compósitos vai desde simples artigos utilizados no dia a dia até aplicações em produtos de alta tecnologia, com destaque nos segmentos aeronáutico e aeroespacial, especialmente com fins militares. Apenas como curiosidade, é importante citar que, antigas civilizações já utilizavam compósitos, por exemplo, palha+barro na produção de tijolos.

Compósitos de matriz metálica: apresentam as seguintes características, em relação aos metais monolíticos: melhor resistência à fadiga, às temperaturas e ao desgaste, possuindo, porém, menor taxa de fluência e coeficiente de expansão térmica. As principais matrizes metálicas são: alumínio (composta com boro ou alumina ou grafite ou carbeto de silício ou sílica aluminosa ou carbeto de boro), cobre (composta com grafite ou carbeto de silício ou carbeto de titânio ou carbeto de boro ou liga nióbio/titânio ou nióbio/zinco), magnésio (composta com alumina ou grafite ou carbeto de silício ou carbeto de boro), titânio (composta com carbeto de silício ou carbeto de titânio ou com recobrimento de boro) e superligas compostas com tungstênio. (LESKO 2012, p.259).

Compósitos de matriz polimérica termoplástica: em princípio, quase todos os termoplásticos podem ser usados como compósitos, porém na prática os mais usados são: náilon, polipropileno, poliestireno e as resinas ABS e SAN. Na prática estes termoplásticos são compostos com vidro, carbono e aramida. (LESKO 2012, p.260). Polipropileno composto com talco é utilizado em automóveis nas seguintes partes: carcaças de lanternas, pára choques, lateral de portas e teto. Em eletrodomésticos é utilizado no cesto de máquinas de lavar. Também é utilizado na estrutura interna de chuveiros. Polipropileno com fibra de vidro, devido resistência ao calor e maior resistência mecânica, é utilizado em tampas de bombas de piscinas e ventoinhas de automóveis. O náilon ou poliamida composto com 30% de fibra de vidro é usado, por exemplo, no coletor de admissão de motores de automóveis. Em 2019 já se usava o náilon composto com fibra de carbono, para uso na indústria aeronáutica, bem como já existiam aplicações na indústria bélica.

O teflon© ou PTFE composto com: grafite, fibra de vidro, náilon, bronze, aço inox e bissulfeto de molibdênio, tem aplicações em caixa de direção de veículos, vedação de amortecedores e ar condicionado, vedação de pistão hidráulico de trator, vedação de válvulas industriais. Nos eletrodomésticos da linha branca é usada como buchas, mancais e partes deslizantes, como nos liquidificadores e ventiladores de teto.

Compósitos de matriz polimérica termofixa: cerca de 95% destes compósitos têm como base o poliéster e a resina epóxi. Na prática estes termofixos são compostos com vidro, carbono, aramida, ligas de boro, juta, algodão e materiais sintéticos como o náilon. (LESKO 2012, p.260).

Além desses materiais poliméricos, também existem os chamados compósitos avançados, muito utilizados em produtos e peças usadas em defesa (projéteis e blindagens), bem como na indústria aeroespacial. Os de maior uso são os de fibras de grafite, fibras de vidro e Kevlar©.

Kevlar© é marca registrada da indústria química DuPont, para uma fibra sintética de aramida muito resistente e leve. Trata-se de um polímero resistente ao calor e cinco vezes mais resistente que o aço por unidade de peso. O Kevlar© é usado no fabrico de cintos de segurança, cordas, construções aeronáuticas, velas, coletes à prova de bala, linhas de pesca, na composição de alguns pneus e para fitas de alguns modelos de pedal de bumbo. Já há alguns anos, o tanque de combustível dos carros de Fórmula 1 é composto deste material, para evitar que objetos pontiagudos perfurem os tanques no momento da colisão.

Outros exemplos práticos do uso de materiais compósitos são: capacetes em Kevlar© de proteção individual, coletes à prova de balas em Kevlar©, o concreto armado (compósito de cimento, aço, areia e brita), bicicletas em fibra de carbono, varas de salto, usadas em atletismo, barcos de passeio e competições (em fibra de vidro e de carbono), carrocerias de automóveis (em fibra de carbono), pranchas de: *surf*, *skimboard* e *windsurf*, hélices de helicópteros e aviões, varas de pesca (em fibra de vidro ou carbono), bicicletas (em fibra de vidro ou carbono) e raquetes de tênis.

10.9.2 Os materiais de engenharia

Dentre os vários materiais, que se enquadram como de engenharia, os mais utilizados na prática são: fibra de carbono, fibra de vidro, vidro, os vitrocerâmicos e os metais duros refratários.

Fibra de carbono: é uma fibra sintética composta de finos filamentos de 5 a 10 micrometros de diâmetro (bem mais fina que o fio de cabelo humano) e composta principalmente de carbono. Cada filamento é a união de diversos milhares de fibras de carbono. É uma fibra sintética porque é feita a partir de poliacrilonitrila. Possui propriedades mecânicas semelhantes às do aço, porém leve como madeira ou plástico. Por sua dureza tem maior resistência ao impacto do que o aço.

Sua principal aplicação é a fabricação de polímeros de fibra de carbono reforçados. Na maioria dos casos, cerca de 75%, com polímeros termofixos. O polímero é geralmente resina epóxi do tipo termofixa, mas também pode ser associado com outros polímeros, tais como poliéster ou viniléster.

As fibras de carbono, sozinhas não são apropriadas para uso, porém, ao serem combinadas com materiais matrizes (compósitos), resultam num material com propriedades mecânicas excelentes. Esses compósitos, também chamados de materiais plásticos reforçados por fibra de carbono (CFRP - *Carbon Fiber Reinforced Plastic*) estão tendo uma grande utilização, como por exemplo: a) indústria aeronáutica, na fabricação de peças das asas, b) industria de bicicletas, na construção de todo o tipo de peças desde quadros, guidons, selins, rodas e até mesmo freios de disco em fibra de carbono e transmissões. Nas superbikes a estrutura principal das máquinas é de fibra de carbono, c) na formula 1, d) em todos os esportes de competição, onde a fibra de carbono tem dado resposta à necessidade e procura constante de materiais cada vez mais leves e mais resistentes, e) ligas metálicas, f) peças cerâmicas, g) tecidos e h) blindagens resistentes à temperatura.

Embora tenha sido desenvolvida e aperfeiçoada durante as décadas de 1950 e 1960, seu uso se intensificou a partir do ano 2000. Muitos pesquisadores estimam que a fibra de carbono, especialmente após 2030, irá superar a utilização do aço, sempre onde for possível obviamente. Normalmente para se produzir componentes à base de fibras de carbono são utilizados processos de moldagem, similares aos da fibra de vidro. A resistência das fibras de carbono à presença ou contato direto com produtos químicos corrosivos, têm permitido seu uso em peças móveis para a indústria automotiva. Dependendo de sua composição, os componentes podem ser utilizados em condições adversas de temperatura e pressão. Fibras de carbono também são usadas na composição de ligas metálicas, peças cerâmicas e blindagens.

Fibra de vidro (*Fiberglass*): este termo, tanto pode referir-se à própria fibra como ao material compósito Polímero Reforçado com Fibra de Vidro (PRFV), que é popularmente conhecido pelo mesmo nome. É um material composto da aglomeração de finíssimos filamentos de vidro que não são rígidos e são altamente flexíveis. Quando adicionado à resina poliéster ou silicones, fenóis e outros compostos solúveis em solventes orgânicos, transforma-se em um composto (compósito) popularmente conhecido como fibra de vidro, que na verdade tem o termo técnico de PRFV, ou seja, Polímero Reforçado com Fibra de Vidro. Pode também conter em sua formulação alguns componentes como óxidos de potássio, ferro, cálcio e alumínio.

O PRFV tem alta resistência à tração, flexão e impacto, sendo muito empregado em aplicações estruturais. É leve e não conduz corrente elétrica, sendo utilizado também como isolante estrutural. Permite ampla flexibilidade de projeto, possibilitando a moldagem de peças complexas, grandes ou pequenas, sem emendas e com grande valor funcional e estético.

Não oxida e tem excepcional resistência a ambientes altamente agressivos aos materiais convencionais. Sua resistência química é determinada pela resina e a forma de construção do laminado.

Pode ser produzido em moldes simples e baratos, viabilizando a comercialização de peças grandes e complexas, com baixos volumes de produção. Mudanças de projeto são facilmente realizadas nos moldes de produção, dispensando a construção de moldes novos. Os custos de manutenção são baixos devido à alta inércia química e resistência às intempéries, inerente ao material.

A fibra de vidro é obtida industrialmente através do vidro ainda em estado líquido, ou seja, momento em que a sílica (areia), está derretida sob uma temperatura de 1.600 °C. Esse líquido é submetido ao resfriamento sob alta velocidade, onde o controle cinético e térmico favorece a obtenção de fios em tamanhos e diâmetro desejados através da passagem do líquido por finíssimos e reguláveis orifícios de platina, que chegam a produzir cerca de 3.000 m de fibra por minuto.

A fibra de vidro é comumente encontrada na forma de lã de vidro, malhas, placas e fios em pequenos pacotes utilizados em reparos de objetos fabricados com o material e danificado com o passar do tempo. Esse material é resistente à ação de agentes químicos, a corrosão e ação de gases corrosivos presentes no ar, porém não é resistente a ação do ácido fluorídrico que é capaz de atacar o vidro em função desse composto apresentar o mais eletronegativo dos elementos químicos em sua composição.

Dentre as várias aplicações da fibra de vidro, podem ser citadas: fabricação de aviões, barcos, carros, caminhões, na construção civil, na produção de peças para computadores e equipamentos de telecomunicação e em diversos outros dispositivos que tenham essa finalidade. Na odontologia a fibra de vidro é modificada com a adição de substâncias poliméricas como intuito de aumentar sua resistência e auxiliar no tratamento ortodôntico, além de fabricar próteses mais resistentes. É empregada como isolante térmico, acústico em filtros para gases e líquidos tóxicos quando na forma de lã de vidro. Juntamente com o polietileno forma um material resistente para fabricação de tanques e containeres usados para armazenar insumos químicos, água e às vezes algumas matérias-primas alimentícias, por que a superfície da fibra de vidro não favorece a formação de colônias microbianas e nem absorção de umidade e gases. A fibra de vidro ainda é utilizada na fabricação de objetos de decoração e utilidades domésticas, como lustres, cadeiras, mesas, na decoração e na propaganda de muitas empresas, principalmente na forma de réplicas e bonecos.

Vitrocerâmicos: ou cerâmicas de engenharia, possuem alta resistência, leveza, resistência à corrosão e altas temperaturas. São muito utilizados como: componentes de motores de combustão interna, ferramentas de corte, válvulas e mancais. Na área eletrônica os materiais cerâmicos são utilizados na fabricação de: *chips*, supercondutores, imãs, capacitores e transdutores. Também são usados na fabricação de utilidades domésticas como: panelas, utensílios de mesa, fogões de mesa e peças para fornos de microondas. Uma das desvantagens dos materiais cerâmicos é a sua fragilidade, o que vem sendo atenuado combinando-se com fibras reforçadas. Os principais materiais vitrocerâmicos são: os vidros (sodocálcicos, borossilicato, chumbo alcalino, alumino silicato, sílica 96%, sílica fundida e vidros fotossensível, fotocromático e fotocrômico), os carbonos manufaturados (principalmente carbono, diamante e grafite) e os metais duros refratários (carbeto de tungstênio, carbeto de titânio, carbeto de tântalo e carbeto de titânio/tungstênio). Fibras de vidro e de carbono vêm sendo cada vez mais utilizados na fabricação de produtos. (LESKO 2012, p.242). Existem cerâmicas especiais, que são utilizadas na fabricação de facas de cozinha, como é o caso da cerâmica zircônia, que produz uma faca de belo *design*, alta resistência e boa qualidade. (FERRANTE e WALTER, 2010, p. 83).

Metais duros refratários: são produzidos a partir do processo de sinterização ou metalurgia do pó (ver parágrafo 11.1.2), de alguns pós metálicos de alta dureza. Na sinterização, uma mistura de pós metálicos e outros elementos é comprimida e levada ao forno, em temperatura abaixo do ponto de fusão. Normalmente são usados pós de carbonetos (titânio, tântalo, nióbio ou tungstênio) de metais refratários, misturados ao cobalto e outros elementos químicos (inclusive até não metálicos). São muito utilizados como ferramentas de corte (em usinagens), apresentando as seguintes características: dureza e tenacidade em altas temperaturas (ou seja, refratários) e resistência ao desgaste. Metal duro é o nome dado a uma liga de carboneto de Tungstênio, produzido por metalurgia do pó. Na verdade o produto é obtido pela prensagem e sinterização de uma mistura de pós de carboneto e outros materiais de menor ponto de fusão, chamados ligantes (Cobalto, Níquel, Titânio, Cromo ou uma combinação deles).

Os metais duros refratários têm os seguintes usos industriais: a) Siderurgia: rolos de laminação, fieiras de trefilação, roletes de guia, ferramentas para fabricação de pregos e de arames, etc. b) Indústria metalmecânica: ferramentas de usinagem (brocas, fresas, alargadores, insertos, etc.). c) Mineração: pastilhas e botões para brocas de perfuração, panelas para moinhos vibratórios. d) Indústria de embalagens: ferramentas para corte e conformação, facas, discos de corte e vinco. e) Indústria automotiva: matriz para extrusão de eletrodo de velas, insertos para furação de lona de freio e brochas para acabamento de bronzinas. f) Indústria do petróleo e gás: sedes e esferas de válvulas e selos mecânicos. g) Indústria de alimentos: componentes de moinhos e trituradores no processamento de açaí, palma e cacau.

Diversos fabricantes produzem metais duros refratários. Comercialmente (e como marcas registradas), dentre outros, encontramos os seguintes nomes no mercado: Widia (liga de tungstênio, carbono e cobalto), Stellite, Estelite ou Estelita (liga de cromo, cobalto, tungstênio e carbono), Tantung (liga de cromo, tungstênio, colômbio, carbono e cobalto), Rexalloy (liga de carbono, cobalto, cromo e tungstênio) e Chromalloy, uma liga contendo cerca de 80% de níquel e 20% de cromo.

Embora não metálico, existe um material extremamente duro e resistente ao calor, muito utilizado em usinagens especiais: o Nitreto Cúbico de Boro (CBN). É um material artificial extremamente duro, com uma dureza apenas inferior ao do diamante (que é o material mais duro que existe) à temperatura ambiente, apesar de mais estável quimicamente. Atinge 2.000 ^{0}C sem grandes perdas de dureza, enquanto o diamante já grafitiza em torno de 900 ^{0}C. Tal qual o diamante, o CBN é um isolante elétrico e um excelente condutor de calor. É amplamente utilizado como um abrasivo para ferramentas industriais, em especial para a usinagem de peças de aços e materiais de grande dureza.

10.10 Os nanomateriais

São estruturas de tamanho muito reduzido ou nanométricas, sendo o nanômetro (nm) igual a um bilionésimo do metro (10^{-9} m). Apenas como comparação, basta lembrar que um fio de cabelo humano é 100 mil vezes mais espesso que um nanômetro. Na prática, nanomateriais são substâncias químicas ou materiais até 10 mil vezes menores que o diâmetro de um fio de cabelo humano e dotados de características inovadoras

Na prática os nanomateriais começaram a ser estudados e desenvolvidos a partir da década de 1990, pelo pesquisador japonês Sumio Iijima, sendo que em 2020 já existiam várias aplicações práticas, dentre as quais: nano partículas de dióxido de titânio (TiO_2), usadas nos protetores solares, para aumentar a capacidade de refletir a radiação ultravioleta do Sol; em telas LED; nanopartículas de prata, usadas como agente antibacteriano em aplicações têxteis e medicinais e nanopartículas especiais adicionadas aos pneus de carros da fórmula um, objetivando reduzir o desgaste dos mesmos. Em 2020 várias empresas de informática e computação desenvolviam estudos com nanotubos de carbono, nanofios de ouro e nanofitas de semicondutores, objetivando reduzir, ainda mais, os circuitos eletrônicos.

Ainda em 2020 podiam ser citados os seguintes usos práticos de nanopartículas de materiais: em lentes fotocromáticas de óculos e em vidros de automóveis e prédios, para evitar embaçamento e dar efeito autolimpante e em células solares fotovoltaicas flexíveis e feitas a partir de pequenas moléculas de carbono. Os nanomateriais também se aplicam em camisas, camisetas, meias soquetes, raquetes, tacos de hóquei, de beisebol, utensílios de cozinha, materiais para espelhos, metais compostos para aeronáutica, painéis solares e em cristais de transparência regulável. As nanotecnologias também muito podem ajudar no uso de recursos energéticos, através de novas baterias, novas células de combustível e veículos mais leves e rápidos.

Uma das grandes possibilidades, geradas pelos nanomateriais, foi a criação dos chamados "materiais inteligentes", definidos como aqueles que podem ter suas características físicas controladas mediante alterações de certos parâmetros ambientais ou operacionais (força, temperatura, campo elétrico, campo magnético, etc.). Estruturas inteligentes compreendem amplamente veículos aeroespaciais, terrestres e aquáticos, estruturas de construção civil e *off-shore*, máquinas e equipamentos industriais, eletrodomésticos, aos quais são incorporados materiais inteligentes com o objetivo de conferir uma gama de funcionalidades desejadas, tais como: controle de forma e posicionamento, atenuação de vibrações e ruído, monitoramento de integridade estrutural e geração de energia.

Em janeiro de 2012, foi noticiado que pesquisadores da Universidade de Strathclyde, na Escócia, estavam trabalhando em uma tinta inteligente, de baixo custo de produção, capaz de detectar problemas estruturais microscópicos em grandes construções, como pontes e prédios. Essa tinta é feita de nanotubos de carbono alinhados, de forma que eles sejam capazes de carregar corrente elétrica, enquanto outro produto é misturado para dar características de tinta ao composto. O monitoramento então é bastante simplificado, bastando checar a condutividade do material. Caso haja alguma alteração, isso indicaria falhas na estrutura. De acordo com os pesquisadores, não há limitações de onde essa tecnologia poderá ser utilizada, sendo que ela custará apenas 1% do valor dos processos de monitoramento atuais.

Em 22/10/2013, a Agência Brasil de informações, publicou uma reportagem sobre uma pesquisa desenvolvida pelo Instituto Senai de Inovação (ISI), que permitirá que a pintura de um carro se autorregenere, quando riscada. Essa inovação usa aplicações de nanocápsulas contendo tinta e um catalisador, liberados apenas quando a pintura é riscada. A recuperação pode alcançar até 85% dos danos, sendo chamada de "autocicatrizante". O produto poderá ser aplicado em superfícies de carros, eletrodomésticos, como geladeiras e fogões, cosméticos (em esmaltes para unhas) e até em móveis. "A tecnologia libera uma tinta internamente e, após alguns segundos ao ser riscado, o carro estará novamente como antes, sem o risco.

Em outubro de 2014, foi noticiado que Jun Sun e outros pesquisadores da Universidade Sudeste de Nanjing, na China, descobriram que nanopartículas sólidas apresentam um comportamento de líquido, como se elas fossem gotas, e não partículas. Externamente, as nanopartículas comportam-se como gotas líquidas, balançando e mudando de formato à menor pressão. Contudo, seu interior mantém uma configuração cristalina perfeitamente estável. Esse fenômeno surpreendente tem implicações diretas no uso das nanopartículas em equipamentos eletrônicos e eletromecânicos e como carreadores de medicamentos em aplicações biomédicas.

Esse fenômeno líquido/sólido foi observado em nanopartículas de prata de 10 nanômetros de diâmetro a temperatura ambiente (a prata só se funde a 962 ^{0}C), o que torna o comportamento líquido totalmente inesperado. Usando várias técnicas de microscopia, além de modelamento atômico, a equipe verificou que as deformações atingem apenas a primeira ou as duas primeiras camadas atômicas de cada nanopartícula, com todo o seu interior permanecendo cristalino. Tecnicamente essa deformação é uma pseudoelasticidade, já que as nanopartículas retornam ao seu formato original quando a tensão é removida, como uma bola de borracha quando é apertada. Isso é diferente da plasticidade (típica nos metais), quando o material se deforma de modo definitivo, como quando se aperta uma bola de argila.

Outro bom exemplo de material inteligente foi, em 2014, quando as mídias noticiaram que uma universidade americana havia desenvolvido um tipo de tinta que, aplicada nas paredes externas de um prédio, poderiam transformar a luz solar em energia elétrica, ou seja, uma tinta com efeito fotovoltaico.

Sabe-se que, com a introdução de nanotubos de carbono ao cimento ele fica muito mais resistente, gastando-se menos vigas de ferro em uma estrutura de concreto. Também se sabe que, misturando-se nanotubos de carbono ao plástico ele fica mais resistente, podendo conduzir calor e eletricidade.

Em 2020 existiam três tipos de nanomateriais de carbono: 1 - o grafeno, que é uma folha formada por átomos de carbono, com apenas um átomo de espessura, 2 - os nanotubos de carbono, que são folhas de grafeno enroladas em forma de tubo, com diâmetro de aproximadamente um nanômetro. Para se ter uma base de comparação, os nanotubos são 100 mil vezes mais finos que um fio de cabelo e 3 - os fulerenos, que são materiais onde os átomos de carbono formam um poliedro oco.

Com os novos nanomateriais e mais a técnica da impressão tridimensional ou impressão 3D, realmente pode-se pensar em alternativas de produtos inimagináveis. Em 2020, esperava-se que com o desenvolvimento crescente de nanomateriais inteligentes, em poucos anos, o desenvolvimento e produção de novos produtos sofreriam uma nova revolução tecnológica.

10.11 O grafeno

Em 2004, dois cientistas de origem russa, Andre Geim e Konstantin Novoselov, isolaram uma fina folha de grafeno, utilizando uma simples e comum fita adesiva, dessas que usa-se em escritórios. Eles fizeram sucessivas experiências, até conseguirem uma fina folha bidimensional de grafeno, a partir de um simples pedaço de grafite.

O grafeno é uma folha plana de átomos de carbono densamente compactados e com espessura de apenas um átomo, reunidos em uma estrutura cristalina hexagonal. O grafite em si consiste de múltiplas folhas arranjadas uma sobre a outra. Bastante abundante na natureza, e de estrutura significativamente estável e resistente, ele pode ser a chave para a produção, por exemplo, de transístores de apenas um microm (0,01 μm), indo além do limite teórico de duas micras (0,02 μm), pelo qual os transístores possuiriam apenas dois ou três átomos de espessura e poucas dezenas de átomos de comprimento, aproximando-se dos limites físicos da matéria. Um processador eletrônico de computador ou um circuito integrado, feitos de grafeno, poderá chegar a uma capacidade de 500 GHz (giga Hertz), centenas de vezes maior do que os feitos de silício, que chegavam no máximo a 5 GHz. Com o grafeno será possível a fabricação de equipamentos eletrônicos mais compactos, rápidos e eficientes.

Esse material, além de ser praticamente transparente, é cerca de 100 vezes mais forte que o atual aço, mais resistente, é um execelente condutor de eletricidade e calor. Um pedaço de grafite de apenas um milímetro de diâmetro, por exemplo, aquele usado em lapiseiras, tem cerca de três milhões de camadas de grafeno. Em 2016, a empresa britânica Zap&Go introduziu o carregador de grafeno para celulares e tablets que recarrega as baterias em apenas cinco minutos. Em janeiro de 2017, cientistas do MIT anunciaram, no periódico científico Science Advances, a criação de um material extremamente leve e resistente. Ele é feito usando grafeno e tem resistência 10 vezes maior do que o aço. Com aparência esponjosa, ele é produzido a partir da compressão e fusão de grafeno. Devido à sua configuração e estrutura bidimensional, é difícil usar o grafeno na produção de objetos. Apesar de ser 10 vezes mais resistente do que o aço, o novo material tem apenas 5% da sua densidade, o que pode resultar em objetos e partes mais leves do que os equivalentes construídos com aço. A expectativa era que materiais criados usando essa tecnologia sejam usados na criação de aviões, grandes construções e carros.

10.12 Os biomateriais

Biomaterial é uma substância ou uma mistura de substâncias, natural ou artificial, que atua nos sistemas biológicos (tecidos, órgãos) parcial ou totalmente, com o objetivo de substituir, aumentar ou tratar órgãos e partes do corpo humano. Próteses, implantes, lentes de contato e marcapassos, são exemplos de biomateriais. Ciências como a nanotecnologia (nanomateriais), engenharia dos tecidos e engenharia dos materiais, têm vindo a desenvolver em conjunto importantes avanços no ramo dos biomateriais.

Segundo dados estatísticos divulgados pela Agência Nacional de Vigilância Sanitária - ANVISA , em 2015, no Brasil, encontravam-se em circulação cerca de 300 mil produtos na área da saúde de origem biomaterial. Os setores mais privilegiados nesta área eram: 1 - cardiologia, com cerca de 56% a 80% dos gastos, em equipamentos e utensílios como cardioversores; cardiodesfibriladores, marcapasso, cateteres, próteses endovasculares e válvulas cardíacas; 2 - ortopedia, com gastos entre 20% a 36% em próteses de quadril, joelho e ombro, implantes de coluna, parafusos bioabsorvíveis e cimentos ortopédicos; 3 - oftalmologia com lentes intraoculares e 4 - otorrinolaringologia com próteses auditivas.

Existem diversos tipos de biomateriais, inclusive os de ligas metálicas. Uma delas é o aço vanádio, utilizado para fabricação de placas e parafusos para fraturas ósseas. Também são utilizados: aços inoxidáveis austeníticos, da série AISI 316, ligas de cobalto cromo molibdênio, ligas de cobalto níquel cromo molibdênio, o titânio puro e ligas à base de titânio, alumínio e vanádio. Desde 2016 já eram utilizadas próteses em biomateriais, por exemplo, como mandíbula e osso da cabeça do fêmur humano.

Capítulo 11

Engenharia de produtos: introdução aos processos de fabricação. A impressão tridimensional

O objetivo deste capítulo é dar uma visão geral dos principais processos de fabricação, usados em produtos, já que após o detalhamento de todas as características do mesmo, cada componente tem que ser fabricado.

De forma geral, pode-se dizer que, além do tipo de material, é o volume de produção, ou seja, a quantidade a ser produzida, que determina o processo de fabricação de um componente de um produto, objetivando-se um menor custo, para se ter um preço final competitivo. Vários processos de fabricação não são economicamente viáveis, quando são poucas as peças a produzir. Supondo a simples peça mostrada na figura 11.1, feita em aço ao carbono SAE 1020, do ponto de vista da produção mecânica, a mesma pode ser fabricada utilizando-se um dos quatro processos: soldagem, usinagem por torneamento, forjamento ou prensagem. O que irá definir o processo de menor custo é exatamente a quantidade a ser produzida. Considerando-se uma ou poucas peças, neste caso, os processos mais econômicos são: 1º usinagem por torneamento; 2º soldagem; 3º prensagem; 4º forjamento. Para grandes volumes de produção, a ordem passa a ser: 1º forjamento; 2º prensagem; 3º torneamento; 4º soldagem.

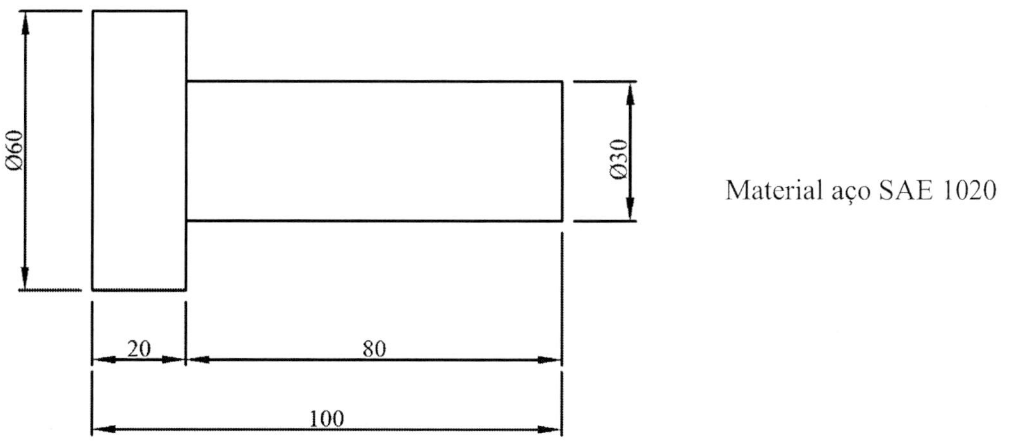

Figura 11.1: exemplo de peça componente de um produto

Além do volume de produção, os seguintes fatores determinam o processo de fabricação a ser utilizado, sem ordem de prioridade:

1. Exigências ambientais e de saúde. Muitos materiais, que teriam um custo menor de fabricação, não podem ser utilizados, pois ou causam problemas de saúde aos usuários ou ao meio ambiente. Um exemplo clássico são as pinturas, com tintas à base de chumbo, pois apesar de apresentarem um aspecto mais bonito (o brilho é muito mais intenso), são altamente tóxicas às pessoas e ao meio ambiente.
2. Custo da fabricação. (Pode ser que a empresa tenha que adquirir novas máquinas).
3. Material utilizado. (Alguns materiais só podem ser processados, por meios específicos).
4. Dimensões e geometria ou forma do produto.
5. Acabamentos superficiais (pintura, espelhamento, tratamento térmico, etc.).
6. Tolerâncias dimensionais. Peças com pequenas tolerâncias são mais caras, pois exigem máquinas e procedimentos especiais.
7. Ferramentas utilizadas.
8. Normas regulamentadoras (exigências governamentais).
9. Maquinário disponível. Máquinas modernas e automáticas apresentam menor custo e melhor qualidade, porém a empresa tem investimentos a pagar para obtê-las.
10. Prazo de entrega. Prazos curtos exigem máquinas e métodos de alta tecnologia, o que significa aumento de custo.

11.1 Visão geral dos processos convencionais de fabricação

Os principais processos convencionais de fabricação (especialmente em metais), de forma geral, podem ser classificados de acordo com as chaves a seguir. Na sequência são detalhados cada um dos processos.

Principais processos convencionais de fabricação (Quadro geral)

- **Conformação (em quatro estados)**
- **Usinagens**
- **Corte de materiais**
- **Soldagens**
- **União especial (Junção por colas industriais)**
- **Tratamentos térmicos e termoquímicos**
- **Revestimentos**
  - **metálicos**
  - **não metálicos inorgânicos**
  - **não metálicos orgânicos**

- Conformação nos estados
  - Líquido
    - Fundição
  - Pó metálico
    - Sinterização (metalurgia do pó)
  - Plástico
    - Laminação
    - Forjamento
    - Extrusão
  - Sólido
    - Laminação
    - Embutimento
    - Trefilação
    - Estampagem

- Usinagens
  - Com formação de cavacos
    - Torneamento
    - Aplainamento
    - Furação
    - Fresamento
    - Serramento
    - Brochamento
    - Rosqueamento
    - Limagem
    - Rasqueteamento
  - Sem formação de cavacos
    - Tamboramento
    - Retificação (produz minúsculos cavacos)
    - Brunimento
    - Lapidação
    - Espelhamento
    - Polimento
    - Super acabamento
    - Lixamento (produz minúsculos cavacos)
    - Afiação
    - Jateamento

- Tipos de cortes de materiais
  - Com chama (Oxicorte)
  - A *LASER*
  - Com Plasma
  - Com Jato de água
  - Por descarga elétrica ou Eletroerosão
  - Por cizalhamento
    - Guilhotinas
    - Tesouras
  - Por abrasão
    - Serras
    - Discos abrasivos
  - Por usinagens
    - Torneamento
    - Fresagem
    - Em plainas
  - Com eletrodo de grafite ou Cobre

- Processos de soldagens
  - Por fusão do metal base
    - Arco elétrico
      - Eletrodo revestido
      - Arco submerso
      - Com arame tubular
      - Tipo TIG
      - Tipos MIG e MAG
      - Soldagem de pinos
      - Plasma
      - Eletroescória
      - Por centelhamento
    - Resistência elétrica por
      - Ponto
      - Costura
      - Projeção
      - Indução
    - Química
      - Chama direta
      - Aluminotermia
        - Oxi-Gás
    - Óptica
      - Laser
      - Feixe de elétrons
  - No estado sólido
    - Ação mecânica por
      - Fricção
      - Ultrassom
      - Explosão
      - Fricção Mistura
  - Sem fusão do metal base
    - Brasagem
    - Solda branda
    - Solda de Estanho

- Tratamentos térmicos
  - Recozimento
  - Normalização
  - Têmpera
  - Revenimento
  - Endurecimento por precipitação
  - Tratamento isotérmico
    - Austêmpera
    - Martêmpera

- Tratamentos Termoquímicos
  - Cementação
  - Nitretação
  - Cianetação
  - Carbononitretação

- Revestimentos metálicos
  - Cladização
  - Imersão a quente
    - Galvanização
    - Estanhação
  - Eletrodeposição
  - Metalização

- Revestimentos não metálicos inorgânicos
  - Anodização
  - Cromatização
  - Fosfatização
  - Esmaltação à porcelana
  - Vitrificação

- Revestimentos não metálicos orgânicos
  - Pintura com tintas industriais

11.1.1 Conformação no estado líquido: fundição

É utilizada quando se tem um objeto complexo, ou seja, com muitos detalhes geométricos, internos e externos, tendo-se um produto quase acabado que, em certos processos requer outras operações secundárias. O metal fundido (derretido) é colocado em um molde e, após a solidificação tem-se o produto. Existem diversos processos de fundição (figura 11.2), utilizados conforme as características do produto e o material utilizado. É o processo elementar (e mais antigo) de obtenção dos metais, mas nem sempre a estrutura de um metal obtido por fundição é adequada para determinadas aplicações que exigem altas resistências à tração e ductilidade, como é o caso, por exemplo, de perfis estruturais, chapas que serão conformadas, fios, etc. Geralmente peças fundidas são mais quebradiças, quando comparadas a outros processos.

O processo de fundição aplica-se a vários tipos de metais, tais como aços, ferros fundidos, alumínio, cobre, zinco, magnésio e respectivas ligas. Porém existem também desvantagens. Os aços fundidos, por exemplo, podem apresentar elevadas tensões residuais, microporosidade, zonas térmicas desiguais e variações de tamanho de grão. Tais fatores resultam em menor resistência e ductilidade, quando comparados aos aços obtidos por outros processos de fabricação como conformação a quente (por exemplo, o forjamento).

A fundição pode dar origem a peças acabadas, já em seu formato final, ou não. Nesse caso, elas podem passar por outros processos de acabamento, ajustes dimensionais, soldagem ou usinagem (para peças que serão usinadas é comum deixar um sobremetal). Mas, de modo geral, as peças fundidas passam por processos de acabamento como corte de canais, usinagem, e rebarbação. Quando necessário, as peças também podem passar por tratamento térmico para conferir maior resistência, já que as peças fundidas apresentam menor resistência mecânica do que as peças produzidas por outros processos de conformação.

São exemplos de peças fundidas de grandes dimensões: pistões, blocos e cabeçotes de motor para veículos automotores, fogões a lenha, bases para máquinas, rodas de trens, sinos, estátuas e carcaças de bomba. Dentre as várias peças fundidas de pequenas dimensões, podem ser citadas: coroas dentárias, jóias, estatuetas, frigideiras e as famosas panelas de ferro. Algumas panelas de pressão, em aço inoxidável, são fundidas. Existem vários processos diferentes para se produzir peças fundidas, os mais comuns são os mostrados na figura 11.2. Cada processo se ajusta a determinadas exigências de qualidade, custo e tempo.

Moldes não metálicos ou temporários
- Caixa de areia verde
- Caixa de areia seca (ou em molde estufado)
- Caixa de areia soprada (ou *cold box*)
- Caixa de areia em molde cheio
- Em casca (*Shell Molding*)
- Cera perdida

Moldes metálicos ou permanentes
- Por gravidade (ou em coquilhas)
- Por pressão
- Por centrifugação
- No estado semi-líquido ou *Squeeze Casting*
- Tixofundição e Reofundição

Figura 11.2: conformação de metais no estado líquido (fundição). Processos e moldes

Cada metal tem o seu ponto de fusão (ou derretimento), permitindo que, uma vez líquido, este metal seja colocado em um molde onde, após a solidificação (via resfriamento), o metal assume a forma do molde. A tabela 11.1 mostra o ponto de fusão dos principais materiais usados na fundição de peças e objetos.

Metal	Símbolo Químico	Ponto de fusão (^{0}C)	Observações e usos normais
Aço Carbono	/	1.410 – 1.540	Possuí várias ligas
Aço Inoxidável	/	1.510	Possuí várias ligas
Alumínio	Al	660*	Possuí várias ligas
Antimônio	Sb	630,8*	Elemento de ligas
Bronze	/	900 – 1.000	Liga de Cobre + Estanho
Cobre	Cu	1.085*	Possuí várias ligas
Chumbo	Pb	327,5*	Possuí várias ligas
Cromo	Cr	1907*	Elemento de ligas
Estanho	Sn	231,9*	Possuí várias ligas
Ferro	Fe	1.538*	Componente principal de aços e ferros fundidos
Latão	/	900 - 940	Liga de Cobre + Zinco
Molibdênio	Mo	2.623*	Elemento de ligas
Níquel	Ni	1.455*	Elemento de ligas
Ouro	Au	1.063*	Elemento de ligas
Platina	Pt	1.773*	Elemento de ligas
Prata	Ag	960*	Ou Argento
Tungstênio	W	3.422*	Ou Wolfrâmio
Urânio	U	1.132*	Elemento estratégico
Zinco	Zn	419,5*	Elemento de ligas
Zircônio	Zr	1.855*	Elemento estratégico

Tabela 11.1: ponto de fusão de alguns metais (* temperatura de fusão do elemento químico puro)

Independentemente do processo, toda fundição tem as seguintes oito etapas básicas.

1 – Projeto da peça. Determinados detalhes geométricos não possíveis em peças fundidas.
2 – Projeto do modelo. Para atender a todos os detalhes dimensionais e geométricos da peça.
3 – Confecção do modelo (modelagem). Pode ser em: madeira, metal, cera ou plástico.
4 – Confecção do molde (moldagem), incluindo canais, respiros e massalotes.
5 – Fusão do metal ou da liga metálica.
6 – Vazamento do material líquido no molde.
7 – Limpeza e, se necessário, operações complementares (usinagens, polimentos, etc.).
8 – Inspeção e controle de qualidade da peça.

11.1.2 Conformação no estado de pó metálico. Sinterização (metalurgia do pó)

A sinterização é um processo no qual pós metálicos ou cerâmicos ou poliméricos, uma vez compactados, são submetidos a temperaturas elevadas, ligeiramente menores que a temperatura de fusão, no caso de pós metálicos. Esse processo cria uma alteração na estrutura microscópica do elemento base. A finalidade da sinterização é obter uma peça sólida e mais homogênea possível.

A sinterização é o método mais antigo para a fabricacão de cerâmicas, especialmente de tijolos, telhas, pisos, azulejos e utensílios. A sinterização ocorre também espontaneamente na natureza, por exemplo, com a neve e o gelo das geleiras, ou mesmo entre cubos de gelo dentro do *freezer*. A sinterização é também largamente aplicada na produção de refratários, polímeros, metais e de alguns tipos de materiais compósitos. A sinterização de polímeros é técnica amplamente utilizada em vários ramos industriais, como a indústria automobilística e eletroeletrônica. São exemplos de compósitos obtidos por processo de sinterização, as ferramentas de carbonetos (ou carbetos), peças e componentes de fibra de vidro, compósitos metal-cerâmicos resistentes ao calor (refratários) e materiais abrasivos.

A metalurgia do pó de metais é o processo de fabricação, também de conformação/compactação, que produz peças a partir de pós metálicos. Este processo envolve as seguintes etapas básicas: obtenção do pó, mistura do pó, compactação, sinterização, calibração e operações complementares. Após a sinterização, dependendo da peça e de seus componentes metálicos, além da calibração, a peça poderá passar por processos secundários como: recompressão ou calibração, infiltração, tratamentos térmicos, impregnação e usinagens (KIMINANI, CASTRO e OLIVEIRA, 2013, p.177). É comum o uso de uma mistura de vários tipos de pós, formando uma "liga sinterizada".

A sinterização do politetrafluoretileno (PTFE – ou Teflon©)

O politetrafluoretileno (PTFE), com nome comercial de Teflon© é marca registrada da empresa Du Pont. É um termoplástico, com alta resistência a corrosão, podendo trabalhar em temperaturas de até + 260 °C, bem como à baixas temperaturas, resistindo até a - 70 °C, em uso contínuo.

O PTFE tem ponto de fusão de + 327 °C e alta viscosidade, logo não podendo ser processado como os demais termoplásticos, por exemplo, por injeção e extrusão. Dessa forma o PTFE é utilizado na forma de pó, compactado em moldes (na temperatura de + 23 °C) e posterior sinterização, na faixa de + 360 °C a + 390 °C.

Como possui baixa resistência à tração e à fluência, na prática é comum que o PTFE puro receba a adição (chamada de carga) de outros materiais, tais como: fibra de vidro, fibra de carbono, bronze, aço inoxidável, carvão sintético, grafite e bissulfeto de molibdênio. As principais aplicações do PTFE são: fita veda rosca (a popular fita de Teflon©), revestimento de frigideiras e panelas, gaxetas e juntas, revestimento de tubulações e seus acessórios, e até como biomaterial, como tubos de substituição das veias humanas.

Principais aplicações de peças sinterizadas (metais e cerâmicas)

Existe uma grande gama de peças que são produzidas pelo processo de conformação a pó, via sinterização. Por ser um processo especializado e caro, o mesmo só se aplica a determinadas peças e para grandes quantidades, na casa de milhares de unidades (no mínimo dez mil peças). Por esse processo, normalmente são produzidas as seguintes peças: filtros industriais sinterizados, anéis de cerâmicas para selos mecânicos de bombas hidráulicas e peças especiais de geometria complexa, cujas usinagens seriam impraticáveis. Na prática peças sinterizadas são pequenas, pesando no máximo 2,5 kg. Peças mais pesadas e maiores têm dificuldades de produção, especialmente devido à compactação. A seguir são descritas as principais peças produzidas por sinterização.

Buchas sinterizadas autolubrificantes possuem uma larga aplicação nas indústrias mecânica, elétrica e eletrônica devido ao seu baixo custo de produção, associado à sua alta precisão dimensional. A porosidade da bucha, somente obtida pela metalurgia do pó, é controlada durante a fabricação, o que permite a dosagem da quantidade de lubrificante ideal (faz-se a impregnação) exigida pela aplicação e um consequente melhor desempenho do mancal. Eixos de liquidificadores costumam ter buchas sinterizadas autolubrificantes. Os lubrificantes mais utilizados são o grafite e o teflon (PTFE).

Baterias utilizam níquel poroso nos acumuladores cádmio níquel e nas pilhas.

Próteses: Implantes cirúrgicos são recobertos com liga porosa (à base de Co e Ti), permitindo que o tecido ósseo penetre nos poros e assegure uma boa ligação com o implante. No caso de cerâmicas ou porcelanas dentárias a base de zircônia, a sinterização ocorre quando se leva o elemento dentário coberto com revestimento a base de zircônia ao forno para a queima, submetendo-se esse elemento a uma temperatura alta, menor que o ponto de fusão do metal, para que as particulas de pó (Dentina e Enamel incisal) sejam agregadas e solidificadas ao próprio elemento, formando a prótese de porcelana.

Discos de freio e embreagem são feitos à base de liga de cobre ou ferro-cobre, aos quais se adiciona agente de atrito (SiC, SiO_2, Al_2O_3) e agente lubrificante (Pb, C, MoS_2).

Ligas magnéticas: é economicamente viável obter pequenos ímãs e ímãs permanentes, ímãs cerâmicos em ferrita de bário, peças polares e núcleos magnéticos de ampla utilização em motores e autofalantes de carros, rádio e TV.

Vela de ignição feita da cerâmica nitreto de silício (Si_3N_4), é usada em motores a diesel refrigerados à água, promovendo uma melhoria do rendimento da combustão.

Aletas de turbinas do turbo alimentador de veículos automotores, feitas de nitreto de silício, proporcionam uma redução de peso e aumento na velocidade de rotação aumentando a potência do motor. O nitreto de silício sinterizado também é utilizado nas extremidades dos pistões, diminuindo o desgaste dos motores movidos a gás propano. Esse nitreto, também pode ser aplicado a mancais de rolamento, para reduzir o desgaste (seu tempo de desgaste é cerca de dez vezes superior ao do aço).

Ferramentas de corte em nitreto de silício: devido características de alta dureza, altas resistências ao desgaste e erosão, é um material largamente aplicado em ferramentas de corte, com rendimento superior às pastilhas de carbeto de tungstênio. O nitreto de silício ainda pode ser usado na fabricação de refratários, para revestir fornos e trocadores de calor, devido à alta resistência ao choque térmico.

Rebolos abrasivos, tanto para corte, quanto para polimento, são produzidos por sinterização.

11.1.3 Conformação de metais no estado plástico: laminação, forjamento e extrusão

Conformar significa mudar ou dar uma nova forma, por exemplo, quando, a partir de uma chapa plana, se produz uma panela de cozinha, em verdade foi feito um embutimento, ou seja, houve uma conformação, mudando uma área (a chapa plana), para um volume (o corpo da panela), mas tanto a área original, quanto o peso da chapa se mantiveram. Apenas mudou-se a forma. Conformação no estado plástico, significa que, foram aplicadas forças ao material, de forma que a sua mudança de forma foi de maneira definitiva, ou seja, uma vez retirada a força, o material não voltou à sua forma original. Houve uma deformação permanente. Os principais processos de conformação de metais, no estado sólido e regime plástico são resumidos a seguir.

Laminação: o termo laminação se relaciona a lâmina, no caso de metais a chapas ou lingotes. A laminação de metais, em si, se relaciona à produção siderúrgica, quando o aço é produzido inicialmente na forma de lingotes, como resultado da primeira fundição, ou seja, a partir do minério de ferro.

Os produtos da laminação siderúrgica, a quente, são placas grossas (com até 15 cm de espessura), blocos (seção quadrada de 15 cm x 15 cm) ou tarugos (seção quadrada, menor que os blocos). Ainda seguindo o processo de laminação, a partir das placas podem ser produzidos tubos soldados de grandes diâmetros ou chapas grossas, de diferentes espessuras ou chapas finas, para diversas aplicações, por exemplo, em automóveis e eletrodomésticos. Essas chapas finas também podem ser usadas na fabricação de tubos com costura (tubos soldados) ou ainda transformadas em tiras, na forma de bobinas, para os mais diversos usos. A partir dos blocos podem ser produzidos os perfis metálicos (L, I, T, U, trilhos, etc.), bem como barras redondas, para os mais diversos usos, inclusive na fabricação de tubos sem costura (processo Manesmann). A partir dos tarugos podem ser produzidas barras de vários perfis e arames.

As indústrias de transformação de não ferrosos (alumínio, cobre, etc.), ou seja, as metalúrgicas, operam com uma diversidade muito grande de produtos, portanto os equipamentos utilizados na laminação a quente desses materiais são muito menos especializados do que os empregados na laminação a quente de aços. Os lingotes de materiais não ferrosos são menores e as tensões de escoamento são normalmente mais baixas do que as dos materiais ferrosos, o que permite o uso de laminadores de pequeno porte. Os laminadores siderúrgicos, usados para aços, são de grandes dimensões.

A laminação a frio é empregada para produzir folhas e tiras com acabamento superficial e com tolerâncias dimensionais superiores, quando comparadas com as tiras produzidas por laminação a quente. Além disso, o encruamento resultante da redução a frio pode ser aproveitado para dar maior resistência ao produto final. Os materiais de partida para a produção de tiras de aço laminadas a frio são as bobinas a quente decapadas. A laminação a frio de metais não ferrosos pode ser realizada a partir de tiras a quente ou, como no caso de certas ligas de cobre, diretamente de peças fundidas. Todo e qualquer produto que tem chapas metálicas, como automóveis e eletrodomésticos, usam chapas laminadas.

Forjamento: é o processo de fabricação no qual um tarugo de metal é deformado, por martelamento/pressão (em prensas), dentro das mais variadas formas geométricas e com grandes deformações plásticas. Na maioria das operações de forjamento empregam-se equipamentos, geralmente constituídos por um par de ferramentas de superfície plana ou côncava, denominadas matrizes. Enquanto o martelamento produz deformação principalmente nas camadas superficiais, a prensagem atinge camadas mais profundas e, a deformação resultante é mais regular do que a do martelamento.

Esse processo de fabricação está dividido em três grandes grupos: forjamento a frio, a quente e a morno, ou seja, em função da temperatura do material na hora do forjamento. O forjamento a quente é realizado à temperaturas acima das de recristalização do metal, embora alguns metais possam ser forjados a frio. Isto faz com que durante a deformação os mecanismos de recuperação e recristalização aconteçam, inibindo a geração de tensões internas e favorecendo a ductilidade pela formação e aumento dos grãos. A temperatura máxima do forjamento corresponde aquela em que pode ocorrer fusão incipiente, ou aceleração da oxidação e, a temperatura mínima corresponde aquela abaixo da qual poderá começar o encruamento.

Em princípio, todo material conformável (maleável) pode ser forjado. Os mais usados são os vários tipos de aços (comuns e ligados, estruturais, inoxidáveis ferríticos e austeníticos e os aços ferramenta), ligas de alumínio, de cobre (especialmente os latões), de magnésio, de níquel, inclusive as chamadas superligas, como Waspaloy, Astraloy, Inconel, Udimet 700, etc., empregadas principalmente na indústria aeroespacial e de titânio.

Parafusos, porcas, eixo virabrequim de automóveis, facas, instrumentos cirúgicos, ganchos de içamento e eixos especiais são exemplos de peças forjadas. Peças forjadas apresentam grande resistência mecânica, principalmente à tração e flexão.

Extrusão: é o processo com o qual são produzidas peças de metais longas e retas. Os perfis das peças extrudadas variam de redondo, retangular a formas em L, T, U e tubos, e perfis especiais. O processo de extrusão é feito comprimindo o metal sólido numa cavidade fechada por uma ferramenta, conhecida como molde, usando uma prensa mecânica ou hidráulica.

A extrusão pode ser efetuada em temperatura ambiente ou a frio e a quente, com temperaturas por volta de 70% do ponto de fusão do metal usado. Na extrusão por trefilação o metal é puxado, ao invés de ser empurrado. Os materiais comumente extrudados são: Alumínio, Cobre, Aço, Magnésio e Chumbo.

Existem os mais diversos produtos extrudados, sendo os mais comuns: quadros de janelas e portas, trilhos para portas deslizantes, tubos de várias seções transversais e formas arquitetônicas. Produtos extrudados podem ser cortados nos tamanhos desejados para gerarem peças, como maçanetas, trancas e engrenagens. Em operação combinada com forjamento pode gerar componentes para automóveis, bicicletas, motocicletas, maquinário pesado e equipamentos de transportes.

A trefilação ou trefilagem é um processo mecânico a frio, que consiste na passagem de uma barra, perfil, tubo ou fio, por uma matriz, chamada fieira ou trefila, por meio de uma força de tração, conformando o diâmetro inicial (maior), para o diâmetro final (menor) desejado, conferindo-lhe melhor precisão dimensional, melhor qualidade superficial e melhores propriedades mecânicas. É o principal processo de fabricação de arame e barras finas de metais como: fios elétricos, cabos, arame farpado, molas, clipes de papel, corda para instrumentos musicais, eletrodos para soldagem e raio para rodas de bicicletas e motos.

Da redução sucessiva de diâmetro de uma barra metálica maciça podem resultar barras, vergalhões e arames, dependendo do diâmetro do produto final. A trefilação pode também ser realizada em tubos e, neste caso, existem diversas técnicas empregadas, com a utilização, ou não, de um mandril interno ao tubo que permite um melhor controle da espessura final.

Um exemplo interessante da trefilação de tubos, são as agulhas hipodérmicas (para aplicação de injetáveis no corpo humano), mecanicamente chamadas de microtubos, que são produzidas por trefilação, a partir de um fino tubo de aço inoxidável, que após sucessivas trefilações, fica com um diâmetro externo final na faixa de um milímetro (1,0 mm). Geralmente os processos de trefilação são realizados à temperatura ambiente, embora uma vez que as deformações envolvidas são normalmente grandes, ocorre um aumento considerável de temperatura durante a operação.

11.1.4 Conformação no estado sólido: estampagem e embutimento

A estampagem é o processo de fabricação de peças, através do corte ou deformação de chapas em operação de prensagem a frio. Emprega-se a estampagem de chapas para fabricar-se peças com paredes finas feitas de chapa ou fita de diversos metais e ligas. As operações de estampagem podem ser resumidas em três tipos: corte, dobramento e embutimento. A estampagem da chapa pode ser simples, quando se executa uma só operação, ou combinada. Com a ajuda da estampagem de chapas, fabricam-se peças de aço baixo carbono, aços inoxidáveis, alumínio, cobre e de diferentes ligas não ferrosas.

Devido às suas características, esse processo de fabricação é apropriado, preferencialmente, para as grandes séries de peças, obtendo-se grandes vantagens, tais como: alta produção, reduzido custo por peça, bom acabamento, não necessitando processamento posterior, maior resistência das peças devido à conformação, que causa o encruamento no material e baixo custo de controle de qualidade devido à uniformidade da produção e a facilidade para a detecção de desvios. Como principal desvantagem deste processo, destaca-se o alto custo do ferramental, que só pode ser amortizado se a quantidade de peças a produzir for elevada.

O corte é um processo de fabricação em que uma ferramenta, com duas cunhas de corte, que se movem uma contra a outra, provoca a separação de um material por cisalhamento. Cisalhamento é a deformação que um corpo sofre devido à ação de forças cortantes opostas. Uma simples tesoura, ao cortar uma folha de papel, o faz por meio de cisalhamento. As cunhas de corte são também chamadas de faca ou punção e matriz. O punção é pressionado contra o material e a matriz, de tal modo que para efetuar o corte é preciso aplicar certa força. A essa força se dá o nome de esforço de corte.

Existem dois tipos de estampagem: a rasa e a profunda, também chamada de embutimento ou ainda "embutimento profundo". Embora não exista uma regra rígida para se distinguir uma ou outra, na prática diz-se que a estampagem é rasa, quando a conformação de um cilindro tem profundidade menor do que a metade do seu diâmetro, com pequena redução de parede. Na estampagem profunda ou embutimento, o cilindro é mais do que a metade do seu diâmetro. Ou seja, no embutimento a parte cilíndrica é maior do que o raio da circunferência de base. Por exemplo, frigideiras têm estampagens rasas, já algumas panelas (panelões) têm embutimento profundo.

11.2 Usinagens com e sem a formação de cavacos

Os processos de fabricação com corte ou retirada de metal, com ou sem a formação de cavaco, são chamados de usinagens, que fazem a retirada de material da peça por cisalhamento. Cavaco ou apara de metal, é o material removido da peça durante o processo de usinagem pela ação da ferramenta de corte, cujo objetivo é obter uma peça com forma e dimensões definidas. Os cavacos têm duas características específicas: tipo e forma. Quanto ao tipo eles podem ser: contínuo, cisalhado e arrancado. Quanto à forma, podem ser principalmente: em hélice, em espiral, em fita e em vírgula. De forma geral, o cavaco pode ser longo, curto ou emaranhado. Quando o metal retirado decorre da usinagem por limagem, ou seja, com o uso de lima, não se usa o termo cavaco, mas sim limalha. Ainda tem-se limalha, quando a usinagem ocorre sobre metais duros e frágeis, por exemplo, sobre ferros fundidos.

11.2.1 Usinagens com a formação de cavacos

Torneamento: é a operação de usinagem realizada numa máquina operatriz chamada de torno mecânico, onde um sólido indefinido (ou não) é feito girar ao redor do eixo da máquina operatriz que executa o trabalho de usinagem, ao mesmo tempo em que uma ferramenta de corte lhe retira material perifericamente, de modo a transformá-lo numa peça bem definida, tanto em relação à forma, como às dimensões.

No torneamento, a matéria prima (tarugo) tem inicialmente a forma cilíndrica. A forma final é cônica ou cilíndrica. Na operação de corte a ferramenta executa movimento de translação (sentido longitudinal), enquanto a peça gira em torno de seu próprio eixo. Além de usinagens cilíndricas ou cônicas, por torneamento também são produzidas furações, roscas, internas ou externas.

Fresamento: nesta operação a ferramenta de corte, chamada fresa, possui vários gumes e executa movimento de giro, enquanto é pressionada contra a peça, que movimenta-se (alimentação) durante o processo. A superfície usinada resultante pode ter diferentes formas, planas e curvas. A fresagem é um processo de usinagem mecânica, feito em máquinas operatrizes chamadas fresadoras. A fresagem consiste na retirada do excesso de metal ou sobremetal da superfície de uma peça, a fim de dar a esta uma forma e acabamento desejados. A remoção do sobremetal da peça é feita pela combinação de dois movimentos, efetuados ao mesmo tempo. Um dos movimentos é o de rotação da ferramenta, a fresa. O outro é o movimento da mesa da máquina, onde é fixada a peça a ser usinada. Além da produção de engrenagens e peças estriadas, a fresagem é muito utilizada na fabricação de peças, com os mais variados detalhes. Fresamento é particularmente usado para a produção de engrenagens, dos mais diversos tipos.

Aplainamento: esta usinagem ocorre na máquina operatriz chamada plaina (ou plaina limadora). Esse tipo de usinagem gera superfícies planas. O movimento da ferramenta de corte é de translação enquanto a peça permanece estática, ou vice-versa. É um processo mecânico de usinagem destinado à obtenção de superfícies geradas por um movimento retilíneo alternativo da peça ou da ferramenta. O aplainamento pode ser horizontal ou vertical. Em geral, o aplainamento é utilizado para operações de desbaste e, dependendo do tipo de peça que esta sendo usinada, pode ser necessária a utilização de outras máquinas ferramentas para realizar as operações de acabamento (torneamento, retificação, etc.). Normalmente as operações de aplainamento são feitas a seco, quando necessário é colocado um líquido de emulsão na superfície da peça.

Brochamento: é o processo mecânico de usinagem realizado numa brochadeira, com auxílio de ferramentas multicortantes e progressivas. Nesse processo a ferramenta ou a peça se deslocam segundo uma trajetória retilínea, coincidente ou paralela ao eixo da ferramenta. O brochamento pode ser: a) interno, quando executado num furo passante da peça e b) externo, quando executado numa superfície externa da peça. A brochadeira é utilizada quando necessário a obtenção de trabalhos com perfis internos ou externos com canaletas, estrias e dentes. A brochadeira é utilizada, sempre que seu rendimento e precisão são superiores aos das fresadoras, plainas ou tornos. Normalmente as usinagens por brochamento são feitas em menos tempo, do que as citadas.

Mandrilamento: é um processo de usinagem de superfícies de revolução (cilíndricas, cônicas ou esféricas). Neste processo a ferramenta de corte é fixada a uma barra de extensão, formando um determinado ângulo, que permite o corte do material. O mandrilamento também é chamado de mandrilagem ou broqueamento. O mandrilamento cilíndrico é uma particularidade do processo de furação. A mandriladora é uma máquina operatriz que funciona de forma análoga à furadeira, onde a ferramenta (broca) gira em torno de um eixo e a peça fica presa na mesa. Na mandriladora, geralmente, a peça é que avança, opostamente à furação.

Furação, trepanação, alargamento, escareamento e rebaixamento: são as operações de usinagem que tem por objetivo abrir, alargar ou acabar furos em peças. Os furos podem ser produzidos em dimensões que variam desde poucos milímetros até vários centímetros de diâmetro. São os processos mais utilizados na fabricação de produtos. Normalmente a furação é feita em máquinas de furar, chamadas furadeiras, e com uso da ferramenta broca. Também podem ser feitos furos, em tornos mecânicos, fresadoras e mandriladoras. Nas furadeiras, a peça a ser furada fica fixa e a broca é que gira.

Rosqueamento: é o proceso mecânico de usinagem destinado à obtenção de filetes de roscas, por meio da abertura de um ou vários sulcos helicoidais de passo uniforme, em superfícies cilíndricas ou cônicas de revolução. Nesse processo a peça ou a ferramenta gira e uma delas se desloca simultaneamente, segundo uma trajetória retilínea paralela ou inclinada ao eixo de rotação. O rosqueamento pode ser interno ou externo. O interno é executado em superfícies internas cilíndricas ou cônicas de revolução. O externo é executado em superfícies externas cilíndricas ou cônicas de revolução. Exemplos de roscas externas são os parafusos (macho) e de internas são as porcas (fêmea). Para se abrir uma rosca fêmea, primeiro se faz a furação, com o diâmetro do furo igual ao diâmetro interno da rosca. Roscas externas (machos) usinadas são abertas em tornos mecânicos e, dependendo do diâmetro (maior), também se pode abrir no torno rosca interna (fêmea). Também é possível abrir-se rosca em fresadoras. Roscas internas (fêmeas), por exemplo, em porcas, podem ser abertas manualmente, usando-se a ferramenta chamada "macho". Também podem ser abertas roscas machos, manualmente, com o uso da ferramenta cossinete.

Rasqueteamento: é um processo manual de usinagem destinado à ajustagem e acabamento de superfícies com auxílio de ferramenta monocortante, bem afiada, chamada rasquete. Na prática, o rasqueteamento é feito após processos de usinagens como: torneamento, fresamento, aplainamento e até retificação.

11.2.2 Usinagens sem a formação de cavacos (com formação de pós finos ou limalhas). Grau de rugosidade de uma superfície

Essas usinagens retiram material na forma de pós finos ou limalhas. Essas usinagens são utilizadas não apenas para alterar a geometria da peça, mas principalmente para dar um melhor acabamento superficial, chegando-se a níveis mínimos de rugosidade. Por mais lisa que possa parecer uma superfície metálica, sempre existirá uma aspereza ou rugosidade, ainda que da ordem de milésimos de milímetro. Dependendo do uso, a superfície metálica, tem que ter a menor rugosidade possível, principalmente para reduzir o atrito. Dentre as várias peças mecânicas que necessitam o mínimo de rugosidade, ou seja, superfície muito lisa, três se destacam: mancais, rolamentos e engrenagens.

Rugosidade pode ser definida como "o conjunto de desvios micro geométricos, caracterizado por pequenas saliências e reentrâncias presentes em uma superfície". A rugosidade de uma superfície pode ser medida com o instrumento chamado rugosímetro. Os valores da rugosidade de uma superfície usinada dependem do processo de usinagem utilizado. Na prática, as rugosidades variam entre 0,012 μm e 50 μm. Ou seja, entre 0,012 e 50 milésimos de milímetros (*micron* = μm). Apenas como orientação geral, podem ser citados os seguintes valores de rugosidade média (Ra), em função do tipo de usinagem utilizado: 1 - Superfície apenas usinada:12,5 μm. 2 - Superfície alisada: 3,2 μm. 3 - Superfície polida: 0,8 μm.

A Rugosidade Média ou Ra é o parâmetro mais utilizado de medição de rugosidade de superfícies, após ter passado por um processo de fabricação. Ela é a média aritmética dos valores absolutos das imperfeições (yi) em relação à linha média, dentro de um comprimento de medição. A figura 11.3 mostra o conceito de Rugosidade Média de uma superfície.

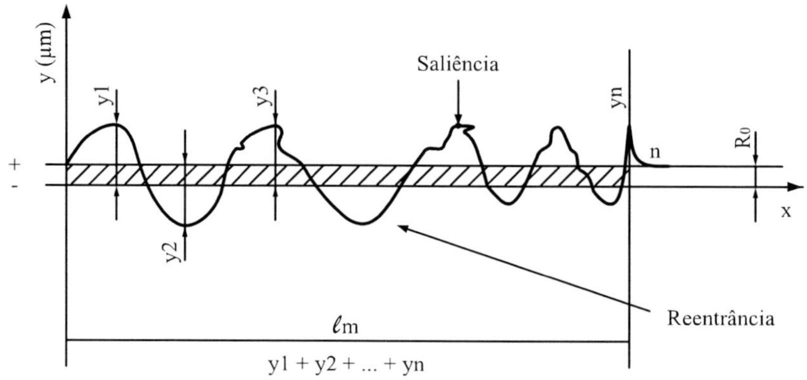

Figura 11.3: conceito do cálculo da Rugosidade Média (Ra) de uma superfície

A Associação Brasileira de Normas Técnicas – ABNT, tem uma Norma específica, a NBR ISO 4287, que classifica a Rugosidade Média (Ra) medida em μm, em 12 classes (N1 a N12), indicadas na tabela a seguir.

Classe ABNT / **Rugosidade**	N1	N2	N3	N4	N5	N6	N7	N8	N9	N10	N11	N12
Rugosidade Média (Ra) em μm	0,03	0,05	0,1	0,2	0,4	0,8	1,6	3,2	6,3	12,5	25	50

Usinagem ou processo de fabricação	**Rug. Média (Ra) 0,1 μm a 1,0 μm**	**Rug. Média (Ra) 1,0 μm a 10 μm**	**Rug. Média (Ra) 10 μm a 100 μm**
Corte com chama			(6,3 a 50)
Fundição em areia			(12,5 a 50)
Forjamento (matriz fechada)			(0,8 a 25)
Serramento			(6,3 a 12,5)
Aplainamento			(3,2 a 12,5)
Furação			(1,6 a 25)
Limagem			(0,4 a 25)
Fundição sob pressão		(0,6 a 3,2)	
Extrusão			(0,8 a 25)
Fresamento			(0,4 a 12,5)
Torneamento			(0,4 a 12,5)
Brochamento		(0,4 a 3,2)	
Rasqueteamento		(0,4 a 1,6)	
Retificação		(0,1 a 3,2)	
Brunimento		(0,03 a 1,6)	
Polimento	(0,03 a 0,4)		
Lapidação	(0,03 a 0,1)		

Tabela 11.2: rugosidade superficial, em função do acabamento obtido com o processo de fabricação

A tabela 11.2 dá uma ideia aproximada do nível de rugosidade de uma superfície metálica, em função do acabamento/usinagem/processo de fabricação utilizado. Lembra-se que: 1,0 µm significa um *micron* ou um milésimo de milímetro. Outra observação é que, rugosidade não é igual à tolerância dimensional, que significa variação nas dimensões. A seguir são descritos diversos processos de fabricação.

Limagem: é um processo manual ou em máquina destinado à obtenção de superfícies quaisquer com auxílio de ferramentas multicortantes, chamadas lima, de movimento contínuo ou alternativo. As limas têm dentes, filetes ou ranhuras. As limas são, basicamente, classificadas em dois tipos: bastardas e murças. Existe uma classificação que cita uma lima intermediária entre a bastarda e a murça, chamada de lima de segundo corte ou bastardinha. As bastardas são grossas, para desbaste inicial, logo retiram mais material. Já as limas murças são finas e usadas mais para acabamentos. Existem quatro formas de se fazer uma limagem: 1 – Limagem reta. 2 – Translimagem. 3 – Limagem no torno mecânico. 4 – Limagem em máquinas limadoras. A limagem reta e a translimagem são feitas manualmente e com a peça a ser limada fixada a um torno de bancada ou morsa. A translimagem é usada em peças finas e consiste em segurar a lima em ambas as extremidades e alternadamente empurrá-la e puxá-la transversalmente pela peça de trabalho. Quando bem executada, a translimagem produz um acabamento melhor do que a limagem normal. Como o próprio nome indica, na limagem no torno mecânico, a peça é fixada no torno e, enquanto gira, o operador, com muito cuidado aplica a lima nas partes que precisam de acabamento e pequenos ajustes.

Lixamento: é um tipo de usinagem por abrasão, feito pela ação penetrante de sucessivos grãos abrasivos da lixa na peça obra, da qual remove limalhas de material, com dimensões proporcionais a sua dimensão e agressividade. O resultado na área lixada são riscos no sentido de ação da lixa. A profundidade destes riscos é, em princípio, proporcional ao tamanho do grão abrasivo. Normalmente, o lixamento é feito em etapas, com lixas de diversas granulometrias, até o grau de acabamento pretendido. Existem diversos tipos de lixas, nas mais variadas granulometrias, bem como em diferentes formatos. O lixamento pode ser manual ou em máquinas lixadeiras, porém, na prática, o lixamento de metais é feito em máquinas, sejam manuais ou fixas.

Tamboramento: também chamado vibro acabamento, é um processo mecânico de usinagem/acabamento no qual as peças são colocadas no interior de um tambor rotativo ou vibratório, juntamente ou não com materiais especiais, para serem rebarbadas ou receberem um acabamento. O tamboramento se aplica aos metais ferrosos e não ferrosos, sendo muito utilizado em peças usinadas, estampadas, forjadas, fundidas, cortadas a *laser* e por chama. O principal objetivo é atingir um tratamento superficial de acordo com a necessidade de cada projeto, através da remoção de rebarbas/cantos vivos, diminuição de rugosidade das peças e polimento/acabamento fino. É um processo de baixo custo, devido ao alto volume que pode ser processado por vez. Com o tamboramento, as peças ficam com acabamento uniforme.

Retificação é o processo de usinagem por abrasão destinado à obtenção de superfícies com auxílio de ferramenta abrasiva de revolução. Neste caso, a ferramenta gira e a peça ou a ferramenta se desloca segundo uma trajetória determinada, podendo a peça girar ou não. Peças retificadas têm superfícies bem lisas, com baixa rugosidade.

Brunimento é o processo mecânico de usinagem por abrasão empregado no acabamento de furos cilíndricos de revolução, no qual todos os grãos ativos da ferramenta abrasiva estão em constante contato com a superfície da peça e descrevem trajetórias helicoidais. No brunimento a ferramenta ou a peça gira e se desloca axialmente com movimento alternativo.

Lapidação é o processo mecânico de usinagem por abrasão executado com abrasivo aplicado por porta ferramenta adequado, com objetivo de se obter dimensões especificadas da peça. Esse processo só é utilizado em casos especiais, por exemplo, em superfícies de vedação de selos mecânicos de bombas hidráulicas.

Espelhamento é o processo mecânico de usinagem por abrasão no qual é dado o acabamento final da peça por meio de abrasivos, associados a um porta ferramenta específico para cada tipo de operação, com o fim de se obter uma superfície especular.

Polimento é o processo mecânico de usinagem por abrasão no qual a ferramenta é constituída por um disco ou conglomerado de discos revestidos de substâncias abrasivas.

Afiação é o processo mecânico de usinagem por abrasão, no qual é dado o acabamento das superfícies da cunha cortante da ferramenta, com o fim de habilitá-la desempenhar sua função. Desta forma, são obtidos os ângulos finais da ferramenta.

Superacabamento é o processo mecânico de usinagem por abrasão empregado no acabamento de peças, no qual os grãos ativos da ferramenta abrasiva estão em constante contato com a superfície da peça. Para tanto, a peça gira lentamente e, a ferramenta se desloca com movimento alternativo de pequena amplitude e freqüência relativamente grande.

Jateamento é o processo mecânico de usinagem por abrasão no qual as peças são submetidas a um jato abrasivo, para serem rebarbadas, asperizadas ou receberem um acabamento.

11.3 Tipos de cortes de materiais

Com chama ou oxicorte: ou corte com tocha, é o processo de corte de metais pela combustão localizada e contínua, devido à ação de um jato de alta velocidade de uma mistura de Oxigênio (gás comburente) com um gás combustível (Acetileno, Propano ou Gás Liquefeito de Petróleo - GLP). Na prática é conhecido como corte "com maçarico". O oxicorte pode ser manual ou automático. No manual um operador segura o maçarico e conduz o corte. No automático, o maçarico é montado num dispositivo móvel, ou seja, o operador não conduz o corte.

O maçarico de oxicorte mistura o gás combustível acetileno, com o oxigênio de aquecimento, na proporção correta para a chama, além de produzir um jato de oxigênio de alta velocidade para o corte. O gás acetileno é altamente combustível, e produz uma chama de alta temperatura (mais de 3.000 ºC) em presença de oxigênio. O oxicorte é considerado um corte por reação química, com as seguintes fases: aquecimento através de chama e reações exotérmicas, seguido de oxidação do metal e posterior expulsão através de jato de Oxigênio (O_2).

Corte com *Laser*: *Laser* é uma sigla em inglês e significa *Light Amplification by Stimulated Emission of Radiation*, ou em português, Amplificação da Luz por Emissão Estimulada de Radiação. É um dispositivo que produz radiação eletromagnética com características muito especiais: ela é monocromática (possui comprimento de onda muito bem definido), coerente (todas as ondas dos fótons que compõe o feixe estão em fase) e colimada (propaga-se como um feixe de ondas praticamente paralelas).

É possível obter-se luz *Laser* de várias fontes, mas, Industrialmente, o *Laser* de CO_2 vem cada dia mais sendo utilizado, principalmente na fabricação com corte de materiais de baixa espessura. Podem ser cortados materiais com até 30 mm de espessura. É um processo de corte rápido, silencioso, preciso e de alta qualidade. O gás secundário ou de assistência, para remoção do material cortado é o Nitrogênio (N_2), que é um gás inerte.

Na prática o corte a *Laser*, além de chapas finas de metais, é muito utilizado para os seguintes materiais: aço carbono, aço galvanizado, aço inoxidável, alumínio e suas ligas, titânio, madeira, MDF, acrílico, papel, tecidos, couro, papelão, borracha, EVA, plásticos, vidro e cerâmica. É indicado especialmente para peças com complexidade geométrica. O corte a *Laser* apresenta boa qualidade e precisão, bem superior às apresentadas pelas usinagens convencionais. Na prática diz-se que, o corte a *Laser* é uma ferramenta afiada e sem desgaste.

Dentre as principais vantagens do corte a *Laser*, as seguintes se destacam: alta precisão e qualidade de corte; mínima Zona Termicamente Afetada (ZTA); alta velocidade de corte; devido automatização, permite o corte de geometrias complexas, tanto em duas (X, Y), quanto em três dimensões (X, Y, Z).

Corte com plasma: O plasma é considerado o quarto estado da matéria (os três clássicos são: sólido, líquido e gasoso) e ocorre quando se adiciona mais energia a um gás. Nesse caso propriedades como temperatura e características elétricas são modificadas. Esse processo é chamado ionização, ou seja, criação de elétrons livres e íons entre os átomos do gás.

O arco Plasma derrete o metal, e a alta velocidade do gás remove o material derretido. O corte com plasma é muito utilizado para cortar metais, em especial: aço inoxidável, aço carbono e alumínio. Embora possa ser usado para chapas grossas com até 160 mm a 250 mm, dependendo do material, na prática a espessura máxima de corte é de 50 mm. Este corte ocorre através de um processo similar à soldagem por arco elétrico com gás de proteção, por exemplo, tipo TIG. Embora o corte com plasma não tenha a mesma qualidade do corte com *Laser*, mostra-se mais econômico em algumas situações.

O corte com plasma utiliza dois tipos de gases: o gás de plasma e o secundário. O gás plasma é o Nitrogênio (N_2) e o gás secundário varia, em função do tipo de material a ser cortado. Para aço carbono usa-se ar comprimido ou Oxigênio (O_2); para aço inoxidável usa-se o Dióxido de Carbono (CO_2) e para alumínio usa-se uma mistura de Argônio e Hidrogênio (H_2).

Corte com jato de água: é realizado com a água filtrada a alta pressão (4.000 bar) podendo ser misturada com materiais sólidos abrasivos como: granalha, sílica, óxido de alumínio e nitrato de silício. Uma das grandes vantagens desse tipo de corte é por ser feito a frio, ou seja, não acarreta na peça os problemas de aquecimento, que muitas vezes exigem tratamentos posteriores de alívio de tensões. Além de metais, o corte com jato de água é usado para cortar madeiras, materiais cerâmicos, mármore, vidro, rochas e pedras decorativas.

Esse processo utiliza abrasivos, água e energia (com baixo consumo) para realizar os cortes. Os abrasivos não são tóxicos e podem ser reciclados e utilizados em materiais para construção civil e a água pode ser reaproveitada, basta filtrá-la para uma nova utilização. Outra grande vantagem, em relação a outros processos de corte, é que o jato de água não utiliza nem gera gases tóxicos. Realiza cortes em qualquer tipo de material e espessuras até cerca de 254 mm, inclusive materiais com dureza elevada, também podendo cortar chapas empilhadas. Este tipo de corte ainda apresenta as seguintes desvantagens: o seu custo é mais elevado, em relação aos processos de plasma e oxicorte e a velocidade de corte é menor, comparativamente aos cortes com *Laser* e plasma.

Corte por eletroerosão: é um processo de usinagem especial, onde a retirada de material não é obtida pelo contato mecânico entre uma ferramenta de corte e a peça de trabalho, mas pela ação de descargas de capacitores elétricos. Essas descargas são dadas em diversos pontos de um eletrodo e progressivamente formam uma cavidade idêntica ao eletrodo, porém de forma negativa. Geralmente as ferramentas utilizadas (eletrodos) são de materiais condutores como cobre ou grafite, usinados no formato desejado. Ou seja, a ferramenta/eletrodo de corte tem o formado do corte ou rebaixo ou furo que se deseja. É utilizado para metais de alta dureza, por exemplo, os carbonetos metálicos e as superligas. Corta espessuras de até cerca de 305 mm. Aplica-se muito bem a peças de geometria complexa e com muitos detalhes.

É um processo para fabricação de peças em pequenas quantidades. A peça é submersa em um líquido, onde não existe força de corte, pois não há contato entre a ferramenta e a peça, não formando as tensões comuns dos processos convencionais de usinagem. Para que a eletroerosão ocorra é necessário que os materiais envolvidos sejam bons condutores de eletricidade. Tanto a peça como os eletrodos estão ligados a uma fonte de corrente contínua por meio de cabos normalmente o eletrodo tem polaridade positiva e a peça, polaridade negativa.

Cortes mecânicos: caracterizam-se por serem realizados sem chama e com uso de ferramentas. A seguir são descritos os principais tipos de cortes mecânicos.

Cortes mecânicos por
- Cisalhamento
  - Guilhotinas
  - Tesouras
- Abrasão
  - Serras
  - Discos abrasivos
- Usinagens
  - Torneamento
  - Fresagem
  - Em plainas

Corte com eletrodo de grafite: também chamado de goivagem a carvão, embora os eletrodos sejam considerados como não consumíveis, desgastam-se com o uso. O processo utiliza uma tocha especial que se assemelha ao alicate do processo com eletrodo revestido, adaptado com um orifício que direciona um jato de ar comprimido para a expulsão do metal líquido proveniente da poça de fusão formada pelo arco elétrico entre o eletrodo e a peça. Normalmente, o corte com eletrodo de grafite é empregado para remoção de raízes de solda imperfeitas, para remoção de dispositivos auxiliares de montagem e para remoção de soldas com defeito.

11.4 Processos de soldagens

A soldagem é um processo de fabricação que visa a união permanente de materiais, similares ou não, baseada na ação de forças em escala atômica semelhantes às existentes no interior do material, sendo a forma mais importante de união permanente de peças usadas industrialmente. Existem basicamente dois grandes grupos de processos de soldagem: 1) O primeiro se baseia no uso de calor, aquecimento e fusão parcial das partes a serem unidas, e é denominado processo de soldagem por fusão e 2) O que se baseia na deformação localizada das partes a serem unidas, que pode ser auxiliada pelo aquecimento dessas até uma temperatura inferior à temperatura de fusão, conhecido como processo de soldagem por pressão ou processo de soldagem no estado sólido.

11.4.1 Soldagens por fusão do metal base, a arco elétrico

Eletrodo revestido (*Shielded Metal Arc Welding – SMAW*): também conhecida como soldagem manual a arco elétrico, é um processo de soldagem realizado com o calor de um arco elétrico mantido entre a extremidade de um eletrodo metálico revestido e a peça de trabalho. O calor produzido pelo arco elétrico funde o metal, a alma do eletrodo e seu revestimento de fluxo. Os gases produzidos durante a decomposição do revestimento e a escória líquida protegem o metal de solda da contaminação atmosférica, durante a solidificação. Nesse processo, a temperatura do plasma chega a 3.500 ^{0}C. O arco elétrico é obtido pela descarga elétrica entre um eletrodo e a peça a ser soldada, onde o eletrodo é o anodo com carga positiva e a peça é o catodo com carga negativa. Entre esses dois elementos (eletrodo e peça), devido ao arco elétrico, cria-se uma região de gases ionizados, que é o plasma. Na região catódica (peça) são emitidos elétrons, que passam pelos gases do arco na forma de íons e elétrons livres, alcançando o anodo (eletrodo), na forma de calor. Devido colisões entre íons e elétrons livres, no interior do arco, em função do processo utilizado, a temperatura varia entre 6.000 ^{0}C e 30.000 ^{0}C. (KIMINAMI, DE CASTRO e DE OLIVEIRA, 2013, p. 137). Devido à sua versatilidade de processo e da simplicidade de seu equipamento e operação, a soldagem com eletrodo revestido é um dos mais populares processos de soldagem, sendo amplamente utilizado na construção de estruturas de aço e na fabricação industrial. O processo é principalmente utilizado para soldar aços (incluindo o aço inoxidável), mas também podem ser soldadas com esse método ligas de níquel, alumínio e cobre.

Arco elétrico submerso: o calor necessário para fundir o metal é produzido por um arco elétrico criado entre a peça de trabalho e a ponta do arame de soldagem. A ponta do arame de soldagem, o arco elétrico e a peça de trabalho são cobertos por uma camada de um material mineral granulado conhecido por fluxo para soldagem (daí o nome arco submerso), portanto não há arco visível pois fica escondido, nem faíscas, respingos ou fumaças, comuns em outros processos. Parte do fluxo é fundida gerando uma capa protetora sobre a poça de fusão da solda. O restante não fundido é recolhido para a reutilização. O consumível (eletrodo) utilizado normalmente é o arame sólido, mas também são utilizados arames tubulares. A soldagem por arco submerso é geralmente realizada com equipamentos automáticos, embora existam pistolas de soldagem manuais para o processo. Devido à sua elevada taxa de deposição de metal, é um processo particularmente adequado para longas soldagens retas de boa qualidade na posição horizontal. É amplamente utilizado na fabricação de vasos de pressão, em plantas químicas, em estruturas pesadas, soldagem de tubos, em manutenção e na indústria de construção naval.

Arco elétrico com arame tubular: promove a união de metais pelo aquecimento destes através de um arco elétrico estabelecido entre a ponta do arame e a peça de trabalho. A proteção da poça de fusão e do arco elétrico podem ser feitas pelo fluxo contido no interior do arame (no caso de arames tubulares autoprotegidos) ou por uma fonte gasosa externa. Essa proteção gasosa é realizada na maioria das vezes utilizando 100% de CO_2 como gás de proteção, e em alguns casos utilizando misturas 75% de Argônio e 25% de CO_2. Arames tubulares autoprotegidos não necessitam de proteção gasosa externa, uma vez que o próprio fluxo contido no interior do arame possui elementos capazes de gerar os gases para proteção da poça de fusão e do arco elétrico.

Processo tipo TIG (*Tungsten Inert Gas*): é uma soldagem a arco eletrico entre um eletrodo não consumível de tungstênio (*tungsten*) e com uma grande proteção gasosa de Hélio ou Argônio ou mistura dos dois. É um tipo de solda que surgiu da necessidade de disponibilidade de processos eficientes de soldagem para materiais de difícil soldabilidade, como o alumínio e o magnésio, principalmente na indústria aeroespacial e de aviação. O processo manual de soldagem TIG é considerado um dos mais difíceis de todos os processos comuns utilizados pela indústria devido à necessidade de destreza do operador para manter um pequeno arco e prevenir que o eletrodo não encoste na peça de trabalho. A utilização de duas mãos dificulta ainda mais o processo, pois enquanto uma das mãos mão segura a tocha de soldagem, a outra segura o arame do metal de adição. É largamente utilizado na indústria aeroespacial e de aviação devido à alta qualidade da solda e em indústrias que utilizam materiais não ferrosos. Indicado principalmente para peças pequenas e chapas finas que necessitam de uma soldagem mais precisa.

Processos Tipos MIG (*Metal Inert Gas*) e MAG (*Metal Active Gas*): também chamados soldagem GMAW (*Gas Metal Arc Welding*), ou Soldagem ao Arco Elétrico com Atmosfera de Proteção Gasosa, foi introduzido na década de 1920 e tornado comercialmente viável a partir de 1948. Consiste de um processo de alimentação constante de um arame consumível (polaridade positiva), que é direcionado a uma peça metálica (polaridade negativa), sob uma atmosfera de proteção gasosa. São processos de soldagem por arco elétrico com gás de proteção, onde o consumível tem a forma de arame, eletrodo não revestido, fornecido por um alimentador contínuo, realizando uma união de materiais metálicos pelo aquecimento e fusão. O arco elétrico funde de forma contínua o arame, à medida que é alimentado à poça de fusão. O metal de solda é protegido da atmosfera por um fluxo de gás, ou mistura de gases, inerte no MIG usa-se Hélio ou Argônio e no MAG o dióxido de Carbono ou CO_2. Os processos MIG e MAG são aplicáveis à soldagem da maioria dos metais utilizados na indústria como os aços, o alumínio, aços inoxidáveis, cobre e vários outros. Peças com espessura acima de 0,76 mm podem ser soldadas praticamente em todas as posições.

Processo de soldagem de pinos: soldagem a arco elétrico que une pinos ou peças semelhantes por aquecimento e fusão do metal base e parte da ponta do pino, seguido de imediata pressão, para melhor união e solidificação. A energia elétrica e a força mecânica são transmitidas através de um porta pinos num dispositivo de elevação, e protegidos por uma cerâmica, que tem como função a proteção contra os respingos, contaminação atmosférica, e conter o metal líquido.

O arco elétrico é obtido através da operação de toque e retração do pino. Depois de um determinado tempo, onde o pino é submerso no banho de fusão, o anel de cerâmica concentra o arco voltaico, protege contra a atmosfera e limita o banho de fusão. Durante a soldagem, o anel de cerâmica e o pino são colocados manualmente no equipamento apropriado conhecido como pistola Stud e o processo de solda é executado pelos comandos existentes. O tempo de soldagem é da ordem dos milissegundos, relativamente curto se comparado com os processos a arco convencionais. Devido o ciclo de trabalho ser muito curto, tem-se uma ZTA (Zona Termicamente Afetada) muito estreita.

A soldagem de pinos é muito utilizada em caldeiraria, fornos e chaminés, colocação de pinos em tubos de trocadores de calor e fixação de ancoragens para isolamento, estruturas metálicas e em concreto armado, fixação de buchas e ancoramento de concreto, em construção elétrica substitui uniões roscadas complicadas e pequenas peças de fixação, construção naval: fixadores para mantas isolantes e fixadores de cabos, indústria automobilística, por exemplo, fixação das armações, revestimentos, parafusos e porcas.

Processo tipo plasma: é a arco elétrico que produz a fusão dos metais, pelo aquecimento com um arco elétrico entre o eletrodo não consumível e a peça de trabalho. Na soldagem a plasma existem dois fluxos de gases separados, o gás plasma que flui à volta do eletrodo não consumível de tungsténio, formando o núcleo do arco plasma, e um gás de proteção que evita a contaminação do banho em fusão. É um processo muito similar ao TIG, basicamente trata-se de um desenvolvimento da soldagem TIG visando um aumento de produtividade.

Em uma tocha de arco plasma a ponta do eletrodo é recolhida em um bocal, através do qual o gás plasma flui, passando pelo arco elétrico formando o plasma. Aquecido dentro do bocal, o gás sofre uma enorme expansão, e sai em um pequeno orifício, adquirindo velocidades na ordem de 6 km/s, acentuando o fenômeno de dissociação. Quando fora do bocal, os íons recombinam-se para voltar ao estado gasoso, liberando uma energia tal que leva a temperaturas acima de 25.000 ^{0}C. Essa energia é então utilizada para fundir o metal base e o metal de adição. Na prática os gases utilizados são Nitrogênio, Hélio e Argônio.

A soldagem por plasma é utilizada nos seguintes casos: fabricação de equipamentos de aços inoxidáveis, com chapas de espessuras médias (3 a 8 mm) e dos que requerem cordões longos, como tanques e reatores para a indústria química e de bebidas; Indústria aeroespacial, na soldagem de ligas especiais de alumínio. Apesar de menos comum, pode ser aplicado em uniões de aços ao carbono, como na soldagem da parte superior de amortecedores destinados à indústria automobilística. Também é utilizada na fabricação de radiadores, soldagem de pontos críticos em motores de automóveis e soldagem de componentes elétricos, como chapas para transformadores e alternadores.

Soldagem por eletroescória: é um processo por fusão em que o calor gerado por efeito Joule é proveniente da passagem de corrente elétrica pelo eletrodo e pela escória eletrocondutora fundida. A poça de fusão e a camada de escória são mantidas na junta por sapatas refrigeradas que se movem progressivamente, para cima. A soldagem por eletroescória foi desenvolvida pelos russos na década de 1950 e utiliza a energia calorífica fornecida por uma corrente elétrica que passa pela escória líquida, a qual funde o metal de adição e as superfícies a serem soldadas. A escória é conseguida pela adição de um fluxo granulado, adicionado durante o processo. A proteção da área de soldagem é feita pela escória que flutua sobre a poça de fusão.

O processo de soldagem por eletroescória é usado quando se necessita de grandes quantidades de material de solda depositado, como no caso da soldagem de seções transversais muito espessas. O processo passa a ser viável economicamente em juntas de topo a partir de 19 mm de espessura. Para espessuras máximas praticamente não há limitações. Os cordões são executados em um passe apenas e na posição vertical ascendente ou aproximada.

Esse processo tem muitas aplicações, principalmente devido às altas taxas de deposição, tornando o processo economicamente viável. As áreas de maior aplicação são: soldagem de topo em chapas grossas, soldagem de seções do navio e laterais de tanques de armazenamento, costuras longitudinais, partes de componentes para usinas nucleares, carcaças para turbinas, cilindros, eixos, bases para máquinas, construção de vagões ferroviários, em especial superfícies de rolamento e jogos de rodas.

Soldagem por centelhamento (*Flash Welding*): As peças a serem soldadas são aproximadas sem, contudo, as suas superfícies entrarem em contato. A energia elétrica é ligada e, então, as peças são aproximadas uma da outra com velocidade constante. Essa aproximação causa o aparecimento de um curto circuito ou arco elétrico (centelhamento), que causa a vaporização dos pontos em contato, permitindo, dessa forma, que novos pontos entrem em contato. Após certo tempo de centelhamento, quando todas as superfícies a serem unidas estiverem suficientemente aquecidas, a corrente de soldagem é desligada e as peças são fortemente pressionadas uma à outra, levando à formação da solda. A soldagem por centelhamento se aplica aos aços carbono e inoxidáveis, ligas de Alumínio, de Cobre, de Níquel e de Titânio.

11.4.2 Soldagens por fusão do metal base, a resistência elétrica

Essas soldagens agrupam vários processos em que o calor de soldagem é gerado pela resistência a um fluxo de corrente elétrica que atravessa as partes a serem unidas. Estes processos são mais comumente utilizados para soldar juntas sobrepostas de chapas com diferentes espessuras e finas. A corrente elétrica é conduzida até a junta por um par de eletrodos e a resistência das peças à passagem da corrente elétrica gera o aquecimento da superfície a ser soldada. Os eletrodos fixam as peças por meio de pressão, a fim de garantir um ótimo contato elétrico e conter o metal fundido na junta. As superfícies da junta devem estar limpas, de modo a obter um perfeito contato elétrico e produzir uma solda perfeita com dimensão uniforme. Uma importante característica da soldagem por resistência é o rápido aquecimento que ela produz.

Utiliza-se a soldagem por resistência nas indústrias de automóveis, de eletroeletrônicos, na fabricação de eletrodomésticos, de tubulações, de equipamento ferroviário e esportivo, entre outras. A solda produzida por resistência é de excelente qualidade, sendo às vezes invisível, o que simplifica as operações de acabamento.

Algumas desvantagens da soldagem por resistência são os custos do equipamento, geralmente maiores do que os custos do equipamento para soldagem por arco elétrico, menor resistência à fadiga, além de limitações à espessura dos materiais.

Soldagens por pontos e por costura: como pode ser visto na figura 11.4, esses dois processos se diferenciam apenas pelo formato dos eletrodos, onde na solda por pontos o eletrodo tem a forma de um tronco de cone e na por costura os eletrodos são discos.

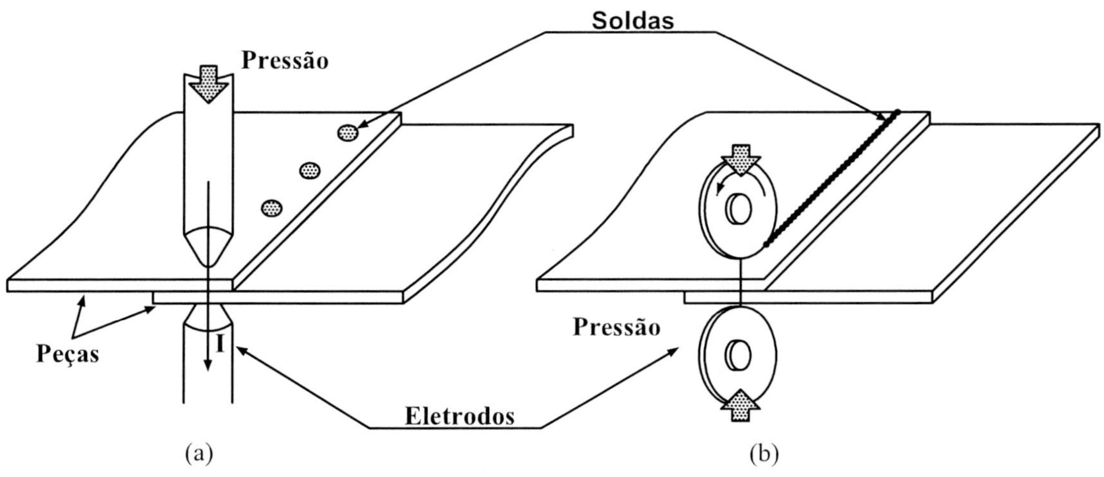

Figura 11.4: soldagem por resistência elétrica. (a) por pontos, (b) contínua

Soldagem por projeção: o fluxo de corrente e o calor são localizados num ponto ou pontos pré-determinados. Esses pontos podem estar em uma ou ambas as peças. Antes de serem soldadas por projeção, as peças precisam ser estampadas, forjadas ou sofrer outro meio de conformação, de modo que possam adquirir as formas das projeções produzidas. A soldagem por projeção é principalmente utilizada para unir peças estampadas, forjadas ou usinadas. O processo geralmente utiliza chapas finas de espessuras entre 0,5 e 3,2 mm. Espessuras maiores requerem uma máquina especial. Várias ligas de aço carbono ou aço liga e algumas ligas de níquel podem ser soldadas por projeção.

Soldagem por indução: ao se passar uma corrente elétrica por uma bobina gera-se um campo magnético, com uma corrente (Ampére) ou fluxo de elétrons. Assim que a corrente flui através de um meio, haverá uma resistência ao movimento dos elétrons. Essa resistência aparece na forma de calor (efeito de aquecimento Joule). Este é o princípio básico da soldagem por indução, as peças a serem soldadas são colocadas dentro de uma bobina e, uma vez atingida a temperatura de solda as partes são comprimidas e se unem. Esse processo é muito utilizado para a soldagem de tubos de aço carbono com costura, a partir de uma chapa retangular.

11.4.3 Processos de soldagens por fusão do metal base, com fonte química de calor

Nestes processos o calor para a fusão do metal base é gerado por um gás combustível (processo Oxi-Gás) ou pela reação exotérmica da oxidação do Alumínio (processo de Aluminotermia).

Soldagem de chama direta ou Oxi Gás (ou oxicombustível): é um processo de fusão ou erosão de materiais metálicos que ocorre no maçarico por meio de uma chama proveniente da queima de uma mistura dos gases: acetileno e oxigênio. O gás Acetileno é altamente combustível, e produz uma chama de alta temperatura (mais de 3.000 ⁰C) em presença de oxigênio. O maçarico, deve possibilitar que se produzam diferentes misturas de gases necessárias para obter chamas de acordo com os diferentes tipos de materiais. As superfícies dos chanfros dos metais de base e o material de adição, quando presente, fundirão em conjunto formando uma poça de fusão única que, após o resfriamento, se comportará como um único material. Com o tempo, o calor aplicado à peça fará uma fusão localizada onde, após o resfriamento, aparecerá a união dos metais. Esse processo é utilizado em praticamente todos os metais ferrosos ou não, especialmente em reparos (manutenções), soldagens de chapas finas, tubos e tubos de pequenos diâmetros. Esse processo não é econômico para soldar seções espessas, em comparação a outros processos de soldagem.

Aluminotermia: trata-se de um processo de soldagem diferente dos demais, já que envolve a reação química do alumínio com um óxido metálico, que libera calor, onde as temperaturas podem alcançar 3.500 ⁰C. O processo produz coalescência de metais, pelo aquecimento dos mesmos. Este processo tem sido bastante utilizado em aplicações específicas onde outros processos conhecidos de soldagem não apresentariam a flexibilidade e condições adequadas para a realização no campo. A aluminotermia é particularmente empregada na soldagem de trilhos de ferrovias, bem como de cabos e fios elétricos.

11.4.4 Processos de soldagens por fusão do metal base, com fonte óptica de calor

Estes processos, como o próprio nome indica, são provenientes de "luzes" e incluem a soldagem a *Laser* e a por emissão de feixe de elétrons.

Soldagem a *Laser*: é uma técnica utilizada para unir peças de metal por meio do uso de um feixe de *Laser*, que fornece uma fonte de calor concentrada, permitindo, soldas profundas e altas taxas de soldagem. O processo é frequentemente usado na produção em larga escala, como na indústria automotiva. De forma resumida, pode-se dizer que o *Laser* é um feixe de radiação produzido por um determinado dispositivo.

Devido à qualidade da radiação *Laser*, sua utilização em soldagem possibilita a obtenção de determinadas características impossíveis de serem obtidas por outros processos, tais como elevadíssimas velocidades de soldagem, ausência de contato entre fonte de calor e peça a soldar, baixa entrega térmica, pouca distorção e pequenas zonas afetadas pelo calor. Dentre as diversas aplicações podem-se citar: corte e furação de peças de geometrias complexas; soldagem, por exemplo, de baterias de lítio; marcação de instrumentos de medição; tratamento térmico de componentes, como por exemplo, válvulas de motores de combustão.

Soldagem por emissão de feixe de elétrons (ou soldagem eletrônica): também conhecido como *Electron Beam Welding*, é um processo chamado de alta intensidade porque uma grande quantidade de energia é emitida em curto espaço de tempo, de modo que o impacto dos elétrons sobre o material a ser trabalhado produz calor. Devido às diferentes possibilidades de aplicar o calor sobre a peça, convergindo-o ou espalhando-o por meio de mecanismos ópticos, é possível utilizar o feixe eletrônico de diferentes formas, como por exemplo: soldagem, corte, tratamento superficial e micro usinagem. É importante destacar, porém, que os processos de corte, tratamento superficial e micro usinagem por feixe de elétrons não competiam técnica e economicamente, em 2019, com os outros existentes. Até 2020, o feixe de elétrons era utilizado quase que unicamente em soldagem.

Esse processo se desenvolveu no início da época de construções nucleares (década de 1950), quando foi necessário soldar materiais reativos como Titânio e Zircônio, e se encontraram problemas de oxidação. Como os elétrons podem ser projetados no vácuo, passou- se a fazer as soldagens em câmaras de vácuo, que permitiu soldagens livres de oxidação, soldagens de zonas fundidas muito estreitas e de zonas afetadas pelo calor (ZAC) reduzidas, em consequência da grande convergência do feixe.

O processo de soldagem por feixe de elétrons pode ser aplicado em quase todos os materiais, em juntas de metais dissimilares e em várias faixas de espessura, permitindo alta precisão e alta velocidade de soldagem. Uma das grandes vantagens desse processo é o baixo aporte de calor com que efetua as soldagens. Outras vantagens são: possibilidade de soldar materiais com espessuras elevadas, obtenção de cordão com pequena largura em relação à profundidade atingida, menores tensões residuais, qualidade metalúrgica da solda superior à de outros processos devido à ausência de ar e possibilidade de soldagem em locais de difícil acesso ou inacessíveis.

A grande desvantagem desse processo é o alto custo do equipamento, que é muito mais especializado para esta operação, do que para outras técnicas de soldagem de fusão. Também pode haver elevados custos de configuração para aperfeiçoar este procedimento, o que de fato irá estabelecer a qualidade da solda. A necessidade de trabalhar em ambiente de vácuo pode também ser uma prova limitante para o tamanho de peças que podem ser unidas com os feixes de elétrons.

11.4.5 Soldagens no estado sólido, por ação mecânica

Nestes processos não existem eletrodos, nem ocorre a fusão do metal base. Em verdade ocorre um caldeamento por ação mecânica, sendo conhecidos os seguintes processos: fricção, ultrassom, explosão e fricção mistura.

Soldagem por fricção: a junção das peças metálicas ocorre através de aquecimento gerado no atrito entre as duas peças, unindo as partes metálicas através de caldeamento, ou seja, não ocorre fusão de material, obtido pelo calor gerado, através do atrito provocado por movimento das superfícies em contato, e aplicação de pressão. Devido ao atrito entre as partes, a energia cinética é convertida em calor, sendo absorvida pela região imediatamente próxima às superfícies em contato, coalescendo as superfícies, uma pressão é então aplicada e a ação da força centrífuga faz fluir o metal para fora dos limites da peça na forma de rebarba, arrastando os óxidos superficiais existentes. O atrito gerado entre as peças (gerando calor) provoca o "amaciamento" da região de contato, misturando mecanicamente (caldeamento) as duas peças do metal no local da junta. Esse processo é muito utilizado em alumínio, especialmente em alumínio extrudado (ligas não tratáveis termicamente), e em estruturas que necessitam de soldagens com resistência elevada, sem posterior tratamento térmico da solda. O processo foi inventado e experimentalmente provado no *The Welding Institute* (TWI), Reino Unido, em dezembro de 1991. O TWI detém patentes sobre o processo, sendo a primeira patente a que melhor detalha o procedimento de soldagem.

Soldagem por ultrassom: une peças por meio de vibrações mecânicas na faixa ultrassônica, associadas à aplicação de pressão. Produz uma solda limpa, de alta qualidade, não requer material de adição e tem um consumo baixo de energia. O processo de soldagem por ultra-som é realizado por meio de um gerador de energia elétrica de alta frequência que alimenta transdutores piezelétricos, responsáveis por transformar a energia elétrica em oscilações mecânicas ou vibrações, as quais são transmitidas à peça por meio de um sonotrodo (eletrodo de som). As vibrações e a força de compressão aplicadas à peça provocam um campo de tensões que, por sua vez, dá origem a uma deformação elastoplástica. Sabe-se que toda superfície apresenta sempre pequenas rugosidades, observáveis em microscópio; durante a soldagem, ocorrem tensões de corte que vão eliminando as rugosidades, até que as superfícies se tocam completamente e então acontece a soldagem. As chapas a soldar são fixadas num suporte chamado bigorna.

Esse tipo de soldagem serve tanto para soldar metais quanto termoplásticos, além de materiais não ferrosos, vidro ou mesmo cerâmica. A diferença entre a soldagem de metais e a de termoplásticos é que no caso dos metais, a soldagem acontece no estado sólido, sem fusão do material de base, enquanto que no caso dos termoplásticos, existe a fusão dos materiais. O processo é aplicado na soldagem de contatos de semicondutores resistentes à temperatura, como fios de alumínio ou ouro com silício; em ligações entre semicondutores e transistores e conexões elétricas dos mais diversos tipos; na soldagem de metais diferentes, como alumínio-cobre, níquel-berílio; soldagem de latão estanhado com lâminas de cobre, com espessuras entre 0,1 e 0,2 mm, nos transformadores.

No caso de materiais termoplásticos, aplica-se a soldagem por ultrassom na produção de componentes para a indústria de alimentos, de eletrodomésticos, de cosmética e eletrônica, bem como na indústria automobilística e de autopeças, em especial na fabricação de painéis e pára choques. A substituição de adesivos por equipamentos de soldagem ultrassônica permite outras aplicações, como a união de componentes de telefones, de microcomputadores e a costura de produtos sintéticos.

As vantagens em soldar metais pelo processo de ultrassom são a possibilidade de soldar chapas pintadas ou oxidadas sem preparação prévia das superfícies, reduzindo, assim, o tempo e o custo de mão de obra. Dada a fraca liberação de calor, não existem problemas de deformação, fragilização e formação de compostos intermetálicos de alta resistência nas juntas de metais diferentes. A ligação entre alumínio e cobre, utilizada nos terminais de cobre ou latão dos condutores elétricos é perfeita, que seria impossível pelo método de soldagem por resistência. Esse processo é particularmente adequado para a soldagem automatizada.

No caso dos termoplásticos, as vantagens são: o elevado ritmo de produção, que pode chegar a 2.000 peças/hora; a possibilidade de soldagens limpas; custo baixo de mão de obra; durabilidade das ligações e ausência de riscos para o operador. A soldagem de termoplásticos por ultrassom permite substituir fixações mecânicas tais como porcas e parafusos, proporcionar maior segurança na união e redução de risco da ação química do adesivo sobre o plástico, soldar materiais dissimilares e trabalhar com rapidez.

Soldagem por explosão: a soldagem ocorre no estado sólido a partir da deformação plástica superficial de metais, motivada pela colisão de uma peça lançada em alta velocidade contra outra, por detonação calculada de um explosivo. Essa colisão é muito violenta e libera um jato metálico formado a partir do impacto pontual entre as partes que serão soldadas. O jato retira a película superficial do metal, fazendo uma espécie de decapagem que libera a superfície de óxidos e impurezas. Nesse instante, as superfícies novas são fortemente comprimidas uma contra a outra, pela ação do explosivo.

Na soldagem por explosão também não ocorre fusão de metais, mas sim um caldeamento (ou mistura mecânica). As aplicações da soldagem por explosão variam de chapas de grandes dimensões a pequenos componentes eletrônicos. Sua maior aplicação é para o revestimento ou *clad* de chapas (*cladding steel*) de até 6 metros de comprimento. As placas superiores, de menor espessura, são geralmente utilizadas em trabalhos que requeiram resistência à corrosão. Na prática conseguem-se obter chapas cladeadas com até 40 metros quadrados de área. O processo também é utilizado na fabricação de materiais compostos, na soldagem de tubos em espelho para trocadores de calor, em chapas cladeadas ou revestidas para as indústrias naval, química, petroquímica, alimentícia, papel e celulose e em reatores nucleares. Destina-se, principalmente, ao revestimento de grandes superfícies, para soldar chapas de aço inoxidável com chapas de aço carbono e aço de baixa liga; cobre com alumínio; níquel, alumínio, titânio e tântalo com aço.

Entre as desvantagens do processo de soldagem por explosão podem-se citar: 1) o endurecimento sofrido pelas superfícies de aço carbono e de baixa liga, o que obriga a um alívio de tensões posterior, 2) é necessário dispor de um local adequado e distante dos grandes centros para a execução do processo por ser perigoso, só deve ser utilizado por empresas e pessoas treinadas e especializadas no seu manuseio. Em todos os países, a comercialização, o transporte, o uso e o armazenamento de explosivos são controlados, o que dificulta a implantação do processo. No Brasil esse controle é exercido pelo Ministério do Exército.

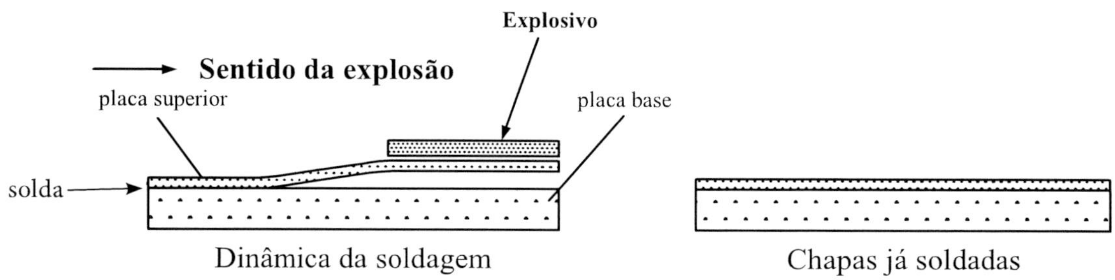

Soldagem tipo fricção mistura: neste processo a ponta de uma ferramenta, no formato de um tronco de cone (que não é um eletrodo), é introduzida no espaço entre as partes a serem soldadas, girando e comprimindo. Com o atrito e pressão a temperatura se eleva, promovendo o caldeamento ou mistura entre as peças.

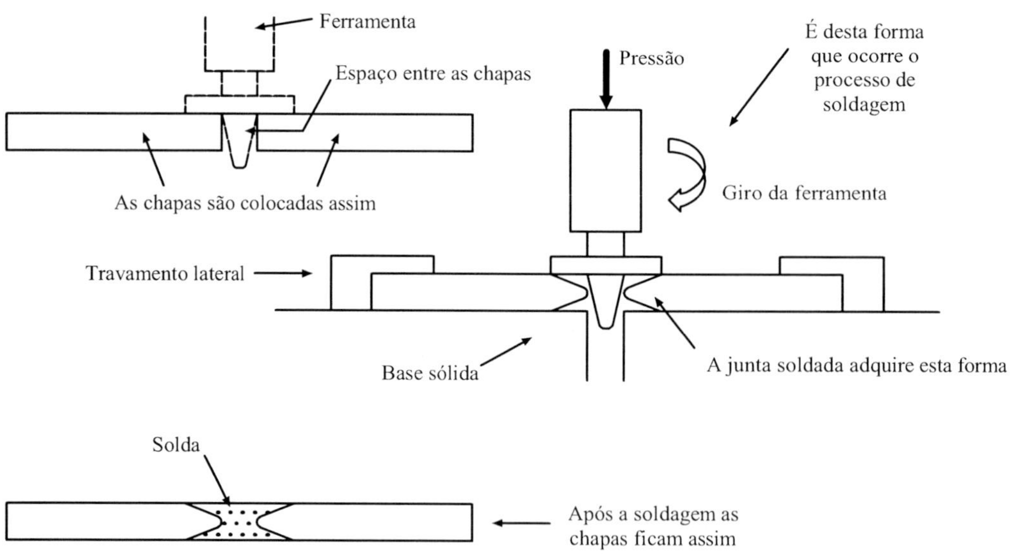

Figura 11.6: detalhes da soldagem tipo fricção-mistura

Como mostrado nas figuras as chapas têm que estar bem posicionadas e travadas, bem como rigidamente apoiadas sobre uma sólida base, ou seja, as chapas não podem se movimentar.

11.4.6 Soldagens sem fusão do metal base

São processos especiais onde o metal base não é fundido e a fonte de calor é proveniente de uma chama produzida por um gás. A seguir são citados os principais tipos.

Brasagem: diferentemente da soldagem, o material de adição ou de brasagem é diferente e tem um ponto de fusão mais baixo do que o material de base que está sendo brasado. A temperatura de fusão do material de base não é atingida. Formas comerciais comuns do material de adição são arames, varetas, chapas, fitas, barras, pós, pastas ou ainda peças já conformadas. A brasagem permite a junção de peças de metais completamente diferentes ou mesmo incompatíveis, como entre o titânio e o aço inoxidável.

A brasagem é um processo de soldagem originado da solda forte, também conhecida por *brazing*, que é a soldagem em que o metal de adição apresenta temperatura acima de 450 ^{0}C, mas inferior à temperatura de fusão do metal de base. A solda forte dá origem à brasagem e à soldabrasagem ou solda brasada. Na maioria dos casos, a solda forte é feita pelo processo de soldagem Oxi Gás ou oxicombustível, com uma liga de cobre em forma de vareta e um fluxo adequado, no entanto, é possível utilizar os processos TIG ou arco plasma, sem a necessidade da utilização de fluxos e sem fundir o metal de base.

Existe outro método de soldagem, conhecido como **Solda Branda** ou fraca, em que o metal de adição tem o ponto de fusão abaixo de 450 ^{0}C. A solda branda é utilizada principalmente nas indústrias elétrica e eletrônica, na soldagem de circuitos impressos, de componentes e em ligações de terminais elétricos.

Segundo definição da Associação Americana de Soldagem (*American Welding Society* - AWS) a brasagem reúne um grupo de processos de união que liga metais pelo aquecimento adequado e pelo uso de um metal de adição com temperatura de fusão mais baixa do que a temperatura *solidus* do metal de base, onde o metal de adição preenche a junta por capilaridade. Nesse tipo de união, o metal de base nunca se funde e é este fato que diferencia a brasagem de outros processos de soldagem por fusão.

A capilaridade ou ação capilar é a capacidade que um metal, em estado líquido, apresenta de preencher espaços existentes entre os grãos das peças a soldar. No processo de brasagem não é necessário trabalhar o perfil das peças, ou seja, não há necessidade de se fazer chanfros, pois estas não se fundem. O que vai unir as peças é o metal de adição, este sim, fundido, que penetra pelos espaços existentes entre elas.

A brasagem é utilizada na união de metais diferentes, de peças de pequena espessura, de metais tratados termicamente e em uniões de metal com cerâmica. Abrange um campo vasto que vai desde a indústria elétrica e eletrônica até a indústria automobilística e de aviação. É empregada na soldagem de tubos, varas, barras e componentes fundidos e forjados, quando se desejam resultados com pequenas deformações. É geralmente utilizada para unir ferro fundido e aços, mas pode também ser empregada para unir cobre, níquel e sua ligas. Outros metais podem ser unidos por brasagem com um adequado metal de adição.

Solda Prata é um tipo específico de brasagem. Varetas de solda prata são ligas quaternárias basicamente constituídas de Prata (Ag), Cobre (Cu), Zinco (Zn) e Cádmio (Cd), sendo comum a inclusão de outros metais na liga de solda como, por exemplo, Níquel (Ni), Estanho (Sn), Manganês (Mn). Apesar de apresentar um custo mais elevado que os outros tipos de solda, a solda prata é imune à corrosão e isenta de porosidades. Soldas prata são utilizadas na indústria de eletrodomésticos, materiais elétricos, sistema de refrigeração sistema de condicionamento de ar, indústria odontológica, instrumentos musicais, confecção e manutenção de joias e bijuterias. Ligas de solda prata não são recomendadas para aplicações em ligas com ponto de fusão menor e ou inferior a 800 ^{0}C como, por exemplo, ligas de Alumínio (Al) e Magnésio (Mg). Ligas de solda prata são normalmente fornecidas em formatos de varetas, anéis, lâminas, fios, limalhas e pós. Toda solda prata deve ser compatível com o metal base.

Solda de Estanho é um tipo específico de soldagem, ou melhor, uma variante da brasagem, já que não ocorre a fusão do metal base. É particularmente empregada para soldar e reparar soldas de circuitos elétricos e eletrônicos. O material de adição mais comum usado é o estanho, um material brando, maleável, leve, que derrete a uma temperatura de 231,84 ^{0}C. A solda é feita com o "Ferro de Soldar", que é uma resistência bobinada e montada sobre um tubo de material refratário, ou seja, um tubo que suporta temperaturas elevadas. O interior deste tubo tem uma ponta metálica na extremidade, com boa condutibilidade térmica (que deixa passar bem o calor), como é o exemplo do cobre. É esta ponta que vai derreter a solda que será usada para unir os componentes eletrônicos, condutores, etc.

11.5 Junção por colas industriais

As colas para metais podem ser a base de metacrilato ou cianoacrilato, que permitem boa resistência a temperaturas. Colas de polímeros são indicadas para colar metais submetidos a intempéries. Essas colas permitem excepcional resistência e após colagem podem ser pintadas e lixadas. Com as colas industriais é possível a colagem de metais, vidro, cerâmica, mármores, pedras e plásticos rígidos ou termofixos.

Em muitos casos a cola é muito mais prática e barata do que, por exemplo, uma soldagem. Muitos eletrodomésticos, especialmente partes em plásticos, usam a união por colas industriais.

Existem diversos tipos de colas e adesivos industriais, com os mais variados componentes químicos. Para a colagem de metais e outros materiais não metálicos, podem ser citadas as seguintes: 1) De epóxi, usadas para colar cerâmicas, borrachas e alguns tipos de plásticos. 2) De cianoacrilato, usadas para colar cerâmicas, borrachas, alguns tipos de plásticos e vidros. 3) Adesivos industriais, à base de metacrilato, indicados para metais, plásticos e vidros, mesmo onde ocorram esforços. Em muitos casos é uma boa opção à soldagem. Possui secagem rápida previa e sua cura total ocorre em 24 horas. 4) Cola de poliuretano, recomendada para uso em madeira, metal, cerâmica, vidro, maioria dos plásticos e fibra de vidro. O tempo de cura é de aproximadamente 24 horas. Depois de seca, a cola de poliuretano fica translúcida e pode ser pintada ou tingida. 5) Cola de silicone, tem boa resistência a altas e baixas temperaturas. Recomendada para o uso em calhas e em materiais de construção, incluindo metal, vidro, fibra de vidro, borracha e madeira. Também pode ser usada em tecidos, alguns plásticos e cerâmica. O tempo de cura é de cerca de 24 horas, mas o adesivo forma uma película em menos de uma hora.

11.6 Tratamentos térmicos

Muitos produtos são constituídos por peças que necessitam de propriedades especiais. Por exemplo, um eixo de aço liga de um motor de alta potência (200 cv), que trabalha a alta rotação (3.500 rpm) e está submetido a esforços mecânicos (tração), tem que ser apoiado em mancais e girar. Mesmo com o uso de lubrificantes, acaba ocorrendo o contato metal/metal, ou seja, haverá desgaste por atrito. Esse é um exemplo onde o material do eixo tem que ter uma dureza superficial maior, ou seja, não há necessidade (nem pode) que toda a estrutura do eixo seja "dura", mas, sim apenas uma "fina casca" na parte externa do eixo que irá apoiar no mancal.

Todos os metais são constituídos de grãos, que possuem cristais, constituídos por moléculas disposta de forma geométrica e regular, estas são formadas por átomos que contêm um núcleo com prótons e nêutrons e com elétrons girando ao seu redor. Quando os metais são aquecidos seus cristais sofrem deformações, tanto por mudança de forma, quanto pela constituição química. Dependendo da temperatura até a qual é aquecido e dependendo de como se dá o resfriamento a estrutura granular se modifica e, portanto o metal se modifica, ficando mais "duro" ou mais "macio" e até mais resistente a esforços. Os tratamentos térmicos e termoquímicos fazem exatamente isso, por influência da temperatura e elementos químicos, alteram as propriedades físicas dos metais, por exemplo, tornando-os mais duros e ou mais resistentes.

Os principais tratamentos térmicos dos metais, que alteram toda a estrutura são: recozimento, normalização, têmpera, revenimento e endurecimento por precipitação. Independentemente do tipo de tratamento térmico, os seguintes fatores são cruciais para que o tratamento alcance seus objetivos: aquecimento, permanência na temperatura (ou encharcamento), resfriamento e atmosfera do forno.

Aquecimento: como, normalmente, o tratamento térmico objetiva alterar uma ou diversas de suas propriedades mecânicas, mediante uma determinada modificação que se processa na sua estrutura, o aquecimento é realizado a uma temperatura acima da crítica. Na fase de aquecimento devem ser consideradas, tanto a velocidade, quanto a temperatura máxima de aquecimento. Embora, na maioria dos casos, a velocidade de aquecimento, seja fator secundário, apresenta certa importância, principalmente quando os aços estão em estado de tensão interna ou possuem tensões residuais devidas a encruamento prévio ou ao estado inteiramente martensítico de um aço, porque, nessas condições, um aquecimento muito rápido pode provocar empenamento ou mesmo aparecimento de fissuras. A temperatura de aquecimento é mais ou menos um fator fixo, determinado pela natureza do processo e depende das propriedades e das estruturas finais desejadas, assim como da composição química do aço, principalmente do seu teor de carbono.

Tempo de permanência na temperatura de aquecimento: este tempo deve ser o estritamente necessário, para que se obtenha uma temperatura uniforme através de toda a seção do aço e para que se consigam as modificações estruturais mais convenientes. Tempo muito longo pode também aumentar a oxidação ou descarbonetação do material. Sob o ponto de vista de modificação estrutural, admite-se que uma temperatura ligeiramente mais elevada seja mais vantajosa que um tempo mais longo a uma temperatura inferior, devido à maior mobilidade atômica. O tempo na temperatura de aquecimento deve ser, pelo menos, o suficiente a se ter sua uniformização através de toda a seção.

Resfriamento: este é o fator mais importante, pois é ele que determinará efetivamente a estrutura e, em consequência, as propriedades finais dos aços. Os meios de esfriamento usuais são: ambiente do forno, ar e meios líquidos. O resfriamento mais brando é, evidentemente, o realizado no próprio interior do forno e ele se torna mais severo à medida que se passa para o ar ou para um meio líquido, onde a extrema agitação dá origem aos meios de esfriamento mais drásticos ou violentos. Na escolha do meio de esfriamento, o fator inicial a ser considerado é o tipo de estrutura final desejada a uma determinada profundidade. Também se sabe que, a seção e a forma da peça influem consideravelmente na escolha do meio de resfriamento. Muitas vezes, por exemplo, a seção da peça é tal que a alteração estrutural projetada não ocorre à profundidade esperada. Os meios de resfriamento mais utilizados são: soluções aquosas, água, óleo e ar. Outro fator que deve ser levado em conta é o da circulação do meio de resfriamento ou agitação da peça no interior, já que pode ocorrer o empenamento das peças e até mesmo fissuras. Para evitar isso tem-se que usar meios menos drásticos como óleo, água aquecida ou ar.

Atmosfera do forno: nos tratamentos térmicos dos aços, deve-se evitar dois fenômenos muito comuns: a oxidação que resulta na formação indesejadas da "casca de óxido" e a descarbonetação (perda de carbono) que pode provocar a formação de uma camada mais mole na superfície do metal. Esses fenômenos são evitados pelo uso de uma atmosfera protetora ou controlada no interior do forno, a qual, ao prevenir a formação da "casca de óxido", torna desnecessário o emprego de métodos de limpeza. Às vezes, para obter os mesmos resultados proporcionados pelas atmosferas protetoras, usa-se como meio de aquecimento banhos de sal fundido, como é o caso do tratamento térmico dos aços rápidos.

11.6.1 Tipos principais de tratamentos térmicos

Recozimento: seus objetivos são: remover tensões devidas a tratamentos mecânicos, diminuir a dureza, aumentar a ductilidade, regularizar a textura bruta de fusão, modificar características elétricas e magnéticas, ajustar o tamanho de grão, remover gases, produzir uma microestrutura definida, eliminar enfim os efeitos de quaisquer tratamento térmicos ou mecânicos a que o aço tiver sido anteriormente submetido.

Para evitar o tempo muito longo exigido pelo recozimento, pode-se substituir o recozimento comum pelo recozimento isotérmico, em que o aquecimento é feito normalmente, mas o resfriamento é dividido em duas partes.

Resfriamento rápido até uma temperatura situada na parte superior do diagrama de transformação isotérmica, onde fica até que a austenita se transforme nos produtos normais de transformação. A segunda etapa consiste no resfriamento até a temperatura ambiente, depois de completada a transformação da primeira etapa.

Outro tipo de recozimento é o de alívio de tensões, em que o aquecimento é feito a temperaturas abaixo da zona crítica. Seu objetivo é apenas aliviar as tensões originadas em processos de conformação mecânica, soldagem, corte por chama, dobramento, usinagem, etc. Existe ainda um forma de recozimento que se aplica a tiras e chapas de aço laminados a frio, em que as peças são colocadas em recipientes vedados no interior de um forno com temperatura entre 600 ^{0}C e 700 ^{0}C. Esse tipo de processo se chama recozimento em caixa.

O recozimento, especialmente de aços, leva horas e tem três fases bem características: um aquecimento, a permanência na temperatura calculada e o resfriamento, que é feito dentro do forno, demora mais tempo que a fase de aquecimento. É normal chapas de aço consumirem até cerca de 40 horas, para passar por todo o processo de recozimento.

Normalização: consiste no aquecimento do aço a uma temperatura acima da zona crítica, seguindo de resfriamento no ar. É mais rápido que o recozimento. A normalização visa refinar a granulação grosseira de peças de aço fundido principalmente. Frequentemente, e com o mesmo objetivo, a normalização é aplicada em peças depois de laminadas ou forjadas. A normalização é ainda usada como tratamento preliminar à têmpera e ao revenido, justamente para produzir estrutura mais uniforme do que a obtida por laminação.

Têmpera: é um dos processos utilizados no tratamento térmico de metais para aumentar a dureza e consequente resistência dos mesmos. O processo da têmpera consiste em duas etapas: aquecimento e esfriamento rápido. O aquecimento visa obter a organização dos cristais do metal, numa fase chamada austenitização. O nome deriva do sobrenome, Austen, do descobridor dessa fase. O esfriamento brusco visa obter a estrutura martensita (supersaturada em carbono; nome deriva do sobrenome Martens, de seu descobridor).

Na têmpera o aquecimento é superior à temperatura crítica, que é de 727 ^{0}C (para o aço). O objetivo é conduzir o metal a uma fase, na qual se obtém o melhor arranjo possível dos cristais do metal, e portanto, da futura dureza. A partir dessa fase o aço pode ser conduzido para outras fases, dependendo das necessidades pretendidas. A temperatura dessa fase chama-se temperatura de austenização. Como cada aço tem composição própria, a temperatura de austenização varia de aço para aço. Consequentemente, a têmpera é obtida em temperaturas diferentes, dependendo da composição do aço, da peça e dos seus objetivos. Ou seja, a têmpera de uma dada peça leva em consideração muitos fatores. O próprio tempo de exposição da peça na temperatura de austenização é considerado quando se faz a sua têmpera. Cada aço tem uma temperatura de austenização, e que é aquela que proporciona o máximo de dureza. Essa temperatura é obtida dentro de fornos, os quais podem ser por chama ou por indução elétrica. Dependendo das exigências do cliente, a austenização, e conseqüentemente a têmpera, vai ocorrer apenas na superfície da peça ou em toda ela.

A segunda etapa da têmpera é o resfriamento, o qual deve ser brusco, em óleo ou água. A rapidez do resfriamento é importante para impedir que o aço mude para fase diferente daquela que se obteve na temperatura de austenização (obter estrutura martensítica). Quase sempre, após a têmpera, a peça é submetida ao revenimento.

Em algumas aplicações de peças de máquinas é, frequentemente, mais conveniente que se tenha apenas um endurecimento superficial, ao invés do endurecimento total, obtido pela têmpera normal, visto que, nessas aplicações objetiva-se apenas a criação de uma superfície dura e de grande resistência ao desgaste e à abrasão. Este endurecimento localizado pode ser obtido pela têmpera superficial, realizado por um aquecimento superficial por indução eletromagnética, que é um tratamento especializado.

Revenimento (ou revenido): é o que se faz nos aços já temperados, com a finalidade de diminuir a sua fragilidade, isto é, torná-lo menos quebradiço. O revenido é o tratamento térmico que normalmente sempre acompanha a têmpera, pois elimina a maioria dos inconvenientes produzidos pela mesma, além de aliviar e remover as tensões internas corrigem as excessivas dureza e fragilidade do material, aumentando sua ductibilidade e resistência ao choque.

Diversos aços, principalmente aços liga de baixo teor, caracterizam-se por adquirirem fragilidade, quando são aquecidos na faixa de temperaturas entre 375 ^{0}C e 575 ^{0}C, ou quando são resfriados lentamente através dessa faixa. Esse fenômeno é conhecido como "fragilidade de revenido", ocorrendo mais rapidamente na faixa 450 ^{0}C a 475 ^{0}C. Os aços carbono comuns, contendo manganês abaixo de 0,30%, não apresentam o fenômeno. Contudo, aços contendo apreciáveis quantidades de manganês, níquel e cromo, além de uma ou mais impurezas, como atimônio, fósforo, estanho ou arsênio, são suscetivéis ao fenômeno. Nos aços, à medida que se aumenta a temperatura do revenido, vão ocorrendo transformações de componentes (ferrita, austenita, etc), que lhes conferem propriedades especiais. Isso significa que, a temperatura do revenido pode ser escolhida de acordo com a combinação de propriedades mecânicas que se deseja no aço temperado.

Endurecimento por precipitação (ou envelhecimento de metais): este tratamento é particularmente usado em ligas não ferrosas, especialmente de alumínio, cobre magnésio, níquel e titânio. O processo é composto por três etapas: solubilização, têmpera e envelhecimento. A solubilização é obtida com o aquecimento do metal até certa temperatura, de forma a ter-se uma única fase homogênea. Em seguida provoca-se um brusco resfriamento ou têmpera (normalmente em água), provocando a precipitação de alguns componentes (depende do metal). Após isso o metal é novamente aquecido, a baixa temperatura (pode até ser ao tempo ou ar livre), durante um certo tempo, ocorrendo o envelhecimento. Esse processo de envelhecimento pode durar entre uma e 20 horas, para que o precipitado se dissolva completamente. Em alguns casos, quando deixado ao ar livre, este processo pode durar semanas.

11.6.2 Tratamentos especiais: austêmpera, martêmpera e patenteamento

Segundo Chiaverini (2012, p.110), austêmpera é um tratamento isotérmico, onde a austenita se transforma em bainita, evitando a formação da martensita, de alta dureza. A austêmpera ocorre com temperaturas entre 790 °C e 915 °C, ficando em resfriamento num banho entre 260 °C e 400 °C e, finalmente, resfriamento ao ar ambiente ou banho de sal. Com esse tratamento, o aço melhora sua tenacidade e sua ductibilidade. Martêmpera é uma têmpera interrompida, retardando o resfriamento, logo acima da temperatura de formação da martensita. Como o resfriamento não é tão rápido, como na têmpera, as peças sofrem menos empenamentos. O patenteamento é uma modificação do processo de austêmpera, sendo muito empregado em arames e fios, em aço de médio e alto carbono (CHIAVERINI, 2012, p.115). Nesse processo, arames e barras durante a formação austenítica são resfriadas de modo contínuo, num banho de chumbo derretido ou de cobre e zinco ou de sal, com temperaturas entre 510 °C e 540 °C, e durante pouco tempo, sendo arames com 10 segundos e barras até 90 segundos. Com esse tratamento conseguem-se altas resistências e durezas.

11.7 Tratamentos termoquímicos

Os principais tratamentos termoquímicos que modificam apenas uma fina camada do material são: Cementação; Nitretação; Cianetação; Carbonitretação e Boretação.

Cementação (ou carbonetação): consiste em se introduzir carbono na superfície do aço pelo mecanismo de difusão atômica, com o objetivo de se aumentar a dureza superficial do material, depois de convenientemente temperado. Logo após a cementação, faz-se uma têmpera. Quando o aço é rapidamente resfriado por têmpera, o maior teor de carbono na superfície exterior torna-o duro (dureza superficial) através da transformação da austenita em martensita, enquanto que o núcleo permanece macio e resistente como uma microestrutura ferrítica e ou perlítica.

Esse tratamento é também chamado de processo de conversão. A peça é aquecida em forno abaixo do ponto de fusão do aço e então recebe carbono, o qual se difunde na superfície fazendo uma ligação com o ferro. Enquanto no núcleo os aços cementados contêm de 0,15% a 0,25 % de carbono, na superfície o teor de carbono pode ser ajustado para valores entre 0,8% e 1 %.

A cementação é usada em aços de baixo carbono e de ligas com teor de carbono variando de 0,2% a 0,3%. A superfície da peça de trabalho deve ser livre de contaminantes, tais como óxidos, óleo e soluções alcalinas, que impedem ou dificultam a difusão de carbono na superfície da peça. A cementação comporta muitas variações conforme o objetivo ou o trabalho que a peça vai desempenhar. As variações são de temperatura, profundidade de carbonização, tempo do processo, e controle da atmosfera. O tempo do processo vai depender da profundidade da cementação desejada, quanto mais tempo durar a cementação, mais profundamente teremos a presença do carbono difundido. A este processo segue-se a têmpera. As peças tratadas por cementação, seguida de têmpera, apresentam elevada dureza na superfície e grande maleabilidade no núcleo (dependendo do tipo de aço).

Essas características tornam o processo recomendado a certas peças que requerem muito esforço superficial, como é o caso das engrenagens, de roletes e buchas metálicas. Na prática existem vários processos de cementação, como a seguir descritos.

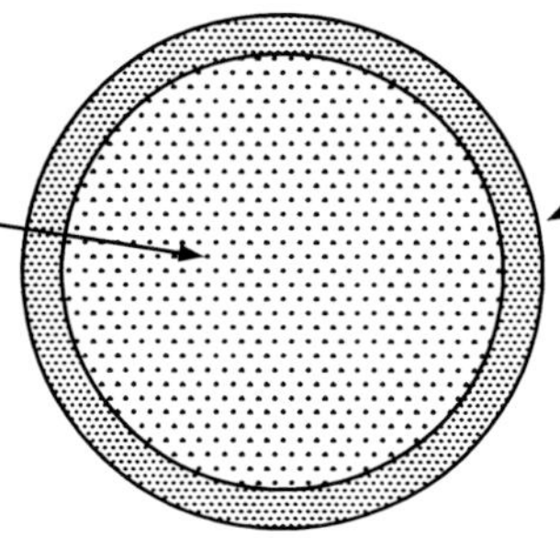

Figura 11.8: imagem de um eixo de aço com a superfície cementada

Cementação líquida: é feita mergulhando-se a peça em banho de sais. Esses banhos contêm, além dos elementos fornecedores de carbono, os chamados ativadores, que são produtos que aceleram a reação de cementação. Esses ativadores aumentam a velocidade de cementação, a oferta de carbono e a velocidade de transporte do carbono do meio líquido para a superfície das peças. Esse processo, tem como meio carburizante um sal a base de cianeto. Os banhos para temperaturas, entre 840 ^{0}C a 900 ^{0}C, permitem obter camadas de 0,08 a 0,8 mm de espessura de carbono. Os banhos de temperaturas mais elevadas permitem a obtenção de camadas mais espessas, de 0,5 mm a 3 mm. Em casos especiais pode-se obter espessuras maiores, da ordem de até 6,35 mm. Esses banhos possuem maiores quantidades de bário, além de cianato de sódio. A formação da camada cementada é bastante rápida. Os aços empregados são os aços SAE ao carbono: 1010 a 1020 e os SAE de baixa liga: 1113, 1117, 1118, 8620, 9620. Os tempos de cementação líquida variam de 0,5 a 10 horas.

Após a cementação líquida deve-se evitar o resfriamento direto ao ar, porque a película de sal aderente às peças não as protege suficientemente, correndo-se o risco de oxidação ou descarbonetação. Deve-se preferir a têmpera direta, num meio como salmoura ou óleo, que facilita o desprendimento da camada de sal aderente, também facilitando a lavagem posterior das peças.

Cementação sólida: as peças de aço são acondicionadas em caixas metálicas, onde se adiciona carvão de madeira ou coque, ativador (carbonato de bário e ou sódio) e um óleo ligante. A profundidade da camada cementada varia de 0,6 a 6 mm, dependendo das condições de tempo e temperatura empregadas. Essa profundidade, na prática, é medida através da dureza. Considera-se "Camada Cementada Efetiva" a região com dureza maior que 50 RC. Existe ainda a "Camada Cementada Total", que é definida como a região onde houve aumento do teor de carbono. Pode ser determinada por análise química ou outra propriedade física, como, por exemplo, a dureza. A cementação sólida é a que apresenta o menor custo, entre todos os tratamentos termoquímicos.

Cementação gasosa: consiste em se colocar a peça a ser cementada em um forno com atmosfera de potencial de carbono controlado. A profundidade da camada cementada varia de 0,5 a 2,0 mm, usualmente, e depende, além do tempo e da temperatura, do potencial de carbono do forno.

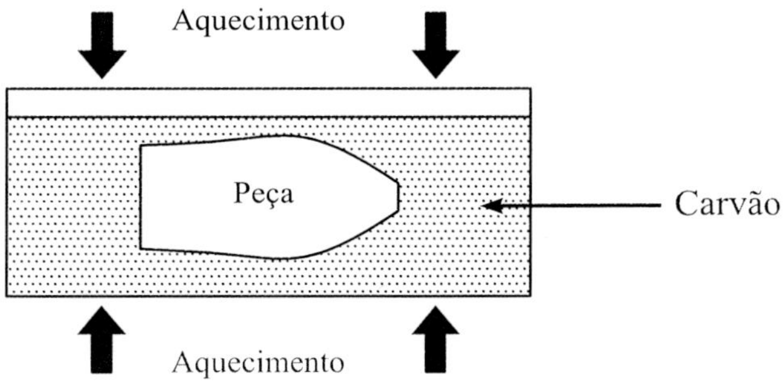

Figura 11.9: exemplo da cementação sólida

Cementação sob vácuo: as peças são introduzidas no forno, onde se processa o vácuo. Em seguida, a temperatura é elevada na faixa de 925 a 1040 ^{0}C, em que a austenita fica rapidamente saturada de carbono. Introduz-se, então, um fluxo controlado de hidrocarbonetos gasosos (metano, propano ou outro gás) em uma pressão entre 10 e 200 Torr*. O gás, ao entrar em contato com a superfície do aço, desprende vapor de carbono, depositando uma camada muito fina de carbono na superfície do material. Esse carbono é imediatamente absorvido pelo aço, até o limite de saturação.

* O vácuo é medido em unidades de pressão. No Sistema Internacional de Unidades em Pascal (Pa), mas também é medido em Torricelli, com a sigla (Torr.). O vácuo também pode ser medido em micrômetros de mercúrio (pressão barométrica) ou como uma porcentagem da pressão atmosférica, em bar ou atm.

Cementação a plasma ou iônica: usa a tecnologia de descargas luminescentes para fornecer íons de carbono para a superfície da peça. O plasma por descarga luminescente pode ser obtido e mantido colocando-se dois eletrodos metálicos dentro de um tubo de vidro com vácuo, no qual foi injetado gás a baixa pressão (da ordem de 1,0 Torr.) e aplicando-se uma diferença de potencial de algumas centenas de volts nesses eletrodos. Formam-se no tubo várias regiões de descargas visíveis. Para a cementação, apenas as descargas muito próximas do catodo são relevantes, pois, nessa região, o campo elétrico é mais potente e as velocidades dos elétrons suficientemente altas para provocarem a dissociação das moléculas do gás contido no tubo. Como essa região é muito próxima do catodo, fica mais fácil para os íons formados atingirem a superfície do catodo e serem absorvidos por ela.

Nitretação: é o processo de introdução superficial de nitrogênio no aço, pelo aquecimento do mesmo entre 500 e 570 ^{0}C, para formar uma camada dura de nitretos. É um tratamento termoquímico que possibilita a alteração das propriedades naturais dos materiais que é aplicada. A dureza superficial, o desgaste a corrosão e a resistência térmica são modificadas quando o nitrogênio é introduzido na fase ferrita em temperaturas pouco elevadas (entre 500 e 570 °C), o que não gera a mudança de fase com o resfriamento. As técnicas de introdução do nitrogênio variam com a ordem de importância no tratamento de metais ferrosos, refratários e, atualmente, de Alumínio. A nitretação pode ser gasosa ou líquida.

Nitretação gasosa é o processo utilizado mais comum, patenteado por Adolph Machlet. A reação baseia-se no contato do aço com a amônia (NH_3), onde a mesma se dissocia liberando nitrogênio atômico (N_2) que é absorvida pelo aço e dissolvida entre os átomos de Ferro (Fe), o que gera o crescimento do material. A formação das camadas de nitretos, que alcançam até 0,7 mm, costuma levar até 90 horas para ocorrer. Os aços mais indicados para aplicação da nitretação gasosa são aqueles que contem Alumínio (de 0,85 a 1,50%) e aços com Cromo. No entanto, a nitretação gasosa é limitada para ser aplicada em aços carbonos, já que os mesmos apresentam camada composta e quebradiça. A solução encontrada para sanar esse problema foi o desenvolvimento da nitretação liquida.

Já há alguns anos foi desenvolvida a nitretação a vácuo e métodos de implantação iônica. Alguns problemas processuais puderam ser resolvidos com essa técnica como a distorção dimensional e a baixa temperatura requerida, já que o processo é realizado a vácuo. A obtenção de melhores propriedades como maior dureza e melhor acabamento são justificados pela solução de nitrogênio solido intersticial, o que gera a dureza levemente superior à matriz. As camadas quebradiças geradas pela nitretação gasosa também são substituídas pela camada densa, homogênea, dura, não porosa nem quebradiça, e com baixo coeficiente de atrito, até mesmo em peças complexas.

A nitretação se aplica a aços que contém elementos formadores de nitretos estáveis a temperatura de nitretação, como o alumínio, cromo e vanádio. São os seguintes os aços passíveis de nitretação: aços de baixa liga, contendo alumínio; aços de médio carbono, ao cromo, das séries 41xx, 43xx, 51xx, 61xx, 86xx, 93xx e 98xx (41xx e 43xx são os mais utilizados); aços e ferramentas com 5% de cromo, do tipo H11, H12 e H13; aços inoxidáveis ferríticos e martensíticos (série 400) e aços inoxidáveis austeníticos da série 300. Aços carbono em geral não podem ser utilizados na nitretação a gás, pois formam uma camada nitretada extremamente quebradiça.

Nitretação líquida o aquecimento é feito na mesma faixa de temperatura da nitretação a gás (500 a 570 ºC), utilizando um banho à base de cianeto, bem como adicionando também um pouco de carbono à peça. Os aços empregados são: carbono, baixa liga, ferramenta, inoxidável e resistente ao calor. A grande vantagem da líquida sobre a nitretação a gás é que, além de utilizar aço carbono, os tempos são bem menores. A desvantagem é que a camada nitretada também é menor (máxima de 0,015 mm contra 0,7 mm de nitretação a gás). As aplicações são as mesmas recomendadas para a nitretação a gás (aumento da resistência ao desgaste e à fadiga com menor distorção na cementação). Os equipamentos utilizados são os mesmos descritos para a cementação líquida. A profundidade de penetração (em mícron = µm) do carbono e do nitrogênio, ou seja, a dureza, varia com o material, a temperatura (^{0}C) e com o tempo.

Cianetação: consiste em aquecer o aço em temperaturas acima da temperatura crítica, em um banho de sal fundido, de modo que a superfície do aço absorva carbono e nitrogênio. Após a têmpera em óleo ou água, o aço desenvolve uma camada dura e resistente ao desgaste. Os banhos de sais contêm cianeto de sódio (30% a 97%), carbonato de sódio (2% a 40%) e cloreto de sódio (0% a 30%). Esses dois últimos são mais inertes, adicionados para controlar o ponto de fusão da mistura e sua fluidez. As temperaturas utilizadas variam entre 700 a 880 °C e os equipamentos são os mesmos empregados na cementação líquida. O processo é aplicado usualmente aos aços carbono e baixa liga. Uma vantagem da cianetação é a menor distorção nas peças tratadas. Com relação à cementação líquida, a cianetação introduz menos carbono e mais nitrogênio. A profundidade de penetração (em milímetros) do carbono e do nitrogênio, ou seja, a dureza varia com a temperatura (°C) e com o tempo (min.).

Carbonitretação: também conhecido como cianetação seca, cianetação a gás ou nitrocarbonetação, é um processo de introduzir carbono e nitrogênio no aço a partir de uma mistura gasosa apropriada. O carbono provém de um gás rico em carbono e o nitrogênio a partir da amônia. É um processo misto de cementação a gás e nitretação a gás, sendo realizado em temperaturas intermediárias entre esses dois processos (700 a 900°C). O objetivo da carbonitretação é formar no aço uma camada resistente ao desgaste de 0,07 mm a 0,70 mm. Por empregar temperaturas menores, que a cementação gasosa, produz uma menor distorção.

Os aços utilizados são os das series: 10xx, 41xx, 51xx e, 86xx com teores de carbono na faixa de 0,25%, embora em alguns casos aços com até 0,50% C sejam utilizados. Por conter nitrogênio, a resistência ao amolecimento pela temperatura é maior em peças carbonitretadas que nas cementadas a gás. A resistência à fadiga e ao impacto são maiores em peças carbonitretadas do que nas cementadas a gás. Em contrapartida a profundidade da camada endurecida é menor que na cementação. A vantagem da carbonitretação em relação à cianetação a gás é que essa é mais limpa. Assim, em peças com formas complexas ou com pequenos furos, a operação de retirada do sal da cianetação é difícil, então, a carbonitretação é mais indicada. Os equipamentos utilizados são praticamente os mesmos da cementação a gás, com pequenas modificações. Os tempos de carbonitretação para os aços carbono e baixa liga variam de 30 minutos até um máximo de seis horas.

Boretação: consiste no enriquecimento superficial em boro no aço pela difusão química, com formação de boretos de ferro (Fe_2B e FeB). A boretação pode ser gasosa, líquida ou sólida.

A boretação gasosa, além de utilizar equipamentos de alto custo, emprega um gás 100 vezes mais venenoso que o cianogênio. **A boretação líquida** utiliza banhos de sais, não tóxicos, mas apresenta dificuldades de introdução do boro no aço por formar camadas bifásicas contendo Fe_2, B e FeB, que dificultam a penetração do boro. Em vista disso, a boretação sólida tem sido a mais empregada. Os meios de **boretação sólida** podem contar como fontes de boro as seguintes substâncias: boro puro, ferroboro, e carboneto de boro. Como o boro puro é caro e o ferroboro apresenta dificuldades técnicas em se manter a qualidade em grandes produções, na prática utiliza-se o carboneto de boro.

A espessura da camada boretada varia de 10 a 300 micra (μm), embora processos especiais permitam obter camadas de até 1 milímetro de profundidade. A temperatura de boretação varia de 800 a 1050 °C e os tempos desse tratamento termoquímico, em geral, variam de uma a oito horas. Peças com camadas boretadas de até 150 micra (0,150 mm) podem ser temperadas em óleo ou ar, sem apresentar trincas superficiais. O revenimento deve ser feito em um meio inerte, preferencialmente sob gás protetor ou banho de sal neutro.

A microdureza das camadas boretadas é extremamente alta. A camada boretada também apresenta uma grande resistência à corrosão por ácidos inorgânicos, como o clorídrico, o sulfúrico e o fosfórico. Os aços empregados na boretação são: carbono, baixa liga, ferramenta e inoxidável. Os aços ligados com alumínio e os com mais de 1% de silício não são indicados para esse processo.

A união da resistência ao desgaste, o baixo coeficiente de fricção e baixa necessidade de lubrificação transformaram a boretação no processo escolhido para engrenagens automobilísticas e extrusoras de plásticos contendo fibras minerais e vítreas, aplicações onde os componentes boretados tem vida útil muito superior, se comparadas com as tratadas por nitretação.

11.8 Revestimentos metálicos

São utilizados como forma de proteção contra corrosão, onde se aplica uma fina camada de um metal mais nobre e resistente quimicamente (anti corrosão), sobre um metal mais simples. Por exemplo, é comum usar-se chapas cladeadas, onde a base é uma chapa relativamente espessa de aço carbono e o revestimento, de espessura fina, é um aço inoxidável. A seguir são descritos os principais processos de revestimentos metálicos.

Cladização ou Cladeamento (*Cladding*): pode ser feita pela laminação conjunta, a quente, de chapas do metal base com a chapa de revestimento ou por explosão ou por solda. No processo de explosão tem-se a cladização da chapa do metal base com a chapa de revestimento em consequência do duplo efeito do aquecimento intenso e da forte prensagem, resultante de uma explosão feita sobre as duas chapas metálicas superpostas. Somente um dos lados da chapa é revestido (aquele que ficará em contato com o meio corrosivo). O conjunto chapa revestimento é chamado de *clad*. Em geral, a espessura da camada de revestimento varia entre 2 mm e 4 mm.

A cladização por explosão de aço carbono com aço inoxidável, níquel, titânio e tântalo é muito usada em vasos de pressão, reatores e tanques de armazenamento, para as indústrias químicas, petroquímicas, petrolíferas e nucleares. Por laminação morna é feita a cladização de aço carbono com alumínio, para motores magnéticos lineares, aço carbono com cobre e para motores magnéticos lineares e utensílios de cozinha. O aspecto da junção por laminação é parecido com o por explosão. As figuras a seguir mostram detalhes dessa cladização.

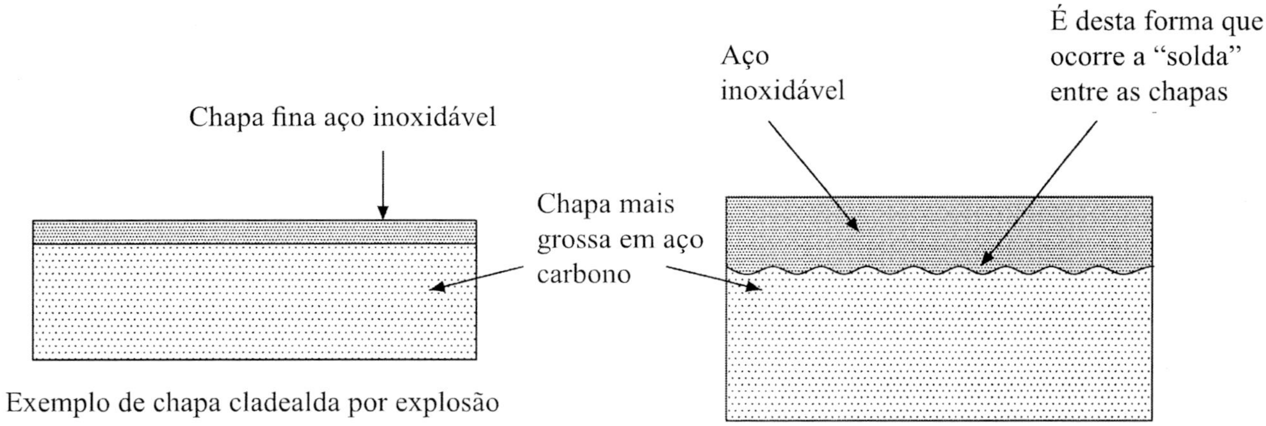

Exemplo de chapa cladealda por explosão

Ampliação da união entre as chapas

A cladização por solda (*Cladding Overlay*), normalmente é feita por soldagem a arco com eletrodo de tungstênio e proteção gasosa (solda TIG). Ou seja, é feita uma cobertura de solda em toda a superfície da chapa que se quer revestir. Posteriormente é feita uma usinagem para deixar a superfície da solda lisa e uniforme. Neste processo existem três regiões como mostradas na figura a seguir.

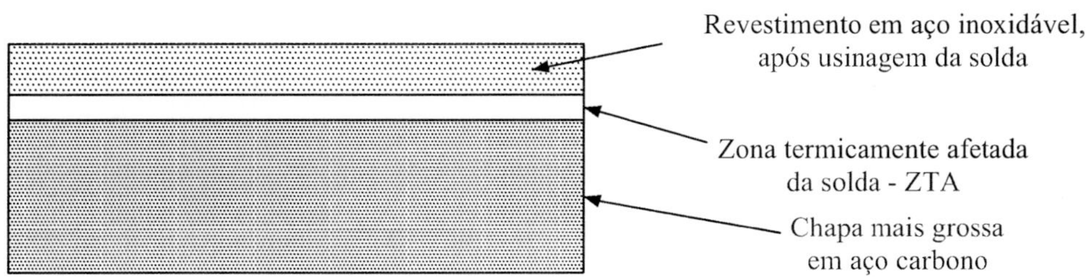

Detalhes das três regiões de uma cladização por solda

Figura 11.10: detalhes da cladização de chapas de metais diferentes

Imersão a quente: é o revestimento metálico que se obtém por imersão do material metálico em um banho de metal fundido, muito usado para revestimento de aço com estanho (estanhação), com cobre, com alumínio e com zinco (galvanização ou zincagem). Antes de se colocar a peça, a ser revestida no banho metálico, a superfície tem que ser preparada. Inicialmente é feito o desengraxamento, para remover óleos e graxas. Posteriormente as peças são decapadas, geralmente em ácido clorídrico ou sulfúrico. Inibidores podem ser adicionados ao ácido da decapagem, de maneira que se removam somente a ferrugem e as escamas (ou carepas) de óxidos e o metal base seja pouco atacado. Também se usa jato abrasivo, na limpeza de peças fundidas e de aço laminado, para eliminar salpicos de solda, ferrugem, carepas ou tinta, para tornar áspera a superfície da peça ou para melhorar a ancoragem. Nesse caso, apenas uma rápida decapagem é suficiente para remover os óxidos de ferro.

O sistema de zincagem por imersão a quente, a galvanização, normalmente é o mais econômico se comparado a outros processos de revestimento como: a eletrodeposição do zinco, metalização e pintura com tintas à base de zinco ou de outros pigmentos protetores contra a corrosão.

Galvanização (ou zincagem) ou galvanização por imersão a quente: também é conhecida como galvanização a fogo, sendo diferente da galvanização eletrolítica. Quando imersos na cuba de zincagem, o ferro fundido e o aço são imediatamente molhados pelo zinco. Ao se retirar as peças do banho, uma quantidade de zinco fundido é arrastada sobre as camadas de liga e, ao se solidificar, transforma-se na camada externa de zinco praticamente puro. O resultado é um recobrimento formado por uma camada externa de zinco e várias camadas de ligas FeZn que estão unidas metalurgicamente ao metal base. A temperatura normal de zincagem é de 445 a 455 °C. A velocidade da reação é muito rápida, a princípio, formando-se durante esse período inicial a maior parte da espessura da camada. Em seguida, a reação passa a ser mais lenta e a espessura não aumenta muito, mesmo que a peça permaneça imersa por longo período.

Após a zincagem, a superfície pode ficar brilhante, cinza-fosco ou floreada, dependendo de vários fatores. A presença ou ausência de brilho ou as várias tonalidades do cinza não têm qualquer efeito sobre a eficácia do revestimento. É essencial que as peças sejam passivadas após a zincagem, a fim de preservá-las contra a corrosão branca. Alguns materiais podem apresentar crescimento das camadas intermediárias, devido à sua composição química, e consequente formação de manchas cinza escuro. Nesse caso deve-se acelerar a velocidade de resfriamento do material num banho de passivação.

Corrosão ou ferrugem branca, pode ocorrer quando chapas de aço galvanizado que estão em contato próximo (em uma bobina ou empilhadas em pilhas/feixes) umedecem, tanto por contato direto com a água, quanto pela condensação entre as superfícies. A descoloração, com aspecto branco, se dá devido aos produtos de corrosão que se formam após o zinco reagir com a umidade na falta de livre circulação de ar.

Peças galvanizadas são muito utilizadas em estruturas metálicas, que ficam ao tempo, por exemplo, estruturas de torres de transmissão de energia elétrica. Também são utilizadas em parafusos, porcas e arruelas, especialmente nas construções civis. A durabilidade dos produtos galvanizados é diretamente proporcional à espessura do revestimento de zinco e inversamente à agressividade do meio ambiente. Ela costuma atingir 10 anos em atmosferas industriais, 20 anos na orla marítima e, frequentemente, mais de 25 anos em áreas rurais.

A galvanização eletrolítica nada mais é do que a deposição do zinco em um material através de corrente elétrica contínua, com polos positivo (anodo) e negativo (catodo). No anodo coloca-se o zinco, que se diluirá em uma solução eletrolítica e será conduzido até o material que estará em contato com o catodo. Devido à alta corrente aplicada este zinco é depositado na superfície e ali permanecerá mesmo sob certas dobras e torções aplicadas no material. Junto com o banho de passivação é possível a colocação de substâncias que deixam a peça galvanizada com tonalidades: azulada, amarelada, verde oliva, zinco níquel ou preta.

Estanhação: é o revestimento de uma chapa metálica com estanho, podendo ser feito por eletrodeposição ou imersão a quente. Chapas estanhadas são usadas para fabricação de latas, para uso com alimentos. O tipo mais comum é a conhecida folha de flandres, que é uma chapa fina de aço de baixo carbono, revestida com estanho, largamente utilizada em latas de alimentos, mas também para embalagens de tintas e outros produtos químicos. Folhas de flandres, normalmente, são produzidas em chapas finas, variando entre 0,13 mm e 0,49 mm.

As folhas de flandres também aceitam a lacagem ou pintura eletrostática a pó e a impressão de tintas, como utilizadas em latas de alimentos. A laca é um verniz natural, de cor original branca, produzido a partir da resina de uma árvore.

Eletrodeposição (ou galvanoplastia): é um processo utilizado para realizar o recobrimento de peças através de um metal condutor ou outra substância, que ocorre com a emigração de partículas carregadas eletricamente através de uma solução aquosa iônica, uma vez que haja o auxílio de uma corrente elétrica. Neste processo de revestimento os íons de metais em uma solução são levados a partir de um campo elétrico para revestir o eletrodo. O objeto a revestir é conectado ao pólo negativo de uma fonte de energia, funcionando como catodo no qual ocorrerá a redução do metal na forma de depósito superficial, enquanto o metal que sofre a oxidação deve ser ligado a um pólo positivo, o anodo.

Trata-se de uma eletrodeposição na qual uma corrente contínua é forçada a passar pelos eletrodos e pela solução, fazendo com que o metal que dá o revestimento seja ligado ao pólo positivo para promover sua oxidação, repondo na solução os cations do metal eletrodepositado no objeto condutor ligado ao pólo negativo.

A eletrodeposição é muito utilizada para os seguintes revestimentos: douração, cromagem, prateação (banho de prata) e zincagem (galvanização eletrolítica).

Metalização: também conhecida por aspersão térmica, é um processo de revestimento no qual metais fundidos são pulverizados sobre uma superfície. O metal de revestimento, sob a forma de arame ou pó, é aquecido por meios elétricos (plasma ou arco elétrico) ou chama oxiacetilênica. Podem ser aplicadas diversas ligas, tais como: carbonetos de tungstênio, carbonetos de cromo, aços inoxidáveis, zinco, alumínio, estelite, inconel, entre outras. Estelite ou estelita é uma liga de cromo e cobalto. Inconel é uma liga de níquel e cromo. A metalização pode fornecer uma espessura elevada (entre 20 micra a vários milímetros), dependendo do processo e do material a ser depositado, numa grande área e a uma taxa de deposição mais elevada quando comparado com outros processos como galvanoplastia, Deposição de vapor. Existem vários materiais disponíveis para a metalização tais como metais, ligas metálicas, cerâmicas, plásticos e materiais compósitos. Estes materiais tanto podem ser alimentados em forma de pó ou arame, que é aquecido até à sua fusão ou semi fusão e acelerados através de ar comprimido até aos substratos sob a forma de particulas micrométricas. Os meios mais usados de provocar a fusão são a combustão e o arco elétrico. Devido à grande diferença de tamanho entre as partículas em fusão e a superfície fria do substrato, esse não sofre um aquecimento significativo.

A qualidade desse revestimento é aferida através da sua porosidade, conteúdo em óxido, dureza, espessura do revestimento, e rugosidade da superfície, A qualidade também aumenta com o aumento da velocidade das partículas, ao se chocarem com a superfície do substrato.

Metalização por chama: foi o primeiro processo inventado, sendo ainda um dos mais utilizados. Consiste numa pistola alimentada pelos gases acetileno e oxigênio, que geram a chama, que tem sua velocidade aumentada por ar comprimido. O sistema possui dois roletes que puxam o arame do material a depositar e o alimentam ao bico, ocorrendo a fusão. Nesse processo as velocidades das partículas atingem cerca de 150 m/s (cerca de 540 km/h).

Metalização por Arco elétrico: apesar de ter sido inventado por volta de 1910, esse processo apenas ganhou importância comercial a partir de 1960. Esse sistema caracteriza-se por uma pistola que é alimentada por dois arames de material a depositar, os quais são energizados por uma corrente contínua, quando as duas pontas de arame se aproximam uma da outra no bico da pistola, é criado um arco elétrico que funde o metal. O bico da pistola é alimentado também com ar comprimido, que é o agente transportador das partículas de metal fundido até à superfície a revestir.

Metalização por detonação supersônica: consiste num tubo comprido e refrigerado por água, com válvulas de entrada para gases e pó do material a ser depositado. Ao tubo é alimentada uma mistura de oxigênio e acetileno e uma quantidade de material a ser depositado, sob a forma de pó. Uma faísca é usada para inflamar a mistura gasosa. A detonação resultante aquece e acelera conjuntamente com o pó a uma velocidade supersônica através do tubo até à superfície a ser revestida. Entre cada detonação, o tubo é limpo com nitrogênio. O processo é repetido várias vezes por segundo, a uma frequência de 3 a 6 Hz. A energia cinética das partículas de pó quente na altura do impacto com o material a ser revestido, resultam num revestimento muito denso e resistente. A velocidade de impacto é de cerca de 800 m/s (algo como 2.900 km/h).

Metalização por Chama de Alta Velocidade (ou hipersônico): inventado pela Union Carbide em 1958, esse processo apenas se difundiu a partir de 1980. É um processo parecido com a metalização por detonação, mas que opera continuamente. Consiste em alimentar numa câmara de combustão, o material de revestimento e uma mistura gasosa ou líquida de combustível e oxigênio, onde é inflamada e queimada continuamente. O gás quente resultante a uma pressão de 1 MPa emana através de um tubo, onde atinge velocidades de 1.800 m/s (cerca de 6.480 km/h) transportando as partículas até à superfície a revestir. Ao contrário da metalização por detonação, esse processo funciona de forma contínua. Como combustível o processo pode usar os gases hidrogênio, metano e acetileno, e líquidos como o querosene. Nesse tipo de metalização, a espessura de revestimento pode chegar a 12 mm. O processo é usado para depositar materiais resistentes à abrasão, desgaste e corrosão em peças e componentes metálicos e cerâmicos, como em carcaças de bombas de produtos químicos corrosivos e em cilindros de laminação de siderúrgicas. Os pós mais usados são carboneto de tungstênio, carboneto de cromo, aço inoxidável, ligas de níquel e alumínio.

Metalização por Plasma: nesse processo, o material a ser depositado é geralmente sob a forma de pó e arame, que é introduzido no jato de plasma de uma tocha. No jato, onde a temperatura atinge entre 8.000 e 15.000 ^{0}C, o material é fundido e projetado até o material a ser revestido. Com o impacto as gotículas fundidas achatam-se, solidificam rapidamente e formam um depósito. A qualidade do revestimento é influenciada por parâmetros como: o material a ser depositado, a composição do gás de plasma, a taxa de fluxo, a entrada de energia, a distância da pistola ao material a ser revestido e a temperatura do substrato. Devido às altas temperaturas proporcionadas pelo plasma, esse método permite a aplicação de materiais cerâmicos. Algumas aplicações desse processo são: camada cerâmica em cilindros flexográficos, revestimentos contra desgastes em luvas e anéis, revestimento para barreira térmica em turbinas a gás e revestimento para funcionar como isolamento elétrico.

Metalização a frio: foi inventada na Rússia, em meados de 1990, através da observação acidental de uma rápida formação de um revestimento num alvo colocado num túnel de vento, quando era bombardeado com pós finos à alta velocidade, numa experiência sobre erosão de materiais. Na metalização a frio, as partículas do material a depositar são aceleradas a velocidades muito elevadas de um gás de transporte ao passar por um bico tipo Laval (que gera vácuo). Após o impacto, as partículas sólidas com energia cinética suficiente deformam-se plasticamente e ligam-se metalurgicamente ao substrato, formando assim o revestimento. A velocidade crítica para formar a ligação depende das propriedades dos materiais, da temperatura e do tamanho da partícula. Metais macios como o cobre e o alumínio são os mais indicados para a metalização a frio, mas outros materiais de revestimento como tungstênio, tântalo e titânio, também podem ser aplicados através desse processo.

Metalização a quente: É uma nova modificação do processo por chama de alta velocidade, no qual a temperatura de combustão é baixada através da mistura de nitrogênio aos gases de combustão, fazendo com que o processo se assemelhe à metalização a frio. O gás resultante contém muito vapor de água, hidrocarbonetos e oxigênio, sendo por isso mais sujo que a metalização a frio. No entanto a eficiência do revestimento é muito maior. Por outro lado as temperaturas mais baixas na metalização a quente, reduzem a fusão e as reações químicas do pó. Essas vantagens são especialmente importantes para materiais como titânio e plásticos, que oxidam rapidamente ou se deterioram a altas temperaturas.

Metalização a vácuo: o processo se inicia com uma análise rigorosa da superfície a ser tratada para em seguida receber uma base apropriada para cada material, possibilitando uma boa ancoragem do tratamento final. Após esse tratamento, as peças serão submetidas a uma câmara de vácuo, ocorrendo a evaporação do pó metálico e agregação à superfície com o metal apropriado ao tratamento solicitado, podendo haver um posterior tratamento com vernizes que farão a conclusão do processo de acabamento conforme desejado. É um processo muito utilizado para pequenas bijouterias e usadas em sapatos, cintos e bolsas, produzindo um acabamento brilhante e metálico. Além de metais, por esse processo, é possível a metalização de materiais como vidro e plástico, acessórios para móveis, como pés e puxadores, partes internas de faróis de automóveis, luminárias e refletores, acessórios para banheiro como porta papel e porta toalha, calotas e pára choques de brinquedo, bolas e enfeites de natal, tampas de perfumes e cosméticos, produtos da construção civil como: sifões, torneiras e chuveiros, calotas de automóvel, maçanetas internas e retrovisores e espelhamento de chapas de acrílico ou policarbonato. Esse processo é uma excelente alternativa à galvanização, já que praticamente não causa impacto ambiental.

11.9 Revestimentos não metálicos inorgânicos

Anodização: é o processo que produz um filme de óxido sobre certos metais, por meio da imersão em um banho eletrolítico, no qual o metal a anodizar (pólo negativo ou anodo) é ligado ao pólo positivo (catodo) de uma fonte de eletricidade, com o metal se transformando no anodo da cuba eletrolítica. Metais como: alumínio, nióbio, tântalo, titânio, tungstênio e zircônio, têm resultados característicos de formação de camada de óxido, sendo, porém, peças e produtos em alumínio, os mais usados na prática.

É um processo que envolve a passagem de uma corrente elétrica através de uma solução eletrolítica entre uma carga positiva anodo, nesse caso o item anodizado, e uma carga negativa de catodo. A reação resultante muda a estrutura cristalina da superfície do anodo (peça a ser anodizada) e faz com que uma camada de óxido seja depositada sobre ela, que é conhecida como um processo de passivação eletrolítica.

Em verdade, a camada de óxido que se forma, por exemplo, em uma peça em alumínio, cria como que um "revestimento" de uma certa dureza, impedindo que o oxigênio do ar entre em contato com o metal e o oxide. A anodização é uma oxidação "permanente". Um bom exemplo prático de alumínio anodizado, são as estruturas metálicas usadas em janelas. A anodização do alumínio é feita em banho de ácido sulfúrico (H_2SO_4) diluído e a camada de óxido tem espessura entre 11 e 25 micra ou 11 a 25 milésimos de milímetro.

Após a anodização do alumínio, em meio sulfúrico, pode-se colorir a película anódica, em um banho contendo sais metálicos de sulfato de estanho, o qual é depositado por corrente alternada para o fundo dos poros. As cores variam de acordo com a quantidade de sais metálicos utilizados, partindo do bronze claro até o preto. A anodização colorida, além da proteção contra a corrosão, dá um bonito aspecto visual ao objeto, sendo muito utilizada em utensílios domésticos. Também existe a anodização dura, que é realizada à baixa temperatura (cerca de + 3 ^{0}C), que produz uma camada de oxidação de alta dureza, com elevada resistência à abrasão. Esse tipo de anodização é muito usado em parafusos e porcas de aço liga, que trabalharão em situações de alta corrosão, por exemplo, expostos à atmosfera do mar.

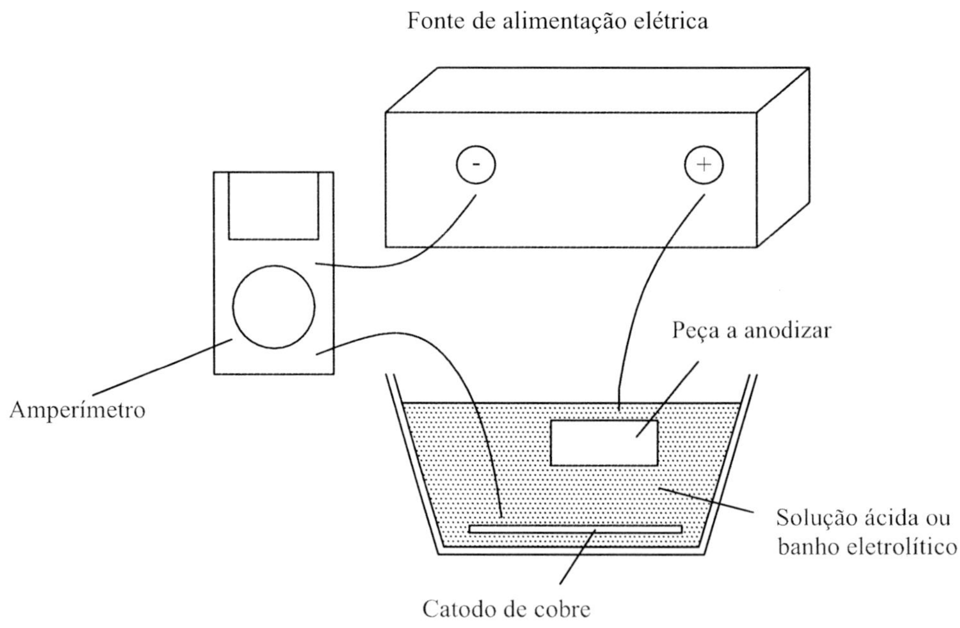

Figura 11.11: princípio de funcionamento de um processo de anodização

Cromatização ou cromagem: é um processo de aplicação de cromo sobre um material, geralmente metálico, através de eletrodeposição ou processo eletrolítico de revestimento de superfícies com metais, a fim de torná-lo mais resistente à corrosão, para alterar suas características elétricas ou apenas por motivos estéticos. Também é possível revestir peças de materiais não metálicos, como bijuterias e joias através de processos específicos.

A cromatização ou cromagem é apenas um dos tipos de tratamentos de superfície pelo qual pode passar um material e trata-se de um processo de galvanoplastia (que é o processo de deposição de metais por eletrólise) assim como a zincagem ou aplicação de zinco, a niquelação ou aplicação de níquel, a cadmiagem ou aplicação de cádmio e a prateação ou aplicação de prata, bem como o revestimento em ouro ou douração.

O principal processo de cromagem é o por imersão, que consiste na preparação da peça por meio de banhos químicos controlados (lavagens, desengraxes, decapagem e ativação) capazes de remover impurezas, metais de base desgastados ou simplesmente para o preparo da peça em bruto. Lavagens consecutivas são necessárias para remover os próprios produtos químicos usados no processo de decapagem, desengraxe, ativação e cromagem e, por isso, durante todo o tratamento tem-se uma grande geração de efluente líquido de elevada acidez e contendo metais. Ou seja, esse é um processo de forte impacto ambiental, bem como perigoso para as pessoas que dele participam direta e ativamente.

No processo de cromagem a peça, após passar pelas etapas de lavagem, desengraxe químico, desengraxe eletrolítico, decapagem e ativação, recebe o banho de cobre e o banho de níquel (esse processo varia de acordo com a peça e o material), e por fim se realiza o banho de cromo, que serve para dar brilho à peça. O níquel faz apenas com que o material fique na cor prateada (esse processo é muito utilizado na cromação de torneiras), mas pode-se também cromar além do metal o alumínio e os plásticos. Depois, a peça passa por mais uma etapa de lavagem para remoção de resíduos. Algumas aplicações específicas requerem uma segunda etapa de cromagem para conferir maior resistência à peça, como é o caso de parafusos e porcas sujeitos à atmosfera marinha, que são especificados como cadmiados e bicromatizados.

Além da eletrodeposição, que é o principal processo, existem outros para a cromagem, dentre os quais: folheação por contato, metalização por contato (peças condutoras) e metalização por imersão (revestimento de peças não metálicas com cobre e depois cromo) ou spray com pistolas de ar comprimido (aplicação que imita o brilho do cromo inclusive para materiais não condutores). Deve ser ressaltado que, desses outros processos, apenas o de folheação por contato utiliza o metal verdadeiro, uma vez que nos outros são utilizadas substâncias que podem conter partículas de cromo ou algum material que imita algumas de suas características. Observa-se que, esses métodos não conferem a mesma resistência à peça que o tratamento com cromo verdadeiro, sendo aplicados em peças e objetos plásticos.

De forma geral, existem dois tipos de cromagem, a decorativa e a de cromo duro. A de cromo duro confere maior resistência ao desgaste (ou seja, dá maior dureza superficial) e à corrosão. Na cromagem decorativa, a camada de cromo é muito fina, da ordem de um décimo de mícron (0,1 μ). Lembra-se que, um mícron (1,0 μ) é igual a um milésimo de milímetro (1,0 μ = 0,001 mm). Já no revestimento em cromo duro, a espessura da camada de cromo pode variar entre 0,003 a 0,3 mm, podendo em casos especiais chegar até a 0,5 mm. Revestimentos em cromo duro são muito utilizados em: ferramentas de estampagem, moldes de plásticos e cilindros hidráulicos.

Na prática, os seguintes materiais podem sofrer cromagem: aço carbono, aço níquel, aço níquel cromo, aço inoxidável, aço fundido e aço ferramenta. Usando processos especiais, também é possível a cromagem de: aços tratados termicamente, ferro fundido nodular e peças em ligas de latão e cobre.

Devido impactos ambientais, o uso de cromo hexavalente, vem sendo substituído por compostos à base de Zircônio e Silanos, para as cromagens. Deve ser citado que, desde 2007, a indústria automotiva europeia proíbe a utilização de cromo hexavalente (Cr VI) no tratamento de superfícies dos componentes de automóveis.

Fosfatização: também chamado de zincagem, é um processo de proteção superficial de metais, que consiste em se recobrir peças metálicas com fosfatos de zinco, ferro ou manganês. O elemento químico, deposita-se na superfície metálica, na qual pretende-se a proteção, na forma de fina camada de cristais, após o contato com soluções desses, sob determinadas condições. A fosfatização é usada sobre peças de aço para aumentar a resistência à corrosão e também dando determinada coloração.

Basicamente, a fosfatização é feita quando uma solução diluída de ácido fosfórico é aplicada sobre o metal, que se deseja proteger, via *spray* ou imersão ou manual, quando as superfícies ou os objetos são muito grandes e pesados (tratores, implementos agrícolas) é comum utilizar-se processos manuais a vapor. Nessas aplicações normalmente é utilizado o fosfato de ferro. Na fosfatização, ocorre uma reação química entre o metal e a solução, formando-se uma camada de fosfatos cristalinos insolúveis.

Essas camadas de fosfato possuem as seguintes propriedades: alto poder isolante químico e elétrico e baixa porosidade, as quais em conjunto atuarão para impedir a transmissão de correntes elétricas galvânicas, grande aderência à superfície metálica, boa adesividade aos lubrificantes (visando melhorar a lubricidade), tintas e vernizes, com baixo custo de aplicação. Como em todo processo de revestimento, o primeiro passo é a limpeza das peças, tanto por desengraxe quanto por decapagem, visando respectivamente a remoção de óleos, graxas e remoção de óxidos. Revestimentos de camada de fosfato podem também ser usados sobre alumínio, zinco, cádmio, prata e estanho e suas ligas.

É importante citar que, a fosfatização sozinha não tem muito valor protetivo contra a corrosão nas superfícies metálicas, mas, quando associada à pintura, ela assume uma importância muito grande, pois além de melhorar a aderência de tintas, converte a superfície metálica, que é corrosível, em uma superfície não metálica, de fosfatos do metal e por isso mais resistente à corrosão. Em verdade, a fosfatização age como uma ancoragem entre a tinta e o metal, que será pintado. A fosfatização também é utilizada para preparar metais que serão transformados por extrusão ou trefilação, já que retêm os lubrificantes (usados nestes processos) no lugar. Dessa forma o metal desliza livremente sob pressão, melhorando o acabamento final e a vida útil da ferramenta.

Na prática, existem três tipos de fosfatizações: 1 – A quente, feita com temperatura acima de 80 ^{0}C . 2 – Morna, feita com temperatura entre 50 ^{0}C e 80 ^{0}C e 3 – Fria, feita com temperatura abaixo de 50 ^{0}C. Após a fosfatização, faz-se a passivação, que tem por finalidade selar os poros deixados na camada de fosfato. As soluções apassivantes, constituidas por ácido crômico ou ácido crômico/fosfórico, geralmente a 60 °C, completam as falhas na camada de fosfato, melhorando a proteção anticorrosiva. Essa etapa final de passivação também é chamada de "selagem com cromo". Já há alguns anos, por questões ambientais, o cromo hexavalente (Cromo VI) sofre restrições e em seu lugar é usado taninato para selar ou apassivar.

Dependendo do tipo de fosfato que se usa, para ter-se a reação química com o metal e, então, ter-se a fosfatização, é possível que as peças apresentem cores em tons diferentes, de acordo com as seguintes reações: 1 – Fosfato de zinco, aplicado sobre o aço, deixa a cor cinza. 2 – Fosfato de zinco hexavalente amarelo ou bicromatizado, forma uma camada iridescente com dupla tonalidade ficando amarelada e esverdeada. Esse processo possui cromo IV. 3 – Fosfato de zinco hexavalente Branco, usado em praticamente todos os tamanhos de peças, peso, forma ou complexidade, forma uma camada de óxido na cor prata azulada. 4 – Fosfato de zinco trivalente amarelo, forma uma camada iridescente verde (levemente) e não possui cromo IV. 5 – Fosfato de zinco trivalente branco, forma uma camada de tonalidade azulada, é um processo ecologicamente correto por não possuir o cromo IV. 6 – Fosfatização na cor preta, o revestimento do zinco ocorre por eletrodeposição. A camada media de zinco fica em torno de 8 a 20 micra. Esse acabamento é indicado para peças que requeiram um acabamento brilhante, uso decorativo, além de possuir uma boa resistência à corrosão.

Em 2020, já era possível fazer-se a fosfatização, como base de ancoragem para pintura do metal, de forma a causar o mínimo impacto ambiental. Na época eram citadas as fosfatizações orgânica e nano orgânica. Na orgânica eram usados fosfatos orgânicos modificados, formando uma fina camada polimérica, amorfa e incolor. Na nano orgânica eram usadas resinas nano reticulantes, que formavam nano ancoragens, possibilitando uma melhor pintura.

Esmaltação à porcelana, esmalte vidrado e revestimento em ágata: um dos grandes usos de metal revestido em porcelana são as coroas e próteses dentárias, em metalocerâmica (metal + cerâmica). O metal funciona como um reforço estrutural, enquanto que a porcelana oferece a estética. Esse material tem como pontos positivos: a resistência, grande durabilidade e a estética, que se assemelha muito aos dentes naturais.

Esmalte vidrado é um material obtido pela fusão de vidro em pó com um suporte através do aquecimento em forno, normalmente entre 750 e 850 °C. O pó fundido, escorre, e endurece depois na forma de um revestimento vítreo de grande durabilidade. O suporte é geralmente um objeto em metal, vidro ou cerâmica. A aplicação em cerâmica recorre ao termo vidrado. A esmaltagem é uma técnica antiga e largamente usada nos ramos da joalheria, artes decorativas e em vários produtos de fabrico em série e de uso cotidiano, sobretudo recipientes de cozinha. Ágata é uma variedade de Calcedônia, um tipo de quartzo, ou seja, um mineral. Também se mistura a ágata em pó com esmaltes e com temperaturas elevadas são aplicadas em utensílios de metais, especialmente panelas.

Com relação aos famosos fogões de cozinha esmaltados, nem todas as partes sofrem a esmaltação, propriamente dita. Por exemplo, as laterais e o painel são pintados com tinta em pó, na cor escolhida. Já as peças internas, como a chapa do forno, precisam de uma preparação diferente, já que estarão submetidas a temperaturas, que podem chegar aos 300 °C. Essas são as partes realmente esmaltadas, num processo de pintura, com esmalte em pó. Depois de aplicar o pó, a peça vai para um forno industrial, a uma temperatura de 850 °C. A tinta em pó se funde (derrete) e forma uma camada lisa. É essa camada que faz a peça suportar altas temperaturas.

Revestimento de aço com camada de vidro: aço revestido em vidro é muito utilizado em equipamentos, como reatores e trocadores de calor (*heat exchangers*), de indústrias químicas, por onde circularão líquidos e gases altamente corrosivos. As tubulações e acessórios (curvas, tês, etc.), que se conectam a esses equipamentos, também são vitrificados. O vidro tem grande resistência à corrosão e o aço dá a resistência mecânica, já que esses equipamentos trabalham em pressões, que não são suportadas pelo vidro maciço. Ou seja, a vitrificação, nesse caso, em verdade, é uma barreira anticorrosiva (*glass lining*). Fica claro que esses equipamentos, embora resistentes à pressão e à corrosão, não podem sofrer impactos, muito menos soldagens exteriores, pois senão danificam a vitrificação interna.

O esmalte vítreo é um revestimento inorgânico a base de boroaluminio silicatos ou dióxido de silício de alta densidade, que são obtidos por fusão a determinadas temperaturas sobre o aço, em uma ou várias camadas. Em verdade, o "vidro" é preparado a partir de elementos minerais, sendo fundido a cerca de 1.400 °C. Logo após é "jogado" em água fria, formando pequenos cristais de vidro (chamados fritas), sendo posteriormente pulverizado. Esse pó de vidro é misturado ao esmalte e depois aplicado como tinta sobre o aço. Normalmente essa "pintura" é feita com pistola de mão. Após a vitrificação, a camada de vidro fica com uma bela cor azulada.

Embora existam muitos processos (patenteados), pode-se citar a seguinte sequência, para se revestir uma chapa de aço, com uma superfície vitrificada: 1) Após a superfície de aço estar preparada, aplica-se uma camada de base do esmalte vítreo, ou seja, o pó de "vidro" misturado com o esmalte. 2) Leva-se ao forno e o esmalte se funde entre 840 e 850 ºC, criando uma base vítrea, que permite a aderência do revestimento de vidro ao aço. 3) Aplica-se uma segunda camada de esmalte de acabamento. 4) Leva-se ao forno novamente e o esmalte se funde entre 810 e 830 ºC. 5) Após o resfriamento, e solidificação, o aço fica recoberto com uma camada de "vidro". Na prática, a espessura final do vidro fica entre 1 e 2 mm. Ou seja, uma fina camada.

11.10 Revestimentos não metálicos orgânicos: pinturas industriais

Do ponto de vista dos processos de fabricação mecânica, aplicados aos metais, em especial aos aços, as pinturas têm como finalidade formar uma proteção anticorrosiva, para evitar o colapso do metal. Uma pintura se subdivide em três partes: 1 – Definição do tipo e seleção da tinta (incluindo a marca comercial). 2 – Preparação da superfície metálica, onde será aplicada a tinta. 3 – Métodos de aplicação da tinta. Os seguintes problemas podem ocorrer, tanto se a superfície não estiver convenientemente preparada para receber a tinta, bem como se a aplicação não for correta:

Descascamento e falha de aderência: apos um curto espaço de tempo que a superfície é pintada, a tinta começa a se soltar facilmente;

Mapeamento: formam-se marcas e desenhos com diferenças de tom e brilho na superfície pintada após a secagem da tinta;
Crateras: aparecem "buracos" na peça pintada;
Olho-de-peixe: assemelha-se às crateras, com a diferença que há aglomeração no centro do "buraco" e ao redor, a tinta fica repelida;
Sangramento: ocorre principalmente quando a superfície recebe tinta clara, normalmente a cor branca, sobre uma área que tenha tinta preta à base de asfalto betuminoso. A tinta branca fica amarelada ou castanha;
Casca de laranja: nesse caso, a superfície pintada não fica uniforme devido ao aparecimento de microssaliências, semelhantes às da casca de uma laranja;
Bolhas: surgem logo após a secagem da tinta ou em um curto espaço de tempo após a pintura;
Bicos de alfinete: "buracos" menores das que ocorrem nas "crateras" e podem acontecer simultaneamente com as bolhas.
Perda de brilho: a camada de tinta recém pintada não apresenta o brilho, conforme a especificação.
É importante citar que, assim como diversos outros processos de fabricação mecânica, a pintura industrial é uma especialidade, envolvendo conhecimentos de mecânica, química e metalurgia. O objetivo, nesse capítulo, é apenas dar uma ideia geral sobre o assunto.

11.10.1 Tipos de tintas para metais

Inicialmente é importante citar os principais tipos de tintas industriais, alertando que existe um tipo certo de tinta, para cada aplicação. De forma geral a composição química da tinta a ser escolhida será aquela que resista aos ataques químicos e atmosféricos, bem como às temperaturas, às quais estará submetida, além das exigências ambientais.

Tipos de tintas industriais:
- Acrílicas
- Alquídicas
- Epóxi
- Etil Silicato de Zinco
- Poliuretânicas
- À base de silicone

11.10.2 Preparação da superfície para receber a tinta

A preparação para uma peça ou objeto receber uma pintura, independentemente do tipo da tinta, bem como do método aplicado, é a mesma e deve atender, no mínimo aos seguintes requisitos: a superfície deve estar livre de óleo, gordura, poeira ou partículas que possam ficar aparentes no resultado final; a presença de óleo ou gordura pode comprometer a aderência da tinta e as impurezas vão deixar a superfície marcada. Por isso, a peça deve receber tratamento para que esteja livre desses elementos que podem ficar evidentes na finalização do material. Esse preparo pode ser, desde uma simples limpeza manual, com escova e desengraxantes, ou uma limpeza química de decapagem ou uma fosfatização ou até um jateamento ou polimento mecânico.

Métodos de aplicação das tintas

Existem diversos métodos ou formas de se aplicar uma tinta, sobre uma superfície metálica, previamente preparada. Cada método se aplica melhor a determinadas situações, sempre se considerando a forma mais rápida e econômica. Por exemplo, a pintura de apenas uma peça, de pequena dimensão, com certeza tem que ser feita manualmente, usando um pequeno pincel.

Normalmente, a pintura anticorrosiva aplicada aos aços envolve três camadas: a de fundo ou base (*primer*), a intermediária e a tinta de acabamento.

Existem diversos tipos e tamanhos de pincéis/trinchas e rolos, bem como alguns tipos de pistolas para pintura. Na pintura por cortina, a peça passa por uma cortina de tinta onde recebe a camada de pintura. É um método restrito e indicado para peças pequenas e que necessitem de tinta em apenas um dos lados. A pintura por imersão pode ser dividida em imersão eletroforética e imersão simples. Na imersão eletroforética, a peça a ser pintada é mergulhada em um banho de tinta contida em um tanque, sendo que entre o tanque e a peça é estabelecida uma diferença de potencial em torno de 300 volts. O banho deve ser mantido com agitação constante. Já na imersão simples, não é estabelecida a diferença de potencial entre a peça e o tanque, havendo simplesmente o banho de tinta com agitação constante. A seguir são citados os principais métodos.

Métodos de aplicação de tintas
- A pincel/trincha
- A rolo
- Por pistola
- Por cortina
- Por imersão
  - Simples
  - Eletroforética
- Pintura eletrostática
  - A pó
  - Líquida

11.10.3 Pintura eletrostática a pó

A pintura eletrostática a pó ou lacagem (dar aspecto de laca) é um processo de pintura que, tem como finalidade o revestimento do aço, alumínio ou outros metais com uma película de polímero termo endurecível colorido. Existem inúmeras cores que podem ser utilizadas, sendo o branco, verde, cinza e castanho as mais habituais. Quando a peça é pintada, a tinta recebe uma carga elétrica oposta à peça, fazendo com que a tinta se fixe na mesma. As tintas em pó são constituídos por polímeros tais como poliéster, poliuretano, epoxy poliéster, epóxy e acrílicos.

Esse tipo de pintura consiste em injetar ar (seco e filtrado) em um recipiente que possui uma placa porosa que acomoda a tinta granulada em pó. O ar que passa pela placa é regulado na medida suficiente para que o pó fique em suspenso e se comporte como um fluido, ou seja, pó fluidizado. O objeto a ser pintado deve estar pré aquecido e pronto para ser mergulhado no pó fluidizado. A simples aproximação faz com que o pó entre em contato com o objeto até que se fundam.

Esse processo de pintura garante 50% em economia de tinta, 45% menos tempo de aplicação, 90% menos tempo de cura, para o manuseio da peça, e muito mais fixação da tinta. A cura da camada de tinta depositada é obtida pelo processo de polimerização, formando um filme rígido, obtido em estufa convectiva, com temperatura variando entre 120 e 260 ºC. Um ótimo exemplo de pintura eletrostática a pó são as molas automotivas, onde mesmo flexionadas, a tinta permanece intacta.

11.10.4 Pintura eletrostática líquida

Nesse processo é usada uma pistola de pintura, onde há um compartimento para a tinta em pó e antes do pó ser esguichado para fora o mesmo é carregado eletricamente com cargas positivas ou negativas e a superfície onde será aplicado será carregado eletricamente com cargas opostas as da tinta. Com isso, quando a tinta entra em contato com a superfície ocorre a atração entre as cargas opostas fazendo a tinta fixar na superfície. Depois desse processo o material é levado a uma estufa para ganhar perfeita uniformidade na superfície do material.

As tintas líquidas precisam de solvente para atingir o ponto ideal de pintura. Existem vários tipos de solventes e um deles são os químicos, como por exemplo, aguarrás, ésteres, glicois, éteres, utilizados em tintas sintéticas. A água também é um solvente e dilui as tintas à base de água, como os látex. Para se atingir a consistência ideal da tinta líquida, deve-se ir dosando a quantidade de solvente até o ponto exato. Uma quantidade excessiva ou insuficiente pode comprometer o tempo de secagem e a viscosidade da tinta, com isso pode interferir negativamente para o acabamento final do objeto pintado.

A pintura líquida pode ser feita utilizando-se pistola apropriada, por imersão ou por cortina. Em relação à pintura a pó, a pintura eletrostática líquida apresenta as seguintes vantagens: permite a pintura de diversos materiais, como madeira, metais, pedras, etc; a cobertura na superfície fica uniforme; oferece otima resistência à corrosão; atinge áreas de difícil acesso e tem baixo custo.

11.10.5 Revestimento em carbono cristalizado (diamante)

Os mancais de rolamento, sejam de esferas ou de cones, são um dos principais elementos de máquinas, especialmente as que trabalham com rotações. Devido, especialmente ao atrito, estes rolamentos acabam por sofrer fortes desgastes, obrigando a troca do rolamento, normalmente peças caras.

Em 2009, engenheiros do Instituto Fraunhofer, na Alemanha, desenvolveram um processo para recobrir rolamentos com uma camada de carbono cristalizado de forma semelhante ao diamante. Revestindo as esferas, roletes e a carcaça dos rolamentos com uma camada de carbono cristalizado de forma semelhante ao diamante, os engenheiros conseguiram reduzir significativamente o atrito nesses componentes, tornando-os capazes de suportar melhor as elevadas temperaturas que alcançam devido à carga e às altas rotações. Com esse tipo de revestimento, as esferas do rolamento se mantêm íntegras, mesmo que não sejam suficientemente lubrificadas ou mesmo se rodarem a seco. Esse revestimento, chamado de DLC (*Diamond-Like Carbon*) pode ser aplicado em peças de geometria complexa, apresentando espessuras de até 20 micra (0,020 mm).

11.11 Fabricação de produtos termoplásticos

Moldagem por injeção a quente: consiste em fundir o plástico em uma extrusora, utilizando o parafuso desta para injetar o plástico em um molde, onde é resfriado. Velocidade e consistência são essenciais para a o êxito de uma operação de moldagem por injeção.

A moldagem por injeção tornou-se uma das ferramentas de fabricação mais importantes para a indústria de plásticos. Atualmente, é quase impossível fazer qualquer coisa sem usar peças plásticas moldadas por injeção. Estão presentes em peças de interiores de automóveis, gabinetes eletrônicos, aparelhos domésticos, equipamentos médicos e até em casas para cachorros. A moldagem por injeção também é usada para fabricar paletes, brinquedos, cestos e baldes, recipientes finos para alimentos, copos promocionais de bebidas e tampas de garrafa de leite.

Moldagem por extrusão: é um processo de transformação que utiliza um equipamento denominado extrusora, que é constituído de um cilindro aquecido dentro do qual existe uma rosca. Este conjunto plastifica a resina. A extrusora é alimentada com resina através de um funil alimentador situado na seção traseira. A resina é transportada ao longo do cilindro pelo movimento de rotação da rosca. As resinas são fundidas gradativamente pelo contato com a parede aquecida do cilindro e o calor gerado cisalhamento da massa entre a rosca e o cilindro. A rosca comprime o polímero através da matriz, que molda o fundido na sua forma final.

Por esse processo podem ser fabricados produtos flexíveis, como embalagens, sacolas, sacos e bobinas também conhecidos como filme. Após o processo de extrusão, os filmes podem ser gravados sendo modelados os produtos finais com soldas e cortes. Os produtos rígidos ou semi-rígidos, como tubos, perfis, mangueiras e chapas, têm o mesmo processo, havendo mudança da matéria prima e matriz.

Moldagem a ar comprimido ou por sopro: é um processo usado para a produção de peças ocas, como garrafas e contêineres feitos de materiais termoplásticos.

Moldagem a vácuo: para dar formato ao plástico, é preciso um molde, uma folha de plástico, ar comprimido e vácuo. A folha plástica é aquecida, esticada sobre o molde e formada ao redor do molde graças ao vácuo. Conforme o plástico resfria, a folha terá adotado permanentemente o formato do molde. Então, é necessário ar comprimido com baixa pressão para retirar a parte plástica do molde.

11.12 Fabricação de produtos plásticos termofixos

Termofixos são os plásticos que sofrem alteração química de sua estrutura, quando moldados e, portanto, não podem ser amolecidos ao calor. Os termofixos mais usados na fabricação de produtos são: silicones, epóxis, melaminas, fenólicos, poliéster e formaldeídos de ureia. Os principais processos de fabricação de produtos termofixos são a moldagem por compressão a quente e a laminação.

Moldagem por compressão a quente: o material plástico em pó é colocado em um molde fêmea, que tem o formato da peça que se deseja obter. O molde macho comprime o pó e como tem o aquecimento ele se conforma e obtêm-se a peça. Por este processo é possível a produção de peças complexas e com bom acabamento superficial. É utilizado na fabricação de placas de sinalização, banheiras, componentes automotivos, náuticos e aeronáuticos.

Laminação: o produto final é obtido através de sucessivas lâminas de fibras (de vidro, carbono, etc.) impregnadas por uma resina. As resinas termofixas são empregadas na indústria automotiva como matrizes de compósitos com fibras. Na fase descontínua, o mais comum é encontrar fibras de vidro, enquanto a resina poliéster insaturada figura como matriz na maior parte das aplicações.

No processo de *hand lay up*, o reforço de fibra de vidro é disposto manualmente no molde e a resina é aplicada por *spray* ou ainda com rolos e pincéis. Pelo processo de *spray up*, resina, reforço e iniciador são aplicados simultaneamente por uma laminadora. Em qualquer das versões, há o inconveniente da variabilidade introduzida pela laminação manual, pois o erro humano pode gerar áreas onde há excesso de resinas e outras com fibra seca, resultando em prejuízo de propriedades. A emissão de voláteis (perigosos à saúde) no ambiente que o processo gera também é indesejada.

Também existem os processos de prensagem a quente em moldes fechados conhecidos como SMC (*Sheet Molding Compound*), o BMC (*Bulk Molding Compound*) e o RTM (*Resin Transfer Molding*).

No SMC, pedaços de fibra de vidro picada são depositados entre folhas de filme plástico recoberto com a resina termofixa e posteriormente passa por uma calandra formando placas. O BMC difere do SMC pela ausência das etapas de calandragem e maturação. Nesse método, resina, fibras picadas, cargas, aditivos e outros componentes da formulação do compósito são reunidos em misturadores. Finda a mistura, o material já está pronto para ser prensado. No SMC, o comprimento das fibras varia entre 0,5 e 2 polegadas, mantendo-se, em média, em 1 polegada, ao passo que, no processo de BMC, são usadas fibras de 1/8 a 1 polegada. Por isso, as peças produzidas em SMC apresentam maior resistência mecânica. Ambos são processos adequados à produção de grandes volumes, como por exemplo, para a indústria automobilística.

A laminação em molde fechado também pode ser realizada a frio pelo chamado RTM. Neste processo, as mantas de fibras de vidro são previamente posicionadas no molde e a conformação ocorre pela injeção do polímero, em ambiente de vácuo. As resinas utilizadas no processo de RTM devem ter baixa viscosidade, rápido ciclo de cura e baixa contração. O molde, normalmente de aço ou alumínio, pode ser feito de compósitos, uma variante do processo convencional denominada RTM *light*.

Entre as principais características do RTM estão a possibilidade de obtenção de superfície lisa nos dois lados das peças, uniformidade de espessura, menor desperdício, baixa emissão de estireno e melhores propriedades mecânicas, em relação aos processos de moldagem aberta. O RTM, em regra, atende melhor a volumes de produção mais baixos, mas tem a vantagem de ser mais barato: o custo com energia elétrica é menor, e os moldes também custam menos.

11.13 A nova revolução na fabricação de produtos: a impressão 3D ou tridimensional, inclusive de produtos metálicos

Impressão 3D é uma forma de tecnologia de fabricação aditiva (ou seja, onde material vai sendo adicionado) onde um modelo tridimensional é criado por sucessivas camadas de material. Esta impressão permite aos *designers* e engenheiros a possibilidade de num simples processo imprimirem partes de alguns materiais com diferentes propriedades físicas e mecânicas. Tecnologias de impressão avançadas permitem imitar com precisão quase exata a aparência e funcionalidades dos protótipos dos produtos.

Especialmente após 2010 as impressoras 3D tornaram-se financeiramente acessíveis para pequenas e médias empresas, levando a prototipagem da indústria pesada para os mais diversos ambientes de trabalho. Em 2020, no Brasil, uma impressora 3D simples custava menos de mil dólares. Essas impressoras usam fios de plástico que são carregados por um tubo quente que esquenta o material até deixá-lo bem fino. Os objetos 3D são impressos camada por camada por esse fio quase líquido. Além disso, é possível simultaneamente depositar diferentes tipos de materiais. A tecnologia é utilizada em diversos ramos de produção, como em joalheria, calçado, *design* de produto, arquitetura, automotivo, aeroespacial e indústrias de desenvolvimento médico.

Em abril de 2013 os jornais informaram que um arquiteto holandês Janjaap Ruijssenaars planejava usar a impressão 3D para construir uma casa de dois andares e com 1. 100 metros quadrados de área. A casa não teria cantos nem bordas, permitindo a construção de formas complexas, muito difíceis de serem obtidas pelos processos de construção civil convencional. A impressora utilizada seria a D-Shape, levada ao canteiro de obra imprimindo as paredes diretamente no local e em seções de seis por nove metros. As partes metálicas e em vidro serão feitas e montadas pelo método original (nesta época ainda não era possível imprimi-las em metal). A construção foi executada em 2014 a um custo de 6 milhões de dólares.

Ainda em abril de 2013 médicos ingleses implantaram com sucesso uma prótese de um maxilar humano moldada em titânio em uma impressora 3D, em um paciente que teve o rosto deformado por causa da retirada de um tumor. Também nesta data foi veiculado que a empresa canadense Kor Ecologic estava desenvolvendo um carro ecológico montado inteiramente por peças plásticas impressas em 3D, com exceção do chassi e motor, que continuariam sendo fabricados em metais e por processos convencioanis.

Segundo notícia de 15/10/2013, da Agência de notícias BBC Brasil, a Agência Espacial Europeia (ESA) lançou em Londres um projeto de 20 milhões de euros para "levar a impressão 3D para a era do metal", construindo peças para aviões e naves espaciais e projetos de fusão nuclear. O projeto, chamado Amaze, reúne 28 parceiros europeus, entre eles empresas como Airbus, Astrium e Norsk Titanum, e instituições acadêmicas como a Universidade Cranfield, do sul da Inglaterra. Na ocasião foi informado que algumas peças de motores e partes de asas de avião de até 2 metros de comprimento já começaram a ser fabricadas por pesquisadores usando a impressão 3D em metal.

Com relação a esse projeto, fábricas na França, Alemanha, Itália, Noruega e Reino Unido, estavam se adaptando para alimentar uma cadeia de produção em escala industrial. Segundo David Jarvis, diretor de novos materiais e pesquisa energética da ESA, o grande objetivo desse projeto é construir os melhores produtos de metal já feitos, ou seja, objetos que você não pode fabricar de outra maneira. Ainda segundo ele, o objetivo final é imprimir um satélite em uma única peça, ou seja, sem soldas e sem parafusos. Isso iria representar uma economia de 50% dos custos, ou seja, milhões de euros.

Por exemplo, por esse método uma peça de 5 quilos usará apenas esta quantidade e não 20 ou 30 quilos se fabricada, por exemplo, pelas usinagens convencionais. Imagine a economia que se terá ao usar materiais caríssimos como titânio, tântalo e vanádio. Essa tecnologia também permitirá a produção de *designs* complexos, que seriam impossíveis de ser executados, por exemplo, por meio do sistema tradicional de fundição de metais.

Peças para automóveis e satélites poderiam ainda ser aperfeiçoadas para serem mais leves e, ao mesmo tempo, bem mais resistentes. Durante o lançamento do Amaze, no Museu de Ciência de Londres, foram apresentados componentes de liga de tungstênio que podem resistir a temperaturas de 3 mil graus centígrados. Essas peças poderiam resistir até mesmo dentro de reatores de fusão nuclear e nos escapamentos de foguetes.

Na época, cientistas ainda precisavam resolver alguns problemas que impediam as impressões 3D com metais de ter um acabamento com qualidade industrial (ano de 2013). Um destes problemas é a porosidade, sendo comum o aparecimento de pequenas bolhas de ar nos objetos criados. Outro problema é o surgimento de irregularidades na superfície dos produtos.

Em agosto de 2018, foi divulgada a nova impressora 3D da Hewlett Packard - HP, a Metal Jet, capaz de trabalhar com metais. Na ocasião, a empresa afirmou que a nova impressora poderá atingir níveis de produtividade 50 vezes maiores do que tecnologias de impressão tridimensional disponíveis até então. Seu preço de lançamento foi de US$ 400 mil, sendo destinada especialmente a aplicações industriais.

Essa nova impressora permitia trabalho com materiais como aços e ligas metálicas, mais comum no ramo. Entre os primeiros consumidores dessa nova impressora, estavam a Volkswagen e empresas responsáveis pela produção de equipamentos hospitalares.

Embora possa trabalhar com metal e ser usada para a fabricação de peças e componentes de precisão, como partes da suspensão de um automóvel, a *Metal Jet* aplica conceitos de impressão tridimensional convencionais. Em 2018, a Volksvagen estudava usar a tecnologia para imprimir suportes de espelhos retrovisores e alavancas de câmbio, por exemplo.

A nova impressora funciona seguindo um arquivo digital que orienta o movimento da cabeça de impressão. Semelhante a outros aparelhos do tipo, e até mesmo a modelos 2D convencionais, essa cabeça segue o arquivo e deposita uma camada de material metálico. Em seguida, um agente aglutinante (que funciona como cola) é aplicado. Alternando entre metal e cola, o procedimento segue até que o "produto" esteja completo.

O material impresso é então submetido a um processo de aquecimento, comumente já usado, chamado de "sinterização". Isso garante que o aço ou liga metálica se torne um bloco coeso e que haja união entre as diversas camadas. Essas, por sua vez, são compostas por pequenas partículas do metal utilizado, conhecidas por voxel. Cada partícula mede apenas 20 x 20 x 50 micra e pode ser considerada um pixel tridimensional, o termo é formado por "vo", de volume, e "xel" de pixel.

Segundo a HP, a Metal Jet levava (em 2018) até quatro horas para imprimir um objeto que ocupe todo o volume de 430 x 320 x 200 milímetros, suportado pela impressora. O sistema tinha maior eficiência do que as tecnologias de impressão, até então utilizadas e previa-se ser usado pelos primeiros parceiros da HP a partir de 2020, quando estariam disponíveis no mercado.

11.13.1 Detalhes sobre a impressão 3D ou impressão tridimensional

A impressão tridimensional, a cada dia, sofre atualizações tecnológicas, especialmente no que se refere à impressão de metais, que certamente irá revolucionar os processos de fabricação mecânica, muitos utilizados desde o início dos anos 1800, logo no início da 1ª Revolução Industrial. Em 2020 já existiam diversos processos de impressão tridimensional.

Em 15 de dezembro de 2015, com vigência a partir de 2016, foi publicada a 1ª edição da Norma ISO/ASTM 52900, referente à terminologia dos princípios gerais da manufatura aditiva (*Additive Manufacturing – General Principles - Terminology*). Em 2020 podiam ser citados diversos processos e tecnologias diferentes de impressão 3D. A seguir são descritas as principais utilizadas à época.

***Fused Deposition Modeling* – FDM ou *Fused Filament Fabrication* – FFF**, caracteriza-se pela extrusão (ver parágrafo 11.1.3) de um filamento de material termoplástico sólido, por exemplo: PLA ou Poliácido Lactito; ABS ou Acrilonitrila Butadieno Estireno; PET ou Politeraftalato de Etila e TPU ou Poliuretano Termoplástico. Essa extrusão é através de um bocal aquecido, onde o material termoplástico é derretido, sendo depositado em uma região pré estabelecida e, à medida que vai resfriando, solidifica-se na forma final do objeto projetado. As principais aplicações desse processo são: caixas elétricas e moldes para fundição, limitados até certas dimensões. Esse não é um processo viável para peças mecânicas, devido seu alto custo. A precisão dimensional obtida nesses processos é de ± 0,5%, no limite inferior de ± 0,15 mm.

Polimerização em cuba ou *Vat Polymerization*, onde uma resina fotopolimérica (que se polimeriza pela luz), depositada em uma cuba é curada gradativamente por uma fonte de luz. As duas formas mais comuns de aplicação desse processo são a SLA ou *Stereolithography* e a DLP ou *Digital Light Processing*. Na *Stereolithography* a fonte de luz para a cura é feita por um ponto de *laser*, enquanto o processo *Digital Light Processing* usa um projetor digital para *flashes* de cada camada na imagem ou múltiplos *flashes* para grandes peças. Pelo processo DLP pode-se obter maior rapidez em relação ao SLA. As aplicações mais comuns desses processos são: fabricação de moldes para injeção de pequenas peças em polímeros; processo de fundição em cera perdida, usada na fabricação de jóias, próteses dentárias e aparelhos auditivos. A precisão dimensional obtida nesses processos é de ± 0,5%, no limite inferior de ± 0,15 mm.

***Powder Bed Fusion* ou PBF**, a impressão 3D é realizada através de uma fonte de energia térmica, que induz seletivamente a fusão entre as partículas de pó, dentro da área de impressão do objeto. A fabricação que utiliza esse processo é conhecida como *Seletive Laser Sintering* – SLS. Essa tecnologia, à cada dia fica mais econômica. Os materiais empregados nesse processo são alguns tipos de náilon, que é uma fibra sintética poliamida. Para baixas quantidades de peças, é empregado na produção de peças ocas de geometrias complexas. Seu custo é mais alto, em relação ao processo FFF. A precisão dimensional obtida nesse processo é de ± 0,3%, no limite inferior de ± 0,3 mm.

***Material Jetting* – MJ**, a impressão ocorre pela deposição de gotículas do material fotopolimérico, sobre uma placa, sendo curadas pela ação de uma luz. O fotopolímero ou gotículas de cera formam o objeto, a partir de camadas depositadas, uma de cada vez. Esse processo é similar ao realizado por uma impressora comum de jato de tinta, sendo que a principal diferença está na construção de várias camadas, para criar o objeto. A cura e solidificação do fotopolímero são obtidas através de luz ultravioleta. A vantagem desse processo é que as impressoras MJ podem fabricar vários objetos em uma única linha, sem afetar a velocidade de construção. É um dos únicos processos de impressão 3D, onde os objetos podem ser construídos por impressão de vários materiais e cores diferentes. Um processo semelhante ao MJ é o *Drop On Demand* – DOD, que usa um par de jatos de tinta, de modo que, enquanto um deposita um material semelhante à cera, o outro deposita o material suporte dissolúvel. As impressoras DOD, normalmente, são usadas para criar padrões apropriados para fundição por cera perdida e outras aplicações de fabricação de moldes. Esse processo, por ser frágil, não é adequado para peças mecânicas, além de ser mais caro do que os SLA e DLP. Sua precisão dimensional é de ± 0,1 mm.

Jateamento de Aglutinante ou *Binder Jetting* – BJ, é semelhante ao SLS, mas não utiliza o *laser* para sinterizar o pó. É utilizado para fabricar peças de geometria complexa, em materiais metálicos, areias e cerâmicas. É o único processo de impressão tridimensional que não emprega calor, durante a construção, evitando assim tensões decorrentes do aquecimento. Nesse processo, o agente aglutinante líquido é depositado em gotículas, através da cabeça de impressão, na superfície do pó, que tem em geral diâmetro de 80 μm, produzindo camada por camada. Os materiais mais usados nesse processo são: aço inoxidável, bronze e sílica. Em materiais metálicos, obtém-se precisão dimensional em área de ± 0,2 mm a ± 0,3 mm. É um processo de baixo custo, para grandes volumes de produção, embora suas propriedades mecânicas sejam inferiores, em relação às peças obtidas pela sinterização de metais em pó. Algumas reportagens de 2018, mostraram estruturas arquitetônicas pequenas construídas por esse processo. Quando utiliza areia esse processo é denominado *Sand Binder Jetting* e *Metal Binder Jetting*, ao usar metais.

Metal Powder Bed Fusion é um processo que produz objetos sólidos usando uma fonte térmica, para provocar a fusão (sinterização) entre partículas de pós metálicos, processando uma camada de cada vez. Dependendo do metal, a ser impresso, usam-se diferentes fontes de energia térmica.

A sinterização direta de metal a *laser* ou *Direct Metal Laser Sintering* – DHLS, não usa filamento e as peças impressas são feitas de pós muito finos de: alumínio, titânio, inconel, aço inoxidável e aço cromo cobalto. Este processo não derrete o pó, mas aquece-o até o ponto de fundir-se em nível molecular. É utilizado para a fabricação de objetos de ligas metálicas.

Processo de fusão seletiva a *laser* ou *Selective laser Melting* – SLM, usa o *laser* para obter a fusão completa de um único tipo de pó metálico, formando uma peça homogênea. Como utiliza uma única temperatura de fusão, obtém-se uma peça mais resistente, diferentemente das que utilizam ligas metálicas, com pontos de fusão diferentes. Já há alguns anos esse processo vem sendo utilizado para a produção de peças, especialmente nas seguintes áreas: aeroespacial, automação, odontológica e médica. As peças produzidas, tanto por esse processo SLM, quanto pelo DMLS, ficam propensas a deformações, devido às tensões residuais causadas pelas altas temperaturas utilizadas. Devido a isso, após a impressão, as peças devem ser tratadas termicamente, para o alívio de tensões.

Processo de fusão por feixe de elétrons ou *Electron Beam Melting* – EBM, usa um feixe de alta energia ou feixe de elétrons, para induzir a fusão entre as partículas do pó de metal. Como nesse processo a fusão é feita em uma câmara de vácuo, garante-se que não ocorrerá oxidação do metal, em especial do titânio, que é altamente reativo. A tensão residual, gerada nesse processo, pode ser reduzida, pré aquecendo-se, tanto a cabeça de impressão, quanto o material utilizado, antes do mesmo ser submetido ao feixe de elétrons. Uma das desvantagens desse processo é que a superfície obtida necessita de acabamento posterior, enquanto no processo DMLM isso não é necessário. Em 2019, peças impressas por esse processo eram utilizadas pelas indústrias aeroespaciais e médicas.

Sinterização por calor seletivo ou *Selective Heat Sintering* – SHS, em 2020, era o processo de impressão tridimensional menos conhecido, do que a fabricação por fusão de filamentos ou estereolitografia, principalmente por ser adotada apenas pelo fabricante Blueprinter Aps, embora tenha sido lançada em 2011. Esse processo é semelhante à Sinterização Seletiva a *laser*, embora operem de forma diferente. A SHS usa uma cabeça de impressão térmica, para sinterizar o pó termoplástico poliamida, enquanto na Sinterização Seletiva a *laser* a sinterização é processada por uma fonte a *laser*. Dentre os benefícios de usar uma cabeça de impressão, em relação ao *laser*, citam-se a menor dimensão e custo do equipamento. Esse processo, SHS, permite construir formas complexas, desde que a espessura seja no mínimo 1 mm.

Capítulo 12
Usinagens não convencionais

Para além das usinagens tradicionais: torneamento, fresamento, aplainamento, etc., que existem desde o século XIX (1801 a 1900), desde após a segunda guerra mundial (1937-1945) foram desenvolvidos outros tipos chamados de não convencionais. Embora novos processos de fabricação, incluindo usinagens, estejam constantemente sendo criados e melhorados, os citados neste capítulo, além de diferentes dos tradicionais, trazem resultados melhores e aplicações não possíveis com os tradicionais, especialmente aplicados aos novos materiais. A grande característica das usinagens não convencionais é que não utilizam ferramentas de corte afiadas, como nas tradicionais. O processos não convencionais são divididos de acordo com a forma de energia empregada, citando-se os seguintes: químicos, elétricos, térmicos e mecânicos.

12.1 Usinagem fotoquímica

É um processo de usinar metais pela sua dissolução em uma solução química, ácida ou básica. A única energia utilizada na usinagem fotoquímica é liberada pela reação química da solução agressiva sobre o metal. Essa usinagem é mais lenta, porém dá resultados mais exatos. Em geral os processos de usinagem química compreendem: fresamento químico, estampagem química, gravação química e usinagem por fotocorrosão.

Usinagem fotoquímica (*photochemical machining*) refere-se à criação de imagens gravadas ou recortes projetados, usando um processo informatizado, que expõe folhas finas de metal a produtos químicos leves e variados. É possível utilizar esse processo em diversos metais, tais como: alumínio, latão, cobre, níquel e prata. É utilizado para produzir componentes eletrônicos delicados, implantes médicos ou gravuras complexas com muitos detalhes. O processo começa com a geração do desenho que se quer gravar, em um sistema CAD, e em seguida a imagem é transferida (tipo fotografia) para uma película com revestimento em emulsão de prata.

Antes da usinagem fotoquímica, o metal é submetido a um processo de limpeza completa, o que garante uma maior adesão à película fotográfica. Depois de ser limpo com uma solução diluída, a folha passa por uma lavagem com água e um processo de secagem e aquecimento. O método implica no mergulho do metal em um filme líquido que será aquecido numa estufa para endurecer a película. O processo continua através da exposição do metal à luz ultravioleta de alta intensidade, com o endurecimento da imagem nos fotolitos. Em seguida o metal com a película endurecida é revelado (como numa fotografia), quando uma solução ácida dissolve o metal não coberto com a película, criando a imagem gerada no CAD. Finalmente a peça é submetida a uma lavagem com água e exposta a uma solução que remove qualquer laminado restante. A folha passa por um enxaguamento final de água, seguido por secagem de ar quente.

Aplicações: é utilizada na indústria eletrônica, para produzir um número crescente de peças precisas, delicadas, de pequenas dimensões, sem nenhum tipo de deformação do metal, bem como para a produção de circuitos eletrônicos impressos em chapas. Também é utilizada na usinagem de microaberturas para injeção de tintas e em sensores de pressão miniaturizados. Outras aplicações são em: troféus, medalhas, chaveiros, botons, placas de identificação e peças pequenas e planas com espessura menor que 2 mm.

Como a usinagem fotoquímica submete apenas certas partes de peças metálicas à ação de uma solução agressiva, as outras partes devem ser protegidas desta ação, o que é feito colocando-se uma "máscara" sobre a peça, feita de material não sensível à substância corrosiva, com as formas e dimensões adequadas. As etapas de execução da usinagem química são: 1 - preparação da superfície do metal; 2 - confecção da máscara e revestimento da peça; 3 - usinagem química propriamente dita e 4 – limpeza. A seguir as etapas são descritas.

Preparação da superfície do metal: a superfície do metal, que ficará coberta durante a usinagem, deve ser cuidadosamente limpa e desengordurada. Às vezes, é necessário submetê-la a um leve ataque corrosivo. Isso proporciona uma boa aderência da máscara, durante a usinagem, principalmente quando feita de resinas fotossensíveis. Depois de limpo, o metal deve ser protegido da poeira e manipulado o mínimo possível, de preferência, com luvas.

Confecção da máscara e revestimento da peça: diversos materiais podem ser empregados na confecção de máscaras, tais como: borracha, plásticos, resinas fotossensíveis, vernizes etc. O importante é que esses materiais resistam à solução agressiva utilizada, apresentem boa aderência à peça, o tempo suficiente para obter o resultado desejado e possam ser recortados nas dimensões estabelecidas. As máscaras devem apresentar uma diferença dimensional, para menor, em relação às cotas finais desejadas, pois a dissolução do metal não se faz rigorosamente na vertical, visto que um pouco da solução sempre penetra sob a máscara. O cálculo das dimensões da máscara é feito de acordo com a espessura a dissolver, o tipo de metal e o ambiente em que é feito o trabalho, para uma velocidade de dissolução determinada.

Usinagem química propriamente dita: nesta etapa, realiza-se a dissolução das partes das peças que devem desaparecer. A solução agressiva é colocada em contato com o metal, e a dissolução se processa até ser atingido o equilíbrio químico. As soluções cáusticas (para alumínio e aço) e ácidas (para níquel e cobre) são agentes corrosivos típicos. Para que a solução não perca suas propriedades, ela deve ser constantemente renovada, por meio de dispositivos acoplados ao tanque de usinagem.

Limpeza da peça: consiste em livrar a peça das máscaras aplicadas. Terminada a usinagem, deve ser feito um escovamento mecânico da peça, seguido de um banho. Quando a fragilidade da peça não permite um escovamento mecânico, pode-se recorrer à limpeza por ultrassom.

12.2 Usinagem por eletroerosão ou por descarga elétrica (*Electrical Discharge Machining* – EDM)

Na prática chamada simplesmente de eletroerosão, funciona por remoção e transporte, átomo por átomo, do metal usinado, mergulhado numa solução eletrolítica. A usinagem por eletroerosão necessita de ferramenta específica (chamada de catodo), semelhante a uma ferramenta mecânica. A peça a ser usinada é o anodo. Este tipo de usinagem é utilizado para materiais de altíssima dureza, como por exemplo, as pastilhas de Carbeto de Tungstênio (metal duro), usadas nas usinagens tradicionais. Também é utilizado em peças de geometrias complexas e com alta precisão.

O processo de eletroerosão pode ser realizado de duas maneiras: por penetração ou a fio. Por penetração utiliza um eletrodo de cobre ou grafite com o formato da peça a ser reproduzida. No processo a fio, tem-se um eletrodo no formato de fio, comandado por um computador, para seguir um caminho, para a reprodução da forma requerida. Fios de tungstênio, ao serem aquecidos, podem atingir temperaturas de 2.500 a 3.000 ^{0}C.

A eletroerosão é um processo para fabricação de peças isoladas, no máximo para pequenas séries. A peça é submersa em um líquido, onde não existe força de corte, pois não há contato entre a ferramenta e a peça, não formando as tensões comuns dos processos convencionais de usinagem. Para que a eletroerosão ocorra é necessário que os materiais envolvidos sejam bons condutores de eletricidade. Tanto a peça como os eletrodos estão ligados a uma fonte de corrente contínua por meio de cabos, onde normalmente o eletrodo tem polaridade positiva e a peça, polaridade negativa. Peça e eletrodo são mergulhados num recipiente que contém um fluido isolante, isto é, não condutor de eletricidade, chamado dielétrico. Em geral, são utilizados como dielétricos o óleo mineral e o querosene. O querosene requer cuidados especiais, pois é inflamável e exala um odor forte, prejudicial à saúde de quem opera e ao meio ambiente.

O processo de usinagem por eletroerosão é semelhante ao de polimento eletrolítico, embora as finalidades dos processos sejam bem diferentes. No polimento eletrolítico, a finalidade principal é obter um excelente estado de superfície. O polimento de metais é um exemplo de operação que também pode ser obtida por dissolução eletrolítica. As irregularidades da sua superfície são dissolvidas e, com sua remoção, a superfície fica lisa e polida. Na usinagem por eletroerosão, as velocidades de remoção de material exigidas são muito maiores que as necessárias no processo de polimento. Este problema é contornado trabalhando-se com densidades elevadas do eletrólito, sob baixas tensões e mantendo-se reduzida a distância entre os eletrodos.

A peça a ser usinada e a ferramenta constituem o anodo e o catodo, respectivamente, mergulhadas num eletrólito, que pode ser uma solução de cloreto de sódio. Uma diferença de potencial, geralmente de 10 volts, é aplicada entre os eletrodos (anodo e catodo). O eletrólito é bombeado numa velocidade aproximada de 3 a 30 m/s, através da distância entre os eletrodos, para remover os resíduos da usinagem e diminuir os efeitos indesejáveis, como os decorrentes da geração de gás pelo catodo e aquecimento elétrico. A velocidade de remoção do metal do anodo ocorre, aproximadamente, na proporção inversa da distância entre os eletrodos.

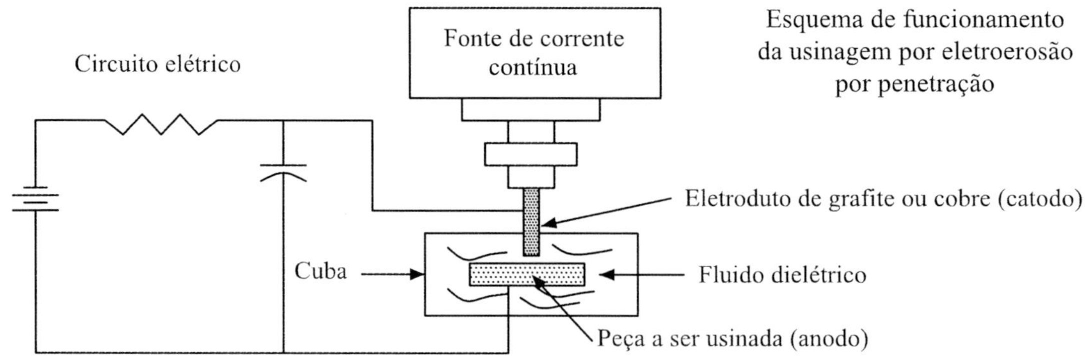

Figura 12.3: Usinagem por eletroerosão (*eletrichal dischange machining*)

12.3 Retificação eletroquímica (*Electrochemical Grinding*)

Esse processo combina a usinagem eletroquímica e a retificação tradicional, utilizada principalmente na usinagem de materiais duros, resistentes e condutores de eletricidade. Apresenta ótimo acabamento, sem distorções e sem geração de calor. O equipamento utilizado é similar a uma retificadora convencional, onde o rebolo rotativo e o catodo formado por aglomerantes e abrasivos com diamante e óxido de alumínio. O rebolo gira com velocidades entre 1.200 e 2.000 m/min. Os abrasivos têm a função de isoladores, entre o rebolo e a peça a ser trabalhada. A solução eletrolítica, normalmente, aplicada é nitrato de sódio, que também atua na remoção do material (cavaco). A faixa de corrente elétrica utilizada é de 1 a 3 A/mm^2, o que o torna, um pouco menos produtivo, comparativamente à ação abrasiva do processo tradicional de retificação. A desvantagem desse processo, em relação à retificação tradicional, é com relação a materiais de alta dureza, pois o desgaste do rebolo é elevado.

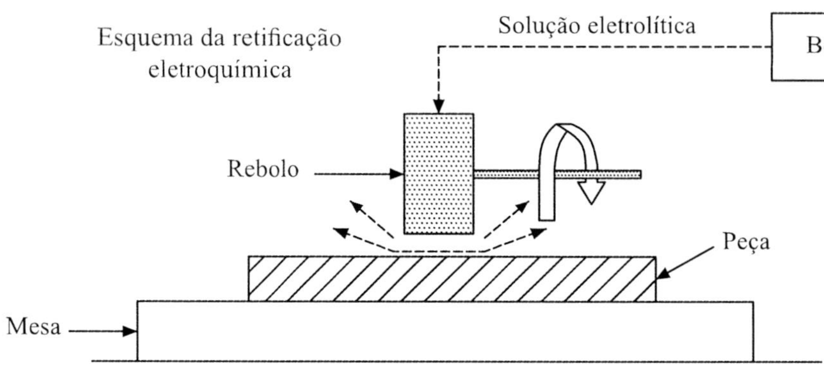

12.4 Por feixes de elétrons (*Electron Beam Machining*)

Este método baseia-se no princípio de que o bombardeamento de elétrons gera energia, ou seja, quando os elétrons são acelerados e concentrados em um feixe, uma intensa energia cinética é produzida. Quando o feixe, assim concentrado, choca-se contra uma superfície bem definida, o impacto faz com que a energia cinética transforme-se em energia térmica, alcançando altas temperaturas, capazes de fundir praticamente todos os tipos de materiais conhecidos. Um canhão de feixe de elétrons gera um fluxo contínuo de elétrons que é acelerado até cerca de 75% da velocidade da luz (225.000 km) e focalizado através de uma lente eletromagnética na superfície da peça.

A usinagem com feixe de elétrons pode ser utilizada para os mais diversos metais e ligas metálicas. O feixe de elétrons é altamente concentrado e, portanto, produz um fino corte ou área de corte, se comparado a muitos outros métodos térmicos. Comparativamente a outros, este processo produz uma superfície mais lisa nas áreas que foram cortadas, sendo que muitas vezes não é necessário utilizar outro procedimento, para dar o acabamento de superfície ao produto final.

12.5 Por feixe de *laser* (*Laser Beam Machining*)

É um processo em que uma concentração de feixes de luz é usada para fazer furos e cortar formas, em diversos tipos de materiais. É de alta velocidade de corte, tanto de figuras 2D, quanto nas três dimensões. Apresenta bom acabamento final. O corte a *laser* é recomendado quando as peças apresentarem formas complicadas e for exigido um acabamento de superfície praticamente livre de rebarbas na região de corte. É utilizado em grande escala na produção de chapas para as indústrias automobilísticas, transportes, agrícolas e implementos. Não é recomendável para materiais como cobre e alumínio, que refletem muito a luz. Existem vários tipos de *Laser*, dentre os quais: de Dióxido de Carbono ou CO_2 (pulsado ou contínuo), Nd e YAG (com cristais de alumínio e ítrio com neodímio). Os parâmetros principais, a serem considerados, para uso deste processo são: a refletividade e a condutividade térmica da superfície a ser usinada, bem como o calor específico latente de fusão e evaporação.

Na prática, o corte a *laser* de metais apresenta as seguintes particularidades:

Aços não ligados: Podem ser facilmente cortados, principalmente se o gás de assistência for o oxigênio. A qualidade de corte é boa, produzindo pequenas larguras de corte e bordas retas, sem rebarbas e livre de óxidos.

Aços inoxidáveis: Chapas finas podem ser cortadas com excelente resultado. Não é possível cortar chapas tão espessas como as de aços não ligados.

Aços-ferramenta: São difíceis de cortar por outros métodos convencionais, por causa do alto teor de carbono, mas, apresentam boa qualidade de superfície quando cortados a *laser*.

Alumínio e suas ligas: A espessura máxima que pode ser cortada situa-se por volta de 10 mm a 12 mm, pois o alumínio reflete a luz e é bom condutor de calor, dificultando a concentração de energia.

Cobre e suas ligas: Assim como o alumínio, também apresenta tendências a refletir a luz. Para o corte de peças não planas, é extremamente importante a proteção contra radiação refletida.

Titânio e suas ligas: Pode ser cortado a *laser*, desde que a zona de corte seja protegida por um gás inerte (CO_2, He, N_2), que evita a oxidação pelo ar. Na face posterior do corte deve ser injetado um gás igualmente inerte, que ajuda a eliminar as gotas ardentes de metal fundido.

O *laser* também pode ser usado para cortar materiais não metálicos, tais como: polímeros, têxteis, couro, cerâmica, rochas etc.

12.6 Usinagem com jato de água ou água com abrasivo (*Water Jet Machining or Abrasive Water Jet Machining*)

Um fluxo de água pura ou água com abrasivo, é direcionado a alta pressão para a parte que se quer usinar. No jato de água pura, o fluxo supersônico corrói o material. No jato de água com abrasivo, o fluxo do jato acelera as partículas abrasivas e essas (não a água), corroem o material. A literatura cita os seguintes detalhes para esse processo: diâmetro do bocal: 0,1 a 0,4 mm, pressão: aprox. 400 MPa, Velocidade do jato: aprox 900 m/s (3.240 km/h).

Aplicações gerais em: plásticos, têxteis (tecidos), materiais compósitos, pisos cerâmicos, carpetes, couro e papelão. Observa-se que esse processo não é adequado para o corte de materiais frágeis, por exemplo, o vidro, devido sua tendência a trincar durante o corte.

Vantagens: ausência de rebarbas ou da queima da superfície da peça, mínima perda de material devido à zona de corte estreita, baixíssimo impacto ambiental e facilidade de automação do processo.

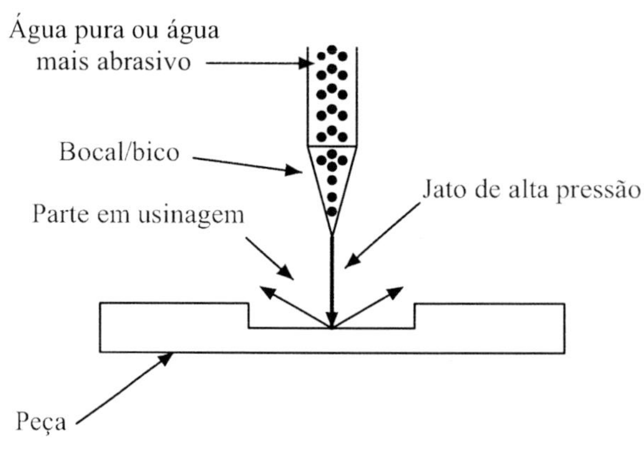

12.7 Usinagem por jato abrasivo (*Abrasive Jet Machining*)

O princípio conceitual é o mesmo do jato de água com abrasivo, só que a usinagem ocorre com remoção de material devido à ação de uma corrente de gás em velocidade, contendo pequenas partículas abrasivas. O gás é seco com pressões de 0,2 a 1,4 MPa. O diâmetro do bico varia entre de 0,075 a 1,0 mm, e as velocidades variam de 2,5 a 5,0 m/s. A distância entre a ponta do bocal e a superfície da peça varia entre 3 mm e 75 mm. Os gases utilizados são: ar seco, nitrogênio, dióxido de carbono e hélio. É muito utilizada para limpeza (decapagem) e remoção de tintas. Aplicações: peças metálicas, cerâmicas e compositos. Os jatos de água abrasivo podem cortar materiais com uma rigidez até e ligeiramente maior do que a do óxido de alumínio cerâmico. O jato de água abrasivo é muito mais potente do que o jato de água pura.

12.8 Usinagem por pó e ultrassom (*Ultrasonic Machining*)

É um processo que permite executar penetrações de formas variadas em materiais duros, frágeis e quebradiços como o vidro, a cerâmica e o diamante. Nessa usinagem, uma ferramenta (aço carbono ou aço inoxidável) é posta para vibrar sobre uma peça mergulhada em um meio líquido com pó abrasivo em suspensão, numa frequência que pode variar de 20 kHz a 100 kHz. Abrasivos utilizados: nitreto de boro, carboneto de boro, óxido de alumínio, carboneto de silício e diamante. Esses abrasivos, em suspensão, são lançados em alta velocidade contra a peça.

O impacto da ferramenta sobre a peça, produzido pelas vibrações é capaz de erodir o material, formando uma cavidade com a forma negativa da ferramenta. Não há contato entre a ferramenta e a peça. A usinagem é feita pelos grãos finos e duros do material abrasivo, que atacam a superfície da peça. A ferramenta não precisa ser muito dura, podendo ser feita de material fácil de usinar, uma vez que não entra em contato com a peça. Uma variação desse processo de usinagem é obtida com o uso de uma ferramenta rotativa, que aumenta a capacidade de remoção do material erodido.

A usinagem por ultrassom permite cortes limpos, porque as vibrações ultrassônicas produzem a fusão do material e, ao mesmo tempo, soldam as pontas das fibras cortadas. Embora furos, ranhuras e formas irregulares possam ser usinadas por ultrassom em qualquer material, sugere-se que o processo seja aplicado, preferencialmente, em materiais duros e quebradiços, envolvendo áreas de superfícies inferiores a 1000 mm^2, onde devem ser produzidas cavidades rasas e cortes.

O elemento principal da usinagem ultrassônica é o líquido abrasivo. Esse material, chamado muitas vezes de lama química, é uma mistura de um líquido de escoamento livre e um ou mais tipos de abrasivos sólidos. A parte líquida da lama é geralmente água, sendo usado também benzeno, glicerol e óleo. Os abrasivos básicos são muitas vezes de silício ou carboneto de boro, principalmente devido à sua dureza e baixo custo. Ocasionalmente, o pó de diamante industrial é utilizado para trabalhar os materiais mais duros.

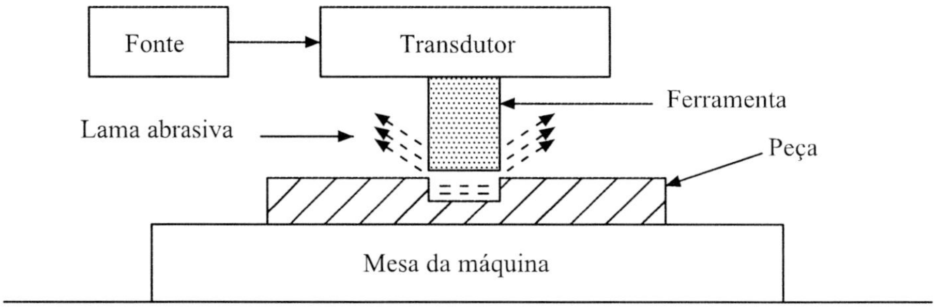

12.9 Micro usinagem e nano manufatura

O termo micro refere-se ao *micron* palavra grega cujo símbolo é μ (fala-se mi, em português) ou um milésimo de milímetro (1/1.000 mm) ou micrometro. O termo nano (n) refere-se à bilionésima parte, ou seja, um nanômetro (nm) significa a bilionésima parte de um metro (1/1.000.000.000 m) ou ainda a milésima parte de um *micron* (1 nm = 1 μ/1.000). Apenas como comparação e referência, informa-se que um fio de cabelo humano tem diâmetro entre 60 e 120 micrometros ou entre 60 μ e 120 μ. Lembra-se que o plural da palavra grega *micron* é *micra*, ou seja, o diâmetro de um fio de cabelo humano tem entre 60 e 120 *micra*. Supondo um fio com 60 *micra* de diâmetro, para se obter um fio de um nanômetro de diâmetro, tem-se que dividí-lo por 60.000 vezes.

Em resumo, o termo micro usinagem refere-se às usinagens que trabalham na escala milimétrica, ou seja, com dimensões até 1 mm. Já o termo nano manufatura refere-se às produções industriais na escala nanométrica. A propósito, lembra-se que, para controlar e medir estas usinagens e manufaturas (metrologia ou tecnologia de medição), em 2020, e já há alguns anos, existiam sistemas de metrologias especiais. Para maiores detalhes recomenda-se uma consulta a WEB, já que a cada ano novos métodos e instrumentos estão sendo desenvolvidos. Podem ser citados os seguintes exemplos: micro usinagem, micro extrusão, micro forjamento e litografia, tanto de micro usinagem, quanto de nano manufatura. Lembra-se que todos esses processos são 100% automatizados e informatizados, principalmente em máquinas CNC ou de Controle Numérico Computadorizado (*Computer Numeric Control* - CNC).

A micro usinagem, especialmente o torneamento, o fresamento e a retificação, possibilitam a construção de moldes de tamanhos da ordem de 2 ou 3 milímetros, usados na fabricação de peças de 1 milímetro, exigindo máquinas, ferramentas e ligas especiais. Equipamentos cada vez menores e mais leves trazem vantagens competitivas para setores como eletroeletrônica e medicina (especialmente em próteses). Dentre os micros produtos, existentes em 2020, destacavam-se: parafusos micro usinados, utilizados em implantes dentários, ósseos e de coluna, além de próteses ortopédicas.

O processo de micro extrusão é semelhante ao de macro extrusão, onde o punção força o material da peça para o deslocamento necessário à obtenção da forma pretendida. Na micro extrusão o atrito é um dos fatores que mais influenciam o resultado, sendo que a força necessária para vencer o atrito é maior no processo de micro extrusão do que no processo macro. Existem citações de um pino micro extrudado com diâmetro de 1 mm partindo-se de um arame com diâmetro de 1,5 mm e ângulo de extrusão 30º.

O micro forjamento é utilizado para a obtenção de peças com diâmetro de até 2 mm. Os fatores principais a serem considerados neste processo referem-se ao atrito peça/ferramenta e à influência do tamanho de grão. O micro forjamento é utilizado para a fabricação de peças com geometria complexa ou não, em escala micrométrica, como micro joelhos, micro engrenagens e micro pinos. O termo litografia refere-se à impressão de uma tinta sobre uma superfície. A micro litografia é a tecnologia utilizada para produzir, por exemplo, os *chips* de silício, que por sua vez aplicam-se a circuitos de processamento de dados ou ao armazenamento de informações nos equipamentos eletrônicos.

A moldagem por microinjeção é um dos processos mais utilizados para a produção de microcomponentes em escala micrométrica com geometrias complexas, excelente qualidade óptica e alta precisão dimensional. É considerado um dos processos mais comuns de fabricação, utilizando materiais poliméricos, em especial resinas termoplásticas, destacando-se o PMMA (polimetilmetacrilato), conhecido popularmente como acrílico. A rugosidade obtida, dependendo da qualidade da fabricação do molde, é da ordem de poucos nanômetros. Os componentes obtidos por este processo têm sua aplicação nas áreas de medicina, telecomunicações, automobilística, defesa, etc. Granado (2010) cita uma lente de Fresnel, com diâmetro de 3 mm e altura de 30 μm, injetada em PMMA, obtendo-se uma rugosidade de 29 nm.

12.10 Usinagem por emissão elástica (*Elastic Emission Machining*)

O processo de remoção de material pode ser em uma escala muito pequena, chegando ao nível molecular, chamado de *bit* atômico. Nessa usinagem, grãos abrasivos (de óxido de zircônio ou óxido de alumínio) de dimensões nanométricas (menor que 10 nm) ficam em suspensão em uma fina camada de líquido, e em contato com um cilindro ou esfera de poliuretano que, ao ser rotacionada, provoca aceleração das partículas dos grãos que, atuam no material de forma tangencial, promovendo sua remoção ou usinagem. É utilizado para polimentos precisos de superfícies duras, por exemplo, de cerâmicas. Em geral, superfícies com planicidades entre 0,1 e 0,05 μm (1μ = 0,001 mm), podem ser obtidas com esse processo. É considerada uma usinagem de ultraprecisão, obtendo-se tolerâncias de até 0,1 nm, sem causar danos à estrutura cristalográfica do material. 1 nm (nanometro) é igual a 0,000.001 mm, ou seja, um milionésimo de milímetro.

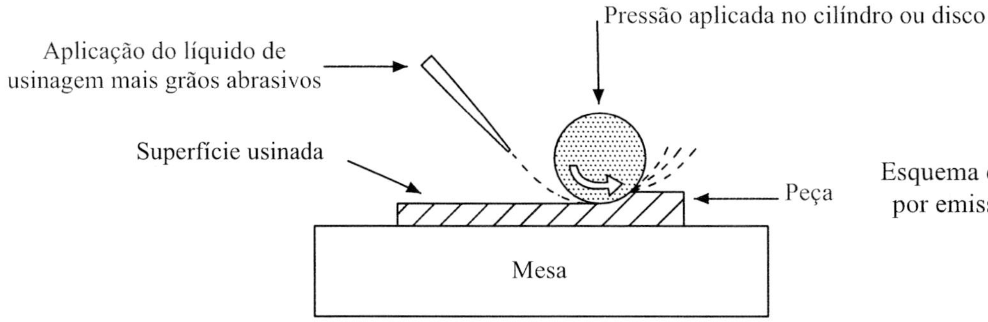

Esquema da usinagem por emissão elástica

12.11 Usinagem a plasma (*Plasma Arc Machining*)

Esse processo, desenvolvido na década de 1950, utiliza o arco de plasma confinado, para cortar metais. Utiliza alta voltagem elétrica e alta pressão de ar ou gás. A descarga de alta voltagem permite a obtenção de temperaturas superiores a 15.000 ^{0}C.

O plasma, que é o quarto estágio da matéria (além dos: sólido, líquido e gasoso), é obtido pela dissociação das moléculas de um gás que, uma vez ionizado, torna-se condutor de corrente elétrica. Os gases utilizados na usinagem a plasma são: ar comprimido, nitrogênio, oxigênio ou argônio/hidrogênio. Esse tipo de usinagem é utilizado em aços de leve e alta liga, alumínio, cobre, bem como em vários outros metais e suas ligas. Quando utilizado o argônio e o hidrogênio, a temperatura do plasma pode atingir 25.000 ^{0}C. As principais características desse processo são a alta qualidade e o acabamento do corte.

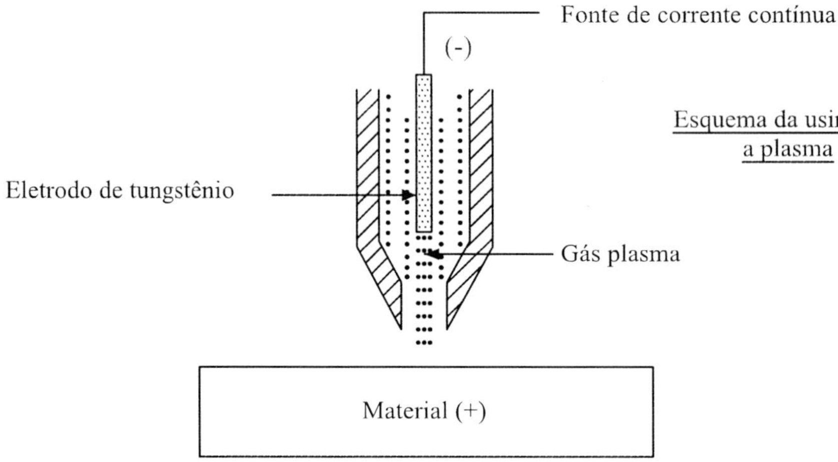

Esquema da usinagem a plasma

Capítulo 13

Projeto conceitual de um novo produto: o frasco de perfume

O objetivo deste capítulo é dar um exemplo prático e resumido de um projeto conceitual (anteprojeto ou projeto básico), do processo de desenvolvimento de um novo produto. O exemplo a seguir foi baseado no projeto final do curso de Desenho Industrial de Cláudia Vieira e Rafael de Carvalho Pacheco de Sousa, concluído em 2005 no Centro Universitário Unicarioca, no Rio de Janeiro. Trata-se de desenvolver um novo frasco de perfume, e sua embalagem, para uso masculino. Embora os *designers* também tenham desenvolvido o projeto do *display* (mostruário para venda) esse capítulo não o incorpora.

Como já visto, o processo de desenvolvimento de um novo produto envolve diversas etapas, devendo começar pela pesquisa de mercado, quando se descobre o que o mercado está necessitando. A etapa seguinte é a pesquisa do produto em si, considerando a filosofia da responsabilidade socioambiental e do comprometimento com as futuras gerações.

Seguindo essa filosofia, o produto deverá ser o mais simples possível, utilizar o mínimo de componentes (ou seja, poucos materiais), utilizar ao máximo materiais renováveis e ter uma forma ou geometria tal que se gaste o mínimo de energia com a sua produção/manutenção.

Durante o projeto conceitual do produto, deve-se utilizar a filosofia dos 3Rs, ou seja: Reduzir, Reciclar e Reutilizar. Literalmente deve-se reduzir o "tamanho" do produto, de forma a ser o mais simples possível. Deve-se usar a maior quantidade possível de materiais reciclados, ou seja, usar o mínimo de matéria prima virgem, pois assim reduz-se o impacto ambiental. O produto já tem que ser pensado e projetado de forma que, ao término de sua vida útil, ou melhor, do seu ciclo de vida, possa ser reutilizado e ou reciclado.

A primeira coisa que se analisa em um projeto conceitual é se o produto é totalmente inédito ou se trata de modificações e ou melhorias em um produto já existente. Produtos inéditos demandam muito mais tempo e criatividade. No presente caso, além de ser um projeto acadêmico, trata-se de melhorias em produtos existentes, já que existem centenas de tipos de frasco de perfume no mercado.

Tudo começa com a fase da inovação e criatividade, como descritas no capítulo 3. A criatividade envolve cinco etapas: 1 – Inspiração inicial; 2 – Preparação; 3 – Incubação; 4 – Iluminação e 5 – Verificação. Embora existam pessoas mais criativas que outras, sabe-se que a criatividade é 1% de inspiração e 99% de transpiração, ou seja, a inspiração inicial demanda muito trabalho, muito tempo.

Na fase da inspiração inicial, o *designer* normalmente rabisca com lápis em papéis brancos, diversas ideias e formas. Podem-se levar dias e até semanas, imaginando como deve ser o produto. Embora esse início seja feito à mão livre, existem *softwares* específicos que muito auxiliam, principalmente permitindo diversas opções na geometria ou arquitetura do produto, normalmente com pequenas alterações entre as opções. O computador em muito pode ajudar nessa fase.

A criatividade, especialmente no projeto de produtos, na etapa da preparação, passa por disciplina e método. Disciplina para pensar no que se quer criar e obediência para seguir determinados caminhos ou linhas de raciocínio, ou melhor, seguir métodos.

Nesse projeto, do frasco e sua embalagem, tudo começa com a análise de produtos similares já existentes no mercado, especialmente com o uso da Engenharia Reversa, quando o produto existente mais próximo do que se está imaginando é desmontado e entendido nos seus mínimos detalhes, principalmente quanto aos materiais utilizados.

Uma vez concluído o projeto conceitual, serão feitos modelos reais, para se manipular e descobrir melhorias, que só podem ser detectadas com um modelo tridimensional e físico do produto.

13.1 Introdução e problematização

O projeto do novo frasco, e sua embalagem, procura atender ao público masculino adolescente e pós-adolescente de classe média, utilizando o perfume tipo *eau de toilette*, frasco com 100 ml e fragrância amadeirada, sendo mais indicado para uso noturno. O frasco apresentará boa usabilidade e segurança, chamando a atenção do consumidor através de uma boa informação e visibilidade do produto.

Eau de toilette é um termo de origem francesa e significa água de banho. É um tipo de perfume com uma concentração mais suave, contém apenas 5% a 15% de essência do perfume, portanto sua duração na pele acaba sendo menor, geralmente em torno de 8 horas. Esse tipo de perfume é geralmente mais delicado. É um dos tipos de perfume masculino mais comum de se encontrar à venda, sendo o ideal para o clima brasileiro e preferido pelas pessoas, pois seu cheiro não é tão marcante.

Inicialmente pode-se adiantar que, uma pesquisa visual e de manuseio, em 2005, no mercado do Rio de Janeiro, com 20 marcas nacionais e estrangeiras diferentes, constatou os seguintes principais problemas nos frascos de perfumes de essência *eau de toilette*, para uso masculino: preço alto (comparativamente ao tipo de perfume), estética ruim, baixa estabilidade, péssima vedação, falta de atratividade e leitura ruim. O projeto conceitual em questão será desenvolvido objetivando suprir estes problemas. Ou seja, o projeto irá desenvolver um novo tipo de frasco e sua embalagem, de forma a suprir os pontos fracos dos principais produtos similares à venda no mercado.

13.1.1 Requisitos básicos e restrições do novo produto

Requisitos básicos da embalagem	Requisitos básicosdo frasco
Fácil montagem	Resistência química
Atratividade	Resistência mecânica
Estabilidade	Atratividade
Fácil leitura	Boa pega (manuseio)
Opacidade	Fácil leitura
Resistência mecânica	Estabilidade estrutural
Design (moderna)	*Design* (moderno)
Reciclável	Volume (100 ml)
Custo médio	Boa vedação
Menor possível	Reciclável

Quadro 13.1: requisitos básicos da embalagem e do frasco

Restrições do produto:

- Por ser voltado ao público de maior poder aquisitivo, o custo será compatível com consumidores da classe média.
- Os materiais utilizados no frasco e na embalagem deverão ser tais que facilitem sua fabricação, e posterior reciclagens.
- Como a imagem do produto é voltada mais para uso noturno, pode-se gerar dúvida no consumidor, limitando seu uso.
- O produto pode ser associado ao uso somente por pessoas que frequentam casas noturnas, festas e etc.
- Fragilidade do frasco e da embalagem.
- Instabilidade do frasco.

13.1.2 Planejamento do projeto de desenvolvimento do novo produto (cronograma e atividades)

Para o projeto do frasco e da embalagem foram previstas 12 semanas, com as atividades básicas como descritas no quadro 13.2. Para o desenvolvimento dessas atividades, o quadro 13.3 descreve os recursos físicos necessários.

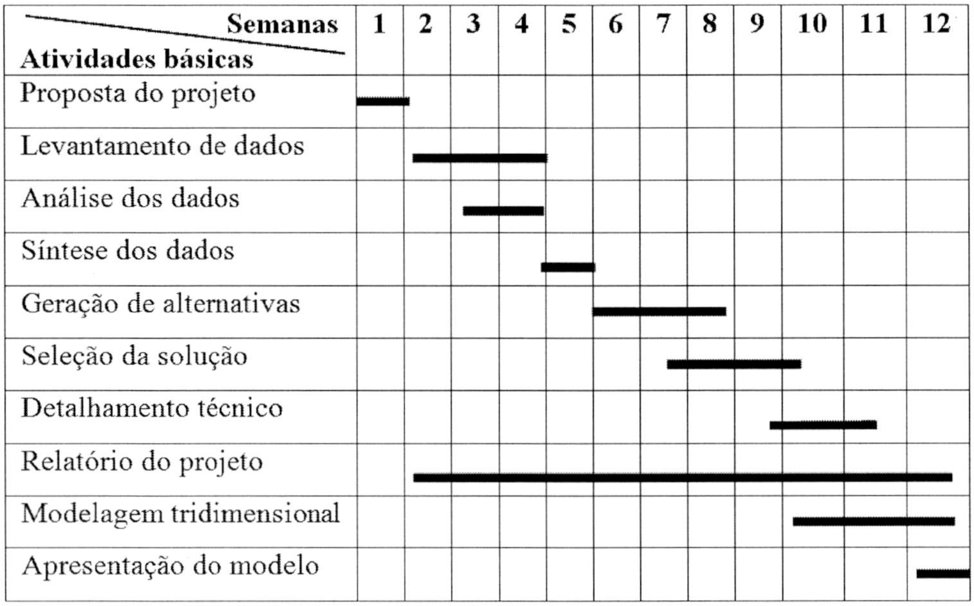

Quadro 13.2: cronograma do projeto de desenvolvimento do novo produto

Atividades básicas	Materiais permanentes	Materiais de consumo	Recursos humanos
Proposta do projeto	Computador, impressora, *scanner* e máq. fotográfica	Papel A4, cartucho e filme	*Designer* e digitador
Levantamento e análise dos dados	Computador, impressora, *scanner* e máq. fotográfica	Papel A4, cartucho e filme	*Designer* e digitador
Síntese dos dados	Computador e impressora	Papel A4 e cartucho	*Designer* e digitador
Geração e seleção de alternativas	Computador, impressora e *scanner*	Papel A4 e cartucho	*Designer* e digitador
Detalhamento técnico (desenhos)	Computador, impressora e *plotter*	Papéis A3 e A4 e material de desenho	*Designer*
Relatório do projeto	Computador e impressora	Papel A4 e cartucho	Digitador
Modelagem tridimensional*	Ferramentas de oficina*	Resina de poliéster, borracha de silicone, madeira ou MDF, lixas diversas, cera para polimento, pigmentos e papel cartão*	*Designer*, marceneiro e técnico de oficina*
Apresentação do modelo	Tela de projeção e *data show*	nenhum	*Designer*

Quadro 13.3: recursos físicos necessários para o desenvolvimento do novo produto

* Quando esse projeto foi desenvolvido, em 2005, a faculdade ainda não dispunha de uma impressora tridimensional, o que teria facilitado em muito a construção do modelo. Caso este projeto conceitual fosse real, também teria que ser feito um planejamento financeiro, objetivando administrar os custos de desenvolvimento do novo produto, que em alguns casos podem ter forte influência no custo de produção e consequentemente no preço de venda.

13.2 Análises dos produtos existentes, objetivando a geração de alternativas para proposta do projeto conceitual do novo produto

Foram analisadas 20 marcas diferentes, nacionais e estrangeiras, de perfumes *eau de toillet*, com o objetivo de formar opinião sobre como deve ser o novo frasco e sua embalagem. Foram feitas duas análises: uma de diferencial semântico e outra análise estrutural e funcional. Foi feito um levantamento de dados com 20 usuários do sexo masculino (alunos da faculdade), visando obter mais informações gerais sobre preferências de consumidores.

13.2.1 Diferencial semântico da embalagem e do frasco

A Escala de Diferencial Semântico é uma técnica usada em projeto de produtos, que consiste em dar uma "nota" entre dois conceitos antagônicos, objetivando formar ideia para gerar alternativas do novo produto. Neste projeto foram analisados os conceitos a seguir citados, a partir da análise da opinião de 20 usuários.

Para o frasco:	**Para a embalagem**
Bonito/feio;	Bonita/feia;
Caro/barato;	Fácil montagem/montagem complexa;
Boa pega/pega ruim;	Estável/instável;
Leve/pesado;	Leve/pesada;
Esportivo/formal;	Atrativa/não atrativa;
Atrativo/não atrativo;	Visibilidade boa/visibilidade ruim;
Seguro/não seguro;	Segura/insegura;
Boa vedação/má vedação;	Resistente/frágil;
Grande/pequeno.	Grande/pequena.

Na escala semântica utilizada as notas variaram de 0 a 3. A análise das notas mostrou que realmente existem conceitos que podem ser incorporados ao novo frasco e embalagem, conseguindo um diferencial de mercado, ou seja, podendo gerar bons resultados comerciais. Essa análise mostrou que o novo frasco deve incorporar conceitos de beleza, pega melhor e um formato mais esportivo. Quanto à embalagem devem ser melhorados: beleza, peso, atratividade e visibilidade. Um exemplo detalhado de uma escala de diferencial semântico, para um frasco de perfume é mostrado no parágrafo 7.8.

13.2.2 Análise estrutural e funcional da embalagem e do frasco

Essas análises para o frasco consideraram os seguintes elementos: a tampa de proteção (1), o corpo (2) e o sistema de borrifar (*spray*) (3). Para a embalagem foram analisadas: as informações escritas (4) e a parte estrutural (5) (ou resistência do material).

Elemento	Funções
1 Tampa de proteção	Tampar, vedar e impedir o vazamento.
2 Corpo	Proteger e conter o líquido. Serve como forte atrativo na hora da compra.
3 Sistema de borrifar* (*spray*)	Dispositivo de saída do perfume. Serve de proteção ao líquido. Deve ser prático e simples de usar.
4 Parte escrita da embalagem	Informar dados sobre o produto, tais como: volume e essência. Atrair o consumidor para a compra e expor a logomarca.
5 Parte estrutural da embalagem	Proteger o produto.

Quadro 13.4: análise estrutural e funcional da embalagem e do frasco

*Existem diversos tipos de sistema *spray* no mercado, sendo que os produtos voltados para o público masculino são mais simples e acionados com um simples toque em um botão no topo do frasco.

Os desenhos da embalagem e do frasco, a seguir mostrados, são apenas ilustrativos das partes analisadas, pois ainda não estão definidas as formas e dimensões do produto.

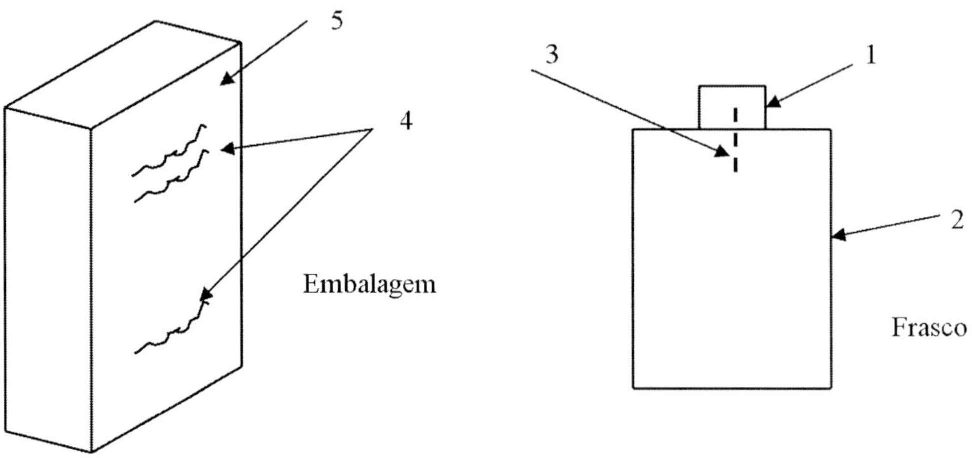

13.2.3 Levantamento de dados gerais

Para esse levantamento, foram utilizados os dados das respostas de 20 usuários masculinos, para as nove perguntas do seguinte questionário:

1) Qual a sua faixa etária?
17 aos 21 ( ) 22 aos 26 ( ) 27 aos 32 ( ) Acima de 33 ( )

2) Qual o seu nível de instrução?
Médio ( ) Graduação ( ) Pós graduação ( ) Outros ( )

3) Sua renda familiar é de: (valores referentes ao salário mínimo brasileiro de 2005).
Menos de R$ 499,00 ( ) R$ 500,00 a R$ 999,00 ( ) R$ 1.000,00 a R$ 1.999,00 ( ) Acima ( )

4) Qual atrativo que o leva a comprar um perfume?
Fragrância ( ) Embalagem ( ) Preço ( ) Frasco ( )

5) O que acha mais importante em um perfume?
Praticidade ( ) Segurança ( ) Preço ( ) Outros ( )

6) Tem preferência pelo perfume:
Nacional ( ) Importado ( ) Indiferente ( )

7) Quanto ao sistema de usabilidade prefere:
Sem *spray* ( ) Com *spray* ( ) Indiferente ( )

8) Ao comprar um perfume você leva em consideração o preço?
Sim ( ) Não ( )

9) Quanto ao volume tem preferência por qual?
30 a 60 ml ( ) 70 a 90 ml ( ) 100 a 125 ml ( ) Indiferente ( )

Após a análise das respostas dos 20 usuários masculinos, foram obtidos os seguintes resultados:

1) Qual a sua faixa etária?
17 aos 21 (25%) 22 aos 26 (50%) 27 aos 32 (15%) Acima de 33 (10%)

2) Qual o seu nível de instrução?
Médio (30%) Graduação (60%) Pós graduação (10%) Outros (0%)

3) Sua renda familiar é de: (a pesquisa foi feita em 2005, quando o salário mínimo brasileiro, a partir do mês de maio, era de R$ 300,00)
Menos de R$ 499,00 (25%) R$ 500,00 a R$ 999,00 (60%) R$ 1.000,00 a R$ 1.999,00 (10%) Acima (5%)

4) Qual atrativo que o leva a comprar um perfume?
Fragrância (45%) Embalagem (30%) Preço (10%) Frasco (15%)

5) O que acha mais importante em um perfume?
Praticidade (20%) Segurança (10%) Preço (60%) Outros (10%)

6) Tem preferência pelo perfume:
Nacional (25%) Importado (55%) Indiferente (20%)

7) Quanto ao sistema de usabilidade prefere:
Sem *spray* (20%) Com *spray* (65%) Indiferente (15%)

8) Ao comprar um perfume você leva em consideração o preço?
Sim (65%) Não (35%)

9) Quanto ao volume tem preferência por qual?
30 a 60 ml (10%) 70 a 90 ml (15%) 100 a 125 ml (50%) Indiferente (25%)

Um resumo dos maiores percentuais obtidos aponta para um tipo de produto que deve ter as seguintes características, para pessoas do sexo masculino: faixa etária dos 22 aos 26 anos (50%), curso superior (60%), com renda familiar entre 1,5 a 3,5 salários mínimo (60%), que valorizam a fragrância (45%), que se importam com o preço (60%), que preferem o produto importado (55%), com sistema de *spray* (65%) e com volume na faixa 100 a 125 ml (50%). O fato de a maioria preferir o produto importado (55%) significa que esse projeto deve incorporar características que causem maior atração pelo produto nacional.

13.2.4 Análise de características qualitativas e visuais de 20 perfumes existentes

Essa análise avaliou os pontos fortes, fracos e neutros das seguintes características de 20 frascos e embalagens existentes: segurança, pega, estabilidade, peso, atratividade, legibilidade, estética, custo, usabilidade, praticidade, resistência e conforto.

Após analisar todas as características detectadas, em cada um dos 20 produtos pesquisados, pode-se apontar em ordem decrescente as seguintes características dos pontos fracos: 1^0 custo alto; 2^0 legibilidade; 3^0 resistência; 4^0 estética. As demais características apareceram uma vez ou outra em poucas amostras.

Uma análise desses dados indica que o novo produto deve ser projetado com as seguintes características: um preço competitivo em relação aos existentes (ou seja, não deverá ter alto preço), uma boa legibilidade da embalagem, frasco e embalagem com boa resistência mecânica e uma boa estética.

13.3 Pesquisa de materiais

Tanto para o desenvolvimento do frasco, quanto de sua embalagem, foram pesquisados diversos tipos de materiais, objetivando selecionar aqueles mais apropriados. De forma geral, e do ponto de vista conceitual e teórico, foram analisadas as características dos seguintes materiais para o frasco: metais (inox e alumínio), vidro e diversos tipos de plásticos. Para a embalagem foi pesquisado o papel cartão, que é o material mais usado no mercado e com ótima relação custo/benefício.

Após análise dos principais materiais usados nos perfumes no mercado, concluiu-se que o frasco será em vidro nas cores preto e prata e a embalagem em papel cartão ou papel duplex, também com as mesmas cores do frasco.

O vidro foi escolhido, além de poder ser reciclado, pelas seguintes propriedades: ser trabalhável a quente, permitir a fabricação do frasco em praticamente qualquer formato, possuir boa resistência mecânica para esse uso, possuir boa resistência e inércia químicas (não reage com o líquido do perfume) e por ter transparência, permitindo a visualização do conteúdo interno.

O papel cartão, além de também ser reciclável, foi escolhido pelas seguintes propriedades: ser biodegradável e produzido a partir de matéria vegetal (celulose de árvores), ou seja, recurso renovável, ter boa resistência estrutural e por aceitar bem a impressão gráfica.

13.4 Geração de alternativas para a forma geométrica, cores do frasco e da embalagem

Essa é uma das fases mais importante do processo de desenvolvimento de um novo produto, principalmente para um frasco de perfume e sua embalagem. Deve-se pensar em várias alternativas e não apenas uma ou duas. Como no mercado já existem centenas de modelos de frascos e embalagens, durante três semanas, a dupla de *designers* pesquisou em algumas lojas, inclusive perguntando a consumidores masculinos, quais modelos mais os agradavam, selecionando 20 tipos de marcas diferentes, tanto nacionais, quanto importadas. Após essa primeira pesquisa, foram selecionadas e propostas as cinco formas geométricas alternativas a seguir mostradas, sendo que a número V não foi vista no mercado, exatamente com esse desenho, ou seja, já foi fruto da criatividade dos *designers*.

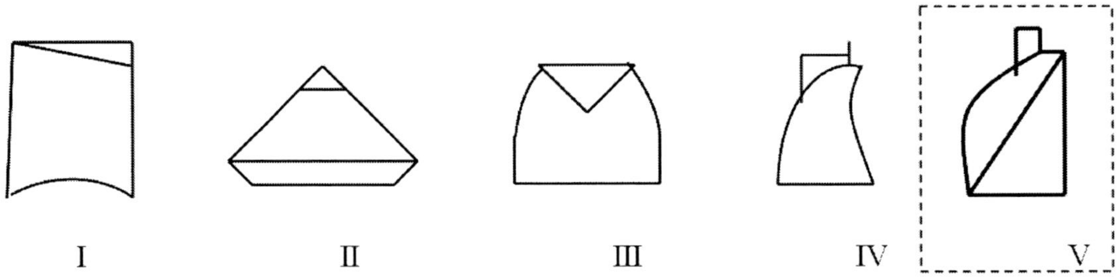

Para definir como deve ser a forma geométrica do frasco, a dupla de *designer* definiu cinco critérios de análise, com notas variando de um a cinco e contou com a participação de 20 alunos da faculdade. A tabela 13.1, na forma de uma matriz de decisão, resume essa análise. Considerando: atratividade, boa pega, tamanho, estabilidade e resistência, as opções das cinco formas propostas foram classificadas, segundo a tabela 13.1

A matriz de decisão mostra que o modelo V acumulou 95 pontos, ou seja, essa é a forma geométrica escolhida, com a embalagem tendo o mesmo formato.

Com relação ao formato da embalagem, deve-se destacar que não foi detectada nenhuma parecida com a proposta, sendo que, com raras exceções só foram vistas embalagens tipo prismática, como mostrada em 13.2.2. Diante dessa constatação, e procurando entender o porque de só existir embalagem prismática, os *designers* simularam em papel as planificações e as dobraduras de dois tipos de embalagens: uma prismática clássica e outra com o formato arredondado, como a alternativa V, e perceberam que o novo tipo de embalagem realmente é bem diferente, sendo feita uma comparação dessas planificações no parágrafo 13.8. Quanto às cores do frasco e da embalagem, a dupla de *designers*, após analisar os 20 modelos pesquisados, optou pela combinação de preto e prata.

		Alternativa I		Alternativa II		Alternativa III		Alternativa IV		Alternativa V	
Critério	**Peso** (A)	Nota (B)	Valor (C)*	Nota (B)	Valor (C)*	Nota (B)	Valor (C)*	Nota (B)	Valor (C)*	Nota (B)	Valor (C)*
Atratividade	5	4	20	5	25	25	25	5	25	5	25
Pega	5	3	15	5	25	4	20	4	20	5	25
Tamanho	4	4	16	5	20	5	20	3	12	5	20
Estabilidade	3	5	15	5	15	5	15	4	12	5	15
Resistência	2	4	8	4	8	4	8	5	10	5	10
Total	/	/	**74**	/	**93**	/	**88**	/	**79**	/	**95**

Tabela 13.1: matriz de decisão para forma geométrica (C* = A x B)

13.5 Resumo dos conceitos e características que devem conter o novo produto

Após a análise de todos os dados e informações pesquisadas, concluiu-se que o novo produto frasco/embalagem de *eau de toilett* deve ser projetado com os seguintes conceitos e características: frasco abaulado em vidro, nas cores preto e prata, embalagem em papel cartão, preço competitivo, com sistema de *spray*, com volume na faixa 100 a 125 ml, uma boa legibilidade da embalagem, frasco e embalagem com boa resistência mecânica e uma boa estética.

13.6 Detalhamento e observações sobre o desenho (externo) do frasco

A partir do conceito escolhido da forma geométrica externa do frasco e da embalagem, e após vários *croquis* feitos a mão livre e a lápis, os *designers* desenvolveram os desenhos, como a seguir mostrados (medidas em milímetros).

Normalmente empresas que fabricam e distribuem perfumes, bem como indústrias farmacêuticas, compram os frascos, o sistema de *spray* e as embalagens de outras empresas especializadas (empresas terceirizadas). Em verdade empresas de perfume formulam os líquidos e depois os enchem, vedam, embalam e colocam vários vidros em caixas de papelão e só então os mandam para o comércio para vendas.

O projeto conceitual do frasco é enviado à uma empresa especializada em frascos de vidro, que irá fazer todo o detalhamento de engenharia, inclusive definindo tipo de vidro, os pigmentos, a espessura e detalhes como os raios de arredondamentos das arestas e quinas. É no projeto conceitual que são definidos a cor do frasco (no caso preto e prata), bem como alguns detalhes em relevo, incluindo a logomarca da empresa, o nome do produto, volume, etc. O projeto conceitual da embalagem é enviado à uma empresa especializada em embalagens, que faz o projeto final, obedecendo ao solicitado. Essa empresa envia as embalagens, já com todos os detalhes, na forma plana, que depois será dobrada e vedada, durante o processo de enchimento e acondicionamento dos frascos.

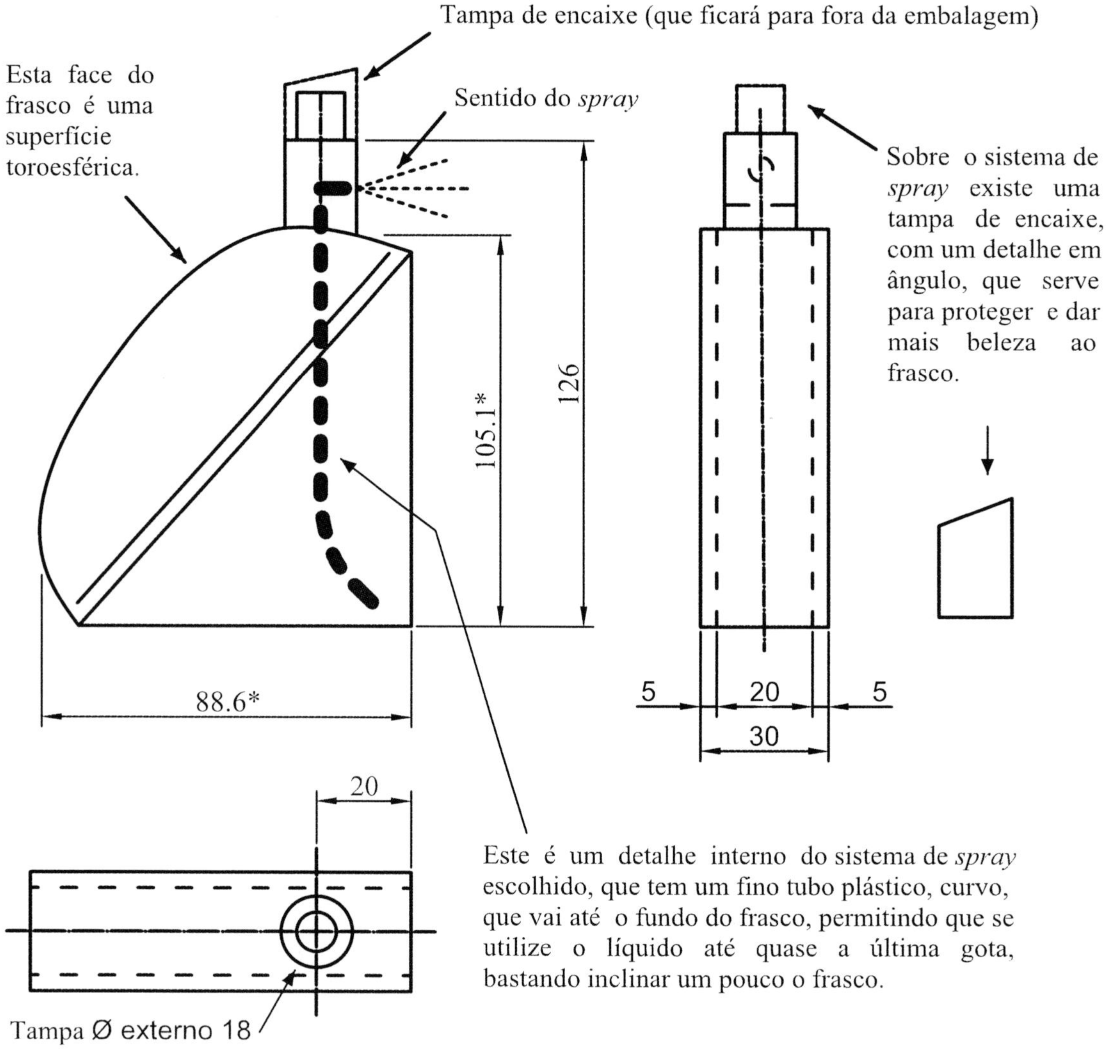

Figura 13.1: desenho técnico conceitual externo do frasco de perfume (Dimensões em milímetros)

* Essas dimensões, contendo décimos de milímetros, são consequências de cálculos matemáticos desenvolvidos e considerando a parte abaulada do frasco como uma superfície toroesférica. Durante o projeto final do frasco, a ser desenvolvido por uma firma especializada, pode ser que essas dimensões sofram pequenas alterações.

13.7 Detalhamento do desenho externo da embalagem

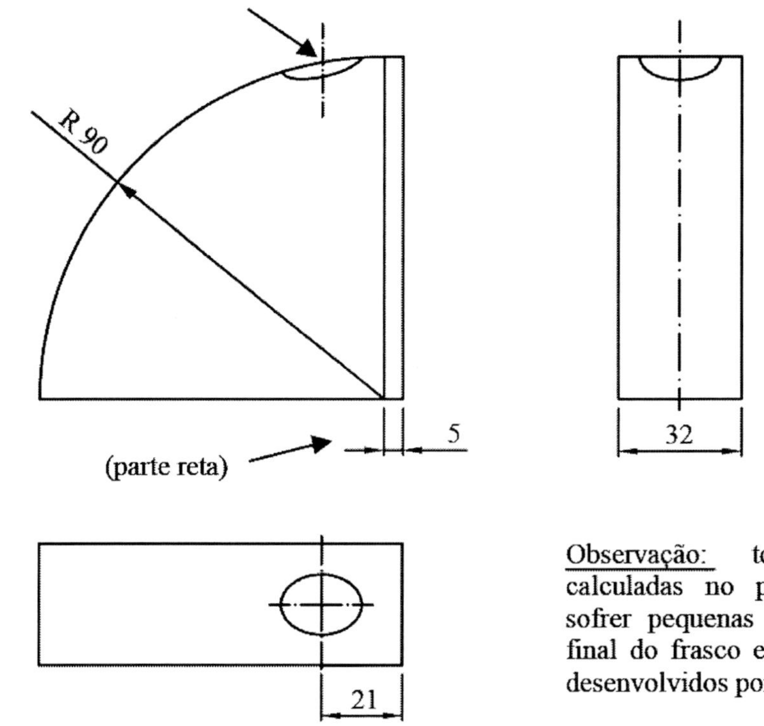

Observação: todas estas dimensões, calculadas no projeto conceitual, podem sofrer pequenas alterações, devido projeto final do frasco e da embalagem, que serão desenvolvidos por firmas especializadas.

Figura 13.2: desenho técnico conceitual da embalagem (dimensões em milímetros)

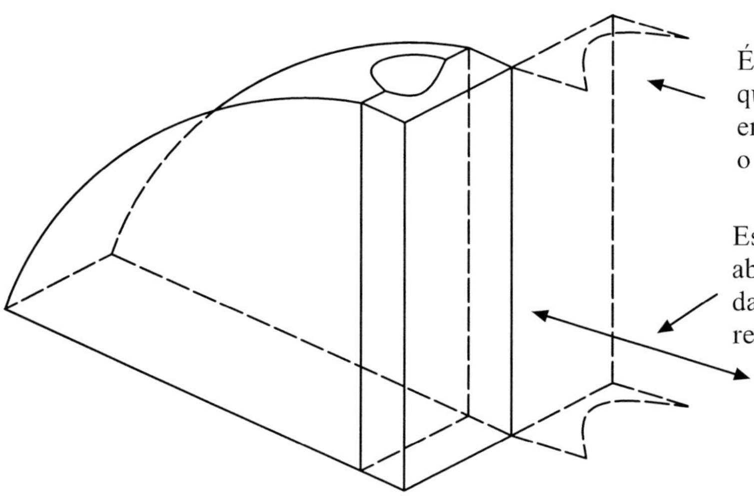

Figura 13.3: detalhe tridimensional da embalagem

13.8 Observações sobre a comparação entre as embalagens clássica prismática e a abaulada, como definida no projeto conceitual

Como já apontado no parágrafo 13.4, por existir uma grande diferença entre as planificações dos dois tipos de embalagens: prismática e abaulada, a seguir é feita uma simples comparação geométrica entre as mesmas, entendo-se que provavelmente o tipo abaulada possa vir trazer dificuldades de execução, causando um aumento de custo, principalmente devido dobra em curva o que pode ocasionar mudanças na linha de produção industrial. Esse pequeno problema demonstra como é importante a interação, durante o processo de desenvolvimento de um novo produto, entre o *designer* e outros profissionais, como por exemplo, o engenheiro de produção.

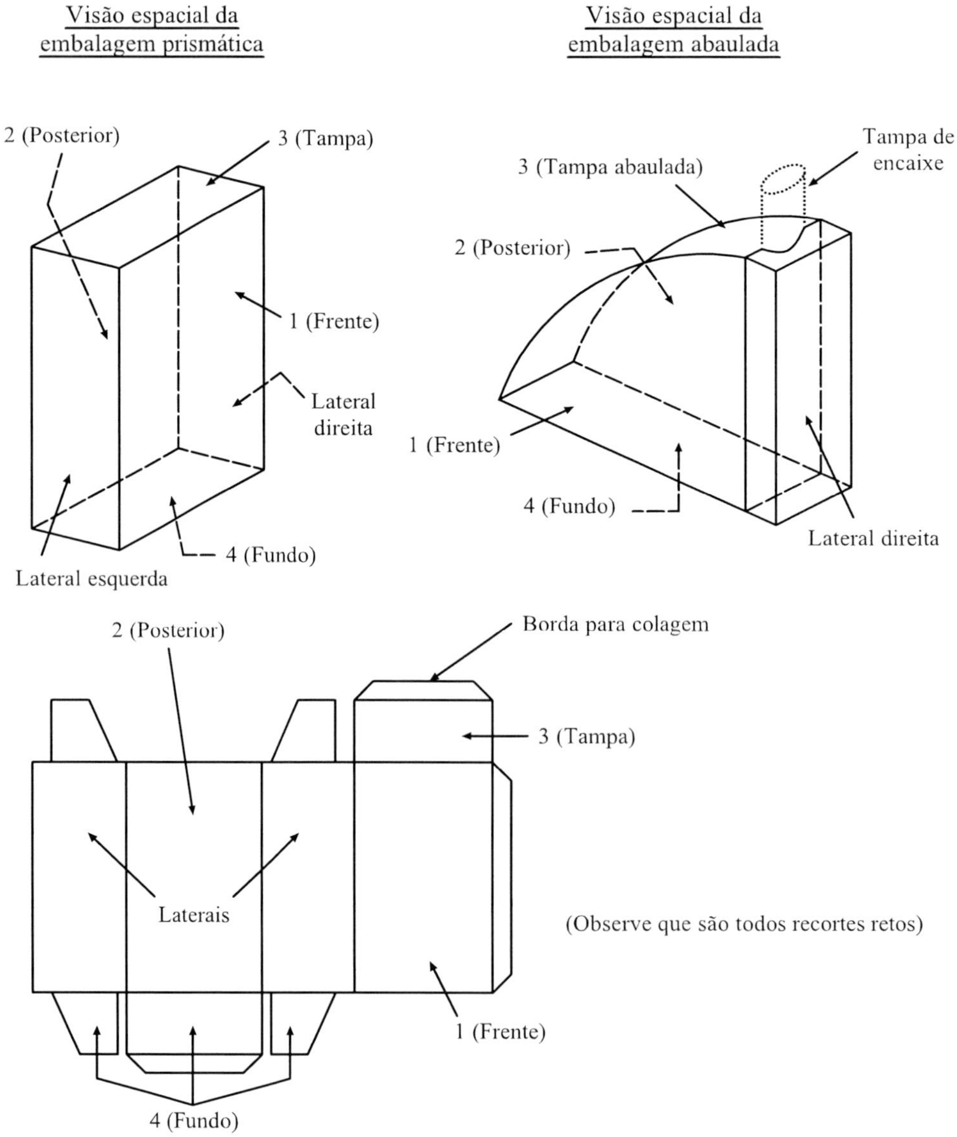

Figura 13.4: planificação da embalagem prismática

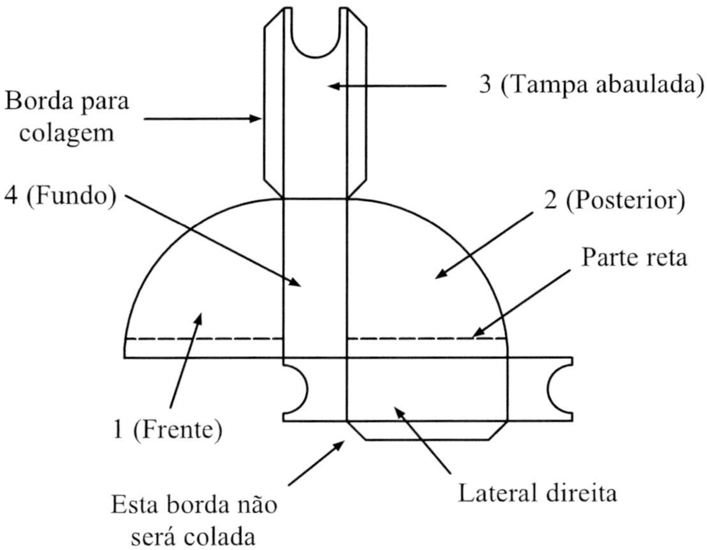

(Observe que, tanto a frente, quanto a face posterior, devido corte semicircular, bem como os recortes circulares para passagem da tampa e do dispositivo *spray*, tornam a operação de dobradura na linha de produção mais complexa (mais custosa) do que a embalagem que só tem recortes retos).

Figura 13.5: planificação da embalagem abaulada

13.9 Observações finais sobre o projeto conceitual

Foram feitos dois modelos do frasco, um em madeira MDF, pintado nas cores do projeto, e outro em resina acrílica transparente com as dimensões externas e uma amostra da embalagem em papel cartão e a forma final do conjunto, além de ser atraente, funcionou perfeitamente. O próximo passo é o projeto detalhado de todas as partes, incluindo todos os desenhos técnicos, bem como os processos de fabricação.

Cabe relembrar que, em 2005, quando esse projeto foi desenvolvido, a faculdade ainda não dispunha de uma impressora tridimensional. Em 2020, já com este tipo de impressora, os *designers* teriam capacidade de imprimir todo o modelo externo do frasco, em resina, e em poucos minutos.

Com relação ao planejamento desse projeto, como detalhado no cronograma citado no parágrafo 13.1.2, todas as atividades foram cumpridas nas 12 semanas previstas, com as seguintes observações: o relatório do projeto foi concluído na 10ª semana (a previsão era na 12ª); a modelagem tridimensional foi prevista entre as 10ª e 12ª semanas, mas foi feita entre as 9ª e 10ª semanas, com duas semanas de antecipação; embora o modelo tridimensional tenha ficado pronto duas semanas antes do previsto, principalmente devido problemas no modelo de embalagem, os desenhos técnicos foram concluídos como o previsto, ou seja, na 12ª semana.

Um detalhe muito importante sobre esse produto é que o frasco, o sistema de *spray* e a embalagem são feitos de materiais 100% recicláveis, ou seja, é um produto que se enquadra dentro da filosofia da responsabilidade socioambiental, como preconizado ao longo de todo o livro.

Capítulo 14

Projeto da Engenharia de Produção de uma panela de pressão, com delineamento da fabricação do pino da válvula de peso

O objetivo deste capítulo é mostrar alguns detalhes do projeto e fabricação de uma panela de pressão de uso doméstico, volume 4,5 litros, fabricada em alumínio e com tampa de fechamento interno. Dentre as dezenas de tipos e modelos, disponíveis no mercado em 2020, tanto em alumínio, quanto em aço inoxidável, o apresentado nesse capítulo era o mais simples (e barato) que existia, tendo o seu projeto inicial concebido na década de 1950, sendo fabricado por diversas empresas, no Brasil.

As informações adiante descritas, foram obtidas pelos autores, depois de uma ampla análise de vários modelos comerciais, inclusive com a desmontagem e até cortes de algumas partes (um exemplo prático de Engenharia Reversa, como descrita no parágrafo 8.5). Algumas informações também foram obtidas de um estudo de caso de Kiminami, Castro e Oliveira (2013, páginas 98 a 104).

14.1 Funcionamento da panela de pressão

A água ferve normalmente a 100 °C, ao nível do mar e em recipiente aberto. À medida que se aumenta a altitude, menor fica a pressão atmosférica, fazendo com que a água ferva a uma temperatura mais baixa, ou seja, a comida vai **demorar** bem mais para cozinhar. Nem adiantaria aumentar o fogo, porque quando a água entra em ebulição (fervura) em uma panela normal, ela mantém essa temperatura mesmo que receba mais calor.

Qualquer que seja o tempo que a água leva para ferver nessas condições, a temperatura continuará a mesma. Se for mantida alta a chama de gás, depois que a água já estiver fervendo, estar-se-á apenas desperdiçando gás. O que estiver dentro da água levará o mesmo tempo para cozinhar. O excesso de calor produzirá apenas a evaporação mais rápida da água. É possível, entretanto, tornar a água mais quente que 100 °C, aumentando a pressão. É o que fazem as panelas de pressão. Como são recipientes fechados, ou seja, volume constante, conservam o calor e a pressão aumenta. Nessas panelas, em vez de ferver a 100 °C, a água (e o vapor) atinge temperaturas mais altas, cerca de 120 °C e uma pressão cerca de duas vezes a atmosférica. Como o vapor exerce uma pressão considerável e progressiva, as panelas têm que ter válvulas de segurança, que funcionam quando a pressão atingir um ponto perigoso.

Uma panela de pressão simples, como mostrada na figura 14.1, é constituída do corpo, tampa com uma extensão, junta de borracha de vedação, cabo fixo ao corpo, válvula de peso normalmente no centro da tampa e uma válvula de segurança, próxima à borda da tampa, para o caso da válvula de peso central ficar entupida e não funcionar.

O alimento é colocado na panela, com certa quantidade de água, usando-se um mínimo de dois a três copos de água e enchendo-se a panela com água e alimentos no máximo na proporção de 2/3 de seu volume interno. É importante ter espaço livre dentro da panela para a formação do vapor, cozimento dos alimentos e para evitar entupimentos das válvulas. A panela é fechada e levada ao fogo. O calor da chama aquece toda a panela, elevando a temperatura da água até que ela ferva. Como a panela é totalmente fechada, o vapor d'água que se vai formando não pode escapar, então a pressão interna da panela aumenta, tornando-se maior que a pressão atmosférica. O aumento da pressão faz com que a água no interior da panela entre em ebulição, a uma temperatura acima de 100 ºC. A pressão do vapor d'água, porém, aumenta até certo limite. Superado esse limite, ela se torna suficientemente elevada para que o vapor levante o pino da válvula central e comece a sair da panela (é o que acontece quando a panela começa a "chiar" e a vazar vapor). A partir desse momento, a pressão do vapor se estabiliza porque é controlada pelo escapamento do vapor através da válvula. Em consequência, a temperatura no interior da panela também não aumenta mais.

Apenas como curiosidade, para mostrar a importância de uma panela de pressão. O cozimento do feijão preto feito em uma panela normal leva cerca de 90 minutos, em uma panela de pressão este tempo é de cerca de 30 minutos, ou seja, três vezes menos.

De forma geral, as panelas de pressão apresentam duas formas de fechamento da tampa: interno e externo. O tipo aqui detalhado é do tipo de fechamento interno, como mostrado na figura 14.1, existindo no mercado diversos fabricantes, para esse mesmo modelo, com pequenas diferenças estruturais.

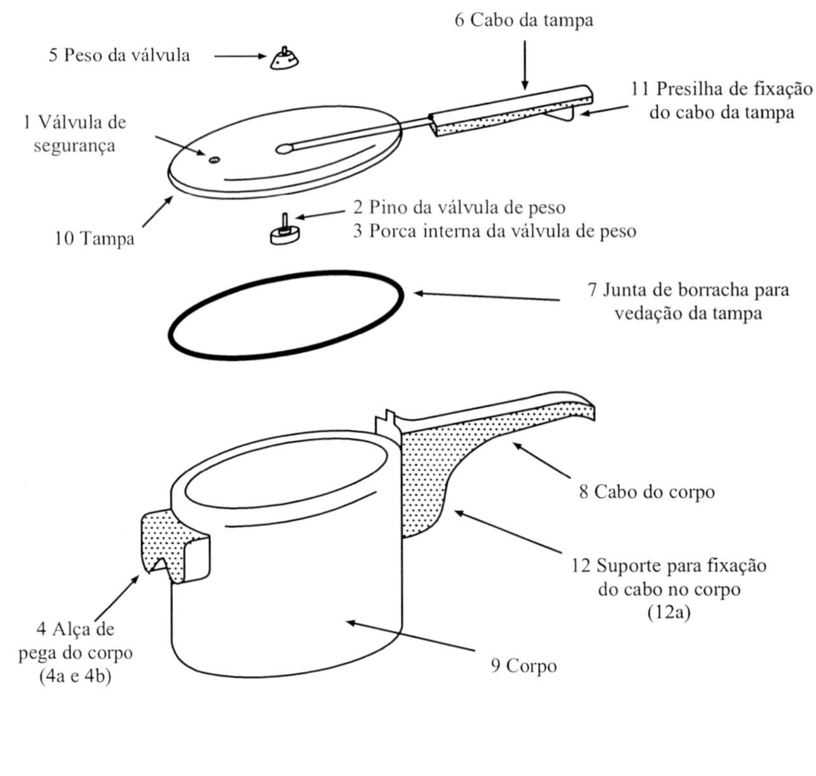

Figura 14.1: componentes de uma panela de pressão simples, com fechamento interno

1 – Válvula de segurança.
2 – Pino da válvula de peso.
3 – Porca interna da válvula de peso (normalmente é integral ao pino central roscado).
4 – Alça de pega do corpo.
4a – Dois rebites horizontais (para fixação da alça 4).
4b – Suporte para fixação da alça de pega no corpo.
5 – Peso da válvula.
6 – Cabo da tampa (incluindo a pega de plástico).
7 – Junta de borracha para vedação da tampa.
8 – Cabo do corpo.
9 – Corpo.
10 – Tampa.
11 – Presilha de fixação do cabo da tampa.
12 – Suporte para fixação do cabo no corpo.
12a – Dois rebites verticais (para fixação do suporte 12).

14.2 Requisitos técnicos, para fabricação de uma panela de pressão

14.2.1 Requisitos básicos

Além do aspecto externo geral, desenvolvido durante o projeto conceitual do produto, uma panela de pressão tem que atender aos seguintes requisitos técnicos.

- Resistência do corpo à pressão interna de trabalho, que chega a 2 atm ou 2,066 kf/cm^2, conforme exigência ABNT. (O corpo tem que resistir a uma pressão máxima de seis vezes e meia a pressão interna de trabalho).
- Válvula de segurança projetada para atuar acima de 2 atm.
- Resistência à temperatura, que chega a 120 ^{0}C.
- Ser leve, para facilitar o manuseio.
- Ser de fácil fabricação (especialmente para ter baixo custo de produção).
- Resistência a impactos, típicos de um produto deste tipo.
- Boa condutividade térmica (para reduzir o consumo de energia).
- Ter boa aparência final, com bom acabamento interno e externo (especialmente brilho).
- O material do corpo tem que ter boa inércia química, ou seja, não deve reagir quimicamente com os alimentos, de forma a poder causar problemas de saúde.
- Ter boa resistência à corrosão.

É importante citar que, todo material que entra em contato com alimentos, especialmente quanto ao cozimento, tem que atender a uma série de exigências da ANVISA, de forma a não causar contaminações que possam provocar problemas de saúde. Outra exigência, por determinação legal do Instituto Nacional de Metrologia, Qualidade e Tecnologia – Inmetro, segundo a portaria número 398/2012 de 31 de julho de 2012, é que panelas de pressão têm que ser testadas, segundo a norma ABNT NBR 11823.

14.2.2 Materiais e processos de fabricação utilizados

Todos os materiais e detalhes de fabricação, adiante descritos, referem-se à panela de pressão de alumínio, de 4,5 litros de capacidade, sendo produzido no Brasil e outros países por diversos fabricantes. É um utensílio doméstico de grande serventia e com um preço de compra relativamente baixo.

Corpo: é um cilindro com diâmetro externo de 21,5 cm, altura de 13 cm e rebordeada para dentro (rebordo de 2 cm). O corpo apresenta dois furos verticais, para receber os rebites que prendem o cabo ao corpo e dois furos horizontais, para receber os rebites que prendem a alça de apoio. A abertura no topo, que recebe a tampa tem a forma de uma elipse (isto para permitir uma boa vedação).

Para atender aos requisitos básicos, mostrados anteriormente, duas ligas metálicas se destacam, atendendo amplamente o exigido: aço inoxidável (ou inox) e alumínio. Na prática podem ser usadas as ligas AA3003 e AA3014 de alumínio laminado (cujo elemento de liga principal é o manganês, com 1,0 % a 1,5 %) e o aço inoxidável austenítico AISI 304 laminado.

O aço inoxidável, além de ser bem mais caro, no que se refere à matéria prima, apresenta alguns detalhes, que o faz ser preterido pelo alumínio, além de ter condutividade térmica menor. Por exemplo, a liga de alumínio laminado AA3003 tem uma condutividade térmica de 155 W/m.K, enquanto no inox AISI 304 é de 17 W/m.K. Como o inox é muito mais resistente e duro, sua fabricação tem custo mais elevado. Outra vantagem do alumínio é que o seu embutimento é muito mais fácil do que o aço inoxidável, podendo ser realizado a frio e com um custo bem menor. Apenas como comparação, em 2019, uma panela de pressão em aço inoxidável, tinha o custo de 5 a 7 vezes mais do que uma idêntica em alumínio.

A panela em questão tem o corpo em alumínio laminado, com espessura de 3 mm. O processo de fabricação do corpo cilíndrico é por deformação plástica a frio, no caso um embutimento profundo, devido à relação entre o diâmetro e a altura (veja parágrafo 11.1.4). Usa-se este termo quando a altura é maior do que o raio, como é o caso estudado.

A fabricação se inicia cortando-se uma chapa de alumínio no formato circular, chamado *blank*, com diâmetro de cerca de 50 cm. Esse recorte circular ocorre a partir de uma chapa retangular. Na sequência o *blank* circular é fixado a uma prensa (de acionamento mecânico ou hidráulico), com um sistema de matriz (fêmea) e macho (punção) onde, após a atuação do macho, obtêm-se um cilindro reto. Na sequência é feito o rebordeamento por repuxamento, para dentro, quando o corpo adquire o seu formato final. A etapa seguinte de fabricação do corpo é cortar a abertura superior no formato levemente elíptico, para o encaixe da tampa. Finalmente são feitos furos nas laterais, a 180°, dois horizontais e dois verticais, para receber, respectivamente, os rebites que fixarão o cabo e a alça de pega do corpo.

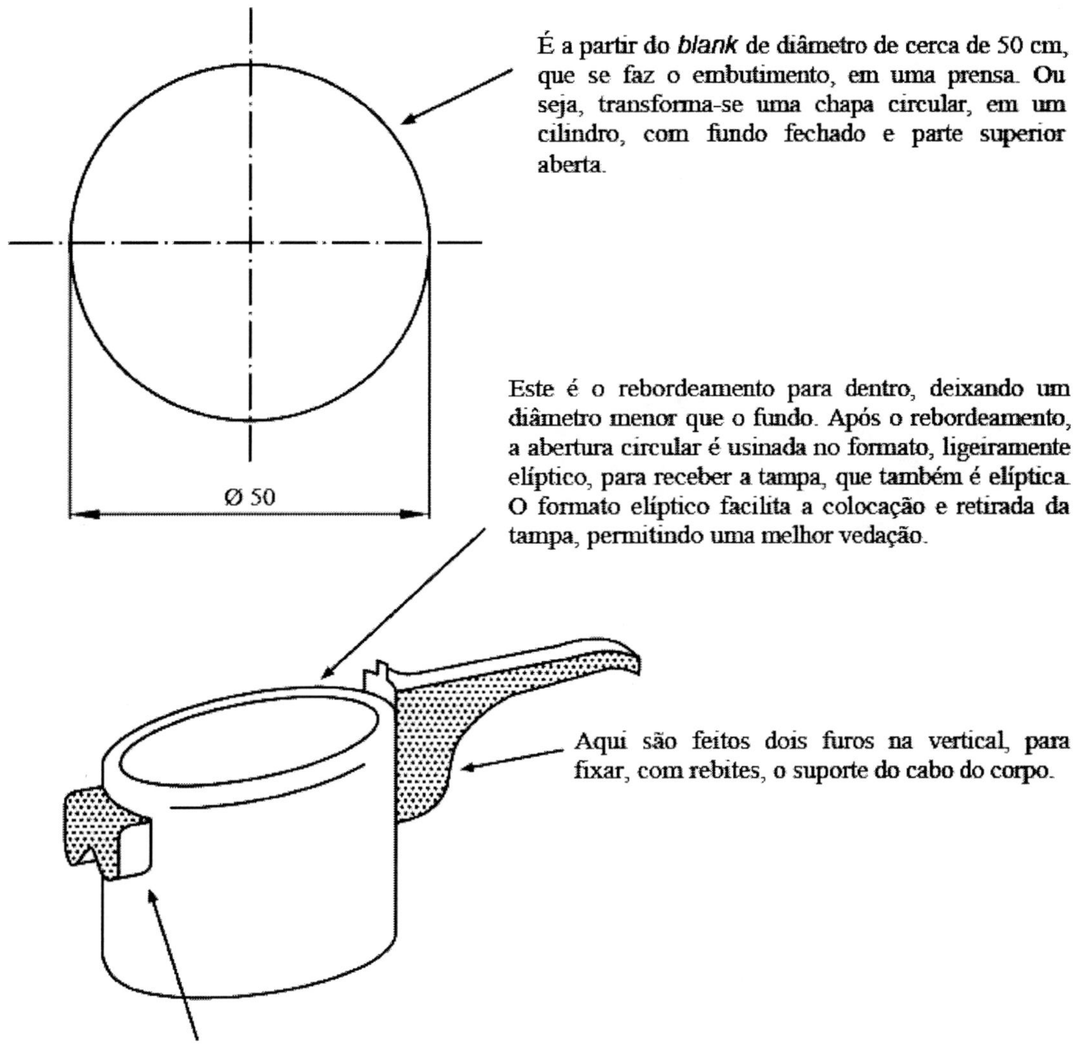

Aqui são feitos os dois furos na horizontal, para fixar com rebites a alça de pega do corpo.

Figura 14.2: detalhes da fabricação do corpo da panela e partes a ele fixadas

Cabo do corpo: é moldado em plástico termofixo tipo baquelite, na cor preta. É fixado por um parafuso em uma pequena chapa (suporte para fixação do cabo no corpo) de aço inox AISI 304, fixado ao corpo por dois rebites de alumínio, para dar apoio e servir de alavanca ao cabo da tampa. Este suporte tem um detalhe que permite o aparafusamento do punho plástico, dando-lhe resistência. Ou seja, o suporte é rebitado ao corpo e o punho de plástico é aparafusado ao suporte.

Alça de pega do corpo: é uma peça também em baquelite, na cor preta, e aparafusada em um suporte fixo ao corpo por dois rebites de alumínio. É essa alça que permite o manuseio da panela, usando-se as duas mãos, ou seja, com segurança. No modelo analisado o parafuso não é em aço inoxidável, o que gera uma corrosão e aspecto feio, após algum tempo de uso. Os autores constataram isso, analisando panelas de pressão usadas. Não foi entendido que o uso do inox não seria adequado (por exemplo, devido pilha galvânica com o alumínio do corpo), até porque já existem outras partes em inoxidável, rebitadas no corpo.

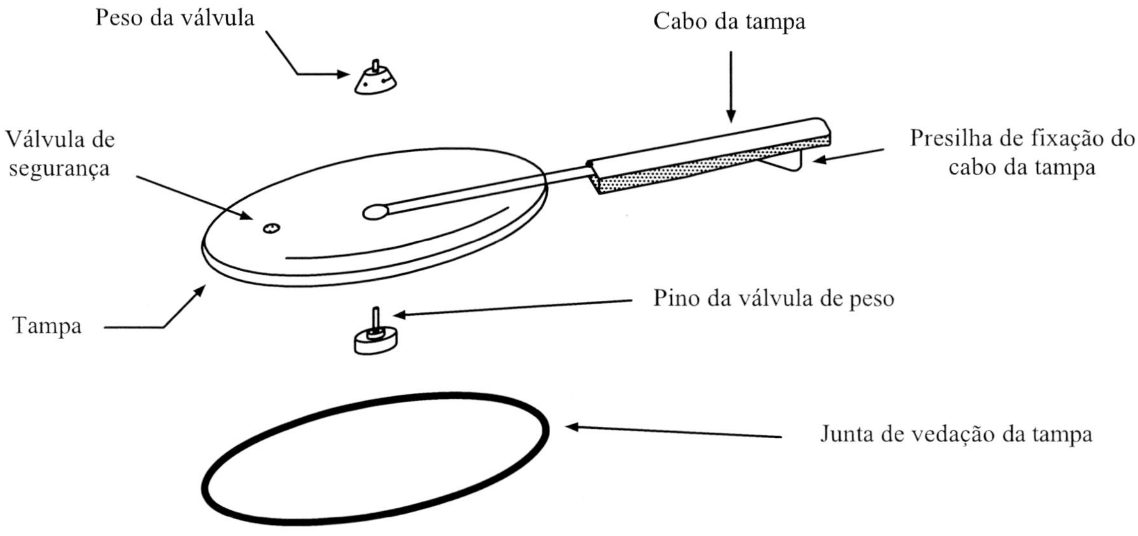

Figura 14.3: detalhes da tampa e partes a ela fixadas

Tampa: é uma chapa de alumínio, da mesma liga do corpo, ligeiramente elíptica, para permitir o encaixe no corpo e sua vedação (a abertura superior do corpo também é ligeiramente elíptica). A tampa é prensada, com detalhe em relevo na parte superior, para receber o cabo da tampa, bem como para aumentar sua resistência mecânica. Possui uma borda lateral ou flange, para acomodar a junta de borracha, que faz a vedação, garantindo a pressão. A tampa possui dois furos, um para receber a válvula de peso (que neste modelo é bem no centro da tampa) e outro para receber a válvula de segurança, sendo que este furo fica na mesma linha do cabo, e a cerca de 4,5 cm da válvula de peso. Na parte externa da tampa é colocada uma porca simples, que fixa o conjunto da válvula de peso e o cabo da tampa.

Cabo da tampa: é composto de: a) uma barra laminada de aço inoxidável AISI 304, espessura 1/16" (1,59 mm), largura 5/8" (15,9 mm) e comprimento 26,5 cm; b) um punho protetor em plástico ou baquelite e c) uma presilha de fixação de arame de alumínio, diâmetro 1/16" (em alguns modelos é usada uma pequena chapa com um rasgo). Essa presilha prende o cabo da tampa ao cabo do corpo, tendo que ter boa resistência mecânica, para suportar a pressão exercida pela barra laminada. Esse cabo deve ter boa resistência mecânica, pois deve-se considerar que a panela cheia (pesando cerca de 5 kg) será levantada apenas com uma das mãos, o que não é incomum no dia a dia.

Válvula de peso (conjunto): no modelo em análise, esse conjunto fica bem no centro da tampa, sendo constituído de três partes: o peso propriamente dito, o pino central (que é um tubo com cabeça sextavada, que fica para dentro da panela) ou tubo roscado e uma porca solta, que é fixada na tampa. Na desmontagem e serramento dessa válvula de peso, constatou-se que o corpo da mesma é feita em aço inoxidável fundido, com uma cúpula de plástico polipropileno (na cor preta) e uma porca em inox, para receber a ponta do pino central. Quando a pressão no interior da panela aumenta acima do valor calculado, essa válvula abre. No modelo analisado essa válvula pesa 50 gramas (este peso foi obtido de um modelo vendido no comércio e medido em balança de precisão).

O seu princípio de funcionamento é simples e da seguinte forma: Pressão (P) é a relação entre força (F) e área (A), ou seja, P = F / A. Isso significa que a força (F) é igual ao produto da pressão (P) pela área (A), ou seja, F = P x A. O peso dessa válvula é calculado para ser igual à força máxima, ou seja, com a máxima pressão admitida.

Válvula de segurança: é um pequeno dispositivo, que se rompe quando a pressão aumenta acima do limite calculado, o que pode até explodir a panela. Essa válvula de segurança entra em ação quando, por algum motivo, a válvula de peso não funciona, não aliviando a pressão interna. Essa válvula de segurança, em verdade, é um disco de ruptura. Segundo exigências da portaria Inmetro 398/2012 de 31 de julho de 2012, a válvula de segurança deve abrir (romper o disco) a uma pressão 40 % abaixo da pressão máxima admitida, sendo essa pressão máxima da ordem de 6,5 vezes a pressão normal de trabalho.

Normalmente essa válvula é composta de um anel de borracha de silicone, na cor preta, que é colocado sob pressão no furo da tampa e um *plug* central de plástico, normalmente na cor vermelha. É esse *plug* que se rompe, quando a pressão aumenta e a válvula de segurança é acionada.

Junta de borracha para vedação da tampa: é colocada na borda ou flange da tampa, permitindo a vedação, quando a pressão aumenta no interior da panela. Normalmente essa junta é feita em borracha nitrílica e na cor preta, embora as mais seguras (e mais caras) sejam as de silicone.

14.3 Detalhes da fabricação e montagem da panela

A panela de pressão aqui detalhada possui toda uma sequência de produção e montagem, podendo ser entendidas como constituídas das seguintes etapas:

- Corte do *blank* do corpo (1) - Embutimento do corpo (2) - Rebordeamento do corpo (3) - Usinagem na forma elíptica da abertura do corpo (4) - Polimento e limpeza do corpo (5) - Furação (dois furos verticais) para suporte do cabo (6) - Cravação do suporte para fixação do cabo (7) - Montagem do cabo do corpo (8) - Furação (dois furos horizontais) para a alça do corpo (9) - Cravação do suporte para fixação da alça do corpo (10) - Montagem da alça do corpo (11) - Corte do *blank* da tampa (12) - Estampagem da tampa no formato elíptico (13) - Polimento e limpeza da tampa (14) - Fabricação do suporte em aço inox do punho da tampa (15) - Montagem do punho da tampa (16) - Fixação da presilha do cabo da tampa (17) - Montagem do pino central (18) - Montagem da válvula de peso (19) - Montagem da válvula de segurança (20) - Colocação da junta de borracha na tampa (21) - Fechamento do conjunto geral, com inspeção visual (22) - Embalagem (23).

Normalmente a empresa fabrica determinadas partes (corpo e tampa) e compra as outras de fabricantes especializados. Em geral, as seguintes partes são compradas de terceiros:

- Peças em plástico para o cabo da tampa e da alça do corpo - Válvulas de peso e de segurança - Pino central, com a porca que o prende à tampa - Barra laminada, em aço inox, da tampa - Presilha que une o cabo da tampa ao cabo do corpo - Os rebites e parafusos, para fixações do cabo do corpo e da alça - As chapas de reforço, em aço inox, que fixam a alça e o cabo ao corpo - Junta de borracha, para vedação da tampa - Caixa de papelão, para embalagem da panela pronta.

Todas as operações de fabricação, e cada uma delas, possuem um detalhado delineamento de fabricação, que envolve várias etapas, máquinas e ferramentas. O parágrafo 14.4 detalha o delineamento da fabricação de apenas um item da panela de pressão, no caso o pino da válvula de peso.

O fluxograma a seguir mostra como cada etapa da fabricação é realizada, considerando-se três grandes blocos: corpo, tampa e montagem final.

14.3.1 Fluxograma de produção e montagem do conjunto, de toda a panela de pressão

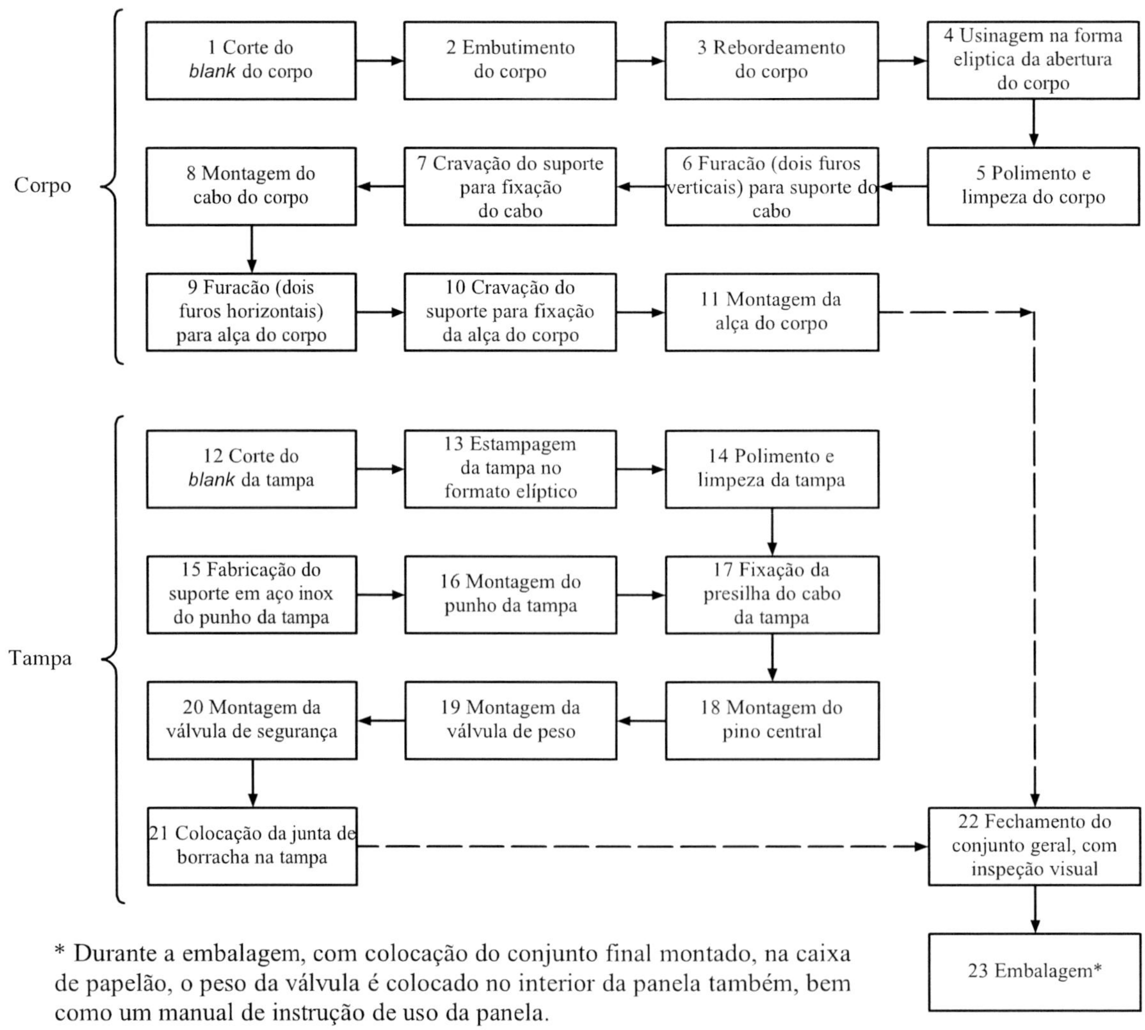

* Durante a embalagem, com colocação do conjunto final montado, na caixa de papelão, o peso da válvula é colocado no interior da panela também, bem como um manual de instrução de uso da panela.

Figura 14.4: fluxograma de produção e montagem do conjunto da panela de pressão

14.4 Delineamento da fabricação do pino da válvula de peso

O pino da válvula de peso é uma peça, em alumínio, no formato de um parafuso de cabeça hexagonal, com rosca interrompida, que na extremidade superior da parte externa da tampa, se enrosca no corpo da válvula, bem como comporta uma porca hexagonal que fixa o cabo da tampa à tampa e se enrosca na válvula de peso (ver figura 14.6). Do lado de dentro da tampa a cabeça hexagonal tem um furo no centro e três furos nas laterais, para passagem do vapor, do interior da panela para a válvula de peso.

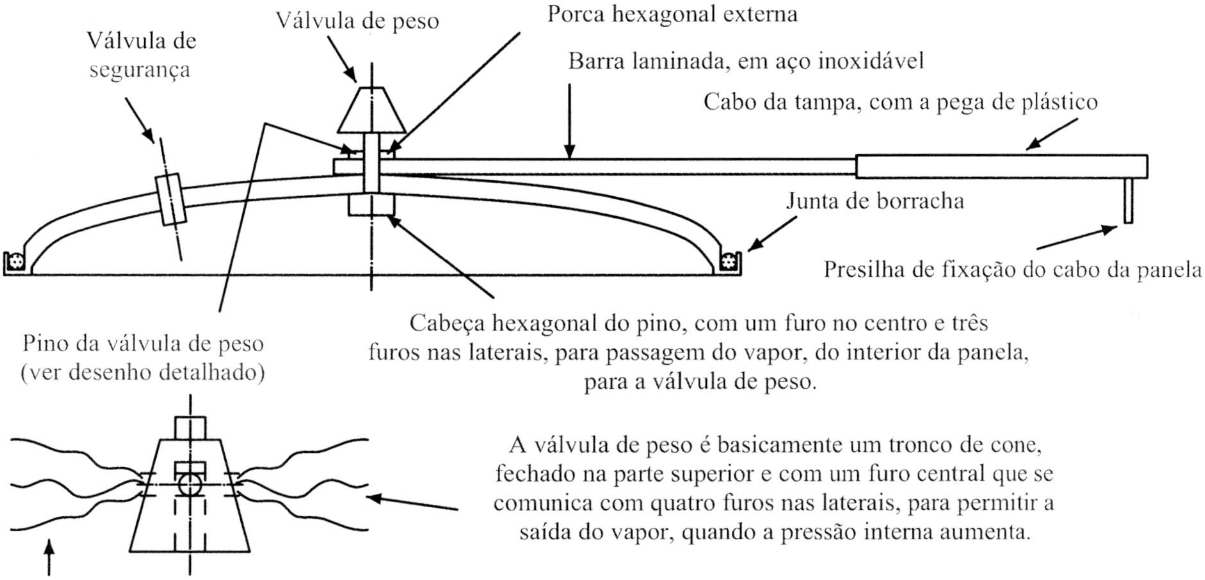

Figura 14.5: detalhes da tampa com a válvula de peso e do pino da válvula

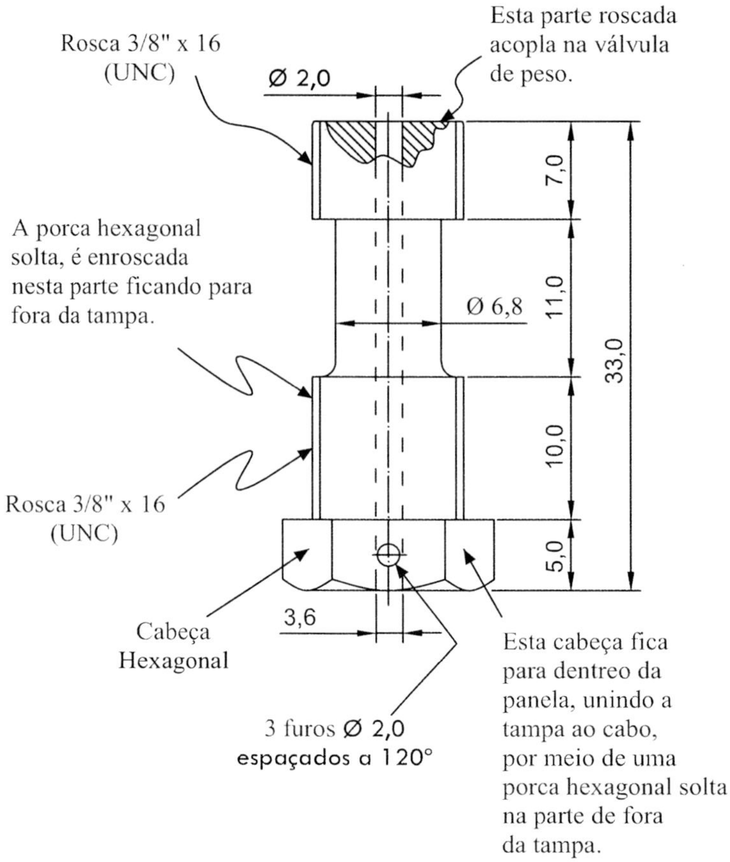

Figura 14.6: detalhes mecânicos e dimensionais do pino da válvula de peso

14.4.1 Folha do processo de fabricação do pino da válvula de peso

FOLHA DE PROCESSO DE FABRICAÇÃO			Nº: FPF - 001
NOME DA PEÇA: Pino da Válvula de peso			PEÇA Nº: 001
MATERIAL: A1 ASTM 1050 extrudado	Peso bruto: / Kg	Peso Acabado: / Kg	
DIMENSÃO: 1/2" X 33,0	Emitido por: JARMG	Data: 11/10/2019	

OPERAÇÃO Nº	DESCRIÇÃO	FERRAMENTA Nº	MÁQUINA
1	TORNEAMENTO	/	Torno 1
Sub. Op. A	Facear Lado A	PTBN2525M16	//
Sub. Op. B	Tornear Ø 3/8"	//	//
Sub. Op. C	Tornear Ø 6.8 mm	//	//
Sub. Op. D	Usinagem da rosca Ø 3/8" - 16	CER 1212 N 16 Q	//
Sub. Op. E	Furar Ø 2,0 mm	Broca HSS Ø 2,0	//
Sub. Op. F	Cortar no comprimento 33,0 mm	CER 1212 M 10 D	//
2	FURAÇÃO	/	Furadeira 1
Sub. Op. G	Furar Ø 2 x 120º - Gabarito F01	Broca HSS Ø 2	

Localização das operações:

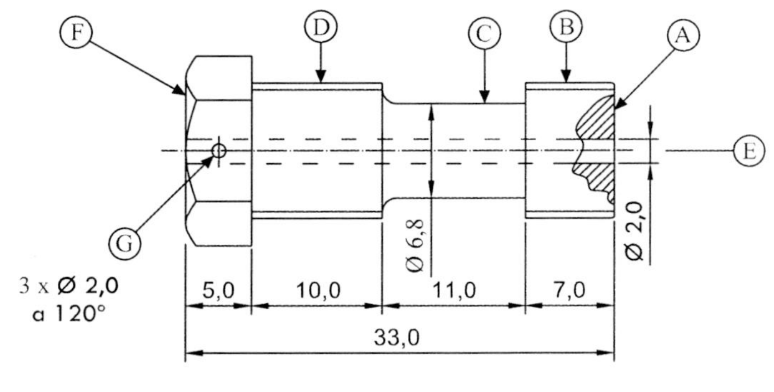

Figura 14.7: folha de processo de fabricação do pino da válvula de peso

Capítulo 15

Projeto de produtos, propriedade intelectual, marcas e patentes. Espionagem industrial. Ética e responsabilidade socioambiental

O objetivo deste capítulo é mostrar uma série de fatores legais e éticos, que existem relacionados ao projeto de desenvolvimento de um produto. Propriedade intelectual é uma expressão genérica que pretende garantir a inventores ou responsáveis por qualquer produção do intelecto (seja nos domínios industrial, científico, literário e/ou artístico) o direito de auferir, ao menos por um determinado período de tempo, recompensa pela própria criação. Segundo definição da Organização Mundial de Propriedade Intelectual (OMPI), constituem propriedade intelectual as invenções, obras literárias e artísticas, símbolos, nomes, imagens, desenhos e modelos utilizados pelo comércio.

A propriedade intelectual abrange duas grandes áreas: Propriedade Industrial (patentes, marcas, desenho industrial, indicações geográficas e proteção de cultivares) e Direito Autoral (obras literárias e artísticas, programas de computador, domínios na *Internet* e cultura imaterial). Quanto aos conhecimentos tradicionais (por exemplo, o uso de uma erva para a cura de uma doença), ainda não possuem uma definição no sistema de proteção da propriedade intelectual. É objeto de discussão entre juristas, comunidades locais e organizações mundiais de proteção da propriedade intelectual a adequação desse tema ao sistema de patentes atual. A Organização Mundial de Propriedade Intelectual trata conhecimentos tradicionais como um novo tema a se definir, instituindo o "Comitê Intergovernamental sobre Propriedade Intelectual, Recursos Genéticos, Conhecimento Tradicional e Folclore", para estudar formas de regulamentar o assunto.

15.1 Propriedade Industrial (Patentes, Marcas e Desenho Industrial)

Propriedade industrial é o conjunto de direitos sobre as patentes de invenção, os modelos de utilidade, os desenhos ou modelo industrial, as marcas de fábrica ou de comércio, as marcas de serviço, o nome comercial e as indicações de proveniência ou denominações de origem, bem como a repressão da concorrência desleal e às falsas indicações geográficas.

Diferentemente da autoria, ou do direito autoral, a propriedade industrial pressupõe registro prévio no órgão competente para que se constitua. Ou seja, o Inventor só passa a ter direito de exploração industrial de sua invenção após registrar a devida patente, pois o registro de Propriedade Industrial só se contesta mediante a comprovação da existência de registro anterior. No Brasil, o órgão responsável pelo registro de propriedade industrial é o Instituto Nacional de Propriedade Industrial (INPI).

Uma ideia não é passível de proteção pelos institutos da Lei de Propriedade Industrial, razão pela qual um código de *software* não é passível de ser patenteado no Brasil, embora seja passível de proteção intelectual dada pela Lei Federal n°. 9.609, de 19/02/1998. Seres vivos não são patenteáveis, no Brasil, o que não acontece em outros países onde micro-organismos e animais geneticamente modificados podem ser patenteados desde que não sejam humanos. À Propriedade Industrial também estão relacionadas: Patentes, Marcas e Desenho Industrial.

15.1.1 Patentes

São títulos de propriedade temporária, outorgados pelo Estado a criadores ou inventores de novos produtos, processos ou aperfeiçoamentos que tenham aplicação industrial. Quando se inventa uma nova tecnologia, seja para produto ou processo, pode-se buscar o direito a uma patente. A patente também vale para melhorias no uso ou fabricação de objetos de uso prático, como utensílios e ferramentas. Ela pode ser uma Patente de Invenção (PI) ou Patente de Modelo de Utilidade (MU).

Para obtenção do título é necessário depositar o pedido de patente no escritório de patente do país em que se deseja comercializar e proteger a invenção. No Brasil o órgão responsável pelo registro é o Instituto Nacional de Propriedade Industrial (INPI). Na *homepage* do INPI o inventor encontra as instruções sobre o processo de patenteamento e os formulários para dar entrada no pedido. A autoria da patente pertence à(s) pessoa(s) física(s) denominada(s) inventor(es). O titular ou proprietário da patente é o depositante, que poderá ser o próprio inventor (pessoa física), ou seus herdeiros ou sucessores, ou a empresa (pessoa jurídica) para a qual trabalha ou para quem foi criado o invento. Ao titular da patente (seja ele o próprio inventor ou a instituição depositante), é concedido o direito de impedir terceiros de explorar, usar, comercializar, colocar à venda, etc., a sua criação.

Obrigações do titular da patente

a) Pagamento de anuidades: durante todo o período de vigência da patente, o proprietário deve pagar uma taxa ao INPI, a anuidade, relativa à manutenção do processo do pedido de privilégio ou do próprio privilégio. O não pagamento e comprovação dessas taxas, acarreta a extinção do privilégio, se a patente já foi concedida, ou o arquivamento do processo em andamento; b) Exploração efetiva da patente: depois de concedida a patente, o titular deverá iniciar a exploração ou comercialização do produto objeto dessa patente. Caso isso não venha a ocorrer num prazo de até três anos da concessão da patente, ele pode ficar sujeito a um processo de licença compulsória (cap. VIII, seção III, §1o. e 5o. da lei no. 9279/96). Nesse caso, o direito de licença de exploração pode ser concedido a qualquer outra pessoa ou empresa com legítimo interesse, capacidade técnica e econômica para realizar a exploração eficiente do objeto da patente.

Requisitos de Patenteabilidade

Novidade: considerado novo quando não revelado ao público, isto é, quando não divulgado de qualquer forma, escrita ou falada, em qualquer meio de comunicação, apresentado em feiras ou mesmo comercializado em qualquer parte do mundo. A partir da lei 9.279/96, a divulgação ocorrida até um ano antes da data de depósito pelo próprio inventor ou por pessoa por ele autorizada, seja em exposições, palestras ou publicações, não é considerada como quebra de novidade (Art. 12º). Entretanto, essa é uma cláusula, o denominado período de graça, presente apenas na lei brasileira, podendo ser questionada em outros países. Aplicação industrial, o invento deve ser passível de fabricação para o consumo, através de produção em série ou, pelo menos, aplicável em um ramo da indústria. Atividade inventiva ou ato inventivo: constituir produto ou processo totalmente novo, sem precedentes no mercado ou, que apresente uma melhora funcional significativa em comparação ao que existe no mercado.

Tipos de patentes

a) Patentes de Invenção (PI): avanços do conhecimento técnico que combinem atividade inventiva e aplicação industrial. Validade: 20 anos (contados da data de depósito); b) Modelo de Utilidade (MU), nova forma ou disposição de objeto de uso prático, com aplicação industrial, que represente melhoria funcional de produto ou processo já existente. Caracterizado como um ato inventivo. Validade: 15 anos (contados da data de depósito).

O que não pode ser patenteado

1) O que for contrário à moral, segurança pública, representar risco à saúde ou aos interesses nacionais. Substâncias, matérias, misturas, elementos ou produtos de qualquer espécie. 2) Parte ou todo de seres vivos, com exceção para parte de plantas ou animais que expressem, devido à intervenção humana, características não naturalmente alcançáveis e, também, para os microorganismos transgênicos que não sejam mera descoberta e atendam aos três requisitos básicos de patenteabilidade (novidade, atividade inventiva e aplicação industrial).

Não são considerados Invenções ou Modelo de Utilidades

1) Descobertas, pois a identificação ou revelação de fenômeno da natureza ou qualquer outra descoberta simples não podem ser definidas como criação do homem, não podendo, assim, ser consideradas invenções. 2) Teorias científicas, métodos matemáticos, regras de jogo e concepções puramente abstratas, pois não atendem o requisito de aplicabilidade industrial. 3) Obras literárias, arquitetônicas, artísticas e científicas ou qualquer criação estética, pois são consideradas criações que, por si só, não têm aplicabilidade industrial e podem ser objeto de proteção por direito autoral. 4) Programas de computador em si, pois são protegidos por leis específicas .

15.1.2 Marcas

Marca é qualquer figura, nome ou símbolo que possa ser identificado visualmente e que serve para distinguir um determinado produto ou serviço dos demais existentes no mercado. Possui validade de dez anos, contados da data de concessão do registro, prorrogáveis por períodos iguais e sucessivos. Se não houver prorrogação, o registro será extinto e o sinal, em princípio, estará disponível. As marcas são protegidas por meio de registro junto ao INPI e a sua regulamentação ocorre por meio da Lei de Propriedade Industrial no. 9.279/96. A legislação brasileira (Art. 123 da Lei 9.279/96) institui três tipos de marcas, de acordo com as finalidades de uso: 1) **Marca de produtos ou serviço**: usada para distinguir produto ou serviço de outro idêntico, semelhante ou afim, de origem diversa; 2) **Marca de certificação**: usada para atestar a conformidade de um produto ou serviço com determinadas normas ou especificações técnicas, notadamente quanto à qualidade, natureza, material utilizado e metodologia empregada; 3) **Marca coletiva**: usada para identificar produtos ou serviços oriundos de membros de uma determinada entidade.

As marcas são classificadas também, de quatro formas, quanto à forma de apresentação

1) **Nominativa**: quando constituída apenas de palavras, letras ou algarismos, desde que estes elementos não se apresentem sob forma fantasiosa ou figurativa. 2) **Figurativa**: apresentada sob a forma de desenho, imagem, figura ou qualquer outra forma fantasiosa de letra e número isoladamente. 3) **Mista**: formada pela combinação de elementos nominativo e figurativo ou de elemento nominativo de forma isolada. 4) **Tridimensional**: constituída pelo formato de produto ou da embalagem, cujo modelo tenha capacidade distintiva em si mesma e esteja dissociada de efeito técnico.

A Lei 9.279/96 (art. 125 e 126) prevê proteção especial para os seguintes casos de marcas

1) **Marca notoriamente conhecida**: por tratar-se de marca muito conhecida em seu ramo de atividade lhe é assegurado o reconhecimento no segmento de mercado onde está aplicada, mesmo sem registro no país. Esse reconhecimento impede qualquer interessado de registrar a mesma marca, caso pretenda usá-la na mesma atividade econômica. 2) **Marca de alto renome**: aplica-se aos casos em que o sinal devidamente registrado adquire renome de forma a transcender o segmento de mercado para o qual ele foi originalmente destinado. Dessa forma, é assegurada à marca proteção especial para todas as classes, e qualquer outra pessoa que não seu titular, estará impedida de utilizar marca idêntica ou semelhante em qualquer ramo de atividade, salvo com autorização expressa do seu proprietário.

Alguns itens que não podem ser registrados como marca (art. 124, da Lei 9.279/96)

1) Brasões, bandeira, emblema, distintivo oficial, monumento oficial, bem como a sua designação, figura ou imitação. 2) Letra, algarismo e data, isoladamente, salvo se dotado de forma distintiva suficiente. 3) Expressão, figura, desenho contrário à moral e aos bons costumes e religião. 4) Nome ou sigla de órgão público, salvo se requerido pela própria entidade. 5) Reprodução ou imitação de elemento que seja próprio ou distinga o título de

estabelecimentos ou nome de empresa de terceiros. 6) Cores e suas denominações por si só. 7) Sinal ou expressão empregada apenas como meio de propaganda. 8) Indicação geográfica e falsa indicação quanto à origem. 9) Termo técnico usado na indústria, ciência ou arte relacionado ao produto ou serviço. 10) Nome, prêmio ou símbolo de evento (esportivo, artístico, cultural, social, político, etc.), salvo se autorizado pela entidade promotora do evento. 11) Nome civil e sua assinatura, nome de família ou patronímico e imagem de terceiros, salvo com consentimento do titular, herdeiros ou sucessores. 12) Pseudônimo ou apelido notoriamente conhecidos, nome artístico singular ou coletivo, salvo com consentimento do titular. 13) Dualidade de marcas de mesmo titular, para o mesmo produto ou serviço, salvo quando, no caso de marcas da mesma natureza, se revestirem de forma suficientemente distintiva. 14) Reprodução ou imitação, no todo ou em parte, ainda que com acréscimo, de marca alheia registrada, para distinguir ou certificar produto ou serviço idêntico, semelhante ou afim, suscetível de causar confusão ou associação com marca alheia.

Deveres (ou obrigações) do titular da marca

a) O titular do registro de marca está obrigado a utilizá-la para mantê-la em vigor. A partir da concessão do registro, o titular tem o prazo de cinco anos para dar início à sua utilização. Se não houver utilização nesse período, qualquer terceiro legitimamente interessado poderá requerer a extinção do registro pela caducidade. Caso isso ocorra, o titular da marca terá que provar a sua utilização ou não utilização por motivos de força maior alheios à sua vontade, sob pena de perda do registro (art. 142); b) Também é obrigatório ao titular, a prorrogação do registro de sua marca, uma vez que o registro não é prorrogado automaticamente por iniciativa do INPI (cap. V, seção I, art. 133).

15.1.3 Desenho Industrial

A lei de propriedade industrial (art. 95) define desenho industrial como "a forma plástica ornamental de um objeto, ou o conjunto ornamental de linhas e cores, que possa ser aplicado a um produto, proporcionando resultado visual novo e original na sua configuração externa e que possa servir de tipo de fabricação industrial". A validade do registro é de dez anos, contados da data do depósito, prorrogáveis por três períodos sucessivos de cinco anos cada (art. 108). Tem o INPI como órgão responsável pela concessão e, da mesma forma que as patentes e marcas, é regulado pela lei no 9279/96.

O registro de Desenho Industrial protege os aspectos ornamentais de um objeto. Pode-se pedir esse registro se tiver sido criado, por exemplo, a nova forma plástica de um relógio, brinquedo, veículo, embalagem ou até o padrão de linhas e cores de uma estampa têxtil. Entretanto, o registro não se aplica à proteção dos aspectos técnicos, funcionais ou tecnológicos de um produto, nem à proteção de marcas e logotipos.

Requisitos para proteção

A) **Novidade**: o desenho industrial deve apresentar um resultado visual novo e original; B) **Utilização ou aplicação industrial**: deve servir de tipo para fabricação industrial; C) **Unidade do desenho industrial**: o desenho industrial terá que se referir a um só objeto, sendo permitido uma pluralidade de variações se elas se destinarem ao mesmo propósito e se mantiverem a mesma característica principal; D) **Variações**: cada pedido poderá apresentar até 20 variações.

Divulgação antes do depósito (art. 96 § 3o.)

Semelhantemente ao que ocorre com o período de graça referente à patente, o registro também poderá ser concedido caso o desenho industrial tenha sido divulgado, por seu titular ou pessoa por ele autorizada, num período de até 180 dias anteriores à data do depósito. Não infringindo, dessa forma, o princípio da novidade.

O que não pode ser registrado (art. 100)

1) O que for contrário à moral e aos bons costumes. 2) O que ofenda a honra ou imagens de pessoas. 3) O que atente contra a liberdade de consciência, crença, culto religioso ou ideia e sentimentos dignos de respeito e veneração. 4) Forma necessária, comum ou vulgar do objeto, ou ainda, aquela determinada essencialmente por considerações técnicas fundamentais.

Território de proteção e prioridades

Assim como a patente, o privilégio conferido pelo registro de desenho industrial só é válido no país onde for requerido. O desenho industrial poderá ser apresentado em país que mantenha acordo com o Brasil. O depósito deve, assim, ser feito diretamente no(s) país(es) onde se deseja obter a proteção. O titular do desenho industrial tem o prazo de 90 dias para efetivar esse depósito, que não será invalidado por fatos ocorridos nesse período.

15.2 Direito Autoral

É o direito que protege trabalhos publicados e não publicados nas áreas da literatura, teatro, música e coreografias de dança, filmes, fotografias, pinturas, esculturas e outros trabalhos visuais de arte como programas de computador (*softwares*). O direito autoral protege a expressão de ideias e reserva para seus autores o direito exclusivo de reproduzir seus trabalhos.

Quando um escritor assina um contrato com uma editora, e publica um livro, na verdade o direito autoral passa para a editora, por um determinado prazo indicado no contrato de publicação, sendo que, em geral, o autor passa a receber 10% do valor de capa de cada livro vendido. Este percentual é praticado no Brasil, para autores comuns, pois para autores *best sellers* (grandes vendedores) os contratos são diferentes, bem como o percentual de direito autoral.

15.3 Espionagem industrial

Quando se fala em espionagem industrial, tudo vale para se conseguir aquela informação que tanto se quer. Um método muito comum é recorrer à análise do lixo da empresa alvo, na esperança de que um funcionário mais distraído tenha jogado alguma informação mais delicada no lixo.

Também se faz pela infiltração na empresa alvo, por parte de um "agente", muitas vezes disfarçado como um funcionário da própria empresa ou, como é feito frequentemente, por empresas de prestação de serviços (limpeza, vigilância, etc.). Uma vez este "agente" infiltrado, recorre-se a um conjunto de estratégias, como por exemplo, a fotografia de documentos mais sensíveis e a colocação de escutas telefônicas.

A prevenção da espionagem industrial, começa primeiramente nos trabalhadores de todas as empresas, já que, majoritariamente as fugas de informação ocorrem devido a desleixos de trabalhadores, trabalhadores insatisfeitos, subornos ou chantagens aos mesmos. Deve-se prestar muita atenção ao lixo da empresa. Muitos desvios de informação surgem de fragmentos que são recolhidos do lixo, jogados lá por funcionários, quer por desleixo ou por julgarem não ser importante. O ideal é destruir toda e qualquer informação em papel que seja jogada no lixo, informação muito sensível deve ser guardada com extrema precaução e evitar que haja cópias em papel.

Ao solicitar um determinado serviço a uma empresa contratada, deve-se verificar as credenciais do profissional que eles enviam e certifique-se que o serviço seja absolutamente necessário, principalmente nos seguintes tipos de serviços : telecomunicações, informática, manutenção de equipamentos, equipes de limpeza e segurança, eletricistas e especialistas em alarmes. Deve-se ter sempre alguém de confiança da empresa acompanhando esses profissionais terceirizados.

Com o avanço das tecnologias, novos meios de espionagem e sabotagem foram aparecendo. *Malwares* são utilizados para isso, permitindo assim o acesso remoto à informação muitas vezes confidencial, mas claro, este tipo de abordagem, está muito dependente dos usuários dos terminais nas empresas a ser alvo da espionagem.

O termo ***malware*** é proveniente do inglês ***malicious software***. É um *software* destinado a se infiltrar em um sistema de computador alheio de forma ilícita, com o intuito de causar alguns danos, alterações ou roubo de informações (confidenciais ou não). Por exemplo, vírus de computador, *worms*, *trojan horses* (cavalos de troia) e *spywares* são considerados *malwares*. Também pode ser considerada *malware* uma aplicação legal que por uma falha de programação (intencional ou não) execute funções que se enquadrem na definição citada.

Cada vez mais, os computadores são armas contra a própria empresa se não forem bem administrados. Por isso, garanta que tem um profissional de confiança administrando a rede interna e cada um dos computadores que possui, de forma a evitar o aparecimento de *software* malicioso, quer por desleixo ou má vontade dos seus funcionários. Com relação ao sistema de computadores, recomendam-se os seguintes cuidados:

Desenvolver um senso comum de responsabilidade em matéria de segurança. Limitar o acesso físico de estranhos aos computadores. Limitar o acesso por *software*. Usar chaves não convencionais. Nunca deixar um terminal ativo. Sempre encerrar uma atuação. Informar as invasões suspeitas e/ou dados alterados. Apagar os discos antes de se desfazer deles ou transferi-los para outro usuário, desmagnetizando-os. Desligar o computador da rede quando não for usar. Computadores com acesso, via telefone, precisam de proteção de acesso. Não usar *software* emprestado. Fazer cópia (*back up*) dos dados frequentemente. Formatar ou retirar os discos rígidos antes de inutilizar os computadores obsoletos. Não falar sobre a segurança do seu sistema com ninguém que não conheça, não importando o que eles lhe digam.

As empresas devem ter mecanismos internos de prevenção à espionagem industrial, principalmente em tempos de globalização e grandes facilidades de comunicação. Existem empresas especializadas no combate e prevenção à espionagem industrial.

15.4 Ética e responsabilidade socioambiental

Em grego *ethike* em latim *ethica*, significa moral ou modo de ser ou caráter: *ethos*. Nos estudos filosóficos relaciona-se aos fundamentos da moral. "A ética é a teoria ou ciência do comportamento moral dos homens em sociedade". (VÁZQUEZ, 2006, p. 23). A moral, *mos* ou *mores* em latim significa "costumes" no sentido de conjunto de normas ou regras adquiridas por hábito. Está relacionada aos bons costumes que, variam entre povos e ao longo do tempo. Está relacionada à honestidade, às virtudes para agir bem e respeitar a si e aos outros. A moral surge quando o homem vive em sociedade e regula o comportamento dos indivíduos. "A moral é um conjunto de normas, aceitas livre e conscientemente, que regulam o comportamento individual e social dos homens". (VÁZQUEZ, 2006, p. 63).

A Ética Ambiental refere-se ao comportamento do homem em relação à natureza, no sentido de preservar a vida de todos, inclusive plantas e animais. Nesse sentido quando o homem lança mão de políticas e métodos de produção que destroem a natureza ele está sendo antiético ou desonesto.

O consumo responsável tem a ver com as responsabilidades social e ambiental e com o conceito de "consumidor verde". Existem, tanto as responsabilidades social e ambiental das empresas, quanto as individuais ou pessoais. A responsabilidade socioambiental empresarial, refere-se às empresas que atuam de forma ética, tanto no que se refere à sociedade (pessoas), quanto no respeito ao meio ambiente.

Responsabilidade social não é apenas quando uma empresa patrocina ou sustenta, por exemplo, um time de futebol de uma instituição de apoio a menores carentes, ou seja, não são apenas "esmolas sociais". Responsabilidade social, além de produzir bens de qualidade, também é promover uma boa Qualidade de Vida no Trabalho (QVT) aos seus funcionários. Responsabilidade ambiental é o respeito à natureza, tanto no que se refere aos seus produtos, quanto na compra de materiais e serviços de seus fornecedores. Pouco adianta uma empresa ter processos produtivos não poluentes, se ela compra de terceiros, por exemplo, madeira extraída de forma ilegal.

Consumidor verde é aquele que compra bens e serviços de empresas que causam o mínimo impacto o meio ambiente, são produzidos de forma sustentável e respeitando quem produz (Qualidade de Vida no Trabalho dos funcionários). Para que isso ocorra é necessário que a pessoa esteja "antenada" e cumprindo sua responsabilidade socioambiental. O consumidor tem que entender que ele é o rei, ou seja, ele é quem manda. Se ele não comprar a empresa não pode produzir, e tem que mudar para atender às necessidades dos consumidores. O consumidor tem que procurar saber como agem as empresas que produzem os bens e serviços que ele consome. Não adianta apenas ficar criticando e dizer que é o governo que tem que fazer isto. Aos governos cabem as normas e leis, ao consumidor cabe a fiscalização pessoal, pois é ele quem sofrerá as consequências socioambientais. Responsabilidade socioambiental pessoal envolve os aspectos éticos de consumo. Mais uma vez devemos lembrar que, o planeta é de todos e, portanto todos têm responsabilidades sobre ele, não apenas governos e empresas. Vamos dar dois pequenos exemplos práticos de responsabilidade socioambiental pessoal.

Imagine que você esteja querendo comprar um relógio de pulso, que na loja custa R$ 200,00 (duzentos Reais). Passando pela rua você vê uma pessoa oferecendo o mesmo relógio por R$ 50,00 (cinquenta Reais). Provavelmente esse relógio foi roubado e talvez até uma pessoa possa ter sido morta ou ferida, no assalto. Ao comprar esse relógio "mais barato", além de receptador, você não está tendo responsabilidade social. Que tal você pensar que, esse relógio poderia ter sido roubado de seu filho? Agora imagine que você está passando por uma estrada no interior e vê uma pessoa oferecendo palmitos fresquinhos e por um preço muito bom, bem mais em conta do que aquele que você compra no supermercado. Com certeza este palmito foi retirado de forma ilegal e foi cometido um crime ambiental. O mais incrível de tudo é que você também será uma das vítimas deste crime, pois mais uma vez devemos lembrar que: a natureza é de todos. Todos dependem dela para viver.

Com relação à responsabilidade socioambiental, cabem alguns comentários. Todos nós temos que ter e praticar essas responsabilidades, pois são as bases do desenvolvimento sustentável. Estas responsabilidades têm que ser praticadas, tanto por nós consumidores, quanto pelos que fornecem produtos e serviços. Responsabilidade social de uma empresa não é apenas doar dinheiro para um orfanato ou promover festas para a comunidade. É muito mais. É pensar na segurança do consumidor, dos seus funcionários e no impacto sócio ambiental do produto/serviço. É manter um bom ambiente de trabalho, higiênico, limpo, seguro, organizado e sem tensões, onde todos os funcionários se sintam bem. É não manipular preços e não participar de esquemas de corrupção. É respeitar e manter um bom relacionamento com fornecedores e prestadores de serviços.

Referências

ABRANTES, José. **Brasil o país dos desperdícios**. Por ano desperdiçamos o equivalente a 150% do PIB. Rio de Janeiro: Auriverde, 2005.

__________. **Programa 8S**. Da alta administração à linha de produção: o que fazer para aumentar o lucro? 2. ed. Rio de Janeiro: Interciência, 2007.

__________. **Gestão da Qualidade**. Ações e procedimentos para a melhoria da produtividade, considerando o combate aos desperdícios e os aspectos ambientais. Rio de Janeiro: Interciência, 2009.

__________. **Teoria Geral da Administração – TGA**. A Antropologia Empresarial e a Problemática Ambiental. Rio de Janeiro: Interciência, 2012.

__________. **Mentiras convenientes. A fraude do "Aquecimento Global"**. A quem interessa este "terrorismo ambiental científico"? Rio de Janeiro: WAK, 2013.

ABRANTES, José; FILGUEIRAS FILHO, Carleones Amarante. **Desenho Técnico Básico**. **Teoria e Prática**. Rio de Janeiro: LTC, 2018.

ALDABÓ, Ricardo. **Gerenciamento de Projetos: procedimento básico e etapas essenciais**. São Paulo: Artliber, 2001.

ANTUNES, Celso. **As inteligências múltiplas e seus estímulos**. 6 ed. Campinas, SP: Papirus, 2000.

__________. **Jogos para a estimulação das múltiplas inteligências**. 11 ed. Petrópolis, RJ: Vozes, 2002.

ARMSTRONG, Thomas. **Inteligências Múltiplas na sala de aula**. 2 ed. Tradução de Maria Adriana Veríssimo Veronese. Porto Alegre, RGS: Artmed, 2001.

ASHBY, Michael; JOHNSON, Kara. **Materiais e *Design***. Arte e Ciência da seleção de materiais no *design* de produto. Rio de Janeiro: Elsevier, 2011.

BAPTISTA, Gustavo Macedo de Mello. **Aquecimento global: ciência ou religião?** Brasília: Hinterlândia Editorial, 2009.

BARBIERI, José Carlos. **Gestão ambiental empresarial**: conceitos, modelos e instrumentos. 1 ed. 2 tiragem. São Paulo: Saraiva, 2006.

BARBOSA FILHO, Antonio Nunes. **Projeto e desenvolvimento de produtos**. São Paulo: Atlas, 2009.

BAXTER, Mike. **Projeto de produto**. Guia prático para o *design* de novos produtos. 3. ed. 4ª Reimpressão. Tradução de Itiro Lida. São Paulo: Edgard Blucher Ltda, 2016.

CAMP, Robert C. ***Benchmarking*:** Identificando, analisando e adaptando as melhores práticas da administração que levam à maximização da performance empresarial. São Paulo: Pioneira, 1993

CAMPBELL, Linda, CAMPBELL, Bruce; DICKINSON, Dee. **Ensino e aprendizagem por meio das Inteligências Múltiplas**. Tradução de Magda França Lopes. 2 ed. Porto Alegre, RS: ArtMed, 2000.

CAMPOS, Vicente Falconi. **TQC. Controle da Qualidade Total (no estilo japonês)**. 8.ed. Belo Horizonte: Editora de Desenvolvimento Gerencial, 1999.

CARVALHO, Marly Monteiro de et all. **Gestão da Qualidade. Teoria e casos**. Rio de Janeiro: Elsevier, 2005.

CASAROTTO FILHO, Nelson, FÁVERO, José Severino; CASTRO, João Ernesto Escosteguy. **Gerência de Projetos/Engenharia Simultânea**. São Paulo: Atlas, 1999.

CHIAVERINI, Vicente. **Tecnologia mecânica**. Processos de fabricação e tratamento. Vol. II. 2. ed. São Paulo: McGraw-Hill, 1986.

DINSMORE, Paul Campbell; SILVEIRA NETO, Fernando Henrique da. **Gerenciamento de Projetos: como gerenciar seu projeto com qualidade, dentro do prazo e custos previstos**. Qualitymark: RJ, 2004.

FERNANDES, José Márcio Ramos; REBELATO, Marcelo Giroto. **Proposta de um método para integração entre QFD e FMEA**. Revista Gestão & Produção. São Carlos, SP, vol.13, n.º 2, maio/ago. 2006.

FERRANTE, Maurizio; WALTER, Yuri. **A materialização da idéia: noções de materiais para design de produto**. Rio de Janeiro: LTC, 2010.

FERRARESI, Dino. **Fundamentos da usinagem dos metais**. 12. reimp. São Paulo: Edgard Blucher, 2006.

GOLEMAN, Daniel. **Inteligência Ecológica**. O impacto do que consumimos e as mudanças que podem melhorar o planeta. Tradução de Ana Beatriz Rodrigues. Rio de Janeiro: Elsevier, 2009.

__________. **Foco**. **A atenção e seu papel fundamental para o sucesso**. Tradução Cássia Zanon. Rio de Janeiro: Objetiva, 2014.

GOMES, Danila; QUARESMA, Manuela. **Introdução ao *Design* Inclusivo**. Curitiba: Appris, 2018.

GORE Al. **Uma verdade inconveniente**. O que devemos saber (e fazer) sobre o aquecimento global. Tradução de Isa Mara Lando. São Paulo: Manole, 2006.

GORGON, T. V. **Manual de cálculo dos tempos da usinagem dos metais.** São Paulo: Livraria Ciência e Tecnologia Editora LTDA., 1980.

GORNI, A. A. (2001). **Introdução à Prototipagem Rápida e seus Processos**. Plástico Industrial, p. 230-239.

GRANADO, Renê Mendes. **Moldagem por injeção de microcomponentes óticos poliméricos, gerados em insertos usinados por torneamento de ultraprecisão**. 2010. 122f. Tese (Doutorado em Engenharia Mecânica). Escola de Engenharia de São Carlos. Universidade de São Paulo – USP. São Carlos. Brasil.

HAWKEN, Paul; LOVINS, L.; LOVINS, Hunter. **Capitalismo Natural**: criando a próxima revolução industrial. Tradução de Luiz A de Araújo e Maria Luiza Felizardo. São Paulo: Cultrix, 2000.

HOUTART, François. **A Agroenergia**: solução para o clima ou saída da crise para o capital? Tradução de Francisco Moras. Rio de Janeiro: Vozes, 2010.

IRIGARAY, Hélio Artur *et all*. **Gestão e desenvolvimento de produtos e marcas**. 2. ed. Reimpressão. Rio de Janeiro: FGV, 2007.

JASINEVICIUS, Goulart Renato *et all*. **Processo de Usinagem de Ultraprecisão**. In: PORTO, Arthur José Vieira (Org.). Usinagem de Ultraprecisão. São Carlos: RiMa, 2004.

KALPAKJIAN, S.; SCHMID, S. R. **Manufacturing Engeneering and Technology**. New Jersey: Prentice Hall, 2006.

KAMINSKI, Paulo Carlos. **Desenvolvendo produtos com planejamento, criatividade e qualidade**. Reimp. Rio de Janeiro: LTC, 2012.

KARDEC, Alan; NASCIF, Júlio. **Manutenção. Função estratégica**. 3.ed. Rio de Janeiro: Qualitymark, 2009.

KIMINAMI, Cláudio Shinti; CASTRO, Walman Benício de; OLIVEIRA, Marcelo Falcão de. **Introdução aos processos de fabricação de produtos metálicos**. São Paulo: Blucher, 2013.

KOTLER, Philip; KELLER, Kevin Lane. **Administração de marketing**.12.ed. São Paulo: Pearson Prentice Hall, 2006.

KOTLER, Philip; ARMSTRONG, Gary. **Princípios de marketing**. 7 ed. Tradução Vera Whately. Rio de Janeiro: LTC, 1999.

LESKO, Jim. **Design industrial: materiais e processos de fabricação**. 2.ed. Tradução de Marcelo Alves. São Paulo: Blucher, 2012.

LIDA, Itiro. **Ergonomia: projeto e Produção**. 7. reimp. São Paulo: Blucher, 2001.

LIMA, Marco Antônio Magalhães. **Introdução aos materiais e processos para *designers***. 2.ed. Rio de Janeiro: Ciência Moderna, 2006.

LOVELOCK, James. **A vingança de Gaia**. Tradução de Ivo Korytowski. Rio de Janeiro: Intrínseca, 2006.

LOVINS, L. Hunter; COHEN, Boyd. **Capitalismo Climático**. Liderança inovadora e lucrativa para um crescimento econômico sustentável. Tradução de Cláudia e Eduardo Gerpe Duarte. São Paulo: Cultrix, 2013.

NUNES, Laerce de Paula; KREISCHER, Anderson Teixeira. **Introdução à metalurgia e aos materiais metálicos**. Rio de Janeiro: Interciência, 2010.

OLIVEIRA *et al*. **Construção de *Scaffolds* para engenharia tecidual utilizando prototipagem rápida**. Revista Matéria, v. 12, n. 2, pp. 373 – 382. 2007.

PEASE, Allan e PEASE, Bárbara. **Por que os homens fazem sexo e as mulheres fazem amor?** Uma visão científica (e bem humorada) de nossas diferenças. 11.ed. Tradução de Neuza M. Simões Capelo. Rio de Janeiro: Sextante, 2000.

REDWOOD, B; SCHÖFFER, F. GARRET, B. **The 3D Printing Handbook:** Technologies, *Design* and Applications. Netherland, Amsterdan: Coees & Roest, 2018.

REMY, A., GAY, M.; GONTHIER, R. **Materiais**. 2. ed. Tradução de M. Teresa de Almeida. Curitiba, PR: Hemus, 2002.

RODRIGUES, Marcus Vinicius. **Ações para a Qualidade**. Gestão Integrada para a Qualidade - GEIQ®. Padrão Seis Sigma – Classe Mundial. 2.ed. Rio de Janeiro: Qualitymark, 2006.

SLACK, Nigel; CHAMBERS, Stuart; JOHNSTON, Robert. **Administração da Produção**. 2 ed. Tradução Maria Teresa Corrêa de Oliveira e Fábio Alher. São Paulo: Atlas, 2002.

STECK *et al*. **Planejamento de cirurgias complexas em cabeça e pescoço – o uso de modelos tridimensionais**. Revista. Brasileira de Cirurgia da Cabeça e Pescoço, v. 36, n. 3, p. 171-173, julho-agosto-setembro. 2007.

TRIGUEIRO, André. **Mundo sustentável**: abrindo espaço na mídia para um planeta sustentável. São Paulo: editora Globo, 2005.

VALLE, Cyro Eyer do. **Qualidade ambiental. ISO 14000**. 5 ed. São Paulo: editora Senac, 2004.

VARGAS, Ricardo Viana. **Gerenciamento de projetos com o *MS Project***. Brasport: São Paulo, 2002.

VÁZQUEZ, Adolfo Sánchez. **Ética**. 28 ed. Tradução de João Dell´Anna. Rio de Janeiro: Civilização Brasileira, 2006.

WILSON, Marco Perez. **Seis Sigma: compreendendo o conceito, as implicações e os desafios**. Tradução de Bazán Tecnologia e Linguística. Rio de Janeiro: Qualitymark, 2000.

Impressão e acabamento
Gráfica da Editora Ciência Moderna Ltda.
Tel: (21) 2201 - 6662